AS CONSEQUÊNCIAS DO CAPITALI$MO

Dados Internacionais de Catalogação na Publicação (CIP)
(Câmara Brasileira do Livro, SP, Brasil)

Schomsky, Noam
 As consequências do capitalismo : produzindo descontentamento e resistência / Noam Schomsky e Marv Waterstone ; tradução de Bruno Gambarotto. – Petrópolis, RJ : Vozes, 2022.

 Título original: Consequences of capitalism.
 ISBN 978-65-5713-668-3

 1. Capitalismo 2. Capitalismo - Aspectos políticos 3. Poder (Ciências sociais) 4. Políticas mundiais I. Waterstone, Marv. II. Título.

 22-115711   CDD-306.342

Índices para catálogo sistemático:
1. Capitalismo : Sociologia 306.342

Eliete Marques da Silva - Bibliotecária - CRB-8/9380

Noam
CHOMSKY

Marv
WATERSTONE

**PRODUZINDO
DESCONTENTAMENTO
E RESISTÊNCIA**

Tradução de Bruno Gambarotto

© 2021 Valeria Wasserman e Marvin Waterstone.
Edição brasileira publicada por intermédio da Agência Riff,
Rio de Janeiro, Brasil.

Tradução realizada a partir do original em inglês intitulado
Consequences of Capitalism – Manufacturing Discontent and Resistance

Direitos de publicação em língua portuguesa – Brasil:
2022, Editora Vozes Ltda.
Rua Frei Luís, 100
25689-900 Petrópolis, RJ
www.vozes.com.br
Brasil

Todos os direitos reservados. Nenhuma parte desta obra poderá ser reproduzida ou transmitida por qualquer forma e/ou quaisquer meios (eletrônico ou mecânico, incluindo fotocópia e gravação) ou arquivada em qualquer sistema ou banco de dados sem permissão escrita da editora.

CONSELHO EDITORIAL

Diretor
Gilberto Gonçalves Garcia

Editores
Aline dos Santos Carneiro
Edrian Josué Pasini
Marilac Loraine Oleniki
Welder Lancieri Marchini

Conselheiros
Elói Dionísio Piva
Francisco Morás
Ludovico Garmus
Teobaldo Heidemann
Volney J. Berkenbrock

Secretário executivo
Leonardo A.R.T. dos Santos

Editoração: Barbara Kreischer
Diagramação: Raquel Nascimento
Revisão gráfica: Nilton Braz da Rocha / Fernando Sergio Olivetti da Rocha
Capa: Érico Lebedenco

ISBN 978-65-5713-668-3 (Brasil)
ISBN 978-1-64259-263-4 (Estados Unidos)

Este livro foi composto e impresso pela Editora Vozes Ltda.

Sumário

Prefácio, 7

1 O senso comum, o pressuposto e o poder, 17

2 O atual senso comum: realismo capitalista, 80

3 Capitalismo e militarismo, 138

4 Capitalismo *versus* meio ambiente, 218

5 Neoliberalismo, globalização e financeirização, 284

6 Resistência e resposta, 354

7 Mudança social, 411

Capitalismo e Covid-19 – Uma coda conclusiva, 457

Referências, 471

Índice, 489

Prefácio

Guerras ilimitadas e aparentemente intermináveis, tanto quentes quanto frias. Catástrofe ambiental generalizada e abrangente. Níveis incomparáveis de riqueza global e desigualdade de renda. E, em resposta a esses e outros sintomas de colapso do sistema, regimes cada vez mais repressivos e autoritários, jogando com uma retórica virulentamente divisiva. Condições que caracterizam a vida cotidiana de bilhões no planeta neste momento. Este livro é baseado em um curso que ministramos em conjunto na Universidade do Arizona nos últimos três anos, que tentou relacionar esse conjunto de condições existenciais às suas causas sistêmicas subjacentes. O curso também se esforçou para fazer essas relações de forma a apontar para políticas de coalizão e ações eficazes.

Os principais objetivos do curso, e agora deste livro, são pensar sobre a forma predominante em que a sociedade se organiza social, política, econômica e culturalmente e, em seguida, tecer as relações teóricas, históricas e práticas entre essa forma de organização social e os tipos de desdobramento que dela resultam. E, num segundo plano, ao demonstrar os fundamentos estruturais sistêmicos dessas questões aparentemente desconexas, temos a esperança de fornecer um conjunto de justificativas para a coesão política e a coalizão entre os numerosos e diversos grupos que trabalham em prol da justiça econômica, social, política e ambiental.

Particularmente, conforme apresentado pelos principais mecanismos que moldam visões de mundo amplamente compartilhadas, esses fenômenos quase sempre aparecem, na superfície, como se estivessem completamente sem relação entre si. Essa caracterização predominante é verdadeira mesmo para profissionais e ativistas e, portanto, raramente propicia os tipos de coesão política e coalizão que são necessárias para respostas eficazes, coerentes e progressivas.

Está claro que muita coisa mudou no cenário político norte-americano e internacional desde que oferecemos o curso pela primeira vez em 2017, mas nosso objetivo, nos últimos três anos, foi tentar enfatizar as continuidades nas questões que são motivo de preocupação para nós. Ou seja, embora estejamos interessados em refletir sobre as condições em mudança, estamos sobretudo focados em contextualizar essa mudança dentro de uma ampla faixa de fenômenos históricos, políticos, econômicos e sociais. Queremos tornar essas mudanças explicáveis e destacar suas relações inerentes, em vez de simplesmente abandoná-las, como se costuma fazer, como eventos distintos e não relacionados. Nosso esforço caminhou no sentido de iluminar algumas das novas formas e ênfases que essas questões assumiram nos últimos anos, mas novamente de uma maneira que demonstrasse suas relações e fundamentação em estruturas sistêmicas e institucionais de longa data.

Começamos, tanto no curso quanto neste livro, fazendo uma pergunta muito simples: como sabemos o que pensamos que sabemos sobre o mundo? Nesta investigação inicial, tomamos um conjunto de questões que examinam as maneiras pelas quais as pessoas entendem como o mundo funciona. Esse conjunto de processos, utilmente entendidos como a produção, o reforço e a mudança do senso comum, pertencem a um projeto constante. Aqueles que são beneficiados pelo *status quo* trabalham continuamente para nos fazer entender que a maneira como as coisas são é tal e qual como as coisas deveriam ser. E, desse modo, as maneiras como entendemos o mundo estão muito relacionadas às maneiras como interagimos com ele. Também pretendemos elucidar as complexas relações entre o senso comum e o poder. Aqui, tomamos as noções gramscianas de hegemonia, a definição e o papel dos intelectuais e as maneiras pelas quais a economia (amplamente entendida) e outras dimensões da sociedade interagem para produzir as experiências variadas da vida cotidiana para diferentes classes e categorias de pessoas.

No segundo capítulo, fazemos um exame do que consideramos o senso comum predominante e atual em grande parte (embora não em todo) do mundo. Se, como defendemos, o senso comum é uma noção muito útil para entender como pensamos e entendemos o mundo, o que é o senso comum atual? Nós, junto com outros analistas, chamamos o senso comum predominante de realismo capitalista. Compreendemos este termo não apenas como categoria descritiva do quadro político-econômico dominante, mas também para destacar a afirmação adicional daqueles que defendem que não há em verdade alternativa sólida à organização da sociedade nos termos do capitalismo de Estado industrial de estágio avançado. É evidente que grande parte da sociedade, decerto a sociedade norte-americana, mas também muitas outras sociedades, se encontra organizada sob tais termos. Essa é a estrutura básica dentro da qual tentaremos entender os problemas e consequências resultantes. Mais uma vez houve, nos últimos anos, mudanças substanciais no âmbito das variantes do capitalismo em estágio avançado, e nossa avaliação situa essas mudanças dentro de continuidades e contextos apropriados.

No terceiro capítulo, começamos a examinar alguns dos efeitos mais significativos que resultaram (como, este é nosso ponto, seria de se esperar) da organização de sociedades nos moldes de uma economia política capitalista realista. Começamos com as relações multifacetadas entre o capitalismo e os vários mecanismos históricos e contemporâneos que os capitalistas (e seus parceiros vitais dentro dos sistemas estatais) usaram para espalhar essa forma de economia política ao redor do globo. Esses processos têm sido conhecidos mais comumente como colonialismo ou imperialismo (em suas formas tradicionais ou neoformas) e, muitas vezes, têm sido acompanhados por processos de militarismo, não raro necessariamente relacionados. Nesse capítulo, pensaremos com muito cuidado sobre como o capital, quando desinibido pelas restrições à mobilidade, percorre o mundo em busca das condições que maximizarão a mais-valia e o lucro. Historicamente (e contemporaneamente também), estas geralmente incluem mão de obra ou recursos mais baratos e/ou mercados mais lucrativos. Mais recentemente, as condições atraentes também passaram a incluir ambientes regulatórios (por exemplo, ambientais ou trabalhistas), monetários ou fiscais mais desejáveis para a maximização do acúmulo de lucros. Essas aventuras, muitas vezes necessitando de incursões nas prerrogativas e soberanias de outros, produziram uma longa e sangrenta história, a exemplo do presente, e resultará provavelmente em um futuro calamitoso.

No capítulo 4, passamos a examinar os efeitos mais significativos da relação entre uma economia política capitalista e o meio ambiente, que, poderíamos argumentar, agora constituem um segundo conjunto de crises existenciais. Embora existam certamente variantes do modelo capitalista abstrato, uma tendência persistente e típica é avaliar o planeta como armazém (de *inputs* de recursos necessários, incluindo recursos de energia) e/ou sumidouro (para produtos residuais de todos os tipos, devido em grande medida a uma novidade continuamente procurada e a concomitante obsolescência do antigo). Como consequência dessa orientação, a natureza, como valor inerente e garantia utilitária de uma vida sustentável, deve ser submetida ao cálculo implacável de custos e benefícios. Em tais avaliações, qualquer coisa que fracasse na maximização dos lucros ou minimização das perdas precisa ser reduzida, idealmente para um valor zero. Em combinação com um foco intensivo em prazos cada vez mais curtos para um retorno máximo do investimento, um imperativo impulsionado pela competição para externalizar todos os custos que não contribuem para o resultado final produzem a já exaustiva litania de problemas ambientais, incluindo a catástrofe climática que agora ameaça a vida no planeta como o conhecemos.

No capítulo seguinte (capítulo 5), começamos a examinar a violência mais mundana e cotidiana do capitalismo em sua forma atual neoliberal, globalizada e financeirizada. Embora não necessariamente tão dramáticas em alguns aspectos como o militarismo ou a catástrofe ambiental, essas questões cotidianas são emblemáticas dos tipos de impacto produzido para bilhões de pessoas em suas vidas cotidianas em todo o mundo. Começando em grande parte no fim da década de 1970 e florescendo no início da década de 1980 (embora as ideias originais na verdade datem de muito mais longe), especialmente nos Estados Unidos e no Reino Unido, o neoliberalismo tem sido um projeto contínuo das elites para recuperar os poucos ganhos obtidos por outras classes imediatamente após o fim da Segunda Guerra Mundial. Os princípios centrais incluem a eliminação (ou de preferência a privatização) de serviços governamentais de todos os tipos, um ataque total à capacidade de organização do trabalho, a desregulamentação massiva de todos os segmentos da economia e a fé absoluta em princípios baseados no mercado para julgar todos os elementos da vida social, política, cultural e econômica. Os resultados têm sido níveis impressionantes de riqueza e desigualdade de renda, o desaparecimento ou destruição significativa até mesmo das provisões das redes de segurança social mais resistentes, a perda de "bens comuns" em praticamente todos os setores, e a redução (idealmente para zero) das expectativas do público em face de qualquer coisa que possa ser fornecida por algo chamado "sociedade".

Essas são, então, três categorias amplas de consequências que examinamos a seguir: militarismo (e ameaças de guerra e "terrorismo"), catástrofe ambiental e o conjunto aparentemente mais mundano de efeitos neoliberais. Mas esses fenômenos produzem reações. Uma vez que esses efeitos se revelem à luz do dia, precisamos pensar sobre a forma como os movimentos sociais se fazem coesos em torno deles e as demandas por mudanças progressivas são afirmadas. Mas, ao mesmo tempo, queremos pensar sobre as maneiras pelas quais as elites (que têm a vantagem de manter ou reforçar o *status quo*) respondem a essas reações. Esses são os assuntos que abordaremos no capítulo 6. Nos últimos anos (como nas décadas anteriores), vimos uma enorme coleção de bandeiras de movimentos sociais pela justiça social, política e econômica: movimentos antiausteridade, ativismo ambiental, promoção dos direitos humanos (incluindo expansões da definição de "homem" e a lista dos próprios direitos), reforma da justiça criminal, eliminação/redução da pobreza e muitos outros. Uma reiterada frustração advém da capacidade bem-sucedida das elites de manter esses movimentos separados e, muitas vezes, de fato, antagônicos uns aos outros. Um dos nossos principais objetivos aqui é demonstrar as ligações fundamentais entre essas questões aparentemente díspares, a fim de fornecer a justificativa e o ímpeto para a coalizão e a unidade.

Diante da resistência crescente, as elites têm sido capazes de explorar o descontentamento atual para colocar elementos da sociedade uns contra os outros. Também abordaremos esse lado da questão no capítulo 6. Frequentemente, esse conjunto de estratégias é apresentado sob a forma do chamado populismo (ou nacionalismo, ou patriotismo, ou nativismo etc.), em que a culpa pelas condições atuais é colocada nos segmentos mais vulneráveis da população (imigrantes, comunidades não dominantes, os velhos, os jovens, os deficientes, "desviantes" das normas sexuais ou outras), que são então implacavelmente eliminados por causa dos elementos "virtuosos" e merecedores da sociedade. Isso tem (pelo menos) o duplo efeito de conferir poder adicional às mãos de "populistas" autoritários que protegerão os dignos dos indignos e de desviar a atenção e a culpa daqueles na sociedade que realmente tomam as decisões que produzem as consequências indesejadas.

No capítulo final, examinamos alguns elementos concretos envolvidos no trabalho em direção a uma mudança progressiva, bem como alguns dos obstáculos que restringem esses esforços. É fundamental ter em mente, assim como tentamos transmitir aos alunos de nossos cursos, que essas questões e problemas têm solução. Existem pessoas trabalhando em respostas e implementando-as. O trabalho delas demonstra que mudanças úteis podem ser realizadas, mas também que existem barreiras, quase sempre bastante significativas. Muitos desses obstáculos são institucionais e embutidos nos sistemas de poder. Como uma parte importante de qualquer trabalho corretivo, temos que tentar entender essas barreiras e configurar maneiras de superá-las. Apesar de tais obstáculos, no entanto, tentativas vigorosas no sentido de solucioná-las têm de ser encaradas.

Esse, portanto, é o arco do livro. Começamos examinando como pensamos que entendemos o mundo: pensando sobre como o mundo é primordialmente organizado, pelo menos para os propósitos sobre os quais queremos falar; em seguida, tratamos de algumas das consequências mais cruciais dessa organização; e então abordamos as maneiras pelas quais os movimentos se organizam em torno desses tipos de impactos. Cada capítulo é composto de versões editadas das palestras que ministramos nos últimos três anos, mas contando principalmente com as que ministramos na primavera de 2019. Refletindo suas diferentes, embora vinculadas, intenções, as duas partes de cada capítulo são estilisticamente distintas. Na primeira parte de cada capítulo (baseada nas palestras de Waterstone), procuramos elaborar uma visão geral teórica, conceitual e histórica do tópico específico. O estilo mais formal, portanto, geralmente elabora essa ênfase analítica e deliberadamente abstrata. Na segunda parte de cada capítulo (baseada nas palestras de Chomsky), apresentamos um conjunto de ilustrações históricas e contemporâneas bastante concretas para enfatizar os pontos mais abstratos. Aqui, o tom e o estilo, impulsionados pela natureza empírica fundamentada do material, assumem um teor mais narrativo e conversacional. Embora no curso esses dois elementos tenham de fato configurado palestras separadas, em nossa apresentação delas, fomos capazes de apontar seus vínculos mais importantes de forma bastante explícita. Com base em um amplo *feedback*, para os mais de mil alunos que fizeram o curso nos últimos três anos, essa combinação e integração de conteúdo e estilo provou-se provocativa e produtiva. Em todas as oportunidades, aqui, como esperamos ampliar a circulação dessas ideias para além da sala de aula, vamos repetir essa abordagem de traçar as conexões entre as duas partes complementares de cada capítulo.

Uma palavra final sobre organização e conteúdo. A fim de substanciar e reforçar os pontos sobre a necessidade e possibilidade de mudança progressiva, e para ajudar a aliviar um pouco do peso sombrio das palestras, na versão mais recente do curso, incluímos visitas duas vezes por semana (com duas exceções, quando tínhamos apenas um visitante em uma determinada semana) de ativistas e profissionais que trabalhavam nas questões em discussão durante a semana específica. Alguns deles eram convidados locais que visitaram a aula pessoalmente; outros eram visitantes virtuais que chegavam eletronicamente de todo o país. Como parte de uma seção para cada capítulo sobre fontes adicionais (relacionadas todas juntas ao fim do livro), que incluirá todas as leituras necessárias e sugeridas para cada capítulo, bem como algumas referências fundamentais e adicionais, também apresentaremos um breve panorama da apresentação de cada um de nossos visitantes, bem como endereços eletrônicos para suas organizações. Mais uma vez, nossa sensação, a partir do retorno dos alunos, é que essas visitas cumpriram nosso propósito pretendido de fornecer à turma a esperança de que a mudança é possível e com alguma entrada nessa esfera de atividade.

A geração mais jovem em nossos cursos e aqueles que estão lendo este livro estão enfrentando problemas que nunca surgiram em toda a história da humanidade. A espécie sobreviverá? A vida humana organizada sobreviverá? Essas perguntas não podem ser evitadas. Não há como ficar à margem. Se alguém escolher essa opção, estará essencialmente fazendo uma escolha pelo pior. Este livro é nossa tentativa de articular como podem ser as ações mais eficazes e como elas podem ser realizadas.

1
O senso comum, o pressuposto e o poder

Palestra de Waterstone, 15 de janeiro de 2019

Como sabemos o que pensamos que sabemos sobre o mundo? Como nos conduzimos em nossa vida cotidiana e como negociamos situações novas? Neste primeiro capítulo, estamos interessados em responder a questões sobre os mecanismos envolvidos na produção, reforçando, por vezes, mudança dos processos interpretativos pelos quais as pessoas chegam a conclusões (às vezes corretas, mas frequentemente incorretas ou imprecisas) sobre: (1) como o mundo opera em circunstâncias específicas; e (2) como o mundo poderia ou deveria operar. Embora comecemos esta discussão em um nível um tanto abstrato e geral, estamos sempre preocupados em pensar tais questões dentro dos contextos que são de maior interesse para nós; isto é, contextos sociais, políticos e econômicos públicos, em vez de em esferas predominantemente privadas de pensamento e atividade. Para começar sem rodeios, chamaremos de bom-senso aquilo que pertence ao âmbito do que acreditam muitas pessoas em uma determinada época e lugar.

A noção de senso comum

"O ponto central para a noção de senso comum é que suas verdades não precisam de pensamento complexo para serem apreendidas, tampouco de evidência para serem aceitas. Sua verdade é aceita pelo corpo social como um todo e se coloca imediatamente aparente a qualquer pessoa de inteligência normal." A definição acima, do livro de Kate Crehan (2016), inclui uma série de conceitos muito escorregadios, coisas com as quais deveríamos nos preocupar sempre que as vemos, coisas como "o corpo social como um todo", "qualquer pessoa de inteligência normal", e coisas ou ideias que aceitamos por aquilo que aparentam, sem provas. Todas essas coisas deveriam ser um alerta para nós. Mas são elementos claramente do que pensamos entender sobre a noção de senso comum. Na verdade, isso é parte de como o senso comum funciona, por meio desses tipos de mecanismos irrefletidos e aceitos como naturais.

Existem várias e diferentes noções de senso comum. A primeira delas vem de Aristóteles, e é que o senso comum é, na verdade, um sexto sentido que organiza os outros cinco sentidos e nos permite entender o mundo. Em outras palavras, experimentamos todos os tipos de estímulos sensoriais, seja pela audição ou pela visão, olfato, tato ou paladar, mas há um sexto sentido, que, de acordo com Aristóteles, nos permite integrar tudo isso e fazer coisas que entram em nosso cérebro de forma significativa. Essa é uma noção de senso comum, uma espécie de noção mecanicista.

A segunda é o que as pessoas em um determinado tempo e lugar sabem sobre o mundo e seu funcionamento. A escala de fato importa aqui; isto é, quanto mais próximo você está, quanto mais proximidade você tem dos outros, mais comum é o seu senso comum (pelo menos como postulado nesse tipo de enquadramento) e mais distinto de outros distantes. É dessa noção que chegamos a uma frase como: "Ora, é apenas senso comum. Claro que é assim que as coisas funcionam". Esse é outro tipo de noção de senso comum.

Um terceiro é aquele que realmente coloca uma validade normativa em algum senso comum e dá a ele uma espécie de inflexão positiva. Essa noção de senso comum a torna equivalente ao bom--senso. Essa variante é às vezes caracterizada na dicotomia "saber da experiência *versus* saber dos livros". Você sabe o que seu instinto lhe diz. São muitas as pessoas que agem na sociedade dessa forma. É aqui que uma frase como "Use do senso comum" é usada. Em outras palavras, "você sabe como o mundo funciona, certo, então use seu bom-senso".

Agora vamos nos voltar para uma formulação que caracteriza tudo isso de maneira um pouco diferente: o sociólogo e teórico social britânico Anthony Giddens e sua noção de consciência prática (1984). Ela está relacionada ao senso comum. Os dois primeiros enquadramentos do senso comum que acabamos de descrever (a noção aristotélica e a noção de que todo mundo meio que sabe sobre como o mundo funciona) estão relacionados ao que Giddens pensa como consciência prática, que ele descreve como um acúmulo de comportamento aprendido para que naveguemos pelas situações com que nos deparamos em nossa vida cotidiana. Ele a chama de consciência prática, e a distingue do que define como consciência discursiva (1984).

Ao utilizar a consciência discursiva deve-se ter uma conversa interna que lhe diga como operar no mundo. Você tem que pensar sobre as coisas com muito cuidado. A consciência prática não funciona assim. Você na verdade sabe, em muitas circunstâncias, como se comportar, o que esperar, o que acontecerá no mundo se você se comportar de uma maneira particular, e é por isso que, no ano passado, comecei gritando com as pessoas, porque não é o que pensamos que entendemos sobre uma situação como essa. Isso não faz parte do decoro. É inesperado.

Mas a consciência prática raramente é elevada a esse tipo de nível de conversação interna discursiva. Isso é essencial. O fato de não termos que pensar em cada coisa que fazemos e como operamos no mundo é uma coisa muito boa. Caso contrário, nos sentiríamos essencialmente paralisados. Se tivéssemos que reaprender cada instância em que operamos no mundo todos os dias, seríamos de fato inibidos de qualquer comportamento. Portanto, é uma coisa boa que muito do que fazemos em nossas interações seja dessa maneira transformado em rotina; isto é, que se trate, de fato, de uma consciência mais prática do que discursiva.

Existem algumas circunstâncias em que nos tornamos autoconscientes de que estamos operando dentro do espaço de regras. Uma dessas circunstâncias é quando estamos em situações novas. Por exemplo, quando viajamos e entramos em locais onde não conhecemos as regras. Algumas coisas acontecem então. Se você já teve essa experiência, sabe que é esse o caso. A primeira coisa: você tem que pensar um pouco sobre como se comportar, qual é o comportamento adequado, o que vai mantê-lo em uma zona segura em vez de confrontar coisas que se tornem desconfortáveis. Então essa é uma das coisas que acontecem: você começa a pensar sobre como as coisas funcionam em ambientes desconhecidos. Se elas funcionam de forma diferente de como funcionam onde você normalmente opera, bem, você pode se perguntar: como vou descobrir como as coisas funcionam? Isso é uma coisa que acontece.

A segunda coisa que acontece, se pelo menos estivermos cônscios desse processo, é que começamos a entender que muito do comportamento é, na verdade, tangido por regras. É governado

20

por regras, mesmo que na maioria das situações não tenhamos que pensar sobre elas, ou mesmo no fato de que existem regras.

Esse é um tipo de passo muito importante, pensar sobre o fato de que muito do comportamento é limitado por regras, e é isso que Giddens tem em mente quando diz que a consciência prática funciona para a maioria das situações cotidianas, mas há circunstâncias em que nós começamos a perceber que internalizamos um grande número de comportamentos governados por regras (1984). Na verdade, para usar um termo que quero enfatizar, nós os consideramos pressupostos.

Uma segunda circunstância em que podemos passar da consciência prática para a consciência discursiva é quando estamos operando em situações em que pensamos que conhecemos as regras, mas algo inesperado acontece. Ou algo imprevisível ocorre ou não gostamos das consequências. Mas, novamente, esse tipo de situação produz em nós essa noção de que a vida é bastante limitada por regras e que precisamos entender como as coisas funcionam.

Uma pergunta importante que Giddens faz sobre tudo isso, e sobre a qual voltaremos e pensaremos, é de onde vêm todas essas regras? Como essas regras de comportamento entram em ação? Voltarei a isso com um pouco mais de detalhe a seguir, mas apenas por ora gostaria de apresentar esse conceito muito infeliz que Giddens cunhou. É um processo que ele denomina de estruturação (1984).

O que ele quer dizer com isso é que as pessoas, por meio de suas práticas, criam e reforçam as regras, mas depois esquecem o fato de que são regras feitas por pessoas. As regras começam a assumir um caráter segundo o qual elas simplesmente parecem começar a funcionar independentemente da sociedade. Essa questão em que esquecemos que somos os criadores das regras é o que torna o

21

status quo tão persistente até certo ponto. Mais uma vez, passamos a pensar as regras da vida cotidiana como pressupostas. É assim que as coisas funcionam; é assim que as coisas deveriam funcionar. É normal: é senso comum. Eu voltarei e falarei sobre isso. Também quero deixar claro, neste ponto, que nem todo mundo está em igualdade de posição para formular essas regras e integrá-las ao hábito, e voltaremos e pensaremos sobre isso.

De onde vem nosso senso comum? Como aprendemos essas regras? Torno a citar Kate Crehan: "Em certo sentido, todos temos nosso próprio estoque particular de senso comum. Muito disso será compartilhado por outras pessoas em nosso ambiente imediato [essa é a questão da proximidade], variando conforme esses outros se tornam mais distantes. Portanto, somos aculturados de forma a compreender essas regras" (Crehan, 2016).

As primeiras influências claramente, e isso será bastante prosaico, são nossos pais e familiares próximos. Há alguma noção de que parte desse aprendizado de fato ocorre no útero, mas não vamos entrar nisso no momento. Depois de nossa família imediata, nossa família estendida, nossos amigos, o sistema educacional, incluindo a educação religiosa se isso faz parte de nossa formação, a mídia, amplamente definida, os aparatos culturais, os tipos de coisas que chamam nossa atenção, e então nossa própria experiência acumulada.

Eu só quero assinalar aqui um pouco de cautela, sobre a qual novamente falarei um pouco mais adiante. Nossa própria experiência acumulada torna-se cada vez mais cristalizada com o tempo. Ou seja, começamos a pensar que sabemos como o mundo funciona, e as coisas que estão de acordo com esse ponto de vista em evolução, nós aceitamos muito mais facilmente do que as coisas que parecem contradizer como pensamos que o mundo funciona. Essa evolução é uma espécie de processo contínuo, uma vez que precisamos entender cada vez mais como o mundo funciona.

Também é importante aqui distinguir entre o que é possível saber e compreender em primeira mão e as informações que chegam a nós de segunda, terceira ou quarta mão por meios os mais diversos; isto é, informação mediada, que é cada vez mais o caso. Quer dizer, sabemos cada vez menos sobre o mundo em primeira mão do que por meio de outras fontes de informação.

Também é importante ressaltar que nada entra em nossos cérebros ou mentes sem ser filtrado. Voltando à ideia de Aristóteles, a primeira definição de senso comum (ou seja, o sentido a mais que nos permite dotar de significado o que outros sentidos nos dizem sobre o mundo) se afasta da questão muito importante de como esse sentido adicional é construído. O que estou sugerindo é que parte da nossa aculturação, parte da maneira como desenvolvemos uma ideia de senso comum, é desenvolver um conjunto de filtros que nos digam o que é importante, o que não é importante, como devemos interpretar o que recebemos como estímulos. Alguns desses filtros podem estar certos, outros errados.

Portanto, a questão do pressuposto e do reforço do senso comum é um fenômeno muito importante. Na verdade, é o que acabei de descrever, ou seja: começamos a filtrar as coisas que realmente não estão de acordo com a maneira que, segundo pensamos, o mundo funciona, e rejeitamos as coisas que realmente são contraditórias. Esse é especialmente o caso, eu diria, e está se tornando cada vez mais o caso, por meio do que consideramos como este efeito de bolha ou silo. É aqui que somos canalizados em muitas de nossas interações midiáticas, particularmente rumo a coisas que parecemos já ter aceito.

23

Portanto, sempre que você vir uma sugestão "Se gostou disso, vai adorar aquilo", saiba que essa tática funciona de acordo com algoritmos que produzem esse efeito de canalização. Isso está acontecendo de todas as formas nas redes sociais e até mesmo na mídia convencional. As pessoas são da CNN, ou da MSNBC, ou da Fox News. Portanto, há uma tendência de nos isolarmos ou nos colocarmos nessas bolhas, e isso está se tornando cada vez mais corrente.

Agora, uma pergunta importante: estamos pensando em senso comum (singular) ou estamos pensando em sensos comuns (plural)? Frequentemente, o fato óbvio de um ser racional representa, para outrem, uma afirmação questionável ou totalmente errada. Existe mais de um senso comum, e até mesmo fatos aparentemente incontestáveis podem mudar com o tempo. Mesmo no que concerne a nós mesmos: se tivermos a mente aberta, em determinado momento uma coisa se coloca crível para nós e, depois, outra completamente diferente. Não resta dúvida, de todo modo, que existem diferentes sensos comuns operando simultaneamente. Essas são as fontes de controvérsia e argumentação.

A noção de um único senso comum, "que todos os homens têm em qualquer civilização é absolutamente estranho ao espírito dos cadernos [do cárcere, de Gramsci]. Tanto para Gramsci quanto para Marx, qualquer civilização é tão fraturada pela desigualdade que, para compreendê-la, é necessário começar por essa desigualdade. Aquelas coisas mais elementares que são as primeiras a serem esquecidas, o fato de que realmente existem governantes e governados, líderes e liderados. O senso comum em toda a sua confusão multitudinária é o produto de um mundo fragmentado" (Crehan, 2016).

Sim, existem vários sensos comuns operando em qualquer momento e lugar em particular. Sempre existem sensos comuns concorrentes em jogo, que nos dizem várias coisas. De pronto, isso nos diz que o senso comum é instável. Ele muda com o tempo. Ele muda de um lugar para outro, de um grupo – por exemplo, uma classe social – para outro, de um ambiente para outro, e assim por diante. Isso também nos diz que o senso comum é maleável e sujeito à manipulação. Não é uma coisa estável. O senso comum pode mudar.

Comecemos a vincular essas noções do que está em jogo na ideia de senso comum à ação política. Em última análise, como afirma Kate Crehan, "o que interessa a Gramsci é o conhecimento que mobiliza movimentos políticos capazes de provocar transformações radicais" (Crehan, 2016). Era nisso que Gramsci estava interessado. Uma de suas questões centrais era tentar entender como o povo italiano veio a aceitar Mussolini e o fascismo. Ele estava muito interessado em produzir um esforço para compreender esse tipo de questão.

O conhecimento mais importante parece ser precisamente o conhecimento que, quando encarnado em coletividades autoconscientes, tem o potencial de agir no mundo. Para Gramsci, as coletividades fundamentais, como bom marxista, eram as classes. Ele estava interessado na luta de classes.

As teias de inteligibilidade em que nossa socialização nos envolve desde o dia de nosso nascimento são uma realidade da qual todos nós começamos. Somos todos, em alguma medida, criaturas da opinião popular e, ainda assim, em certos momentos históricos, ocorre uma transformação social radical. Quando e por que isso acontece? Percorrendo os cadernos de Gramsci, fica a pergunta: qual a relação entre a opinião popular, outra expressão do senso comum, e a transformação social? Como essas coisas estão interligadas, se é que estão interligadas? Essa era uma questão central para Gramsci, e que Marx realmente não abordou em nenhum grau significativo. Portanto, Gramsci é considerado, em muitos sentidos, um teórico cultural do marxismo.

"Apesar de todas as suas críticas" ao senso comum – e Gramsci foi bastante crítico a respeito: ele pensa no senso comum como uma espécie de barafunda e considera-o muito pouco sofisticado em muitos aspectos –, "a postura de Gramsci não era totalmente negativa. Embutido na confusão caótica do senso comum, que é a um só tempo casa e prisão, ele identifica o que denomina *buon senso* [bom-senso]" (Crehan, 2016). Ou seja, sentimo-nos confortáveis em nossa noção de senso comum, mas também somos limitados por ela. Eis o que significa, neste caso, casa e prisão. E há um cerne de bom-senso no senso comum.

A frase "ser filosófico a respeito disso", além de exigir paciência ou resignação, também pode ser vista, e foi para Gramsci, um convite para que as pessoas reflitam e se deem conta de que tudo o que acontece é basicamente racional e deve ser confrontado como tal. É assim que o bom-senso pode ser extraído do senso comum, mas se trata de um processo. É um processo que Gramsci diz que tem que ser extraído e organizado de forma coerente pelos intelectuais – esse é o papel dos intelectuais para Gramsci.

Mas ele tem uma noção muito ecumênica do que vem a ser um intelectual. Qualquer um, na visão de Gramsci, dada a oportunidade, poderia ser um intelectual, ou seja, uma pessoa capaz de refletir sobre as condições de sua própria existência material e pensar por que essa existência tem as características que tem. Portanto, para Gramsci, qualquer um poderia ser um intelectual.

O papel dos intelectuais é extrair o bom-senso da barafunda do senso comum. Gramsci pensa no intelectual em basicamente dois enquadramentos. Intelectuais orgânicos são aqueles que permanecem ligados à sua classe e ao campo mais amplo dos interesses de classe. Dizer isso não significa necessariamente um tipo de tendência política ou outra. Adam Smith, o economista clássico, eu diria, é um intelectual orgânico para sua classe, a classe burguesa.

Os intelectuais tradicionais, como Gramsci os descreve, são pessoas interessadas em serem apologistas, explicadoras ou defensoras do *status quo*. Os intelectuais tradicionais também são o que Marx teria chamado de economistas vulgares, com os quais ele travava disputas e diálogo. Portanto, o papel dos intelectuais é extrair do senso comum as sementes do bom-senso.

Muito bem. Deixarei agora o abstrato por um instante e pensarei sobre um exemplo concreto de algo que pensamos como senso comum, ao qual retornaremos de formas distintas em outros momentos do curso. O sonho americano como senso comum. Se eu coloco essa ideia, você constitui uma imagem imediata em sua mente? Como ela é?

O sonho americano, aqui está: nos Estados Unidos (e ele não está apenas limitado unicamente aos Estados Unidos, é claro), se você trabalhar duro e seguir as regras, terá sucesso. Trabalhe duro, siga as regras, você terá sucesso. Isso faz parte do sonho. Normalmente, também inclui uma métrica do que constitui o sucesso. Quase invariavelmente assume a forma de uma *commodity*, o sucesso. Já que esse é o tipo de recompensa que um sistema capitalista pode e deve oferecer.

Por exemplo, uma formulação recorrente é uma casa própria. Não quero ir muito longe na discussão de por que essa medida particular de sucesso; isto é, uma casa própria no subúrbio e assim por diante, foi a forma preferida de conotar e ilustrar o sonho americano. Mas isso teve muito a ver com o aumento do consumo de massa. A própria frase, "o sonho americano", foi cunhada na dé-

27

cada de 1930 basicamente no coração da Grande Depressão. Muito desse enquadramento apontava para a necessidade de manter a economia seguindo em bom ritmo quando a Segunda Guerra Mundial terminasse. Portanto, uma das maneiras pelas quais a indústria poderia continuar era promovendo não o consumo coletivo, mas o individual. Então, todo mundo tinha que ter sua própria casa. E, consequentemente, todos tinham que ter seu próprio refrigerador, seus próprios utensílios domésticos. Você não poderia compartilhar essas coisas, possuí-las em comum. Isso não constituía mercado suficiente. Portanto, o sonho americano assume uma forma particular, isto é, de comoditização.

O sonho americano, como senso comum, também tem algumas ideias pressupostas nas entrelinhas. A primeira é que os Estados Unidos são uma meritocracia. Ou seja, um sistema no qual o sucesso das pessoas na vida depende de seus talentos, habilidades e esforços. Essa é uma das ideias subjacentes à noção de que se você trabalhar duro e seguir as regras, terá sucesso. Existe um *ethos* de realização individual. Você consegue sozinho – o *self-made man*, a *self-made woman*.

Isso tem expressão em várias outras sociedades. Alguns de vocês devem se lembrar da dama de ferro, Margaret Thatcher. Uma de suas muitas, muitas frases de efeito citáveis foi "Não existe sociedade", falada enquanto ela desmantelava a sociedade britânica na época. Não existe sociedade. Existem apenas homens e mulheres individualmente, e então era mais ou menos, depois disso, suas famílias, se você conseguir mantê-la unida nessas circunstâncias.

Outra presunção tácita é que as regras são justas e são conhecidas de todos ou por todos conhecíveis, ou seja, que operamos em igualdade de condições. Se essas ideias forem violadas, a formulação do sonho americano ficará muito ameaçada. Mas se presumirmos que essas coisas são tal como ocorrem, então podemos ser persuadidos de que o sonho americano é de fato uma concepção viável da sociedade.

Mas vou sugerir... Não vou sugerir. Direi apenas que há um significado inverso a tirar do entendimento do senso comum de como nossa sociedade funciona. Esse significado inverso é o seguinte: nos Estados Unidos, se você não tiver sucesso, ou não está trabalhando duro o suficiente, ou não está obedecendo as regras, ou ambos. Portanto, se você não tiver sucesso, e este é o reverso de pensar no sonho americano tal como ele é apresentado, essencialmente, seu fracasso é culpa sua. Esse é outro corolário da noção individualizada de como a sociedade funciona. Todas as oportunidades estão aí. Se você falhar, a culpa é sua. Não há nada de estrutural, sistêmico ou injusto no seu caminho, seja historicamente, contemporaneamente ou no futuro.

Vamos pensar sobre essas ideias e o outro lado de seu significado por um minuto. Como você pode trabalhar duro se não há empregos para você? O que é cada vez mais a perspectiva, à medida que pensamos na exportação de empregos que ocorreu; quando pensamos na automação eliminando empregos; quando pensamos na produtividade aumentando, mas na demanda por mão de obra diminuindo. Um dos problemas pode ser: "Bem, gostaria de trabalhar muito, mas não consigo encontrar trabalho". Ou se o seu emprego pagar tão mal que, apesar de trabalhar muito, e às vezes em mais de um emprego ao mesmo tempo, você ainda não consegue fechar o mês? Portanto, a estrutura de remuneração não permite o sucesso, apesar do trabalho árduo.

Para quem se interessa por esse tipo de coisa, eu recomendo qualquer um dos trabalhos de Barbara Ehrenreich, seja *Nickel and Dimed* ou alguma de suas obras mais recentes, nos quais ela aborda o fato de muitos trabalharem muito, muito duro e simplesmente não conseguirem sobreviver. E se as regras forem manipuladas contra você de alguma forma e forem injustas?

Sei que estamos em uma sociedade pós-racial, mas suspeito que ainda existam alguns impedimentos. Também estamos agora na utopia feminista. Então 59 centavos por dólar deveriam ir tão longe quanto um dólar por dólar, certo? E se houver regras não escritas ou não faladas que discriminam algumas pessoas? Ou se houver impedimentos iniciais para oportunidades iguais de educação ou conexões familiares, ou outros fatores que tornam o campo de jogo qualquer coisa menos nivelada, o que, como sugeri, deve ser a marca registrada de uma meritocracia?

Um estudo interessante foi feito pelo Centro de Prioridades Orçamentárias chamado *Born on Third Base*. É uma análise de pessoas que estão na *Fortune 400*. Não estou falando da *Fortune 500*, que faz gráficos de empresas, mas da *Fortune 400*, que lista os indivíduos mais ricos do mundo. Esse estudo faz uma avaliação de como essas pessoas começaram. Terceira base significa que você herdou pelo menos US$ 50 milhões. Portanto, nosso atual presidente não se qualificaria pelo menos em seus primeiros seis anos de vida. Mas então eles vão até a primeira base, que ainda é bastante substancial. Uma pessoa de primeira base seria alguém como Bill Gates, que é um dos modelos capa de revista da *self--made person*. Ele teve a oportunidade de ir a Harvard e, segundo ele mesmo, não era uma pessoa que se fez sozinho, e realmente foi muito ajudado pela sociedade, incluindo toda a infraestrutura paga por investimentos públicos de pesquisa e desenvolvimento sobre os quais a própria indústria da informática foi construída.

Mas, de qualquer forma, eles examinam essa lista e descobrem que apenas 35% das pessoas na *Fortune 400* nasceram em outros lugares além da primeira base (em si um espaço com vantagens materiais substanciais). A maioria das pessoas nem sabe que existe um campo, ok, muito menos chegar perto do fim do circuito ou qualquer outra coisa assim. Mas essas vantagens ou impedimentos iniciais, tanto para as oportunidades educacionais quanto para as conexões familiares, podem ter algo a ver com o seu sucesso, não importa o quanto você trabalhe ou o quanto você siga as regras.

Portanto, o sonho americano é assim. Mas se deixarmos a noção de senso comum do sonho americano permanecer por apenas um momento, aqui estão algumas perguntas que devemos fazer quanto a quaisquer elementos tidos como pressupostos do *status quo* político, social e econômico. O primeiro é quem se beneficia dessa visão da sociedade? Ou seja, se acreditarmos no sonho americano de que para ter sucesso as pessoas devem trabalhar duro, devem seguir certas regras que não são escritas por elas, mas às quais devem obedecer. Se acreditarmos nisso, quem se beneficia desse tipo de orientação para a sociedade e quem sai perdendo? Devemos estar sempre pensando em quem são os vencedores e os perdedores aqui.

Também sugere algumas questões sobre as implicações políticas, sociais e econômicas de tal entendimento. Por exemplo, qual sua implicação em relação ao papel do governo? Se tudo for feito por você, o governo tem algum papel em ajudar as pessoas? E a sociedade civil? Alguma coisa requer a intervenção da sociedade civil? Ou devemos apenas deixar que a benévola disposição do mercado nos diga como as coisas devem funcionar? Mas tomar o sonho americano em sua formulação típica tem implicações muito sérias para o que pensamos sobre o papel de qualquer uma dessas instituições. Precisamos, portanto, pensar com cuidado sobre isso. E é uma das razões pelas quais podemos ver ataques a coisas como o bem-estar, a não ser que seja chamado de subsídio, ataques a programas de benefícios sociais, assim chamados, embora tenhamos pago por eles.

Mas se você acredita que as pessoas conseguem ou não conseguem simplesmente por si mesmas, por meio de sua própria atividade e esforço, então realmente não há papel para a sociedade. As pessoas simplesmente conseguem ou não conseguem. Mas, como eu disse, pensar sobre isso tem algumas implicações.

Se vocês tiverem uma alta tolerância à obscenidade, recomendo que acessem o YouTube. O falecido George Carlin. Eu recomendo que vocês deem uma olhada em "*The American Dream*. Você tem que estar dormindo para acreditar".

Muito bem. Agora vamos examinar a relação entre senso comum e poder. Aqui está uma citação do falecido teórico da cultura Stuart Hall. É um pouco longa, mas vale a leitura:

> Por que então o senso comum é tão importante? Porque é um terreno de concepções e categorias sobre as quais a consciência prática das massas populares é realmente formada. É o terreno já formado e pressuposto no qual as ideologias e filosofias mais coerentes devem lutar pelo domínio; o terreno no qual novas concepções do mundo devem levar em consideração, contestar e transformar as concepções do mundo das massas para moldá-las e, desse modo, se tornarem historicamente eficazes (Hall, 1986).

Basicamente, o que Hall está falando aqui é que embutimos em nós noções fortemente consolidadas de como o mundo funciona. Se quisermos mudar o pensamento das pessoas e refletir sobre o mundo operando de maneira diferente, temos de lutar contra aquelas concepções profundamente arraigadas e vitalmente sustentadas de como o mundo funciona. Ele usa essa linguagem deliberadamente. Precisamos enfrentá-la. Isso é uma luta.

Portanto, "as crenças populares, a cultura de um povo", argumenta Gramsci, "não são questões, não são arenas que podem ser deixadas para que cuidem de si mesmas. Elas próprias são forças materiais. O senso comum é um campo de luta e contestação" (Hall, 1986). Ou seja, para Hall, essa é uma arena para batalhas muito ferozes. A razão para isso, claro, é que é uma forma muito potente de poder político impor uma visão de como o mundo funciona. Se você puder convencer as pessoas de que sua noção de como o mundo deve funcionar é a maneira como ele deve funcionar, você tem em mãos uma ferramenta política extremamente poderosa.

Essa forma de poder também está relacionada ao importante conceito de hegemonia de Gramsci. Uma definição de hegemonia, e há outras definições, quero dizer, temos alguns usos do termo hegemonia na linguagem comum – por exemplo, "os Estados Unidos são a única hegemonia do mundo", o que é um ponto discutível a despeito do que for, mas não é exatamente esse o significado que estou usando aqui. Hegemonia, tal como estou usando o termo aqui, é governança com o consentimento dos governados.

A forma alternativa de governança é a coerção. Agora pense nisso: se você é uma elite e quer governar as pessoas, qual dessas formas é preferível? Bem, das duas, a hegemonia é muito mais desejável para os governadores, uma vez que governança com consentimento, por definição, não produz oposição e resistência. Se as pessoas consentem em ser governadas, por que objetariam? Por que resistiriam?

Deve-se notar também, porém, que essas duas formas nunca são mutuamente exclusivas, mas existem em um *continuum*, uma vez que as estruturas de governança invariavelmente reservam para si mesmas o uso exclusivo e legítimo da coerção quando necessário

33

ou quando o consentimento falha. Essas formas estão relacionadas entre si. Mas, dada a opção, os governantes preferem a forma hegemônica à forma coercitiva, que produz resistência.

Mas por que as pessoas consentem em ser governadas? É nesse sentido que vamos começar a vincular isso a questões de senso comum, e assim por diante. É uma questão de legitimidade. Os governados devem acreditar que os governantes estão operando em seu interesse. Essa é a base sobre a qual as pessoas consentem ou dão consentimento para serem governadas. Eles acham que aqueles que governam, seus governantes, estão operando em seu interesse. Assim, concedem legitimidade a esses governantes. Na verdade, o fracasso dessa forma de governança é muitas vezes referido ou muitas vezes contido em uma crise de legitimação, ou seja, quando a legitimidade começa a falhar.

Como se desenvolve essa crença de que governantes agem no interesse dos governados? Pelo esforço de governantes de promulgar e constantemente reforçar um determinado senso comum sobre o mundo, eles não apenas fazem valer um modo de ser do mundo, como reforçam a ideia de como ele deve ser. Só quero enfatizar que esse é um projeto constante. Os governantes precisam constantemente promulgar e reforçar essa ideia de que estão operando para o bem público em nome dos governados. É um projeto constante.

Na segunda metade deste capítulo, apresentamos uma série de casos, tanto da história recente quanto de situações contemporâneas, que ilustram os fins desse *continuum*. Nosso argumento é que, para sociedades que se pretendem democráticas, o consentimento, baseado em um entendimento fundamentado em um senso comum constantemente reforçado da legitimidade dos governantes, não é apenas a forma mais desejável de governança, como é necessário para manter o verniz (grosso ou fino) da própria democracia. Para regimes mais ditatoriais ou despóticos, mesmo a pretensão de consentimento é menos necessária, pelo menos por um tempo.

Por definição, tudo o que se opõe a esse senso comum se torna literalmente impensável e se torna – e eu uso este termo deliberadamente – insensatez. Não faz sentido objetar aos governantes, se eles estão agindo em seu interesse. Essa é a ideia fundamental que sustenta o funcionamento dessa forma de governança. E muitos, muitos filósofos o articularam, mas é que os governantes estão agindo no interesse daqueles que estão sendo governados e, portanto, têm controle legítimo sobre as rédeas do governo.

Ainda no livro de Kate Crehan, "as narrativas que se tornam hegemônicas são aquelas que refletem o mundo visto, é claro, da perspectiva mais ampla dos governantes, e não dos governados" (Crehan, 2016). Voltaremos a isso. Novamente de Stuart Hall: "Em primeiro lugar, a hegemonia é um momento histórico e temporário muito particular na vida de uma sociedade. É raro que esse grau de unidade seja alcançado, permitindo a uma sociedade estabelecer para si uma agenda histórica totalmente nova sob a liderança de uma formação específica ou constelação de forças sociais [com uma parte crítica aqui]. É improvável que tais períodos de consolidação persistam para sempre". Não há nada de automático a seu respeito. Eles têm que ser construídos ativamente e mantidos de forma positiva. Caso contrário, tais hegemonias correm o risco de se desintegrar.

Podemos observar isso quando vemos cismas até mesmo dentro da classe dominante, e são muitas as vezes em que isso ocorre, e esses podem ser momentos de oportunidade interessante. Mas a hegemonia é instável e começa a ruir quando os governantes perdem sua legitimidade. Isso pode acontecer quando os governados não acreditam mais, por uma série de razões possíveis, que a governança é do seu interesse. Isso é o que chamo de crise de legitimação. É nesse ponto que as estruturas de governança perdem até mesmo a capacidade de exercer coerção incontestável.

Gramsci apresenta um argumento muito claro de que antes que a coerção possa ser utilizada legitimamente, as estruturas de governança devem ter vencido uma guerra de posição, ou seja, já devem ser vistas como legítimas antes de poderem exercer legitimamente até mesmo formas coercitivas de governo. Então, quando isso começa a ruir, você pode começar a pensar sobre todos os motivos pelos quais as pessoas começariam a perder a confiança no fato de seus líderes estarem verdadeiramente agindo em prol dos interesses populares. Eu diria que estamos em um momento [inverno 2018-2019] particularmente tenso agora. Quer dizer, não sei quantos de vocês estavam pensando em não vir esta noite por apoio à paralisação do governo. Eu pensei sobre isso por um instante, mas decidi que viria e daria minha palestra.

Mas, de qualquer maneira, há momentos em que a aparente solidez das estruturas de governança se revela bastante frágil. E quando assim é, esse é o momento em que as pessoas começam a colocar em questão todos os tipos de coisas sobre a maneira como sua sociedade funciona.

Portanto, as crises de legitimação são momentos extremamente preocupantes para as estruturas de governança e para as elites. Como Hall argumenta aqui, esse é invariavelmente o caso. E as pessoas que desejam mudanças radicais precisam estar preparadas para esses momentos.

Também do livro de Creehan: "Para que haja uma mudança social fundamental, portanto, é preciso haver uma transformação cultural. Ou seja, um novo senso comum, e com ele uma nova cultura que permite aos subalternos, ou seja, aqueles que são regidos ou governados, imaginar uma outra realidade" (2016). Parte da potência do senso comum, e é por isso que usei a palavra alternativa *nonsense* um momento atrás, parte da potência do senso comum, é não permitir que pensemos de maneira diferente o mundo. Ou seja, subjugar nossa própria capacidade mental de imaginar o mundo de outra forma.

É por isso que usei aquela frase, que tirei de Mark Fisher (2009), que ele tirou de uma fonte a princípio anônima sobre o realismo capitalista. Hoje é mais fácil imaginar o fim do mundo do que imaginar o fim do capitalismo. Essa é uma formulação emblemática desse tipo de noção das restrições em nossa própria imaginação. Sabemos que estamos saltando por sobre vários penhascos diferentes, como Noam falou na quinta-feira passada, e ainda assim não conseguimos imaginar nossa saída dessa forma que é tão genocida, suicida, planeticida, certo?

Como Crehan defende, a partir de Gramsci, precisamos ser capazes de formular um novo senso comum para combater o existente e abrir as possibilidades de diferentes imaginários. "O valor do conceito de senso comum de Gramsci é que ele nos oferece uma maneira de pensar a textura da vida cotidiana que engloba sua condição de dado [isto é, a maneira como somos jogados nela desde o nascimento] – como isso constitui a um só tempo a nossa subjetividade, a maneira como pensamos sobre nós mesmos, e nos confrontam como uma realidade externa e sólida" (2016). Isso nos leva de volta à noção de estruturação de Giddens (1984).

A forma como o mundo funciona não parece ter sido criada por nós. Parece simplesmente nos confrontar como uma espécie de materialidade que nos é impossível de mudar. É isso que realmente precisamos combater. "Mas nele também se reconhecem contradições, fluidez e flexibilidade. Apesar de toda a sua aparente solidez, ele [isto é, o senso comum] está continuamente sendo modificado por como as pessoas reais em lugares reais o vivem" (Giddens, 1984). Portanto, é importante, de vital importância, compreender o tipo de natureza fluida do senso comum, que ele não é sólido da maneira como está constantemente sendo dito para nós.

Em uma obra de Edward Bernays, há, de fato, uma conversa sobre como tudo isso realmente funciona. Este é Edward Bernays: "A propaganda é o braço executivo do governo invisível" (1928). Eis Bernays, personagem interessante, duas vezes, e de duas maneiras diferentes, sobrinho de Sigmund Freud, que se imaginou uma espécie de psicólogo amador da mente popular. Muito cedo, ele se autodenominou o pai das relações públicas. Ele inventou a forma, de acordo consigo mesmo. Ele esteve envolvido em uma série de atividades iniciais, algumas das quais falaremos um pouco mais tarde. Ele esteve envolvido na Comissão Creel, que foi organizada com Walter Lippmann e outros para motivar um público americano muito relutante a apoiar a entrada dos Estados Unidos na Primeira Guerra Mundial sob o comando de Woodrow Wilson. Voltaremos a esse esforço com um pouco mais de detalhes a seguir.

Pois bem: ele estava envolvido em uma série de coisas desse tipo. Um de seus esforços mais famosos e de longa data teve a ver com o tabaco. Ele realmente foi muito, muito influente em levar as pessoas a fumar. Mais tarde, em uma espécie de *mea culpa* autobiográfica, ele se arrependeu dessa atividade. Mas uma das coisas que ele fez (e isso é apenas para ilustrar o tipo de postura mental que ele tinha em relação à opinião pública), um dos últimos impedimentos ao mercado de cigarros era fazer as mulheres fumarem, e principalmente em público.

Então, um dos grandes eventos de arquibancada que Bernays organizou foi uma marcha pela liberdade no desfile do Dia de Ação de Graças da Macy's em Nova York. Ele contratou cerca de 30 debutantes. Não sei se essa palavra tem alguma ressonância. Essas eram mulheres jovens de boas famílias que seriam apresentadas à sociedade. Ele as fez marchar no desfile, e cada uma delas segurava ao alto uma pequena tocha da liberdade. Essa pequena tocha da liberdade era um cigarro Lucky Strike. Esse era o tipo de coisa em que ele estava empenhado.

Mas aqui estão algumas de suas opiniões: "A manipulação consciente e inteligente dos hábitos organizados e das opiniões das massas é um elemento importante na sociedade democrática. Aqueles que manipulam esse mecanismo invisível da sociedade constituem um governo invisível, que é o verdadeiro poder governante de nosso país". Algumas pessoas podem agora chamar isso de Estado profundo. Eu não o faria, mas algumas pessoas talvez o façam. "Somos governados, nossas mentes são moldadas, nossos gostos formados, nossas ideias sugeridas em grande parte por homens de quem nunca ouvimos falar" (1928). Ele está se referindo a si mesmo e a outras pessoas que estão nos bastidores manipulando a opinião pública, o que é outra frase para o senso comum.

> Em quase todos os atos do nosso cotidiano, seja no âmbito da política ou dos negócios, na nossa conduta social ou no pensamento ético, somos dominados por um número relativamente pequeno de pessoas... que entendem os processos mentais e padrões sociais das massas. São eles que puxam os fios que controlam a mente do público (1928).

Para Bernays, isso era uma coisa muito boa. Quero dizer, segundo ele pensava, isso era uma coisa boa, e essa é a razão de tudo: "A verdade é poderosa e deve prevalecer. E se alguém, e qualquer grupo de homens, acredita que descobriu uma verdade valiosa, não é meramente seu privilégio, mas seu dever divulgar essa verdade. Se eles perceberem, como o devem e rapidamente, que essa divulgação da verdade pode ser feita em grande escala e efetivamente apenas por um esforço organizado, eles farão uso da imprensa e do palco como o melhor meio para dar-lhe ampla circulação" (1928). Então, lembrem-se, ele estava trabalhando no início das relações públicas e do *marketing* de massa. Assim, ele está começando a usar essas alavancas que recentemente haviam se tornado disponíveis para disseminar essas verdades.

"A propaganda torna-se viciosa e repreensível somente quando seus autores, consciente e deliberadamente, divulgam o que sabem ser mentiras, ou quando visam a efeitos que sabem prejudicar o bem comum" (1928). Mas é claro que o bem comum é definido por essas pessoas, então é quase invariável que elas não sejam definidas a partir do bem comum. Mas o perigo existe, e ele está alertando as pessoas sobre isso.

"O evento gerenciado de forma criativa pode competir com sucesso com outros eventos pela atenção. Eventos dignos de nota envolvendo pessoas geralmente não acontecem por acaso, eles são planejados deliberadamente para cumprir um propósito de influenciar nossas ideias e ações" (1928). E muitas das coisas em que Bernays esteve engajado eram esses tipos de evento público de grandes plateias e grande escala. Então, como eu disse, ele meio que se descreve como o pai das relações públicas. Isso faz parte do mecanismo que ele utilizou. Retornamos a Bernays, na segunda parte do capítulo, para conectar alguns de seus trabalhos em "relações públicas" às projeções do poder político e militar dos Estados Unidos.

Muito bem. Vamos atualizá-los um pouco. Isso está em um texto de Chris Hedges, chamado "*The Permanent Lie*", e agora começará a ressoar de maneiras ligeiramente diferentes com o momento contemporâneo. "O perigo mais sinistro que enfrentamos vem da marginalização e destruição de instituições, incluindo tribunais, academia, órgãos legislativos, organizações culturais e a imprensa que, uma vez que garantiam que o discurso civil estava enraizado na realidade e nos fatos, nos ajudavam a distinguir a mentira da verdade, e facilitava a justiça" (2017).

"A mentira permanente não é circunscrita pela realidade. É perpetuada mesmo em face de evidências esmagadoras que a desacreditam. É irracional. Aqueles que falam a linguagem da verdade e dos fatos são atacados como mentirosos, traidores e divulgadores de notícias falsas" (Hedges, 2017). Então é isso que está preocupando Hedges como algo presente. Em seguida, ele cita Hannah Arendt de seu livro *As origens do totalitarismo*: "O resultado de uma substituição consistente e total da verdade factual pela mentira não é que a mentira agora será aceita como verdade e a verdade difamada como uma mentira, mas que o sentido pelo qual nos orientamos no mundo real – e a categoria de verdade *versus* falsidade está entre os meios mentais para esse fim – está sendo destruído" (Arendt apud Hedges, 2017).

Portanto, não é que uma determinada mentira seja acreditada, ou que uma determinada verdade seja desvalorizada, mas os mecanismos que temos para discernir uma da outra estão eles próprios sob ataque. Era com isso que Arendt estava preocupada e com o que Hedges agora à ronda da sociedade contemporânea.

A imprensa e a mídia em geral são frequentemente descritas como inimigas do povo, o que já acontece há muito tempo... Há um longo histórico desses ataques como parte de regimes autoritários, que discutiremos mais adiante. Ataques a jornalismo e jornalistas. Portanto, os textos que estão nas leituras de hoje descrevem um aumento muito significativo na forma como o jornalismo, os jornalistas e a facticidade e as evidências estão realmente sendo muito minados por atividades.

Finalmente, Edward Bernays de novo. "A liberdade de expressão e seu corolário democrático, a liberdade de imprensa, expandiram tacitamente nossa Declaração de Direitos para incluir o *direito de persuasão*" (1947). Novamente, ele está justificando sua atividade. "Esse desenvolvimento foi um resultado *inevitável* da expansão dos meios de comunicação da liberdade de expressão e persuasão. Todas essas mídias fornecem portas abertas à mente do público." Então ele está dizendo que isso é justo... é uma espécie de determinismo tecnológico. Depois de ter a plataforma disponível, é claro que as pessoas vão usá-la para esses fins. "*Qualquer um* de nós por meio dessa mídia pode influenciar as atitudes e ações de nossos concidadãos." Eu adicionei essas ênfases apenas para que vocês saibam quais palavras são novamente um pouco suspeitas e escorregadias.

Portanto, já estabelecemos o fato de que o senso comum é maleável. Agora temos que olhar para o cenário de poder muito desigual em que essas disputas sobre o senso comum são travadas. Essa discussão se concentrará principalmente no cenário da mídia nos Estados Unidos, mas os pontos básicos se aplicam muito bem a muitos outros ambientes de mídia (com algumas exceções para a mídia estatal, para o bem ou para o mal). Fica claro no artigo de Bernays que, mesmo naquela época, 1947, determinados atores da sociedade estavam em posições muito mais vantajosas para influenciar a opinião pública do que outros, outro nome para o senso comum. O que aconteceu desde aquela época?

Esta é uma citação de Katherine Graham, a ex-editora, durante o episódio Watergate, do *Washington Post*: "Notícias é o que alguém deseja que seja suprimido; todo o resto é apenas publicidade". O que aconteceu desde aquela época? Mídia de massa, e falarei sobre mídia social mais adiante. No momento, e isso está sempre um pouco instável e indeterminado, seis empresas controlam 90% do que lemos, assistimos ou ouvimos. Seis corporações. É um pouco esotérico para mim colocar as coisas dessa forma. Quando digo seis corporações, soa como se não houvesse ninguém lá de fato tomando decisões, mas na verdade as corporações não decidem, são as pessoas nelas que decidem as coisas. Logo falaremos sobre as maneiras pelas quais essas empresas decidem as coisas.

Em 1983, 90% do que os norte-americanos viam, assistiam, ouviam e assim por diante, eram controlados por 50 empresas. A essa altura, em 2012, seis corporações. E o número seis é um pouco enganador, porque todas as ligações cruzadas entre essas empresas tornam o grupo ainda menor do que as aparentes seis em alguns aspectos. Existem todos os tipos de operações de propriedade conjunta e todos os tipos de acordos cooperativos, de modo que qualquer entidade ou produto cultural ou de mídia em particular tenha muito poucos controladores.

Outra forma de ver as mesmas seis empresas. Se você acompanhar as notícias de negócios, verá que fusões são sugeridas o tempo todo, mesmo entre essas seis empresas de vários tipos. Algumas passaram por esses processos nos últimos dois anos; algumas foram frustradas. Eu também diria, e falaremos sobre isso quando tratarmos do capitalismo neoliberal financeirizado e globalizado, que isso não é exclusivo da indústria da mídia. Que esse tipo de fusão, esse tipo de consolidação de propriedade agora abrange todo o sistema. E há muitos bons motivos pelos quais isso faz sentido para as próprias corporações.

Portanto, essas seis corporações, e mais precisamente, os principais tomadores de decisão dentro delas, estabelecem os limites do debate aceitável sobre o que é social, política e economicamente possível. Eles tomam suas decisões com base na maximização do lucro, tanto a curto quanto a longo prazo. Se vocês acham que eles estão tomando decisões sobre qualquer outra coisa, vocês estão enganados. Vou apenas colocar isso como uma afirmação muito simples, ok? Mas, como discutiremos na segunda metade do capítulo, mesmo esses tipos de decisões são limitados pelo senso comum prevalecente, em termos do que é permissível, em qualquer tempo e lugar específicos, dizer ou mesmo pensar.

Ora, estou sendo um tanto vago ao dizer curto e longo prazo. No curto prazo, eles querem maximizar os lucros no sentido imediato para seus investidores, que estão sempre procurando a próxima melhor coisa. E com a negociação financeira eletrônica agora, isso significa basicamente numa fração de segundos. Assim, os grandes fundos saltam de investimento em investimento com os retornos marginais que eles acham que obterão não no próximo trimestre, mas talvez no próximo quarto de minuto. Então, eles tomam suas decisões com base nisso.

Mas esses tomadores de decisão também tomam suas decisões como parte da estrutura de governança, a estrutura de governança hegemônica, sobre a qual manterão sua legitimidade. Então, eles precisam gastar um pouco de reflexão sobre isso. Mas quando eles precisam fazer uma troca entre curto e longo prazo, eles optam pelo curto prazo, caso contrário, o CEO e o conselho de administração sairão rapidamente.

Muito bem. Eles tomam suas decisões dessa maneira. Gostaria de voltar por um instante. Gostaria que vocês pensassem um pouco sobre o que são os produtos de mídia, que eu coloquei como uma pergunta antes. Eles estão vendendo entretenimento? Eles estão vendendo notícias? Eles estão vendendo informação? Não. Eles estão vendendo vocês. Eles estão vendendo vocês para anunciantes. Vocês são o produto deles. Não resta dúvida sobre isso.

Então, quando eles tomam uma decisão sobre o que colocar no jornal, ou o que colocar na televisão, ou o que colocar em qualquer outra plataforma, ou colocar em filmes ou onde quer que seja, eles estão tomando decisões sobre como eles irão obter o máximo de vocês. Essa é a base para a decisão. Não se deixem enganar pelo fato de que eles fazem alegações de serem representantes da primeira emenda e de seu dever para com o público, quero dizer, em parte... ok, não é nem parcialmente verdadeiro, exceto para desempenhar uma função de legitimação. Quase que inteiramente eles tomam suas decisões com base no que venderá mais.

As empresas de mídia praticam censura? Sim. Certamente que sim. No mínimo, eles se envolvem em censuras desse tipo, de tipo de seleção. Pois bem, quantos de vocês conhecem o lema do *New York Times*?

Sala: Todas as notícias...

Mulher: Apropriadas à impressão.

"Todas as notícias adequadas à impressão", certo, o que na verdade deveria ser modificado para "todas as notícias adequadas, nós imprimimos". E quantas notícias são adequadas? Depende do espaço publicitário ocupado pelo jornal. O que sobra é o *news hole* [buraco da notícia], que é como é descrito, e talvez tenha uma espécie de conotação negativa.

O buraco noticioso aumenta ou diminui dependendo de quanto espaço publicitário é ocupado. Portanto, no mínimo, eles se envolvem em uma questão de seleção. De todas as coisas que acontecem no mundo em um determinado dia, eles precisam fazer julgamentos sobre o que imprimir, transmitir ou colocar no ar, e assim por diante. E como eles fazem isso? Eles fazem isso determinando quais coisas da panóplia disponível são provavelmente as que atrairão mais olhos, mais leitores, mais espectadores. É assim que eles fazem.

É um dos motivos pelos quais, se vocês ficarem passando, e vocês podem tentar fazer isso em casa, de canal em canal nos telejornais, não só verão as mesmas histórias entre milhares e milhares de coisas que acontecem no mundo naquele dia, mas vocês os verão basicamente na mesma ordem com a mesma apresentação. Não é porque os editores estão sentados em uma sala tramando, eu sei que é uma palavra muito ruim, uns com os outros, mas eles estão, na verdade, usando o mesmo tipo de lente para pensar sobre aquele conjunto de eventos, que coisas provavelmente produzirão o maior número de espectadores ou leitores ou o que seja.

Agora, vocês se lembram disso: 658? Alguma ideia do que seja isso? Eu não lhes dei nenhuma dica. Mas agora vou dar uma dica, uma bela dica. E se eu dissesse 658 dias?

Mulher: Até as próximas eleições.

Faltam 658 dias para a próxima eleição nacional. A razão pela qual estou perguntando sobre isso neste momento é que quero que vocês pensem agora, ao olhar para a mídia, o que ela cobrirá nos próximos 658 dias e a maneira como o cobrirá. Existem muitos, muitos assuntos que podem ser cobertos. Como possivelmente podemos neste ponto, 658 dias antes da eleição, estar pensando sobre os méritos relativos de Joe Biden em relação a Julian Castro e a Elizabeth Warren? No entanto, se vocês olharem as notícias na NBC, MSNBC, CNN, a corrida de cavalos já está bem encaminhada.

Bom, isso significa, é claro, que existem custos de oportunidade. Quanto mais a corrida de cavalos é coberta, menos questões e políticas reais serão cobertas, sem falar nas histórias fora do interminável ciclo eleitoral. Mais uma vez, pensem, à medida que avançamos no curso e pelos próximos meses intermináveis até a eleição, quanto tempo e energia são dedicados, e não às questões que os candidatos estão levantando, mas simplesmente aos seus relativos pontos fortes e fracos em relação à elegibilidade: as personalidades, a corrida de cavalos, não os problemas e assim por diante. Apenas pensem sobre isso. Agora vocês podem usar isso e desafiar seus amigos, mas lembrem-se de contar um dia a menos todos os dias.

Estou terminando. Até este ponto, tenho falado sobre mídia de massa, principalmente no contexto dos Estados Unidos. Agora, quero passar à internet e às mídias sociais. Elas têm um enorme potencial de democratização. Elas também levantam questões muito sérias sobre privacidade e vigilância, como muitos de vocês sabem. Isso está nas manchetes. Esses tipos de mídia impõem censura de um tipo diferente. Tanta informação que a verdade e a credibilidade são muito difíceis de determinar. Como sabemos que o que vemos na internet é real? Onde está a validação? Onde está a corroboração?

Essas mídias sociais estão sujeitas a um controle de informação cada vez mais rigoroso por parte dos provedores de serviços de internet. E isso levanta a questão muito séria da neutralidade da rede. No momento, as coisas estão relativamente desimpedidas. Vocês podem acessar qualquer site da web e baixar informações. O que os PAIs (Provedores de Serviço a Internet) gostariam de fazer é ser um intermediário entre vocês e esse conteúdo. Eles farão determinações sobre velocidade e acessibilidade, novamente com base na maximização dos lucros para eles próprios, uma vez que muitas das empresas envolvidas nisso também são provedores de conteúdo. Eles querem cobrar taxas diferenciadas para diferentes sites e diferentes conteúdos, e assim por diante. Essa é uma visão muito diferente de como a internet funcionaria do que a forma como funciona atualmente.

Agora estamos de volta ao ponto de partida em relação aos filtros que usamos para dar sentido ao mundo. Porque consideramos certas coisas sobre o mundo como dadas e naturais, quando encontramos novos dados, nós os aceitamos ou rejeitamos com base em grande parte no fato de corresponderem ou contradizerem o que pensamos que já sabemos. Isso é o que eu disse antes. Isso está sendo cada vez mais reforçado pelo chamado efeito bolha ou silo, no qual algoritmos de computador canalizam nosso comportamento on-line de modo que raramente encontramos perspectivas das quais discordamos.

A menos que nos treinemos para ter a mente aberta e ser céticos, que é realmente o significado do pensamento crítico e do aprendizado, continuamos a aceitar o *status quo* mesmo quando estamos em desvantagem diante dele. Também diminuímos nossa capacidade de imaginar alternativas ao *status quo* dado como algo pressuposto e passamos a aceitar sua inevitabilidade.

Estar aberto a novas visões é uma proposta muito difícil e desestabilizadora, uma vez que temos um envolvimento, um envolvimento muito potente em pensar que sabemos como o mundo funciona. Essa consciência prática que descrevi no começo é extremamente útil para nós. Nós temos que ter isso. Então, nós o abandonamos muito, muito relutantemente, e o abandonamos em grande parte, dependendo do que está em jogo. Mas é necessário quebrar os sensos comuns tidos como pressupostos que não são do nosso interesse, e é parcialmente esse o ponto deste curso. Vamos pensar sobre qual é o senso comum prevalecente no próximo capítulo e então começar a pensar sobre quais são as consequências de aceitá-lo como inevitável.

Palestra de Chomsky, 17 de janeiro de 2019

O principal assunto que discutimos nesta semana foi o conceito de senso comum hegemônico de Gramsci e seu funcionamento prático. A leitura designada para hoje foi escolhida em parte porque fornece muitas ilustrações impressionantes da aplicação efetiva do senso comum hegemônico. Mas também, em parte, porque cita um comentário precoce e perspicaz sobre esse conceito, em meados do século XVIII, do filósofo escocês David Hume, uma das grandes figuras do Iluminismo e fundador do liberalismo clássico. A citação é de um estudo intitulado "Dos primeiros princípios de governo" – um trabalho muito importante sobre a teoria democrática. Ao fundo temos a primeira revolução democrática moderna na Inglaterra, no século anterior.

No parágrafo inicial, Hume faz uma breve exposição de algo como o conceito gramsciano. Hume escreve que não encontrou nada mais surpreendente "do que ver a facilidade com que muitos são governados por poucos; e observar a submissão implícita com que os homens abdicam de seus próprios sentimentos e paixões aos de seus governantes. Quando indagamos por que meios essa maravilha é suscitada, descobriremos que, como a força está sempre do lado dos governados, os governantes nada têm para apoiá-los, exceto a opinião. É, portanto, na opinião apenas que o governo é fundado; e essa máxima se estende aos governos mais despóticos e militares, bem como aos mais livres e populares".

Palavras sobre as quais vale a reflexão.

A máxima se aplica com muito mais força aos governos que são livres e populares – governos como o nosso – do que a governos despóticos e militares. Estes podem recorrer livremente à violência, que muitas vezes basta, qualquer que seja a opinião pública – pelo menos enquanto aqueles que a praticam, as forças de segurança, permaneçam leais.

Discuto o ensaio de Hume em meu livro *Deterring Democracy*. O livro começa com as observações de Hume sobre o consentimento, e passa a discutir o exercício da violência em governos despóticos e militares. Por razões bastante substanciais às quais voltarei, ele se concentra nas ditaduras militares apoiadas pelos Estados Unidos na América Central na década de 1980, que travaram uma guerra brutal contra suas populações. Centenas de milhares foram mortos; um grande número horrivelmente torturado e mutilado. Países arruinados. O trauma persiste.

O livro foi publicado há 30 anos, então pode parecer que os exemplos caducaram. Mas esse é um equívoco. Na verdade, eles são bastante relevantes hoje. Eles fornecem um pano de fundo crucial para as notícias de primeira página, já que Trump exige um "lindo muro" para nos proteger da invasão de estupradores, assassinos, terroristas islâmicos e semelhantes. A realidade da invasão é muito vívida em nossa experiência imediata aqui em Tucson, não muito longe do árido deserto onde pessoas miseráveis que fogem da destruição de seus países estão morrendo no calor escaldante – e às vezes recebendo algum socorro dos heroicos ativistas do *No More Deaths*. Tudo acontecendo bem aqui. Muitos estão fugindo dos horrores da década de 1980 e do legado brutal que deixaram, e há também quem deseje escapar de crimes mais recentes dos Estados Unidos, aos quais retornaremos.

Como muitos de vocês sabem, há um julgamento em andamento de voluntários do *No More Deaths* no tribunal federal de Tucson – em um caso, uma acusação de crime que poderia resultar em 20 anos de prisão. Os julgamentos são por crimes como deixar comida e água no deserto para pessoas desesperadas que estão fugindo dos resultados de nossos crimes[1].

No passado, o *No More Deaths* tinha um acordo tácito com as patrulhas de fronteira, o que lhes permitia realizar seu trabalho humanitário com um certo grau de impunidade, mas isso mudou. A fiscalização aumentou drasticamente sob a postura radical de imigração do Governo Trump. Daí as provações e também muitos atos sádicos, como patrulhas de fronteira destruindo comida e água para que as pessoas morram de sede e morram de fome quando vaguem pelo deserto. Às vezes, helicópteros pairam sobre grupos de refugiados e os espalham no deserto para que eles se percam e tenham maior probabilidade de morrer em agonia e se juntar aos muitos cadáveres que estão sendo constantemente encontrados.

Não podemos enfatizar com muita frequência que esses estupradores, criminosos e terroristas islâmicos estão fugindo dos destroços dos crimes dos Estados Unidos na América Central, alguns dos quais são discutidos na leitura de hoje. Ora, hoje em dia, essa leitura provavelmente deve conter avisos de gatilho. Por exemplo, a vívida descrição do Padre Santiago da cena hedionda que testemunhou com seus próprios olhos, apenas um exemplo do que estava acontecendo em toda a região (Chomsky, 1991).

Nos últimos dois anos, a fuga de refugiados veio principalmente de Honduras. Há uma caravana se formando agora mesmo

---

1. Como atualização importante, em novembro de 2019, um membro do grupo, Dr. Scott Warren, foi absolvido das únicas acusações criminais feitas contra os voluntários do *No More Deaths*.

em Honduras. Vocês provavelmente já leram sobre isso. Há uma razão de o fluxo de refugiados hoje vir de Honduras. Em 2009, um governo moderadamente reformista tomou posse em Honduras, rompendo com uma história brutal de terror e repressão. O Presidente Mel Zelaya propôs algumas medidas para superar os horrores do sistema tradicional hondurenho, no qual os Estados Unidos estiveram diretamente envolvidos, principalmente durante as guerras de Reagan na década de 1980, quando Honduras foi transformado em base para operações terroristas dirigidas pelos Estados Unidos na região.

Os esforços de Zelaya não duraram muito. Ele foi expulso por um golpe militar, condenado em todo o hemisfério e em todo o mundo. Com uma exceção. A administração Obama-Clinton se recusou a chamá-lo de golpe militar porque, se o fizesse, a lei dos Estados Unidos exigiria que eles parassem de enviar armas à junta militar que havia restabelecido uma ditadura brutal. Washington não concordou com isso, então endossou o regime golpista sob a ridícula pretensão de que estava restaurando a democracia.

A ditadura militar realizou o que eles chamaram de "uma eleição", que foi em grande parte ridicularizada e rejeitada. Novamente, com uma exceção notável. A administração Obama-Clinton elogiou-a como um passo de grande incentivo em direção à democracia, para que pudéssemos continuar a apoiar esse novo regime promissor em sua instituição de um reinado de terror.

Honduras, que sempre foi bastante perigosa, talvez tenha se tornado a capital mundial dos homicídios. Foram enormes as atrocidades, e logo as pessoas fugiram em desespero. Honduras foi a fonte da pluralidade de refugiados que fugiram da América Central nos últimos anos e é daí que partem as caravanas. O papel dos Estados Unidos na fuga de refugiados não é segredo. Tudo é público. Vocês podem chegar facilmente a essas informações – mas não pelas primeiras páginas dos jornais, onde elas deveriam receber destaque.

Ao longo da horrível década de 1980, nunca houve segredo sobre o que estava acontecendo. Foi amplamente relatado por fontes da Igreja e todos os principais grupos de direitos humanos e de ajuda, por organizações de solidariedade e pelos milhares de norte-americanos que se aglomeraram na América Central para ajudar as vítimas – algo totalmente novo na horrível história do imperialismo, e uma evidência de tensões importantes da sociedade e da cultura americana. Como o *No More Deaths* hoje, bem aqui em Tucson.

O papel anterior dos Estados Unidos na América Central, na América Latina como um todo, é terrível o suficiente. Voltaremos a isso mais tarde. Mas os crimes aumentaram drasticamente sob Reagan na década de 1980. Os horrores da década começaram com o assassinato do Arcebispo Oscar Romero, recentemente canonizado. Ele era conhecido como a "voz dos sem voz". Ele era um homem simples, de notável integridade e coragem, que entendeu bem que o caminho que estava tomando provavelmente o levaria ao martírio. Foi assassinado enquanto celebrava a missa, por aliados próximos dos Estados Unidos, como foi prontamente sabido e relatado pelo embaixador dos Estados Unidos em El Salvador, Robert White – que foi afastado por ser considerado um pouco sincero demais sobre o que estava acontecendo. A voz dos sem voz foi silenciada pelos assassinos logo após o envio de uma carta ao Presidente Carter instando-o a suspender a ajuda militar da junta governante, que, advertiu ele, a usaria para "intensificar a injustiça e a repressão contra as organizações populares [lutando] por respeito aos direitos humanos mais básicos". Exatamente como aconteceu.

Logo após o assassinato, o Governo Reagan assumiu o cargo e intensificou drasticamente a guerra. O sucessor do Arcebispo Romero, o Bispo Arturo Rivera y Damas, descreveu os crimes apoiados pelos Estados Unidos como "uma guerra de extermínio e genocídio contra uma população civil indefesa". Isso era El Salvador. E eles tiveram sorte. Naqueles anos era ainda pior na Guatemala.

Em ambos os países, os crimes remontam a tempo muito anterior. Na Guatemala, eles se intensificaram após a derrubada de um governo democrático popular por um golpe da CIA em 1954. Isso deu início a décadas de terror e repressão de Estado, elevados a novos horrores sob Reagan. O que estava acontecendo na Guatemala na década de 1980 era tão horrível, que o Congresso interveio e impôs restrições ao fornecimento de armas pelos Estados Unidos aos assassinos em massa que governavam o país. Implacável, Reagan criou uma rede internacional de terror para substituir a participação direta dos Estados Unidos na matança.

Existem outros que criam redes terroristas internacionais, amplamente divulgadas e duramente condenadas por seus crimes. Eles contratam assassinos, como o infame Carlos o Chacal. Os Estados Unidos são um ator muito maior, por isso contratamos estados terroristas, não apenas assassinos individuais. Eles são muito mais eficazes. O principal componente da rede de terror de Reagan era o regime neonazista argentino, o pior de todos os monstros latino-americanos daqueles anos. A competição por essa homenagem é bastante acirrada, mas eles foram os vencedores.

Eles também eram os favoritos de Henry Kissinger, Ronald Reagan e seus associados. Portanto, é natural que eles tenham sido escolhidos para dirigir a matança e a tortura na Guatemala, quando Washington teve que se retirar diretamente. Mas isso não durou muito; a ditadura militar argentina foi derrubada. Um regime democrático foi aos poucos introduzido, de modo que os assassinos neonazistas argentinos não estavam mais disponíveis para prestar serviços na Guatemala. A rede de terrorismo internacional de Washington teve de se voltar para outros: mercenários taiwaneses, mas, principalmente, Israel, que forneceu apoio direto e armas para crimes horríveis, usando sua considerável experiência em repressão e violência. Até hoje, os militares guatemaltecos, que prosseguem com seus ataques, recebem fornecimento de armas israelenses, padrão de suas forças.

No início da década de 1980, as atrocidades equivaleram a um virtual genocídio nas montanhas maias da Guatemala, sob o comando de um assassino posteriormente condenado por genocídio. Enquanto estava em andamento, ele foi elogiado por Reagan como um homem excelente, "totalmente dedicado à democracia" e "injustamente condenado" por organizações de direitos humanos. As pessoas ainda estão fugindo desse legado amargo.

A década de 1980 começa com o assassinato do arcebispo e termina em 1989, simbolicamente, com o assassinato de seis importantes intelectuais latino-americanos, padres jesuítas, em seus aposentos na Universidade Jesuíta de San Salvador. Os assassinos também assassinaram a governanta que os servia e a filha desta para garantir que não haveria testemunhas. Isso foi bem na época da queda do Muro de Berlim e da celebração da liberação dos satélites soviéticos. Os assassinos pertenciam a uma brigada treinada pelos Estados Unidos, a Brigada Atlacatl, conhecida como a melhor de El Salvador, que já havia coligido um horrível registro de assassinatos e atrocidades.

Podemos saber mais sobre isso na imprensa estrangeira. Vários anos atrás (21 de novembro de 2009), um importante jornal espanhol, *El Mundo*, publicou fac-símiles de documentos oficiais mostrando que o assassinato foi cometido por ordem direta do alto-comando salvadorenho, que estava, é claro, sempre em contato com a embaixada dos Estados Unidos. Até onde posso determinar, a mídia aqui nunca publicou essa informação crucial, mas vocês podem encontrá-la. Eu publiquei, a única referência que tenho comigo. A imprensa livre tem outras prioridades.

Muito se aprendeu sobre as guerras em El Salvador e na Guatemala desde que *Deterring Democracy* foi publicado, 30 anos atrás. À medida que as guerras terminavam, as Comissões da Verdade foram estabelecidas em ambos os países. A pesquisa revelou que a grande maioria dos crimes foi cometida por forças de segurança armadas, treinadas e dirigidas pelo Governo Reagan. Voltarei a tudo isso e suas origens, em especial desde os anos Kennedy. Isso é bipartidário. É altamente instrutivo.

Nunca houve uma Comissão da Verdade aqui. Isso é impensável, uma violação do senso comum.

As Comissões da Verdade costumam ter impacto considerável – na Argentina, para pegarmos um caso. O mesmo acontece com sua ausência. O país mais importante na América Latina, o Brasil, não tinha. O país conheceu uma ditadura militar brutal, mas não houve ajuste de contas. Na verdade, a Igreja Católica publicou um inquérito, mas não houve uma verdadeira Comissão da Verdade. Os efeitos estão nas manchetes agora. No Brasil, algo semelhante a uma ditadura militar está se formando. É tolerado, até mesmo apoiado, em parte porque as pessoas nem se lembram da ditadura militar e seus muitos crimes. Os mais jovens podem nem saber disso. O novo Governo Bolsonaro nega até que tenha existido uma ditadura militar. Antes, o golpe militar e o brutal Estado de Segurança Nacional que ele impôs foram uma operação de resgate, salvando o país de uma (mítica) conspiração comunista para destruir a democracia brasileira.

O próprio Bolsonaro – não por menos, um aliado de primeira hora de Trump – critica a ditadura militar. Ela foi muito branda. Ela deveria ter matado 30 mil pessoas, como na vizinha Argentina. Essa brandura no Brasil vem de muito tempo. Ele também critica os militares brasileiros do século XIX, que não replicaram o que sua contraparte estava fazendo nos Estados Unidos, virtualmente exterminando a população indígena. Daí que o Brasil está preso a esses índios que, Bolsonaro deixou claro, devem ser expulsos de suas reservas na Amazônia – para seu próprio bem –, enquanto a grande floresta tropical é entregue ao agronegócio e à mineração, e aos investidores estrangeiros, para sua exploração e destruição. A propósito, uma contribuição séria para a terrível ameaça de uma catástrofe ambiental global.

Voltando ao fracasso em estabelecer uma Comissão da Verdade no Brasil e às consequências de não lembrar até mesmo o passado muito recente, podemos nos lembrar de um comentário de Gore Vidal, que certa vez descreveu os Estados Unidos como os "Estados Unidos da Amnésia". É uma caracterização útil. Mas Vidal foi injusto. Não são apenas os Estados Unidos. São também todos os outros grandes poderes. A Grã-Bretanha, por exemplo, está começando a enfrentar algumas das horríveis atrocidades cometidas sob o domínio britânico desde o século XVII. Melhor que a maioria. É útil ter um estado de amnésia. Contribui para impor o necessário senso comum hegemônico.

Voltemos a David Hume. Ele estava preocupado principalmente com os governos mais livres e populares. Esse é o caso mais interessante. Principalmente seu próprio país, a Grã-Bretanha, que era excepcionalmente livre e popular para os padrões da época. Mas

Hume certamente estava ciente dos limites dessa liberdade. Eles foram discutidos de forma bastante eloquente por seu amigo íntimo, Adam Smith, que junto com Hume foi uma figura importante do Iluminismo e um dos fundadores do liberalismo clássico.

Smith, é claro, é muito reverenciado como o fundador da economia moderna. Mas ele também teve muito a dizer sobre os sistemas políticos em sua obra clássica *A riqueza das nações*, publicada em 1776, uma data que também significa algo aqui. Smith escreve que, na Inglaterra, os "comerciantes e fabricantes [são] os principais arquitetos" da política governamental, que eles projetam para garantir que seus próprios interesses "sejam atendidos de forma mais exclusiva", por mais "grave" que seja o efeito sobre outros, incluindo o povo da Inglaterra, mas especialmente aqueles que sofrem com "a selvagem injustiça dos europeus" em suas colônias.

A Índia britânica era o principal alvo de suas acusações. Mas, de forma mais geral, ele escreveu, "os senhores da humanidade", os mercadores e fabricantes da Inglaterra, perseguem sua "máxima vil: tudo para nós e nada para os outros".

A máxima vil de Smith deve ser familiar para nós. Ele tem considerável ressonância hoje. Veremos sua base teórica na próxima semana. Mas, como vocês devem estar cientes, a máxima vil se tornou uma das ideias principais do que é chamado de "libertarianismo" nos Estados Unidos. Foi popularizado por Ayn Rand. A ganância é maravilhosa, tudo para nós, nada para mais ninguém. Ela foi o guru de figuras proeminentes, entre elas Alan Greenspan, o presidente muito admirado do Federal Reserve por muitos anos. Outro acólito é Paul Ryan, ex-presidente da Câmara, o principal arquiteto intelectual dos programas domésticos do Governo Trump – que são, de fato, motivados pela máxima vil. Voltaremos a alguns deles.

Um dos principais intelectuais do movimento libertário, o Prêmio Nobel em Economia James Buchanan, delineou o princípio orientador com lucidez. Em sua obra principal, *Limits of Liberty*, ele apontou que a sociedade ideal deve estar de acordo com a natureza humana fundamental, o que faz todo o sentido. E então prosseguiu, sensatamente, com a pergunta seguinte: o que é a natureza humana fundamental? Ele tinha uma resposta muito simples:

> Em um sentido estritamente personalizado, a situação ideal de qualquer pessoa é aquela que lhe permite plena liberdade de ação e inibe o comportamento dos outros de forma a forçar a adesão aos seus próprios desejos. Ou seja, cada pessoa busca o domínio sobre um mundo de escravos.

Isso é libertarianismo, a última palavra em liberdade. E o seu maior sonho, caso vocês não tenham notado, é a natureza humana fundamental. Essa é a máxima vil em termos modernos. Na verdade, é um pensamento que Adam Smith teria considerado patológico, assim como David Hume ou John Stuart Mill ou Thomas Paine ou Abraham Lincoln ou qualquer pessoa próxima à tradição liberal clássica.

É uma indicação interessante das coisas que têm acontecido aqui – de como o liberalismo clássico está distante da base moral do que é chamado de libertarianismo nos Estados Unidos. Outra coisa a se pensar.

Bem, vamos voltar ao tema principal. O *insight* de Hume, desenvolvido por Gramsci, explica por que as elites são tão dedicadas à doutrinação e ao controle do pensamento. É preciso ter certeza de "manobrar o consentimento", como Edward Bernays explicou no trabalho sobre o qual Marv falou em nossa última reunião (Bernays, 1947). Eles são muito francos sobre isso, o que é útil, porque então podemos descobrir o que eles têm em mente. Vou me limitar à esquerda liberal do espectro, que é em muitos aspectos a mais reveladora, porque estabelece os limites do que é admissível. Ela diz que se pode ir até ali, nem um milímetro mais longe. Portanto, é sempre muito interessante olhar para o extremo da opinião liberal. Então vamos fazer isso.

Bernays é uma figura importante, fundador da enorme indústria de relações públicas, que gasta centenas de milhões de dólares por ano para manobrar o consentimento. Bernays era um liberal da tradição Wilson-Roosevelt-Kennedy. Como Marv mencionou, um de seus primeiros grandes sucessos, que o levou à fama e fortuna, foi fazer as mulheres fumarem. Os efeitos letais disso eram bem conhecidos, mas foram efetivamente suprimidos por um longo tempo. Retornaremos a esse assunto.

Outra conquista notável do histórico liberal de Bernays ocorreu no início dos anos de 1950, quando ele foi empregado pela United Fruit Company, que era praticamente a proprietária da Guatemala e, na verdade, de grande parte da América Central. No início da década de 1950, eles foram ameaçados por uma nova democracia reformista na Guatemala, que derrubou a ditadura no poder e pretendia tomar as terras não utilizadas da fruticultura e distribuí-las aos camponeses pobres, junto com outras reformas.

Bernays foi contratado para fazer algo a respeito. Ele desenvolveu uma campanha de propaganda muito bem-sucedida para manobrar o consentimento em meio ao público americano para um golpe militar, o golpe militar de 1953, que pôs fim a essas heresias e protegeu o poder da Fruit Company sob a nova ditadura militar. O tema de sua campanha era, claro, uma base soviética não muito distante de nossas fronteiras, uma ameaça comunista, o que era ridículo, mas funcionou. A ditadura militar estava firmemente estabelecida. Isso levou a décadas de terror e destruição, acabando com qualquer ameaça de democracia e reforma social, que aumentou nos anos Reagan, como mencionei. E ainda é um fator importante na enxurrada de refugiados que fogem aqui para a fronteira.

Edward Bernays é, na verdade, um herói liberal. Isso é particularmente verdadeiro em Cambridge, Massachusetts, onde passei a maior parte da minha vida. O coração do liberalismo americano. Ele recebe homenagens, porque uma de suas conquistas foi realizar uma campanha de propaganda *pro bono* para impedir uma atrocidade real que estava para acontecer em Cambridge. Há uma via que passa pelo rio, a Memorial Drive. Valeria e eu moramos lá por um tempo. Existem lindos sicômoros antigos ao longo da Drive. Um local muito agradável, isso podemos dizer. A cidade estava pensando em alargar a via e cortar as árvores. Bernays interveio e organizou uma campanha que fez a cidade recuar. Então, os sicômoros ainda estão lá. E isso aparentemente apaga o resto do registro, no que diz respeito à opinião liberal.

Bernays explicou seus princípios em 1947, nos *Annals of the American Academy of Political and Social Science*.

Ele informou ao mundo da ciência que

> os líderes, com a ajuda de técnicos da área que se especializaram na utilização dos canais de comunicação, foram capazes de realizar de forma propostal e científica o que denominamos de "a engenharia do consentimento". Essa expressão significa simplesmente o uso de uma abordagem de engenharia – isto é, ação baseada no conhecimento completo da situação e na aplicação de princípios científicos e práticas experimentadas para a tarefa de fazer as pessoas apoiarem ideias e programas. [...] A engenharia do consentimento é a própria essência do processo democrático, a liberdade de persuadir e sugerir. [...] Um líder frequentemente não pode esperar que as pessoas cheguem a um entendimento geral [...] os líderes democráticos devem fazer sua parte [...] manejar o consentimento para objetivos e valores socialmente

> construtivos. [...] O líder responsável, para cumprir os objetivos sociais, deve, portanto, estar constantemente atento às possibilidades de subversão. Ele deve aplicar suas energias para dominar o *know-how* operacional da engenharia do consentimento e para superar seus oponentes no interesse público (Bernays, 1947).

A concepção de Bernays recebeu o endosso científico em 1971 por B.F. Skinner, a mais importante figura do movimento behaviorista, que se tornou altamente influente no período pós-Segunda Guerra Mundial. Como Skinner colocou em seu livro *Beyond Freedom and Dignity*, mantendo conceitos científicos cuidadosos: "O controle ético pode sobreviver em pequenos grupos, mas o controle da população como um todo deve ser delegado a especialistas – policiais, padres, proprietários, professores, terapeutas, e assim por diante, com seus executores especializados e suas contingências codificadas". Os "líderes responsáveis", dedicados ao interesse público.

Uma vez que os líderes democráticos não podem esperar que as pessoas cheguem a um entendimento geral, e tenham que produzir a engenharia do consentimento para objetivos e valores socialmente construtivos, algumas questões óbvias surgem. Quem toma as decisões sobre esses objetivos e valores? Que fatores influenciam as decisões dos "líderes democráticos"? Como se estabelece sua "responsabilidade" e dedicação ao interesse público? Bernays evita as perguntas, mas quando as examinamos descobrimos que, assim como na época de Adam Smith, os tomadores de decisão são principalmente os "senhores da humanidade", que têm prioridades muito mais altas do que "o interesse público", como Smith descreve. Eles são os únicos com o poder de exercer a liberdade de persuadir e sugerir, a essência do processo democrático – poder que não é exatamente distribuído igualmente. E são eles que julgam o que é socialmente construtivo. Hoje em dia, não são apenas os comerciantes e donos de manufaturas de Smith. Hoje em dia, são enormes conglomerados, corporações multinacionais e instituições financeiras e outros centros de poder econômico.

É importante ter em mente o quão profundamente enraizadas essas ideias estão entre as classes intelectuais, em todo o espectro. Ainda vou manter o extremo liberal do espectro. Um exemplo importante é talvez o intelectual público mais proeminente e respeitado do século XX, Walter Lippmann, também liberal da linha Wilson-Roosevelt-Kennedy, como Bernays. Lippmann[2], como Bernays, fora membro da Comissão Creel, mencionada por Marv em nossa última sessão, a comissão que Woodrow Wilson criou para tentar convencer a população americana a aderir à Primeira Guerra Mundial. Wilson foi eleito em 1916 com o *slogan* "Paz sem vitória". Mas ele mudou rapidamente para "Vitória sem paz". Houve então o problema de fazer com que uma população pacifista se tornasse uma população histérica antialemã delirante. O objetivo foi alcançado. Então, por exemplo, a Orquestra Sinfônica de Boston não podia tocar Beethoven, e coisas semelhantes estavam acontecendo por todo o país. Isso foi alcançado muito rapidamente por uma grande campanha de propaganda e impressionou muito as pessoas envolvidas, incluindo Lippmann e Bernays. Como Lippmann escreveu depois, essa conquista mostra que o que ele chamou de "fabricação do consentimento", a engenharia do consentimento de Bernays, é uma "nova arte" na prática da democracia.

Lippmann foi uma figura importante em muitos domínios, incluindo a teoria política. Sua principal coleção de ensaios políticos é chamada de "filosofia política para a democracia liberal". Nesses

---

2. O original trazia "Wilson", mas Wilson foi o fundador do comitê, e a frase anterior introduz Lippmann [N.E.].

ensaios, ele explica que "o público deve ser colocado em seu lugar" para que "as minorias inteligentes" possam viver livres "do atropelo e do rugido do rebanho desorientado", o público. Os membros do rebanho desorientado são considerados "espectadores da ação", não "participantes". Eles têm uma função, entretanto. Sua função é aparecer periodicamente para apertar um botão e votar em um membro selecionado da classe líder. Então eles devem ir embora e nos deixar em paz. Essa é a teoria democrática progressista.

Não vou falar sobre as versões mais duras.

Outra figura liberal influente, Harold Lasswell, um dos principais fundadores da ciência política moderna, também tinha algo a dizer sobre esses assuntos. Na *Enciclopédia das Ciências Sociais*, ele explicou que não devemos nos deixar iludir por "dogmatismos democráticos sobre os homens serem os melhores juízes de seus próprios interesses". Eles não são. Nós somos. Continuando, "O propagandista moderno, como o psicólogo moderno, reconhece que os homens muitas vezes são maus juízes de seus próprios interesses, pulando rapidamente de uma alternativa para a próxima sem uma razão sólida ou apegando-se temerariamente aos fragmentos de alguma rocha musgosa dos tempos. [...] As doutrinas democráticas mais antigas permitiam que o líder nominal escapasse de sua tarefa de liderança por meio de algum truque processual: uma 'vontade geral' deveria estar 'lá fora', e o dever do líder era vigiar cuidadosamente para que ela se manifestasse por meio da máquina de votação e discussão legislativa". Mas devemos deixar esse absurdo para trás na Era Moderna da psicologia científica e da ciência política. "No que diz respeito aos ajustes que requerem ação em massa, a tarefa do propagandista é inventar metas simbólicas que tenham a dupla função de facilitar a adoção e a adaptação. Os símbolos devem induzir a aceitação espontânea e provocar as mudanças de conduta necessárias para trazer a adaptação permanente. O propagandista, como aquele que cria símbolos que não são apenas populares, mas que trazem realinhamentos positivos de comportamento, não é um frasista, mas um promotor de atos abertos."

Observe o uso livre do termo "propagandista", como no caso de Bernays. Isso ocorreu na década de 1930. Naquela época, o termo não tinha as conotações negativas que assumiu desde então (em inglês; outras línguas ainda usam o termo de maneira neutra).

Afora o jargão pseudocientífico, estamos de volta aos mesmos princípios. Em uma sociedade democrática, nós, a minoria inteligente, temos o dever de direcionar as massas "ignorantes e estúpidas" para o que consideramos objetivos adequados, usando qualquer engano que seja necessário. Tudo para seu próprio bem.

Esses pontos foram elaborados por Reinhold Niebuhr, um teólogo e analista político liberal altamente respeitado, frequentemente descrito como "o teólogo do *establishment* (liberal)". Ele explicou que, por causa da "estupidez do homem médio", os líderes iluminados têm de construir "ilusões necessárias" e "simplificações emocionalmente potentes" para garantir que os melhores interesses do público em geral sejam atendidos pelos "intelectuais responsáveis". De uma perspectiva diferente, os intelectuais responsáveis são o que Gramsci chamou de "especialistas em legitimação", cuja tarefa é de alguma forma legitimar o que está acontecendo.

Henry Kissinger, que era um mestre na arte, explicou isso de maneira um pouco diferente. Parafraseando um de seus *insights*, o "especialista" é alguém capaz de "articular o consenso dos poderosos" e, portanto, por implicação, capaz de administrar seus negócios por eles.

Nem todo mundo se qualifica como especialista ou intelectual responsável. Há também "os homens selvagens nos bastidores" – a frase usada em um importante artigo no grande jornal do *establishment Foreign Affairs* em 1968, pelo conselheiro de segurança nacional de Kennedy-Johnson, McGeorge Bundy, ex-reitor de Harvard, mais tarde à frente da Fundação Ford. Ele estava se referindo a pessoas que estão tão distantes da realidade, que não apenas questionam as táticas do governo, mas até levantam questões sobre os motivos. Especificamente, ele tinha em mente os críticos das guerras da Indochina que ele vinha conduzindo. Insanidade pura e completa. Insanidade que, aliás, está bem documentada nos *Pentagon Papers*, lançado por Dan Ellsberg logo depois que Bundy escreveu. Ele contém amplo material sobre os motivos, às vezes bastante explícitos e não muito atraentes, para dizer o mínimo. E não apenas confirmando, mas estendendo substancialmente a loucura dos homens selvagens.

Bem, toda sociedade tem seus homens selvagens de bastidor. Na velha União Soviética, os selvagens nos bastidores, do ponto de vista dos governantes, eram os dissidentes. Eles foram tratados com dureza na União Soviética, mas é claro que foram muito honrados aqui. Todos nós sabemos seus nomes. Quando voltamos para casa, os valores estão invertidos. Os dissidentes são selvagens, condenados ou, mais frequentemente, simplesmente ignorados. Quem, por exemplo, sabe os nomes dos principais intelectuais latino-americanos assassinados em 1989 pelas forças de elite que armamos e treinamos? Alguém aqui sabe o nome deles? Ou mesmo que isso aconteceu?

Há uma longa lista de outros – muitas vezes sofrendo o "martírio, que, em uma variedade infinita de formas, espera por aqueles que têm a coragem, a vontade e a consciência para lutar uma batalha contra o mundo", para citar *A casa das sete torres*, de Nathaniel Hawthorne.

Não temos tempo para repassar a história, que é reveladora. Mas, em resumo, o padrão remonta aos primeiros registros da história. Voltemos, portanto, à Grécia clássica e nos perguntemos quem bebeu a cicuta e se suicidou. Era Sócrates o cara que estava corrompendo a juventude de Atenas ao fazer muitas perguntas. Quase ao mesmo tempo, se vocês olharem para o registro bíblico, havia pessoas que eram chamadas profetas, uma tradução enganosa de uma palavra hebraica obscura. Eles eram o que poderíamos chamar de dissidentes. Eles criticavam os atos perversos dos reis, fazendo análises geopolíticas, alertando sobre o que iria acontecer como resultado dessas políticas terríveis, pedindo misericórdia para as viúvas e os órfãos, claramente homens selvagens nos bastidores. Eles não eram bem recebidos. Eram tratados com dureza – presos, levados para o deserto, condenados como odiadores de Israel, neste caso, o Profeta Elias. Essa é a origem da expressão "auto-ódio judeu", usada hoje para condenar os críticos judeus da política israelense por proeminentes figuras políticas israelenses como Abba Eban e, comumente, pelos defensores dessas políticas aqui.

Séculos depois, os profetas foram homenageados. Mas não em seu tempo. Na época, as pessoas homenageadas eram os bajuladores da Corte, aqueles que mais tarde foram chamados de falsos profetas. Os especialistas em legitimação. E assim a coisa segue ao longo da história. Uma história interessante.

Vejam Gramsci. Quando foi condenado à prisão pela ditadura de Mussolini, o promotor disse que devíamos impedir aquele cérebro de funcionar por 20 anos. Ora, isso era fascismo. Somos um pouco mais duros. Romero e os intelectuais jesuítas – e uma longa lista de outros mártires religiosos – simplesmente tiveram seus cérebros estourados e foram silenciados para sempre, não apenas por 20 anos.

É preciso que nos certifiquemos de que eles serão desconhecidos para sempre. É muito interessante ver como isso funciona em detalhes. Portanto, vamos voltar para Boston, a cidade mais liberal do país. Em 1990, logo após o assassinato dos intelectuais jesuítas, a Associação Americana de Psicologia realizou sua conferência em Boston. Houve uma série de mesas de discussão. Eu participava de uma, dedicada ao trabalho de um dos intelectuais jesuítas assassinados, um psicólogo social proeminente. A conferência teve cobertura do *Boston Globe*, na época, penso eu, o jornal mais liberal do país, que tinha excelente cobertura da América Latina, provavelmente a melhor do país.

O *Boston Globe* cobriu a conferência, mas não aquela mesa. Em vez disso, o jornal preferiu um artigo sobre as expressões faciais masculinas que são atraentes para as mulheres. Isso era muito mais importante. É preciso que se tenha prioridades bem definidas. É necessário cultivar o tipo certo de intelectual. Não quero culpar o repórter, que provavelmente nunca tinha ouvido falar do massacre dos intelectuais jesuítas alguns meses antes.

Bem, vou deixar para a imaginação de vocês qual seria a reação se coisas assim estivessem acontecendo na velha União Soviética sob a ditadura do Kremlin.

O ponto essencial foi levantado pelo crítico agudo e muitas vezes amargo H.L. Mencken, referindo-se a um escritor irlandês-americano que entrava e saía da prisão por acusações triviais: "Se [ele] fosse um russo, lido na tradução, todos os professores o estariam louvando".

Tudo muito preciso.

Na verdade, George Orwell tinha algumas coisas interessantes a dizer sobre isso. Todos vocês leram *A fazenda dos animais* na escola, tenho certeza. Mas é muito improvável que vocês tenham lido o prefácio de Orwell para *A fazenda dos animais*, que não foi publicado. Ele foi descoberto muitos anos depois, em sua reunião póstuma. Às vezes aparece em edições contemporâneas, mas provavelmente não constou do livro que vocês leram.

Vocês devem se lembrar de que *A fazenda dos animais* é uma crítica satírica da Rússia bolchevique, o inimigo totalitário. Mas o prefácio, dirigido ao povo da Inglaterra livre, diz que este não devia se gabar demais a respeito disso. A Inglaterra também tem censura literária, do tipo apropriado para sociedades livres escravizadas pelo senso comum hegemônico. "O fato sinistro sobre a censura literária na Inglaterra", escreveu Orwell, "é que ela é amplamente voluntária. Ideias impopulares podem ser silenciadas e fatos inconvenientes mantidos em segredo, sem a necessidade de qualquer proibição oficial". Ele não explorou as razões em qualquer profundidade, meramente observando o controle da imprensa por "homens ricos que têm todos os motivos para serem desonestos acerca de certos assuntos importantes", reforçado pelo "acordo tácito geral de que 'não seria apropriado' mencionar esse fato particular". Como resultado, "qualquer pessoa que desafie a ortodoxia prevalecente será silenciada com surpreendente eficácia". Relegada à categoria dos homens selvagens nos bastidores, se chegar a ser notado.

Um mecanismo essencial de censura, na opinião de Orwell, é uma boa educação. Se você frequentou as melhores escolas, você carrega dentro de si a compreensão de que há certas coisas que não seriam convenientes de se mencionar, ou, podemos acrescentar, até mesmo de se pensar. Tudo se torna parte do seu ser. E se...

você é um bom aluno e absorveu os ensinamentos adequadamente, pode se tornar um intelectual responsável.

Esse é o prefácio não publicado de *A fazenda dos animais*. Mas quais são os tipos de coisas que não seria conveniente mencionar? Ou pensar? Acabei de dar alguns exemplos. Crimes dos Estados Unidos na América Latina, por exemplo, e também a comparação muito interessante da América Latina, domínio dos Estados Unidos, com domínios russos na Europa Oriental. Há algumas citações na leitura.

Os intelectuais latino-americanos reconheceram que os europeus do leste têm "de certa forma mais sorte do que os centro-americanos", escreveu um deles – o editor de um jornal que foi explodido por terroristas apoiados pelos Estados Unidos, sem despertar qualquer interesse nos Estados Unidos. "Enquanto o governo imposto por Moscou em Praga degradava e humilhava os reformadores", continuou ele, "o governo criado por Washington na Guatemala os matava. Ainda o faz, em um genocídio virtual que fez mais de 150 mil vítimas, [no que a Anistia Internacional chama] de 'programa governamental de assassinato político'... Ficamos tentados a acreditar que algumas pessoas na Casa Branca adoram deuses astecas... com o oferecimento de sangue da América Central". A Casa Branca instalou e apoiou forças na América Central que "podem facilmente competir com o *Securitate* de Nicolae Ceausescu pelo prêmio mundial de crueldade", referindo-se ao mais sanguinário dos ditadores do Leste Europeu (e, aliás, apreciado pelos Estados Unidos, pois era um tanto independente do Kremlin).

Esse é um testemunho bastante comum das vítimas. Mas elas não estão sozinhas. É também a avaliação acadêmica do Ocidente. A fonte acadêmica padrão sobre a história política do pós-guerra é a *História da Guerra Fria*, publicada por Cambridge em vários volumes. O capítulo sobre a América Latina foi escrito por John Coatsworth, um respeitado especialista em América Latina, ex-diretor da Escola de Relações Públicas e Internacionais da Universidade de Colúmbia. Ele escreve que de 1960 – guardemos a data –, de 1960 até "o colapso soviético em 1990, o número de prisioneiros políticos, vítimas de tortura e execuções de dissidentes políticos não violentos na América Latina superou amplamente os da União Soviética e do Leste Europeu satélites".

Novamente, vocês podem se perguntar de quantos europeus do Leste Europeu vocês já ouviram falar? E de quantos latino-americanos? Um estudo interessante, nunca levado a cabo até onde eu sei. Disse que vocês deveriam manter 1960 em mente. Voltarei aos motivos, se não hoje, mais tarde.

Bem, vamos ver mais alguns exemplos do que não convém dizer hoje. Peguemos o *New York Times*, edição de alguns dias atrás, uma matéria de primeira página. Ela trata de como o conselheiro de segurança nacional, John Bolton, pediu ao Pentágono que elaborasse planos para um ataque ao Irã. Bolton já registrou em um artigo no *New York Times* um pedido de bombardeio imediato do Irã. Essa é uma matéria. Outra matéria é sobre o senhor recentemente nomeado procurador-geral, William Barr, que afirma que o presidente tem "poder irrestrito para iniciar uma grande guerra por conta própria, não apenas sem a permissão do Congresso, mas mesmo se o Congresso votar contra" (Savage, 2019).

Os menos sofisticados podem pensar que o pronunciamento de Barr viola o artigo I da Constituição, que confere ao Congresso o poder de declarar guerra – uma ruptura crucial com a prática comum da época, que atribuía esse papel ao monarca. Essa inovação revolucionária foi motivada pela oposição dos fundadores ao poder centralizado irrestrito e sua preocupação de que tais decisões sérias deveriam ser baseadas no julgamento ponderado do Congresso. Mas Barr é um advogado muito bom para violar a Constituição de forma tão descarada. Ele, portanto, fala em lançar uma guerra, não em declará-la. Ele está, portanto, violando a intenção clara dos fundadores, mas não suas palavras de fato.

Adotando o papel de homem selvagem, vamos perguntar o que está faltando nessas duas matérias de primeira página, porque não seria conveniente mencionar.

Uma das coisas que permanecem por serem ditas é que realmente existe um documento chamado Constituição dos Estados Unidos, que devemos reverenciar. É um documento precioso, especialmente entre "conservadores" como Barr, que o idolatram. Podemos deixar de lado a chicana da violação do artigo I e dar uma olhada no artigo VI. Lá descobrimos que "todos os tratados celebrados, ou por celebrar, sob a autoridade dos Estados Unidos, constituirão a lei suprema do país; e os juízes de todos os estados serão sujeitos a ela".

Suponho que o chefe do executivo também (embora Barr e Trump possam discordar). Portanto, vamos dar uma olhada nos tratados que foram feitos sob a autoridade dos Estados Unidos.

O mais importante desde a Segunda Guerra Mundial é a Carta das Nações Unidas, estabelecida por iniciativa dos Estados Unidos, a base do Direito Internacional moderno. Examinemo-la, portanto, em particular o artigo II, inciso IV. Aqui descobrimos que "a ameaça ou o uso da força" é proibido nos assuntos internacionais. Não apenas o uso, mas até a ameaça. Existem algumas exceções, mas são transparentemente irrelevantes aqui.

De passagem, devemos lembrar que existe uma categoria de profissionais, chamados de "especialistas em direito internacional", que podem, com bastante qualificação, explicar que as palavras não significam o que dizemos. Mas nós, homens selvagens, somos simplórios que não apreciam essas sutilezas, então vamos aceitar o significado imediato do texto.

Entre as coisas cuja menção não é conveniente, existe a seguinte: as principais figuras do governo estão violando a Constituição dos Estados Unidos, a lei suprema do país. Alguém se importa? Aparentemente não. Para os intelectuais responsáveis, parece não significar muita coisa.

Como justificativa parcial, é justo observar que Barr não está de todo abrindo novos caminhos. Embora seu desprezo pela Constituição nessas observações seja extremo, é normal que os líderes políticos violem a Constituição mediante a ameaça do uso da força. Há anos é normal, por exemplo, que o presidente e outros digam que todas as opções contra o Irã são plausíveis. "Todas as opções" significa todas as opções, até um ataque nuclear.

De maneira mais geral, tudo isso é bastante normal. Portanto, coloquemos em exame a invasão do Iraque em 2003, um exemplo clássico de agressão sem pretexto crível. Houve críticas. Do Presidente Obama, por exemplo, que é muito respeitado por tê-la criticado como um erro estratégico. Elogiamos os generais russos quando eles criticaram a invasão do Afeganistão como um erro estratégico? Ou criminosos de guerra nazistas que criticaram a guerra em duas frentes de Hitler como um erro estratégico, porque deveriam ter destruído a Inglaterra primeiro? Eu não me lembro de nada disso. Existe alguma diferença neste caso? Caso exista, qual é – além de nós contra eles? Vale a pena pensar a respeito.

As críticas de Obama à Guerra do Iraque são bastante abrangentes. Tentem encontrar alguém que disse que não foi um simples erro, mas sim o crime internacional supremo. Esse é o julgamento de Nuremberg, onde os criminosos de guerra nazistas foram condenados. Muitos deles foram enforcados. O julgamento descreveu a agressão – e, novamente, a invasão do Iraque é um exemplo clássico – como "o crime internacional supremo diferindo apenas de outros crimes de guerra por conter em si mesmo o mal acumulado do todo": no caso do Iraque, o mal acumulado é uma longa lista, que inclui o Isis e muito mais.

O promotor dos Estados Unidos em Nuremberg, Robert Jackson, proferiu uma fala interessante ao Tribunal. Ele disse que estamos entregando aos réus "um cálice envenenado", e se bebermos dele – se formos culpados de crimes semelhantes – devemos sofrer o mesmo destino. Do contrário, devemos reconhecer que o processo judicial é uma farsa, a justiça do vencedor. Bem, vocês podem tirar suas próprias conclusões. Mas todas são coisas que não convém dizer ou pensar – sob o reinado do senso comum hegemônico.

Vamos dar uma olhada no pior crime internacional desde a Segunda Guerra Mundial, a invasão norte-americana do Vietnã e, em seguida, de toda a Indochina, deixando muitos milhões de cadáveres e três países em ruínas. Às vezes, o ataque era realizado com diretivas explícitas, atingindo níveis de criminalidade que desafiavam palavras, como as ordens infames que Kissinger obedientemente transmitiu à Força Aérea dos Estados Unidos, pedindo "uma campanha de bombardeio massivo no Camboja. De qualquer coisa que voe sobre qualquer coisa que se mova" (Becker) – um apelo ao genocídio que é difícil de duplicar no registro histórico. Ordens que foram cumpridas, fornecendo um grande estímulo para a criação do Khmer Vermelho, conforme revelado pela academia (Ben Kiernan e outros), mas raramente penetrando o senso comum.

As guerras terminaram em 1975 e, claro, todos os que tivessem alguma importância tiveram que escrever um comentário a respeito. Havia basicamente dois grupos. Os falcões disseram que se tivéssemos lutado mais, poderíamos ter vencido. Talvez tenhamos sido esfaqueados nas costas por manifestantes antiguerra. O segundo grupo era o das pombas. No extremo crítico do *mainstream*, talvez, estava Anthony Lewis, do *New York Times*. Novamente, é sempre útil olhar para a esquerda do *establishment*, marcando os limites do que é certo dizer.

Lewis escreveu no *New York Times* (1º de maio de 1975) que a guerra começou com "esforços desastrados para fazer o bem". Como sabemos disso? Porque é um axioma, uma verdade necessária. Se os Estados Unidos fizeram a guerra, foi um esforço com a melhor das intenções... Não é preciso nenhuma evidência para isso. Isso é senso comum hegemônico. Por que "esforços desastrados"? Porque não funcionaram.

Portanto, a guerra começou com esforços desastrados para fazer o bem, "mas em 1969 estava claro para a maior parte do mundo – e para a maioria dos norte-americanos – que a intervenção havia sido um erro desastroso. [...] O argumento [contra a guerra] era que os Estados Unidos haviam compreendido mal as forças culturais e políticas em ação na Indochina – que estavam em uma posição em que não poderiam impor uma solução, exceto a um preço muito alto para si mesmo".

Essa é a crítica de extrema-esquerda passível de expressão no *mainstream*. Houve outra opinião expressa ao mesmo tempo: que a guerra foi "fundamentalmente errada e imoral [...] não um erro" (Rielly, 1987). Mas é claro que esse é o tipo de histeria antiamericana que se espera dos selvagens nos bastidores, então era bastante razoável negar sua expressão. Exceto pelo fato de que os homens selvagens nos bastidores, neste caso, eram a grande maioria da população.

Existem estudos regulares da opinião pública norte-americana sobre relações internacionais. O principal monitor da opinião pública sobre tais assuntos é o respeitado Conselho de Relações Internacionais de Chicago. Eles realizaram pesquisas em 1975 e, é claro, entre as questões levantadas estavam questões sobre as atitudes em relação à guerra no Vietnã. Havia várias opções disponíveis. Uma das opções era que a guerra "não era um erro", era "fundamentalmente errada e imoral". Essa opção foi escolhida por 70% da população. Os "bastidores" devem ser bem amplos para receber tanta gente selvagem. Pode-se ter afinidade com o desprezo da elite intelectual liberal pela "estupidez do homem comum", que nem mesmo se dá conta do que não é conveniente mencionar.

Essa pergunta continuou a ser feita nas pesquisas por muitos anos, com quase o mesmo resultado. Quase dois terços ou mais disseram que a guerra era fundamentalmente errada e imoral, não um erro. Vocês teriam dificuldade de encontrar qualquer comentário de intelectual de esquerda que tivesse alcançado o *mainstream* e que pudesse expressar as opiniões da população.

Há, é claro, uma questão persistente. O que as pessoas querem dizer com isso? Essa questão foi finalmente levantada pelo diretor acadêmico dos estudos, o cientista político John Rielly. Ele escreveu que as respostas mostram uma "preferência por evitar grandes encargos em intervenções estrangeiras". É possível. Ou é possível que mostram que o público pensou que a guerra era fundamentalmente errada e imoral, não um erro. Não teria sido difícil determinar a resposta, mas aparentemente a investigação nunca foi realizada. Talvez tenha sido considerada supérflua, já que a conclusão correta é tão óbvia.

Tudo isso levanta questões bastante interessantes sobre o domínio que o senso comum hegemônico exerce sobre os homens responsáveis em comparação com as massas estúpidas e ignorantes. Perguntas bastante interessantes. Não seria muito surpreendente descobrir que os especialistas em legitimação são mais profundamente doutrinados do que aqueles que não estão constantemente sujeitos a correntes de propaganda e não são seus propagadores. Existem algumas evidências a esse respeito em uma série de questões, mas nunca foram investigadas sistematicamente, até onde eu sei.

Como ainda tenho mais alguns minutos, gostaria de dizer algumas palavras sobre como os problemas que estamos discutindo surgiram na primeira revolução democrática moderna na Inglaterra do século XVII, junto com o problema de "colocar o público em seu devido lugar" – o problema de Lippmann três séculos depois. Esse é o pano de fundo imediato para as observações de Hume sobre a engenharia do consentimento.

O conflito de meados do século XVII é geralmente apresentado como uma guerra entre o rei e o parlamento, este último representando as classes ascendentes de mercadores e manufaturas. A "revolução gloriosa" final estabeleceu a primazia do parlamento. E também registrou vitórias para a burguesia em ascensão. Uma conquista não desprezível foi quebrar o monopólio real do altamente lucrativo comércio de escravos. Os mercadores conseguiram obter uma bela fatia desse negócio, uma parte substancial da base para a prosperidade britânica.

Mas também havia homens selvagens nos bastidores – grande parte do público em geral. Eles não ficaram em silêncio. Seus panfletos e oradores eram defensores da educação universal, da garantia de saúde e democratização da lei. Eles desenvolveram uma espécie de teologia da libertação que, como observou um crítico com palavras ameaçadoras, pregava "ao povo a doutrina sediciosa" e visava "sublevar a multidão patife [...] contra todos os homens de melhor qualidade no reino, para atraí-los a associações e acordos uns com os outros [...] contra todos os senhores, aristocratas, ministros, advogados, homens ricos e pacíficos". Particularmente assustadores eram os trabalhadores itinerantes e pregadores clamando por liberdade e democracia, os agitadores incitando a multidão canalha e os autores e impressores distribuindo panfletos questionando a autoridade e seus mistérios. A opinião da elite advertiu que os democratas radicais "lançaram ao vulgo todos os mistérios e segredos do governo... (como pérolas diante dos porcos)" e "tornaram o povo dessa forma tão curioso e tão arrogante que ele nunca encontrará humildade suficiente para se submeter a uma lei civil". É perigoso, observou outro comentarista em tom ameaçador, "que um povo conheça sua própria força" – que aprenda que o poder está "nas mãos dos governados", nas palavras de Hume.

A ralé não queria ser governada por um rei ou parlamento, mas "por compatriotas como nós, que conhecem nossas necessidades". Seus panfletos explicam ainda que "o mundo jamais será bom enquanto as leis nos forem elaboradas por nobres e cavalheiros escolhidos pelo medo, e que não façam mais do que nos oprimir, sem conhecer as misérias do povo".

Essas ideias naturalmente horrorizaram os homens da melhor qualidade. Eles estavam dispostos a conceder direitos às pessoas, mas dentro de certos limites. Depois que os democratas foram derrotados, John Locke comentou que se devia informar a "trabalhadores e comerciantes, solteironas e ordenhadoras" em que acreditar; "a maior parte não é capaz de ter conhecimento e, portanto, deve crer".

A segunda revolução democrática moderna, a Revolução Americana, lançada um século depois, expôs conflitos um tanto semelhantes, que entraram de maneira crucial na elaboração da Constituição. É um tópico muito importante, com muitas lições e consequências cruciais. Mas já é tarde para falar sobre isso agora. Voltaremos a isso.

2
O atual senso comum: realismo capitalista

Palestra de Waterstone, 22 de janeiro de 2019

Bem-vindos à segunda semana de "O que é a política?"

Esta noite tenho uma pequena tarefa. Vou resumir o primeiro volume de *O capital*, de Marx, que ajudará a refrescar a memória de suas aulas de marxismo do ensino fundamental e médio, caso vocês já não se lembrem de algumas coisas. Lembrem-se: este é apenas o primeiro dos três volumes de *O capital*, e tentarei examinar todos eles, além de algumas das outras obras de Marx. O tópico desta noite é: capital e realismo capitalista, que é o título do livro *Realismo capitalista*, de Mark Fisher. Essa expressão, que usei antes – "agora é mais fácil imaginar o fim do mundo do que imaginar o fim do capitalismo" –, penso que captura de uma maneira interessante essa noção de realismo capitalista, que é o termo de Fisher para um senso comum capitalista.

É apropriado, penso eu, um dia após a data que celebra a figura de Martin Luther King, lembrar as palavras deste: "Estou convencido de que, se quisermos chegar ao lado certo da revolução mundial, a nação deve passar por uma revolução radical de valores. Devemos rapidamente começar a deixar de ser uma sociedade voltada às coisas, e nos tornarmos uma sociedade voltada às pessoas. [...] Quando máquinas e computadores, modelos de lucro e direitos de propriedade são considerados mais importantes do que as pessoas, torna-se impossível derrotar os gigantes trigêmeos que são o racismo, o materialismo e o militarismo". O contexto em que Martin Luther King fez esse comentário representa um ponto crucial em sua carreira. Esse é seu discurso "Além do Vietnã", depois do qual praticamente todos os seus ex-aliados se voltaram contra ele. Ele ficou isolado depois de fazer esse discurso. O início do discurso é basicamente: não se pode ficar em silêncio. Ele diz isso no título de sua palestra "Um tempo de romper o silêncio", o que ele de fato fez.

Data de quando ele faz a transição pública de trabalhar simplesmente – não simplesmente –, mas exclusivamente, com os direitos civis, para tratar de questões de pobreza e mudança social. Nas próximas semanas, vamos dar uma olhada na relação entre um sistema político-econômico, o capitalismo industrial em estágio avançado, e algumas de suas consequências mais agressivas. A relação entre o capitalismo como sistema político-econômico e o militarismo, entre o capitalismo e a catástrofe ambiental, e entre o capitalismo e os efeitos produzidos a partir de sua forma financeirizada globalizada. Mas antes de examinarmos essas conexões, precisamos alcançar uma compreensão clara do que é (e deve ser) o capitalismo como forma de organizar a economia política da sociedade.

Na apresentação que vou fazer esta noite, o capitalismo será abordado a partir de algo como um sentido idealizado, no melhor sentido em que ele se apresenta. Essa não é necessariamente a forma que assume na vida cotidiana. Com essa abordagem, pretendo oferecer-lhes uma noção das características essenciais de um sistema capitalista. Características essenciais ao capitalismo, e as razões pelas quais então se vincula a essas outras consequências, de formas fundamentais e bastante necessárias. Esse é o propósito da conversa desta noite.

Vamos começar a pensar em como o sistema funciona. Quero começar com a noção de produção, que é a interação humana mais básica com a natureza. Combina trabalho humano, às vezes historicamente se valendo de trabalho animal e ferramentas, e elementos da natureza para satisfazer as necessidades e desejos humanos, que são categorias bastante variáveis, é claro. O que, para além dos próprios requisitos fisiológicos básicos, define necessidades e o que assinala o ponto em que passamos das necessidades aos desejos? Trata-se de uma categoria muito escorregadia, explorada de forma bastante explícita pelos campos da propaganda e do *marketing*, cujo trabalho consiste em transformar desejos em necessidades.

Os recursos derivam da materialidade neutra da natureza. Nesse caso, "neutra" simplesmente se refere destituída de valor. Ou seja, a materialidade neutra da natureza só se configura recurso quando reconhecida pela sociedade, seja por indivíduos, seja por pequenos grupos, sob o viés da utilidade. Esse reconhecimento depende do estágio do conhecimento, do estágio da capacidade de uso e da acessibilidade dos materiais. Isso é claramente mutável ao longo do tempo, de um lugar para outro e de uma cultura para outra. A capacidade de uso e a acessibilidade dependem do estágio da tecnologia, das condições econômicas, e assim por diante.

Algo que é um recurso em um lugar ou tempo pode não ser um recurso em outro lugar ou tempo e vice-versa. Algo que não é reconhecido como um recurso em um momento pode se tornar reconhecível e acessível como um recurso sob outras circunstâncias. A noção de recurso não depende de sua existência, mas de sua transformação em tal. A ideia original de produção, histórica e antropologicamente, está relacionada unicamente ao uso. Ou seja, a interação entre as pessoas e o mundo físico produzia bens que eram úteis. A maior parte da produção era realizada por famílias ou pequenos grupos.

Os meios de produção – ou seja, as matérias-primas, as ferramentas e o trabalho – encontram-se nesse primeiro momento nas mesmas mãos. As pessoas responsáveis pela produção são aquelas que controlam os meios de produção e o trabalho. Eventualmente, com o passar do tempo, há uma divisão de trabalho e alguma especialização. Isso leva a um excedente, em algumas circunstâncias, de bens específicos. Isto é, parte da produção excede as necessidades imediatas. De forma que nem tudo o que é produzido é imediatamente consumido. Isso está ligado a essa ideia de especialização e divisão do trabalho.

Isso abre caminho, então, à comercialização desse excedente. Estamos passando de uma produção individualizada, com destino a necessidades imediatas de consumo, para um sistema em que há algum excedente, e isso fomenta a capacidade de se engajar no comércio. O primeiro tipo de troca é o escambo, ou seja, a troca entre itens de utilidade. Geralmente ocorre em circunstâncias face a face, sem separação no tempo e no espaço. As pessoas que estão envolvidas no escambo se conhecem, interagem, isso é uma mercadoria ou um bem por outro: M ↔ M. Coloquei essa observação aqui porque voltarei a ela mais tarde. A ideia de um bem por outro. No início, a troca é de menor monta em relação ao uso. Ou seja, a troca não é a intenção primária da produção; é secundária. Uma questão que surge imediatamente em situações igualitárias de escambo é qual é o parâmetro da troca, como saber quanto de uma coisa deve ser trocada por outra. Como equilibramos essas coisas? Quer se trate de pão por sapatos, sapatos por vinho, e assim por diante.

83

Uma medida é o tempo de trabalho necessário para a produção do bem. Trata-se de um tipo muito rudimentar de teoria do valor-trabalho. Ou seja, o bem vale a quantidade de tempo que leva para produzi-lo. Isso pode incluir a aquisição das matérias-primas necessárias para tanto, e assim por diante. É evidente que não se trata de um sistema perfeito, uma vez que um produtor pode ser muito mais ou muito menos eficiente do que o outro com quem se está comercializando as mercadorias. Mas ele produz uma equivalência aproximada, ou seja, sabemos quantos pares de sapatos trocar por qual quantidade de grão, por exemplo, ou de pão. Essa é uma base para pensar sobre como fazemos essa equivalência.

No primeiro volume de *O capital*, Marx começa com o conceito de mercadoria. É o primeiro capítulo do livro. A história de como ele chega a ele é muito interessante. No fim de uma obra anterior chamada *Grundrisse*, que é um esboço de sua principal obra sobre o capital, ou a economia política, ele faz uma pequena observação sobre a noção de mercadoria. É um lembrete para si mesmo; é menos do que um comentário de uma página e diz: "Isso deve ser desenvolvido". Em seguida, ele abre *O capital* abordando a noção de mercadoria, que ele considera o elemento mais básico do capital.

A mercadoria inclui dois componentes: valor de uso – isto é, a mercadoria precisa ser útil para alguém por alguma razão. Sob o capital, porém, uma mercadoria também precisa ter esse outro elemento essencial, que é o valor de troca. Ou seja, deve ser capaz não só de ser útil, como de carregar algo que a sociedade valorize. Abordaremos de que isso se trata logo mais. A mercadoria precisa ter esses dois elementos para ser útil em um sentido capitalista. Para cumprir sua função tal como o disse, deve incluir ambos os elementos.

Esses elementos são recíprocos e antitéticos entre si. Ou seja, para operar como portador de valor capitalista, em uma troca, é preciso abrir mão do valor de uso para obter o valor de troca e vice-versa. Ou seja, se chegamos a um mercado com um par de sapatos, mas não podemos abrir mão do par, porque precisamos dele, não é possível incluí-lo na troca e obter o valor de troca. E vice-versa: se chegamos à bolsa com dinheiro (o que discutiremos em instantes), devemos abrir mão desse dinheiro para obter o valor de uso. Essas coisas são intrínsecas à mercadoria, mas, como digo, são mantidas em um tipo interessante de tensão antitética entre si. Devemos abrir mão de um para obter o outro.

Outro termo que Marx usa para isso é que a mercadoria deve ser alienável. Devemos ser capazes de abrir mão dela para obter de volta o que pensamos que ela vale. Portanto, vamos falar sobre outra questão que se torna muito necessária nesse tipo de formulação. Isso ocorre quando a divisão do trabalho, ou seja, a especialização de tarefas e a troca, se generalizam. Isto é, quando elas não são simplesmente fortuitas em face da produção como um pequeno excedente, mas quando isso se torna uma parte dominante do padrão da sociedade. Quando a especialização e a troca se generalizam, há necessidade de algo chamado equivalente universal.

Sob tais circunstâncias, um equivalente universal é uma mercadoria particular em termos da qual todas as outras mercadorias podem ser avaliadas. Fica muito estranho, caso tenhamos muitos bens sendo trocados, pensar simplesmente em falar sobre a quantidade de tempo de trabalho ou o tempo médio de trabalho gasto neles. Em vez de poder falar nesses termos, precisamos de algo chamado equivalente universal. Chamamos esse equivalente universal de dinheiro. Atuar como equivalente universal é uma das funções, uma das várias funções, que o dinheiro desempenha, mas vou ficar apenas com esta por hoje.

Qualquer coisa pode servir como dinheiro. Historicamente, muitas coisas serviram como dinheiro ao longo do tempo. Vocês conhecem a palavra salário. Ela deriva da palavra sal, e sal em certo momento foi uma forma de dinheiro. Por razões históricas e outras, razões de portabilidade, durabilidade, qualidade consistente, coisas como ouro e prata e, às vezes, cobre e outros metais preciosos, serviram mais tipicamente ao longo do tempo como dinheiro. O ponto digno de nota aqui é que o dinheiro desempenha essa função de equivalente universal.

O valor de todas as outras mercadorias pode encontrar a si mesmo no dinheiro. Vamos começar agora a pensar em como isso funciona. Essa é a forma mais simples de troca: Voltemos outra vez à fórmula: M ↔ D ↔ M – M, mercadoria; D, dinheiro; M, outra mercadoria. Isso é vender para comprar. Chegamos ao mercado com uma mercadoria, digamos que temos um excedente de sapatos, mas não conhecemos as técnicas de manufatura de pão, chegamos ao mercado, vendemos os sapatos, ganhamos dinheiro e usamos o dinheiro para comprar pão.

A troca toma o lugar do uso e começa a se tornar a razão para a produção. No início do ciclo de produção, lembrem-se, o uso é a razão predominante para a produção. Uma vez que estamos nesse tipo de ambiente em que troca e especialização tomam a dianteira, a produção para a troca se torna predominante. O item ainda deve ter um valor de uso para alguém; caso contrário, não há venda. Portanto, é preciso ter em mente a usabilidade do item, mesmo que não seja o uso por si mesmo, que é a razão primária para a produção.

As setas são bidirecionais, porque cada compra é sempre simultaneamente uma venda, se ocorre como uma transação. Depois que o dinheiro entra em cena, em oposição ao escambo, muitas coisas mudam nesse tipo de ambiente. A mais importante delas (e logo falaremos sobre isso em alguns contextos diferentes) é que agora há uma assimetria de poder muito significativa em ação. Ou seja, o proprietário de uma mercadoria deve encontrar um comprador para aquela mercadoria específica. O dono do dinheiro pode comprar qualquer coisa que lhe seja oferecida ou não comprar absolutamente nada. Você pode ver que a relação entre o dono da mercadoria e o dono do dinheiro aqui é muito interessante e hierárquica. Ou seja, o dono do dinheiro tem uma vantagem significativa sobre o dono da mercadoria.

Agora quero expandir essa noção e pensar no capitalismo como um modo de produção, em vez de simplesmente troca. Aqui temos uma fórmula a qual retornaremos algumas vezes e com ligeiras alterações a cada oportunidade: Voltemos outra vez à fórmula: $D \leftrightarrow M \leftrightarrow M' \leftrightarrow D'$.

Eu quero repassar o básico disso. Começamos com D, que é dinheiro, M, que são mercadorias de entrada, M' é o resultado de um ciclo de produção e D' é mais dinheiro. Comecemos com uma das pontas, D, e acabamos com D', assim se espera, na outra extremidade, e algo acontece no meio.

Ao contrário da troca simples, isso é comprar para vender, em vez de vender para comprar. Isso é comprar para vender. Nesse modelo, o que os capitalistas compram são insumos ou meios de produção, ou seja, matérias-primas, instalações e equipamentos, coisas desse tipo, e força de trabalho. Assim, o D no início é usado para comprar M, que são, como eu disse, meios de produção e força de trabalho. Aqueles que são lançados no ciclo de produção, produzem uma M de saída no fim de um ciclo. E então, eventual e esperançosamente, mais dinheiro.

No modo de produção capitalista, os meios de produção estão em mãos privadas. Essa é uma característica essencial de um modo de produção capitalista. Portanto, as decisões sobre o que produzir, como produzir e o que fazer com os lucros, se houver, também estão em mãos privadas. Simplesmente consideramos essas coisas como naturais, é assim que o sistema funciona. A única coisa que os trabalhadores têm para vender é sua força de trabalho. Permitam-me repetir: a única coisa que os trabalhadores têm para vender é sua força de trabalho.

Eu enfatizo aqui, não o *trabalho* deles, e vou deixar essa distinção clara em breve. A única coisa que os trabalhadores têm para vender é sua *força de trabalho*. Então, aqui está uma coisa interessante. No mercado de trabalho, como em outras trocas de mercadorias, há uma enorme assimetria de poder, assim como em qualquer outra. O proprietário da mercadoria força de trabalho, isto é, o trabalhador, deve encontrar um comprador disposto para seu trabalho específico. O dono do dinheiro, isto é, o capitalista, pode comprar o que quer que seja oferecido ou nada comprar.

É algo útil para pensarmos quando refletimos sobre a obra de Milton Friedman sobre essa questão da liberdade econômica, em que os participantes firmam esse acordo de boa vontade, voluntariamente e em pé de igualdade. É mais do que claro que não é o caso. O trabalhador que entra nessa troca deve encontrar um comprador para suas habilidades, aptidões, capacidades específicas de trabalho, e assim por diante. A pessoa que entra com dinheiro pode comprá-los ou comprar os de outra pessoa, ou não comprar nada.

Isso imediatamente compromete a posição de Friedman sobre essa noção de liberdade econômica. Gostaria de examinar isso com mais detalhe em um instante. Agora, eu quero passar a outro tópico relacionado. É a ideia de *acumulação primitiva*. Isso nos ajudará a responder a algumas perguntas que vêm à mente quando pensamos sobre esses elementos fundamentais de um modo de produção capitalista. A primeira pergunta é: por que os meios de produção estão nas mãos de poucos? Se uma característica essencial do capitalismo é que os meios de produção estão em mãos privadas, e não falei de poucos, mas podemos inferir isso facilmente, por que é assim?

Em segundo lugar, como os capitalistas encontram pessoas prontas e dispostas a vender sua força de trabalho, e isso é tudo o que eles têm para vender? Por que é assim? Vamos voltar para Karl Marx:

> Essa acumulação primitiva desempenha na economia política aproximadamente o mesmo papel do pecado original na teologia. Adão mordeu a maçã e, com isso, o pecado se abateu sobre o gênero humano. Sua origem nos é explicada com uma anedota do passado. Numa época muito remota, havia, por um lado, uma elite laboriosa, inteligente e sobretudo parcimoniosa, e, por outro, uma súcia de vadios a dissipar tudo o que tinham e ainda mais. De fato, a legenda do pecado original teológico nos conta como o homem foi condenado a comer seu pão com o suor de seu rosto; mas é a história do pecado original econômico que nos revela como pode haver gente que não tem nenhuma necessidade disso. Seja como for. Deu-se, assim, que os primeiros acumularam riquezas e os últimos acabaram sem ter nada para vender, a não ser sua própria pele. E desse pecado original datam a pobreza da grande massa, que ainda hoje, apesar de todo seu trabalho, continua a não possuir nada para vender a não ser a si mesma, e a riqueza dos poucos, que cresce continuamente, embora há muito tenham deixado de trabalhar. São trivialidades como essas que, por exemplo, o Sr. Thiers, com a solenidade de um estadista, continua a ruminar aos franceses, outrora tão sagazes, como apologia da *proprieté* (*O capital*, vol. 1, p. 785)[3].

---

3. As citações de Marx aqui utilizadas são extraídas da tradução de Rubens Enderle (Rio de Janeiro: Boitempo, 2013) [N.T.].

Esse é o mito. Isso continua? Ainda temos esse mito? Vamos lá. Alguns de vocês talvez saibam quem é o Senador Charles Grassley. No ano passado, ele disse: "Acho que não ter o imposto estadual é um reconhecimento às pessoas que estão investindo". Ele disse ao *Des Moines Register*: "Ao contrário daqueles que estão apenas gastando cada centavo que têm. Seja em bebida, mulheres ou no cinema" (3 de dezembro de 2017).

Basicamente, as ideias, o mito, praticamente permaneceram conosco, não desapareceram. Novamente de Marx:

> Na história real, como se sabe, o papel principal é desempenhado pela conquista, a subjugação, o assassínio para roubar, em suma, a violência. [...] Num primeiro momento, dinheiro e mercadoria são tão pouco capital quanto os meios de produção e de subsistência. Eles precisam ser transformados em capital. Mas essa transformação só pode operar-se em determinadas circunstâncias, que contribuem para a mesma finalidade: é preciso que duas espécies bem diferentes de possuidores de mercadorias se defrontem e estabeleçam contato; de um lado, possuidores de dinheiro, meios de produção e meios de subsistência, que buscam valorizar a quantia de valor de que dispõem por meio da compra de força de trabalho alheia; de outro, trabalhadores livres, vendedores da própria força de trabalho e, por conseguinte, vendedores de trabalho. Trabalhadores livres no duplo sentido de que nem integram diretamente os meios de produção, como os escravos, servos etc., nem lhes pertencem os meios de produção, como no caso, por exemplo, do camponês que trabalha por sua própria conta etc., mas estão, antes, livres e desvinculados desses meios de produção. Com essa polarização do mercado estão dadas as condições fundamentais da produção capitalista. A relação capitalista pressupõe a separação entre os trabalhadores e a propriedade das condições da realização do trabalho. [...] O processo que cria a relação capitalista não pode ser senão o processo de separação entre o trabalhador e a propriedade das condições de realização de seu trabalho, processo que, por um lado, transforma em capital os meios sociais de

subsistência e de produção e, por outro, converte os produtores diretos em trabalhadores assalariados (*O capital*, vol. 1, p. 786).

Parece tão primário quanto diz Marx, porque forma, como ele argumentou, a pré-história do capital e o modo de produção correspondente ao capital. Vamos trazer em instantes complicadores a essa ideia.

Mais uma vez, pense sobre isso em termos da noção de liberdade econômica de Friedman. Ou seja, a ideia de que as pessoas simplesmente se apresentam como trabalhadores, em vez do fato de que tem havido um conjunto de atividades muito deliberado e contínuo para separar os trabalhadores dos meios de produção para si próprios. Portanto, é um quadro muito diferente do que é pintado. Na verdade, a acumulação primitiva está em andamento. Não é simplesmente uma relíquia do passado. Falaremos sobre como isso continua ocorrendo de diferentes maneiras.

David Harvey cunhou uma expressão: a "acumulação por expropriação". Isso pode assumir uma grande variedade de formas, sobre as quais falaremos em mais detalhes em algumas semanas, entre as quais a privatização de bens e serviços anteriormente públicos. O roubo de propriedade intelectual. Os cercamentos impostos por coisas como patentes e direitos autorais. Todas essas são formas de acumulação primitiva, ou acumulação por expropriação, e são contínuas. Eles não são uma relíquia do passado de forma alguma.

Outro elemento crucial, este é um componente especialmente importante das maneiras pelas quais as pessoas são separadas dos meios de subsistência e produção para si mesmas. A ideia de

> [...] propriedade comunal – absolutamente distinta da propriedade estatal anteriormente considerada – era uma antiga instituição germânica, que subsistiu sob o manto do feuda-

lismo. Vimos como a violenta usurpação dessa propriedade comunal, em geral acompanhada da transformação das terras de lavoura em pastagens, tem início no fim do século XV e prossegue durante o século XVI. Nessa época, porém, o processo se efetua por meio de atos individuais de violência, contra os quais a legislação lutou, em vão, durante 150 anos. O progresso alcançado no século XVIII está em que a própria lei se torna, agora, o veículo do roubo das terras do povo, embora os grandes arrendatários também empreguem paralelamente seus pequenos e independentes métodos privados. A forma parlamentar do roubo é a das *bills for inclosures of commons* (leis para o cercamento da terra comunal), decretos de expropriação do povo, isto é, decretos mediante os quais os proprietários fundiários presenteiam a si mesmos, como propriedade privada, com as terras do povo (*O capital*, vol. 1, p. 796).

Novamente, cada pequena oportunidade que as pessoas possam ter de produzir para si mesmas é sistematicamente excluída. Quer dizer, o termo *cercamento* é preciso, pois essas coisas foram retiradas como recursos públicos a serem utilizados pelo povo e transformadas em propriedade privada.

E, por fim,

> Não basta que as condições de trabalho [isto é, os meios de produção] apareçam num polo como capital e no outro como pessoas que não têm nada para vender, a não ser sua força de trabalho. Tampouco obrigá-las a se venderem voluntariamente. No evolver da produção capitalista desenvolve-se uma classe de trabalhadores que, por educação, tradição e hábito, reconhece as exigências desse modo de produção como leis naturais e evidentes por si mesmas. A organização do processo capitalista de produção desenvolvido quebra toda a resistência [...] (*O capital*, vol. 1, p. 808).

Esta é claramente a produção do bom-senso em torno do capitalismo. Não é suficiente que isso tenha acontecido, mas com o tempo as pessoas começam a pensar nisso como natural, inevitável e imutável. É assim que as coisas funcionam. Observem também que o assunto de Marx aqui é a extrema concentração de riqueza em um polo, os poucos capitalistas, e a separação dessa riqueza do outro polo, as massas de pessoas. Sem dúvida, vários de vocês viram o último relatório da Oxfam, onde 26 indivíduos agora possuem tanta riqueza quanto 3,8 bilhões de pessoas no planeta. É bem possível que haja algo de errado nisso. Não conheço nenhum dos 26 pessoalmente, mas tenho certeza de que eles poderiam abrir mão de um pouco. Até mesmo o papel do dinheiro na política também é uma implicação significativa para a democracia, da qual falaremos. Aqui vocês podem comparar os artigos de Milton Friedman e Robin Hahnel. As elites ricas são capazes de controlar as estruturas governamentais a seu favor para aumentar seus próprios ganhos e aumentar essa desigualdade.

Só para atualizar um pouco isso, como Mark Fisher coloca em seu livro *Realismo capistalista*, ao longo dos últimos 30 anos (e vamos falar sobre isso com alguns detalhes em algumas semanas), o realismo capitalista, que é o seu termo para o senso comum prevalecente, instalou com sucesso uma ontologia de negócios, na qual é simplesmente óbvio que tudo na sociedade deve ser administrado como um negócio. Isso é o que ele quer dizer com ontologia de negócios. O estado do mundo é um mundo de negócios. Ele ressalta, e isso remete à conversa da semana passada sobre o senso comum: a política emancipatória deve sempre destruir a aparência de uma chamada ordem natural.

Ela deve revelar o que é apresentado como necessário e inevitável enquanto mera contingência. Ou seja, o senso comum do que pensamos sobre o mundo capitalista deve ser demonstrado como contingência, não necessidade e inevitabilidade. Então, por outro lado, ele deve fazer parecer possível o que antes era considerado impossível. Ele apresenta uma série de exemplos no parágrafo seguinte à citação de que nos utilizamos, onde fala sobre coisas que apenas alguns anos atrás pareciam impossíveis, como a privatização de bens e serviços, e assim por diante: naquele período de 20 a 30 anos, a privatização tornou-se possível.

Portanto, qualquer coisa contrária à maneira com que as coisas agora se apresentam pode parecer completamente inatingível, embora alguns anos atrás parecesse bem acessível. Novamente, essa é a utilidade de pensar sobre as coisas do ponto de vista de um senso comum maleável. Ou seja, que as coisas podem mudar se tiramos os freios dos imaginários.

Alguns outros exemplos antes de voltarmos ao sistema de como ele funciona. Isso é novamente de Marx:

> A descoberta das terras auríferas e argentíferas na América, o extermínio, a escravização e o soterramento da população nativa nas minas, o começo da conquista e saqueio das Índias Orientais, a transformação da África numa reserva para a caça comercial de peles-negras caracterizam a aurora da era da produção capitalista. Esses processos idílicos constituem momentos fundamentais da acumulação primitiva. A eles se segue imediatamente a guerra comercial entre as nações europeias, tendo o globo terrestre como palco. Ela é inaugurada pelo levante dos Países Baixos contra a dominação espanhola, assume proporções gigantescas na guerra antijacobina inglesa e prossegue ainda hoje nas guerras do ópio contra a China etc. Os diferentes momentos da acumulação primitiva repartem-se, agora, numa sequência mais ou menos cronológica, principalmente entre Espanha, Portugal, Holanda, França e Inglaterra. Na Inglaterra, no fim do século XVII, esses momentos foram combinados de modo sistêmico, dando origem ao sistema colonial, ao sistema da dívida pública, ao moderno sistema tributário e ao sistema protecionista. Tais métodos, como, por exemplo, o sistema colonial, baseiam-se, em parte, na violência mais brutal. Todos eles, porém, lançaram mão do po-

> der do Estado, da violência concentrada e organizada da sociedade, para impulsionar artificialmente o processo de transformação do modo de produção feudal em capitalista e abreviar a transição de um para o outro. A violência é a parteira de toda sociedade velha que está prenhe de uma sociedade nova. Ela mesma é uma potência econômica (*O capital*, vol. 1, p. 821).

Mais uma vez, ele enfatiza que essas formas de acumulação primitiva são formas essenciais de transição para o capital chegar aonde chega. Esses métodos dependem em parte da força do grupo, por exemplo do sistema colonial, mas todos eles empregam, e isso é algo muito importante, o poder do Estado: esta, para Marx, é uma das poucas declarações que ele faz sobre o papel do Estado. Ele tinha um volume planejado sobre o papel do Estado na sociedade capitalista, mas nunca chegou a realizá-lo.

Agora nos voltemos à fórmula que trata da acumulação. Voltemos outra vez à fórmula: D ↔ M ↔ M' ↔ D'.

D, dinheiro, M, mercadoria sob a forma de insumos, um ciclo; D', mais dinheiro. O que acontece nesse processo para permitir que D se torne D', que é o ponto completo? Ninguém passaria por tudo isso se acabasse com o mesmo dinheiro com que começou no início. D como é somente D. O objetivo é ir de D para D'.

Para entender isso é preciso examinar essa mercadoria peculiar da força de trabalho. Como uma análise de como o dinheiro emerge do processo de produção em quantidade maior do que entra, Marx primeiro exclui qualquer possibilidade de trapaça ou injustiça. Em sua análise do sistema capitalista, Marx está em diálogo, e muitas vezes em debate com os economistas, e os economistas políticos que os precederam, principalmente os economistas políticos clássicos. Figuras como David Ricardo, Adam Smith e vários outros.

Ele queria fazer sua análise dentro do quadro de regras dessas figuras, que apresenta o capital em sua melhor luz. De modo que, se em verdade ele mostra que o capital não produz as vantagens que eles reclamam, ele o terá feito em seus termos. Uma das coisas que ele faz é descartar coisas como trapacear, como comprar na baixa e vender na alta, que é uma espécie de caráter essencial do mercantilismo. A razão pela qual ele descarta isso é, diz ele, que no equilíbrio da sociedade isso não produz qualquer mais-valia ou riqueza adicional. O que há é simplesmente a redistribuição do valor ou riqueza que já existe. Que tudo chega a uma média: se você engana alguém, pode ter conseguido algo, mas essa pessoa perdeu algo. É uma espécie de soma zero. Ele descarta isso. Tudo no processo, conforme Marx analisa, é negociado com seu verdadeiro valor.

Os meios de produção não podem ser a fonte do valor adicional. Lembre-se de que ele está tentando descobrir, em seu processo, como passamos de D para D'. Uma das coisas que os capitalistas fazem é comprar meios de produção. Ele diz que isso não pode ser fonte de valor adicional. As razões são estas. Ou eles transferem parte de seu valor para os novos produtos ou, por exemplo, o maquinário acaba depreciado ao longo do tempo. Pode-se calcular quanto do valor se destina a uma produção em cada ciclo de produção, ou os meios de produção acabam sendo incorporados ao próprio novo produto, mas não há novo valor aí. Então, se alguém fabrica alguma coisa, se fabrica pão de trigo, o valor do trigo se incorpora ao pão, mas não há nenhum valor novo aí. É necessário que os capitalistas encontrem no mercado a mercadoria que produza mais valor do que ela mesma custa. Esse é o truque.

Essa mercadoria única é a força de trabalho, e é o único elemento do processo que produz mais-valia, que é a fonte do lucro.

É uma mercadoria única nesse aspecto. Como é que ela funciona? Felizmente, existe uma resposta simples. Odeio ser portador de más notícias, mas é assim que funciona: exploração do trabalhador. Como isso funciona?

Para entender esse processo, temos que começar entendendo os salários, particularmente a noção de um salário médio vigente. Esse salário médio prevalecente pode oscilar em torno de uma média, dependendo da oferta e da demanda de trabalho, mas é definido por quanto é necessário para permitir que o trabalhador se reproduza diariamente. Isso é o mínimo para que se alimente, se vista, se abrigue, de modo a poder voltar ao trabalho no dia seguinte. É assim que o salário é definido.

Esse salário médio prevalecente, que é o preço da reprodução do trabalho, depende do custo de uma chamada cesta de mercadorias, que constitui um conjunto de expectativas razoáveis de compensação em uma dada sociedade, em determinado momento e lugar. Marx usou muito problematicamente o Estado-nação como escala para isso. Pode haver enormes flutuações nisso. Pensem no que é necessário para alimentar, vestir e abrigar uma pessoa em um determinado momento no lugar. Esse é o salário médio, e essa é a cesta de mercadorias. Muito claramente, esse salário médio varia com o tempo e de um lugar para outro. Um conjunto razoável de expectativas nos Estados Unidos em 2019 é claramente diferente do que era em 1950 ou 1970, ou do que poderia ser atualmente em Bangladesh ou na Alemanha. Apenas como uma observação lateral, os salários médios em 2019 nos Estados Unidos estão mais ou menos onde estavam em 1970. Voltaremos a isso em algumas semanas.

O razoável em uma época e lugar é claramente diferente do que poderia ser em outra época e lugar, mas o mecanismo para determinar o salário médio em vigor permanece o mesmo. Ou seja, determina-se um salário calculando o custo de uma cesta de mercadorias. O que varia de vez em quando e de lugar para lugar é o que vai para a cesta.

Agora que sabemos como se calcula um salário médio prevalecente, podemos traduzir isso em nosso entendimento de como D' é derivado de D no processo de produção. Começamos perguntando: o que o capitalista compra quando compra a mercadoria força de trabalho? O que o capitalista está de fato comprando? É a capacidade de trabalho do trabalhador. O capitalista decide como essa habilidade será colocada em uso. Essa é a diferença entre comprar força de trabalho e comprar mão de obra. Se você compra mão de obra, ela já está incorporada em um bem ou serviço. Se você compra mão de obra, o trabalhador já determinou como gastá-la. Se você compra força de trabalho, você, como capitalista, pode determinar como ela será dirigida e usada. O capitalista compra a capacidade de trabalho do trabalhador.

O capitalista compra a vida inteira do trabalhador? Certamente não. Isso seria escravidão, que é muito cara para os capitalistas, porque eles têm que pagar pela manutenção; muito melhor é alugar o escravo assalariado do que comprar o escravo de fato. O capitalista compra a capacidade do trabalhador de trabalhar por um determinado período, que é a jornada de trabalho. A duração da jornada de trabalho, devo observar, tem sido desde sempre um ponto de enorme luta de classes. Na época em que Marx escrevia *O capital*, uma jornada média de trabalho podia ser de dezesseis, dezoito horas ou até mais. Historicamente, a luta pelo que agora pensamos, via de regra, como a jornada de oito horas, ou a semana de 40 horas, remonta a uma luta muito, muito longa. Mas voltando ao processo, basicamente o que o capitalista está comprando é a capacidade do trabalhador para trabalhar, mas por um determinado período de sua jornada de trabalho.

Do ponto de vista do capitalista, a jornada de trabalho é, seja qual for a sua duração, dividida em duas partes. Digo, do ponto de vista do capitalista, embora o capitalista também não pense nisso dessa forma. Vou dizer algo sobre isso logo a seguir. Parte do dia é o que chamamos de parte do dia de trabalho necessário. É a parte da jornada de trabalho em que o trabalhador reproduz seu próprio custo e pela qual é pago com o salário.

A cesta de mercadorias que constitui o salário médio vigente tem um valor. Um trabalhador tem que trabalhar tanto tempo em um dia para produzir esse valor em bens e serviços. Essa é a parte necessária da jornada de trabalho. Se essa parte da jornada de trabalho coincidisse com a jornada de trabalho inteira, não haveria sobra de espécie alguma. Isso é claro. Se a jornada de trabalho foi de dezesseis horas, mas demorou dezesseis horas para produzir o valor daquela cesta de mercadorias, não há excedente.

A outra parte da jornada de trabalho, chamada de trabalho excedente, é a parte em que o trabalhador continua a produzir bens ou serviços, mas pela qual não é pago. Este é o processo que produz mais-valia e é a fonte de todos os lucros do capitalista. A jornada de trabalho, digamos agora, consiste em oito horas, mas se o trabalhador se reproduz em menos que esse tempo, então tudo que estiver acima disso é excedente. O capitalista não pagou por isso e, portanto, esta é a fonte da mais-valia e do lucro. Tudo isso funciona sem que capitalistas e trabalhadores o percebam. Ninguém vê a jornada de trabalho dessa forma.

Temos essa mitologia, um dia de trabalho justo por um salário justo. Na verdade, não é assim que funciona a jornada de trabalho. Se fosse, o capitalismo interromperia o passo imediatamente. O tempo que leva para reproduzir o trabalhador é sempre algo menor do que o tempo que o trabalhador trabalha. É claramente do interesse do capitalista reduzir a parte da jornada de trabalho necessária, isto é, o tempo que o trabalhador está pagando por si mesmo, tanto quanto possível, e aumentar a parte do dia de trabalho excedente tanto quanto possível. Se você pudesse passar de uma jornada de trabalho necessária de três quartos do dia para um quarto, aumentaria o excedente de forma equivalente.

Marx identificou duas maneiras pelas quais isso poderia acontecer. Uma foi chamada de mais-valia absoluta. Ou seja, você pode fazer isso aumentando a duração da jornada de trabalho. Digamos que demore quatro horas para reproduzir o trabalhador, e a jornada de trabalho seja de apenas seis horas. Bem, se você aumentar a duração da jornada de trabalho para oito ou doze horas, e todo o resto permanecer igual, ou seja, leva o mesmo tempo para reproduzir o trabalhador, você aumentou o tempo excedente. Essa capacidade de aumentar a duração da jornada de trabalho tem limites biológicos (ou seja, só se consegue trabalhar até certo ponto antes que a produtividade comece a cair vertiginosamente) e agora existem, em muitos lugares, limites legais. Mas nem em todo lugar. Existem muitos locais onde não existem proibições de duração da jornada de trabalho. A certa altura, as restrições biológicas começam a ser uma influência. Não se pode fazer isso indefinidamente.

E assim, outra maneira de aumentar a parte excedente do dia é o que Marx chamou de mais-valia relativa, e isso você pode fazer aumentando a intensidade do processo de trabalho. Por meio de coisas como a reorganização do processo de trabalho, para que haja mais cooperação e eficiência, o rendimento se torna maior, e se torna possível acelerar a linha de produção em um ambiente de manufatura. Na virada do século passado, foram realizados muitos estudos de tempo e movimento buscando de fato anatomizar cada processo do trabalho para torná-lo o mais eficiente possível. Todas essas são coisas que se pode fazer para aumentar a intensidade do processo de trabalho e, mais importante, pelas quais o capitalista não paga nada. Então, novamente, essa é outra maneira de aumentar a parte excedente do dia.

Voltemos outra vez à fórmula: $D \leftrightarrow M \leftrightarrow M' \leftrightarrow D'$. Agora sabemos de onde vem o D'. Vem da exploração do trabalhador. Se ao fim de cada ciclo o capitalista simplesmente gasta o excedente, ou seja, o D', para seu próprio consumo, ou simplesmente acumula, coloca em uma *offshore*, ou algo parecido, e gasta tudo, isso é chamado de "reprodução simples", e nada contribui para o crescimento econômico. É uma parte muito desinteressante de tudo isso. Se, por outro lado, parte do excedente é devolvido ao processo de produção para outro ciclo de produção, comprando mais meios de produção e/ou comprando mais força de trabalho, isso é chamado de "reprodução expandida" e é isso que leva ao crescimento econômico.

Envolver-se nesse processo significa que algumas decisões precisam ser tomadas. Na reprodução expandida, no início de cada ciclo, o capitalista deve decidir quanto reinvestir e, curiosamente, como dividir esse reinvestimento entre a força de trabalho (isto é, trabalho vivo), denominado capital variável, e os meios de produção, que são chamados de capital constante ou trabalho morto. A razão pela qual são chamados assim – se pensarmos em ferramentas, equipamentos e matéria-prima – é o fato de eles terem trabalho incorporado, mas não trabalho vivo. Uma máquina equivale a trabalho, mas esse trabalho já foi contabilizado. É chamado de capital constante ou trabalho morto.

No início de cada novo ciclo de produção, então, os capitalistas dividem seu reinvestimento entre os meios de produção e a força de trabalho. Há uma decisão a ser tomada, quanto reinvestir e como dividir esse reinvestimento entre esses dois componentes do investimento de capital. Essas decisões são baseadas, pelo menos em parte, e frequentemente em grande parte, em como o processo de produção está sendo modificado pelos concorrentes do capitalista. Capitalistas não operam normalmente em um vazio. Ou seja, eles estão em um segmento de capital, ou em um segmento de mercado, onde há concorrência.

As decisões que os concorrentes tomam obrigam os capitalistas a acompanhá-los de uma forma ou de outra. Sob a compulsão dessa competição constante, os capitalistas revolucionam constantemente o processo de produção para ficar um passo à frente e, assim, manter e maximizar seus próprios lucros. Outros devem então segui-los, inovar por conta própria, ou ficar para trás. É por isso que Marx pensava no capitalismo em termos, em muitos sentidos, de admiração como um sistema revolucionário. Ou seja: se todo esse tipo de inovação constante pudesse ser direcionado para outros fins, e não simplesmente para a maximização do lucro para poucos, ele traria consigo uma promessa real. Marx admirava bastante esse potencial.

O monopólio é a única saída da competição constante para os capitalistas individuais. Com o tempo, essa é uma tendência do capitalismo: os grandes engolem os pequenos. Quando olhamos para a consolidação da mídia, ou olhamos para a consolidação em outros setores, esse é o movimento. A única maneira pela qual os capitalistas podem escapar dessa competição constante é desenvolvendo um controle monopolista sobre seu segmento de mercado. É por isso que eles se empenham em fusões e aquisições para excluir a concorrência. Isso significa que eles podem sair desse tipo de esteira revolucionária.

Por uma variedade de razões, principalmente relacionadas com a necessidade de controlar os caprichos do trabalho vivo, os capitalistas tendem, ao longo do tempo, a aumentar a quantidade que investem em capital constante em lugar do capital variável. Ou seja, eles tendem a colocar mais dinheiro nos meios de produção do que no trabalho. Muito disso tem a ver, como eu disse, com uma força de trabalho viva que se revela um tanto problemática.

Uma forma comum desse fenômeno que vemos o tempo todo é a automação, isto é, substituir o trabalho vivo por trabalho morto (máquinas). Isso tem vários efeitos importantes, dos quais alguns são sociais, outros econômicos. A habilidade é investida nas máquinas, e os trabalhadores se tornam controladores de máquinas desqualificados. Isso é muito útil para os capitalistas. Isso não significa que, à medida que a automatização ocorre, pode não haver produção de alguns novos empregos que tenham valor real, mas em um sentido muito mais generalizado, os trabalhadores são desqualificados. Eles então se tornam mais facilmente substituíveis por outros trabalhadores.

Por exemplo, ao longo da história da tecnologia, na tecnologia industrial, vemos mulheres substituindo homens, crianças substituindo adultos. À medida que a força necessária para a realização de uma habilidade é investida na máquina, ou as habilidades artesanais necessárias são atribuídas à máquina, é possível fazer com que trabalhadores muito menos qualificados façam o mesmo tipo de coisa. Isso tem um enorme efeito disciplinador sobre os trabalhadores existentes. Ou seja, se uma pessoa sabe que não só há várias outras pessoas esperando para assumir o seu emprego como elas de fato não precisam de muita qualificação para isso, uma tal situação a torna bastante dócil no local de trabalho. Ao longo do tempo, a mesma quantidade, ou mesmo um aumento na produção, exige cada vez menos trabalhadores. Estamos vendo isso agora. Falaremos sobre isso novamente em algumas semanas.

Isso também pode aumentar a reserva de mão de obra desempregada ou subempregada, que é outro efeito disciplinador. Temos uma taxa oficial de desemprego muito baixa nos Estados Unidos agora, cerca de 4%, ou até menos[4]. Muitas pessoas, porém, desistiram de procurar trabalho ou estão extremamente subempregadas. Devemos ter em mente que a verdadeira taxa de desemprego é muito diferente. Mesmo as pessoas que estão empregadas, muitas delas não estão empregadas em empregos que paguem o suficiente para realmente subsistir. Ter aquele exército de reserva lá fora é novamente outro efeito disciplinador.

Esse processo de investimento em capital constante *versus* capital variável, ou seja, em meios de produção *versus* trabalho vivo, produz dois problemas fundamentais para o capital. Estamos vendo isso agora. O primeiro problema, uma vez que o trabalho vivo é a única fonte de mais-valor, mudar de trabalho vivo para morto pode contribuir para uma queda na taxa de lucro. Existem maneiras pelas quais o capital pode amenizar isso, mas cada uma delas também tem um custo. Vou apenas mencioná-las agora e em algumas semanas voltar ao que elas produziram em fins da década de 1960 e na década de 1970. Uma taxa decrescente de lucro pode ser amenizada por uma taxa crescente de exploração, ou seja, é possível explorar mais a força de trabalho existente. Porém, como eu disse, isso tem limites, tanto biológicos quanto jurídicos.

---

4. Em junho de 2020, a taxa de desemprego estava em aproximadamente 11%, um declínio em relação ao pico anterior de 14% devido à pandemia da Covid-19 (Cf. o posfácio para uma análise adicional).

Se o capital constante que se está investindo se tornar menos caro, isso também pode amenizar uma taxa de lucro em queda. É possível reduzir os salários abaixo de seu valor, o que é uma forma de trapaça, e mais uma vez não será muito promissora, caso haja qualquer competição e uma demanda por força de trabalho maior do que a oferta. Existe a possibilidade de aumentar o exército industrial de reserva, colocando mais pressão sobre os trabalhadores existentes para que trabalhem e desempenhem o trabalho com mais afinco. Todas essas são maneiras de amenizar esse problema. O problema decorre do fato de se ter eliminado o investimento em trabalho vivo, que, como digo, é a única fonte de mais-valia e de lucro.

Existe também outro problema aqui, problema outra vez decorrente de substituir o trabalho vivo pelo trabalho morto, a saber: o investimento em capital constante *versus* o investimento em capital variável. Voltemos uma última vez à fórmula: D ↔ M ↔ M' ↔ D'.

Agora sabemos como M', ou seja, o produto excedente, é produzido por meio da exploração do trabalhador. Sabemos que a mercadoria M' contém valor de uso e um valor de troca aumentado. Isso é essencial. Isso é importante. Para que o capitalista perceba esse valor, ou seja, para realmente obter o lucro, a mercadoria deve ser vendida. Temos que passar de M 'para D'.

O capitalista pode passar por todo esse processo de produção, mas se não vender o produto não terá lucro. Como isso está ligado a essa noção de redução do investimento em mão de obra viva? Para que a venda ocorra, deve haver demanda efetiva, o que significa um comprador com o desejo de comprar a mercadoria e os meios para comprá-la. É certo que se pode criar a demanda por meio de publicidade e assim por diante, mas se agora existem pessoas desempregadas, subempregadas ou malpagas, não se tem o segundo componente disso, a capacidade de comprar o produto.

Se cada capitalista, agindo em seu próprio interesse, reduz continuamente seu custo de trabalho, por exemplo, por meio da automação, ou por meio da redução de salários ou da exportação de empregos para outros lugares, o efeito agregado é a redução da demanda efetiva geral. Em essência, isso é grande parte do que temos experimentado desde o *crash* de 2008, e é um problema às vezes chamado de superprodução e às vezes de subconsumo. Eles não são exatamente a mesma coisa, mas não vou entrar nas diferenças aqui. Essencialmente, é uma crise capitalista, onde há bens e serviços que não são vendidos, porque não há demanda efetiva suficiente para comprá-los.

Isso, então, nos traz muito brevemente ao papel do Estado no capitalismo. Já vimos que o Estado desempenha um papel importante em assegurar as condições necessárias para o florescimento do capitalismo. Coisas como conquistas militares, e imperialismo e colonialismo, por meio do sistema legal que se estabelece, coisas como movimentos de fechamento, proteção de propriedades privadas, segurança de contratos, esse tipo de coisas, por meio do fornecimento da infraestrutura necessária, do que não falamos ainda, mas todas essas empresas capitalistas dependem de um ambiente em que possam realmente operar. Estradas, sistemas de comunicação, pesquisa e desenvolvimento.

Todos esses tipos de coisas são normalmente fornecidos pelo Estado, mas também o papel do Estado em um sistema capitalista é proteger o capitalismo da ação dos capitalistas. Deixados por sua própria conta, e acabei de mostrar um exemplo disso, o efeito agregado de cada um agindo em seu próprio interesse pode levar a um tipo sistêmico de catástrofe. Basta pensar no *New Deal* de Franklin Delano Roosevelt, que foi, na verdade, em grande parte uma medida para salvar o capitalismo da ação dos capitalistas. O resgate bancário de 2008/2009 é outro exemplo, assim como o salário-mínimo. Quem é contra o salário-mínimo não entende como funciona o capitalismo.

Quero agora tecer algumas relações entre esse sistema político-econômico e o tipo de consequências, consequências necessárias, que vamos examinar nas próximas semanas. O primeiro é o conjunto de relações entre capitalismo e militarismo. Alguns dos motivos subjacentes são a necessidade de acesso à oferta de trabalho e mercados, bem como acesso a meios de produção, tanto a recursos positivos quanto negativos. Ou seja, coisas que vão para a produção, bem como locais para despejar o lixo, e assim por diante. Isso é o que quero dizer com recursos positivos e negativos. Historicamente, esse militarismo assumiu formas muito diferentes: imperialismo, colonialismo, neocolonialismo, neoimperialismo.

Existem também numerosas conexões, como vimos, com a acumulação primitiva e a acumulação por meio da expropriação, e o militarismo e a força continuam a dar suporte a esses tipos de atividades. Além disso, o militarismo é por si só uma fonte de lucros. O complexo industrial militar é extremamente lucrativo, e agora eu acrescentaria o complexo industrial de segurança e o complexo industrial de vigilância. Uma série de outras coisas que vocês poderiam querer usar para modificar isso.

Também é importante ter em mente as múltiplas conexões entre o militarismo no exterior e o militarismo interno. Essas conexões são sustentadas por um desenvolvimento do senso comum difundido, que é o medo do perigo de que se investe a figura do outro. Trata-se de um senso comum que deve ser constantemente reforçado. Uma parte desse elemento de bom-senso tem relação com a legitimidade do Estado. Dado um sistema econômico globalizado, os estados-nação individuais não podem garantir a segurança econômica de seus próprios cidadãos em muitos casos. As decisões que precisam ser tomadas sobre a economia não são tomadas pelos estados. E, portanto, uma nova base de legitimidade (isto é, em vez de segurança econômica) teve de ser encontrada. Isso agora depende da proteção contra o perigo representado pelo outro. Tomar essas pessoas por alvo é frequentemente usado para dividir a classe trabalhadora contra ela mesma. Vemos isso no aumento do nacionalismo, populismo, assim chamados, e assim por diante.

Esse outro perigo inclui inimigos estrangeiros. Esse papel costumava ser desempenhado por comunistas, mas era muito difícil de se sustentar desde a queda do Muro de Berlim e o colapso da ex-União Soviética. O comunismo, portanto, se tornou muito menos um problema, então tivemos de passar a um inimigo diferente: o terrorista global, junto com os imigrantes e refugiados. Também somos constantemente lembrados de ter muito medo dos inimigos domésticos: mulheres, negros, os jovens, os velhos, as comunidades LGBTQIA+, os portadores de deficiência. Todos são constantemente apontados como perigos dos quais precisamos de proteção. E isso é parte da forma como o Estado, em 2019, estabelece sua legitimidade, bem como uma forma de instalar o militarismo em casa.

O segundo conjunto de conexões se dá entre o capitalismo e a catástrofe ambiental. Novamente, essas são ligações necessárias entre uma economia política capitalista e suas consequências. O motivo subjacente é a necessidade de crescimento e expansão contínuos de capital. A competição o impulsiona de várias maneiras, das quais falaremos. Infelizmente, porém, estamos em um mundo finito. Algumas das consequências incluem o esgotamento generalizado de recursos, bem como a poluição ambiental generalizada, incluindo a mudança climática. Muitas dessas consequências ocorrem por causa da dependência do capitalismo em externalizar (isto é, colocar sobre as costas dos outros) quaisquer custos que prejudiquem os lucros – a questão das externalidades, da qual falaremos em algumas semanas. O senso comum generalizado que subjaz a essa tensão é que a qualidade de vida, felicidade e satisfação devem ser definidas pela aquisição de coisas. Isso resulta em consumismo desenfreado e sem fim, novidade, obsolescência e desperdício, porque essas são coisas que o capitalismo produz.

Por fim, há um conjunto de conexões entre o capitalismo, em sua forma neoliberal, financeirizada e globalizada, e um conjunto de consequências que resultam dessa forma. Quero passar por isso agora muito, muito rapidamente, porque estamos sem tempo, mas também vamos abordar esses tópicos em algumas semanas. O motivo subjacente para o capital ter assumido essa forma é que, no fim do período anterior, que foi aproximadamente de 1945 a 1970, o capital se deparou com uma queda acentuada de taxas de lucro. O capital precisava de uma nova forma, novas áreas para invasão e acumulação.

O capital, nas circunstâncias certas, é livre para percorrer o globo, dependendo da natureza e da extensão de seus custos irrecuperáveis (ou fixos). Ou seja, se você tem muito investimento em determinado local e equipamentos de fábrica, sua liberdade de movimento fica restrita, mas se você não estiver impedido por esse investimento, como capitalista você pode percorrer o mundo em busca de mão de obra mais barata e/ou mais submissa, recursos mais baratos e mais novos, novos mercados, locais para despejar poluição, e assim por diante. Outras oportunidades de acumulação e lucro renovados incluem a privatização de bens e serviços que antes eram públicos. Trata-se de uma forma de acumulação por expropriação – uma atualização da acumulação primitiva. Finalmente, extensões de novos direitos de propriedade intelectual, colonização de conhecimento indígena e tradicional podem ser usados como fontes de lucro.

Enquanto o capital se encontra desimpedido em sua circulação, o trabalho é mantido no lugar. Se os trabalhadores pudessem viajar livremente para áreas com salários mais altos ou melhores condições de trabalho, isso prejudicaria o poder dos capitalistas. Essa é uma grande parte da razão de termos essas controvérsias incríveis sobre os chamados imigrantes e refugiados. O senso comum generalizado subjacente a essa forma neoliberal é essa ontologia de mercado ou negócios que discuti antes: mercados bons, governo ruim.

Por fim, existe uma relação entre todos esses efeitos e a resistência e a resposta que as questões geram. Existem movimentos trabalhistas, movimentos pacifistas, movimentos ambientais, movimentos por justiça social e igualdade, movimentos por direitos civis, movimentos por políticas identitárias, e assim por diante. No entanto, eles geralmente estão desconectados um do outro. Um ponto crucial da palestra, e do curso de maneira mais geral, é demonstrar que esses movimentos variados devem ser interligados, porque todos têm as mesmas causas sistêmicas estruturais subjacentes. Paro neste ponto.

Palestra de Chomsky, 24 de janeiro de 2019

Vou começar com boas notícias, ou pelo menos não notícias terríveis. Como talvez vocês já tenham visto, o Relógio do Juízo Final foi acertado esta manhã e, ao contrário do que receavam muitas pessoas, eu entre elas, não foi movido para mais perto da meia-noite. Vai ficar a dois minutos da meia-noite, que, como tem sido, é o mais próximo da destruição final desde que foi posto em funcionamento. O cenário original em 1947 era de sete minutos para a meia-noite. Faltavam dois minutos para a meia-noite em 1953, quando os Estados Unidos e a União Soviética detonaram explosões termonucleares, informando ao mundo que os humanos, em sua magnificência, haviam atingido a capacidade de destruir tudo. Desde então, o ponteiro dos minutos oscilou, mas nunca mais havia chegado a dois minutos para a meia-noite até janeiro de 2018, após o primeiro ano de Trump no cargo. E nesse ponto permanece até hoje. Meu palpite pessoal é que os analistas sentiram que, se mudassem para mais perto da meia-noite, em um ou dois anos atingiríamos o limite (adeus), então eles estão se segurando.

Pois bem, voltemos ao nosso assunto de momento: o senso comum hegemônico, particularmente na forma como é moldado e refletido nos domínios intelectuais, incluindo as ciências políticas e sociais. A pesquisa nessas áreas é bastante difícil, por vários motivos. Uma é que não se pode configurar experimentos controlados da mesma forma que pode nas ciências exatas. Mas, vez por outra, a história faz esse trabalho e nos organiza um bom laboratório.

Na verdade, isso aconteceu no caso do fundamentalismo de mercado, o fundamentalismo de mercado friedmaniano de que Marv tratou em nossa última reunião. Aconteceu em 1973, no Chile, quando o golpe militar de Pinochet derrubou o governo parlamentar social-democrata de Salvador Allende, instituindo uma ditadura cruel. Esse foi mais um capítulo da praga a que aludi, da repressão que varreu o hemisfério desde o início dos anos 1960, e ao qual retornaremos mais tarde, desde suas interessantes origens em diante.

Há um pano de fundo para isso, que vale alguns minutos de reflexão. Desde o fim da década de 1950, a CIA administrava uma de suas principais operações no Chile para tentar evitar que Allende fosse eleito. Isso incluía interferência eleitoral maciça e numerosas outras formas de subversão (bastante normais e, portanto, não notadas). Houve também apoio econômico em grande escala ao esforço do setor corporativo dos Estados Unidos, do governo dos Estados Unidos, do Banco Mundial, todos fazendo tudo a seu alcance para garantir que essa catástrofe não ocorresse. Funcionou até 1970, quando Allende foi eleito.

Observemos, incidentalmente, que a CIA não é um "elefante desgarrado", como às vezes se afirma – uma evasão conveniente. É uma agência do ramo executivo, que regularmente segue ordens e fornece "negabilidade plausível" para aqueles que as emitem na Casa Branca.

A eleição de Allende desencadeou um frenesi em Washington, primeiro para a CIA, cujo enorme investimento havia entrado em colapso, mas de maneira geral. Os Estados Unidos cortaram a ajuda externa. O presidente do Banco Mundial, Robert McNamara, ex-secretário de Defesa de Kennedy-Johnson, proibiu todos os empréstimos do Banco Mundial, contrariando o conselho de seus assessores, que queriam uma acomodação ao novo governo. Houve um aumento acentuado na subversão de todos os tipos, incluindo os meios de comunicação, que estão tão à direita no Chile que é necessário um imenso telescópio para localizá-los.

O próprio governo dos Estados Unidos estabeleceu o que chamou de duas vias, uma via suave e uma via dura. A via suave era destruir a economia. A frase que se usava em documentos internos era "fazer a economia gritar", tentar esmagar a sociedade para que, em desespero, as pessoas depusessem o governo. Essa foi a via suave.

A via dura era preparar um golpe militar. Existem fontes muito boas sobre isso, principalmente um livro chamado *The Pinochet*

Files, editado por Peter Kornbluh, um estudioso da América Latina. É essencialmente uma coleção de documentos governamentais que descrevem com muito cuidado e lucidez o que se passava.

A figura central em tudo isso foi Henry Kissinger, conselheiro de segurança nacional de Nixon, então também secretário de Estado. Os arquivos contêm um relatório de que operações secretas da CIA levaram ao assassinato do comandante das Forças Armadas, René Schneider, que apoiava o governo. A CIA entendeu que isso talvez fosse o suficiente para desencadear uma revolta, mas não foi. Não conseguiu impedir a posse de Allende em 4 de novembro de 1967.

Após o fracasso, Kissinger pressionou o Presidente Nixon para rejeitar a recomendação do Departamento de Estado de que os Estados Unidos buscassem um *modus vivendi* com Allende. Em um documento secreto de oito páginas, que fornecia a justificativa mais clara de Kissinger para a mudança de regime no Chile, ele enfatizou a Nixon que "a eleição de Allende como presidente do Chile representa para nós um dos desafios mais sérios já enfrentados neste hemisfério [e] sua decisão sobre o que fazer a respeito pode ser a decisão de relações exteriores mais histórica e difícil que você tomará neste ano".

Lembremo-nos de que isso se deu bem no auge da Guerra do Vietnã e de muitas outras coisas, mas a derrubada do regime de Allende foi de importância transcendente.

Kissinger prossegue dizendo que não apenas um bilhão de dólares de investimentos norte-americanos estavam em jogo, mas também o que ele chamou de "efeito insidioso exemplar" da eleição democrática de Allende. Não havia como os Estados Unidos negarem a legitimidade de Allende, observou Kissinger, e se ele conseguisse realocar pacificamente os recursos no Chile em uma direção socialista, outros países poderiam seguir o exemplo. "O exemplo de um governo marxista eleito bem-sucedido no Chile certamente teria um impacto – e até mesmo um valor precedente – em outras partes do mundo, especialmente na Itália; a propagação imitativa de fenômenos semelhantes em outros lugares, por sua vez, afetaria significativamente o equilíbrio mundial e nossa própria posição nele".

O "governo marxista" era, na realidade, um governo social-democrata, mas como Dean Acheson explicou muito antes, é necessário ser "mais claro do que a verdade" ao tentar "golpear a mente das massas do governo". Quanto à Itália, Kissinger não precisou explicar. Ele e Nixon sabiam por que a Itália era um problema: havia grandes partidos de esquerda e uma enorme operação da CIA vinha acontecendo desde 1948 para subverter a democracia italiana, uma das principais operações da agência. Portanto, os movimentos chilenos em direção à mudança social por meios parlamentares podiam muito bem ter um efeito na Itália e além.

Um dia depois, Nixon deixou claro para todo o Conselho de Segurança Nacional que a política seria derrubar Allende. "Nossa principal preocupação", informou, "é a perspectiva de que ele consiga se consolidar e o quadro que se projeta para o mundo seja o seu sucesso".

Esse "efeito insidioso exemplar" é, na verdade, o tema principal do planejamento de política externa de maneira bastante geral. Como Dean Acheson formulava o problema, uma maçã podre pode estragar o barril. Na versão de Kissinger, o Governo Allende é um "vírus" que pode "espalhar-se em contágio". A solução para esse dilema é clara: mata-se o vírus e vacinam-se as vítimas em potencial, se necessário por ditaduras militares violentas e repressivas.

É um pensamento bastante convencional. É frequentemente chamado de teoria do dominó. Os Estados Unidos não a inventaram, é claro. É uma segunda natureza para qualquer poder imperial. Eles apenas a adotaram quando os Estados Unidos assumiram o lugar de Grã-Bretanha e França, as principais potências imperiais internacionais antes da Segunda Guerra Mundial. A teoria já havia sido aplicada antes. Um caso crítico foi a revolução que fundou o primeiro país livre de homens livres no hemisfério, no Haiti, em 1804. Os Estados Unidos uniram-se ao esforço combinado das grandes potências – França, a potência imperial no Haiti, e Grã-Bretanha, a maior potência mundial – para esmagar a Revolução Haitiana. Temia-se, como se pode imaginar, que a Revolução Haitiana fosse um exemplo insidioso para outros, especialmente para estados escravistas como os Estados Unidos. O Haiti conseguiu sua liberdade a um custo tremendo e nunca se recuperou das intervenções e suas consequências. Voltaremos a alguns dos detalhes. A participação no ataque ao Haiti foi o primeiro exemplo de recurso à teoria do dominó na política externa dos Estados Unidos.

A teoria do dominó é frequentemente ridicularizada quando os dominós não caem, mas por que eles não caem? Bem, porque a cura deu certo. A estratégia política é bem-sucedida, os dominós não caem, o exemplo insidioso é destruído, o vírus é morto, outros são protegidos da infecção mediante ditaduras militares ou outros dispositivos. Existem muitas ilustrações desse padrão, incluindo, incidentalmente, o Vietnã. Voltarei a isso quando discutirmos a política imperial mais tarde. O exemplo de Allende é impressionante.

Embora constantemente ridicularizada, a teoria do dominó é mantida, como aconteceu durante a Guerra Fria. É bastante racional. Faz todo o sentido.

Bem, o golpe de Pinochet abriu uma experiência quase perfeita para o fundamentalismo de mercado, para as políticas friedmanianas. Não poderia haver objeções às decisões políticas. As câmaras de tortura cuidavam disso. Para usar equivalentes *per capita*, a medida apropriada, as realizações do terror lançado em 11 de setembro de 1973, a data do golpe, chegaram a algo como se 100 mil pessoas tivessem sido mortas nos Estados Unidos e meio milhão torturadas.

Para reflexão: eu tive algum acesso à tortura quando visitei o Chile alguns anos atrás. Fui levado a uma visita à Villa Grimaldi, a principal câmara de tortura. Ela foi transformada em uma espécie de santuário. Fui conduzido por um proeminente ativista de direitos humanos no Chile, que foi vítima da tortura na Villa Grimaldi, um dos poucos que sobreviveram. Ele me conduziu passo a passo. Os prisioneiros passavam por várias etapas. Primeiro, uma tortura leve, depois uma tortura mais severa, e então sem parar até que, no último estágio, se eles tivessem sobrevivido até ali, eram jogados em uma torre próxima, da qual poucos sobreviviam. Ele era um deles.

Ele disse que em cada estágio havia um médico presente para garantir que o paciente não morresse e pudesse passar ao estágio seguinte e mais duro. Eu perguntei a ele depois: "O que aconteceu aos médicos depois que a democracia foi restaurada?" Ele disse que eles clinicam em Santiago. Esse é um dos efeitos de não haver uma Comissão da Verdade, de não haver investigação de crimes de Estado. Havia mencionado antes que isso é algo em que podemos pensar em relação a nós mesmos.

De qualquer forma, não poderia haver objeções a nenhuma das políticas do regime. Além disso, a ditadura teve grande apoio externo. Durante os anos Allende, como mencionei, tudo havia sido cortado, mas assim que a ditadura se impôs e o frenesi de assassinatos e torturas começou, a torneira foi aberta. Houve uma enxurrada de ajuda americana. O Banco Mundial concedeu novos empréstimos, bastante substanciais. As empresas multinacionais foram lucrar com o grande experimento e ajudar a manter a ditadura. O modelo de mercado foi imposto por estudantes das doutrinas de Friedman e seus associados, os chamados "Chicago boys", chilenos que estudaram economia na Universidade de Chicago. Eles operavam com o conselho de seus mentores neoliberais, Friedman e outros importantes economistas de mercado que os visitavam regularmente. E que ficaram muito impressionados, não só pelas políticas econômicas, mas até pela liberdade durante a ditadura. Um dos santos padroeiros do neoliberalismo e do libertarianismo, Friedrich Hayek, disse: "Eu não consegui encontrar uma única pessoa, mesmo no tão difamado Chile, que não concordava que a liberdade pessoal era muito maior sob Pinochet do que fora sob Allende". O que pode nos dizer algo sobre quem ele escolheu ver.

Os "Chicago boys" e seus mentores tiveram o bom-senso de manter a Codelco, produtora de cobre nacionalizada e altamente eficiente, a maior do mundo. É claro que isso é uma violação radical dos princípios de mercado, dos princípios neoliberais, mas valeu a pena, já que a empresa era a fonte de grande parte das receitas de exportação do Chile e a base das receitas fiscais do Estado.

Em geral, foi quase um experimento perfeito. Parecia um grande sucesso, se você ignorasse os custos humanos.

Em 1982, Friedman publicou a segunda edição de seu manifesto, *Capitalismo e liberdade*, celebrando o triunfo da causa. O momento era auspicioso. Em 1982, a economia chilena quebrou e teve de ser resgatada pela intervenção do Estado, que então passou a exercer controle maior da economia do que sob Allende. Os analistas que estavam de olhos abertos a chamaram de "a estrada de Chicago para o socialismo". O proeminente economista da Ocde (Organização para Cooperação e Desenvolvimento Econômico), Javier Santiso, descreveu o "paradoxo [que] economistas competentes impuseram ao *laissez-faire* mostrou ao mundo mais um caminho para um sistema bancário socializado de fato" (Santiso, 2006).

A propósito, o economista-chefe do governo brasileiro de extrema-direita eleito recentemente, Paulo Guedes, esteve no Chile durante esses anos trabalhando no milagre, e anunciou que essas são as políticas que o Brasil vai seguir. Em suas palavras, "privatize tudo", venda o país inteiro para investidores, a maioria estrangeiros, tenha algum lucro no curto prazo, e talvez você possa ser eleito por alguns anos. A longo prazo, o país vai para o ralo. E talvez o Brasil até consiga o sucesso da experiência chilena, embora não tenha as mesmas condições ideais.

Houve outros experimentos, não tão claros quanto esse. É difícil encontrar algo como um experimento controlado no complexo mundo histórico. Mas existem casos mais complexos. Se tivéssemos tempo, seria interessante passar pelo desenvolvimento das sociedades industriais, começando com a Inglaterra no século XVII, depois os Estados Unidos, os países europeus, o Japão, e finalmente os tigres do Leste Asiático. Existem algumas uniformidades impressionantes. Cada caso envolveu uma violação radical dos princípios do mercado. O padrão não passou despercebido. O historiador econômico Paul Bairoch, após extensa revisão, conclui que "é difícil encontrar outro caso em que os fatos contradigam tanto uma teoria dominante [quanto a teoria] sobre o impacto negativo do protecionismo" (Bairoch), que é apenas uma das formas de interferência de mercado empregadas pelos Estados Unidos e outras sociedades desenvolvidas, e longe de ser das mais extremas.

Algumas sociedades observaram os princípios do mercado, embora não por escolha: as colônias, onde essas políticas lhes foram enfiadas goela abaixo. Elas se tornaram o Terceiro Mundo. Não é que todas começaram pobres. Na verdade, no século XVIII, as sociedades industriais e comerciais mais avançadas eram a Índia e a China, e a África Ocidental é descrita pelos historiadores da África como estando no mesmo estágio do Japão na época de sua decolagem no século XIX. A Índia foi submetida ao que Adam Smith chamou de "a selvagem injustiça dos europeus". Foi desindustrializada. A Inglaterra roubou sua alta tecnologia da maneira que agora estamos acusando a China de fazer conosco (mas à força, no caso da Inglaterra). Os Estados Unidos fizeram o mesmo com a Inglaterra. Na verdade, a apropriação de tecnologia superior de outros povos foi uma das principais formas de desenvolvimento, agora barrada pelas regras da Organização Mundial do Comércio – um processo que os historiadores econômicos chamam de "chutar a escada": primeiro use a escada para subir, depois chute-a para longe para que outros não o façam.

A Índia tornou-se a Índia, uma sociedade profundamente empobrecida, em grande parte camponesa; a Inglaterra se desenvolveu. E tem sido assim até o presente. Essa é uma grande parte da razão para a divisão entre o que é chamado de Primeiro e Terceiro Mundo. Há uma exceção interessante no sul global a esse processo, o Japão. É o único país do sul global que se desenvolveu, e o único país que não foi colonizado. Coincidência? Estranhamente, nenhuma lição foi tirada disso, mas vocês podem querer pensar sobre isso.

Voltemos às críticas de Robin Hahnel à teoria do mercado de Friedman nas leituras de hoje. Ele criticou principalmente a política econômica, mas também fez alguns comentários sobre a concepção de Friedman de que o que ele chama de liberdade econômica leva à democracia. Hahnel fez o comentário óbvio de que é uma espécie de democracia onde o número de votos que você tem depende da quantidade de dólares em seu bolso. Para um milhão de dólares, um milhão de votos. Sem dólares, não há votos.

Friedman, se tivesse se dado ao trabalho, poderia ter feito uma defesa muito boa, a saber, é basicamente assim que funcionam as democracias, então qual é o problema?

Existem pesquisas muito boas sobre isso no *mainstream* da ciência política. Algumas são de um notável cientista político, Thomas Ferguson, que realizou os principais estudos sobre o efeito dos gastos de campanha na elegibilidade e na formação de políticas. Os resultados são notáveis. Tanto para o executivo quanto para o Congresso, pode-se prever a elegibilidade com uma precisão surpreendente apenas observando a única variável dos gastos de campanha. Claro, isso afeta as políticas.

Não é novo, embora assuma formas novas e mais sofisticadas. Em 1895, havia um famoso gerente de campanha, Mark Hanna, que era famoso por realizar campanhas de sucesso. Certa vez, ele foi questionado sobre o que é necessário para a realização de uma campanha bem-sucedida, e sua resposta foi: "Existem duas coisas de que você precisa. A primeira é dinheiro, e a segunda eu esqueci". A "teoria política de investimento" de Ferguson – a ideia de que os investidores formam coalizões para controlar o Estado – coloca as conclusões de Hanna a partir da prática bastante amparada por um rico registro histórico, até o momento presente.

Isso é apenas o começo. Os gastos com campanha são engolidos pelo *lobby*, que se expandiu rapidamente a partir da década de 1970 e durante o período neoliberal. Um efeito desses desenvolvimentos é algo como o conceito de democracia de Friedman: seus votos refletem seus dólares.

Como já mencionei, o padrão básico remonta à primeira revolução democrática na Inglaterra do século XVII, e continua até a segunda revolução democrática um século depois nas colônias recém-libertadas, às quais retornaremos. Mas não devemos ignorar o fato de que, ainda que imperfeitas, essas revoluções democráticas constituíram um progresso real em direção à democracia e à conquista de direitos. Estabelecer a soberania parlamentar na Inglaterra em 1689 não foi uma conquista de pouca monta, e a Revolução Americana abriu uma nova era no funcionamento da democracia. A frase "Nós, o povo" era uma ideia de fato muito radical, uma ideia revolucionária, por mais falha que fosse na formulação e implementação.

Do ponto de vista das potências da época, a Revolução Americana foi um daqueles dominós aterrorizantes. O Rei George III temia que, se bem-sucedida, a Revolução Americana pudesse levar à erosão do Império Britânico por efeito dominó, uma das razões pelas quais os britânicos impuseram dura repressão às colônias enquanto o sentimento revolucionário ainda se formava. E depois de seu sucesso, a revolução preocupou profundamente as potências reacionárias da Europa. O czar e Metternich temiam que "as perniciosas doutrinas do republicanismo e do autogoverno popular" espalhadas pelos "apóstolos da sedição" nas colônias que haviam se livrado do jugo britânico pudessem encorajar "princípios viciosos" semelhantes além.

Um século depois de o czar e Metternich alertarem sobre o efeito dominó do republicanismo, os líderes norte-americanos expressaram temores semelhantes em relação à Rússia. O secretário de Estado de Woodrow Wilson, Robert Lansing, advertiu que se a doença bolchevique se espalhasse, ela permitiria que a "massa ignorante e incapaz da humanidade" se tornasse "dominante na terra". Os bolcheviques estavam apelando "ao proletariado de todos os países, aos ignorantes e mentalmente deficientes, que por seu número são instados a se tornarem senhores [...] um perigo muito real em vista do processo de agitação social em todo o mundo" (Gardner). O Presidente Wilson achou que isso já poderia estar acontecendo. Racista notório, ele estava preocupado que o estabelecimento de soldados e conselhos de trabalhadores na Alemanha pudesse inspirar pensamentos perigosos entre "os [soldados] negros norte-americanos voltando do exterior". Ele já tinha ouvido falar que as lavadeiras negras estavam exigindo mais do que o salário normal, dizendo que "o dinheiro é tão meu quanto seu". Entre outros desastres, Wilson temia que os empresários precisassem se adaptar a ter trabalhadores em seus conselhos de administração se o vírus bolchevique não fosse exterminado (Gardner, 1987).

A ameaça dos apelos bolcheviques à classe trabalhadora "ignorante e mentalmente deficiente" era tão terrível que os Estados Unidos e outros países ocidentais encontraram ali total justificativa para invadir a Rússia bolchevique em autodefesa contra "o desafio da Revolução [...] para a própria sobrevivência da ordem capitalista" (Gaddis, 1987). Esse é o julgamento de John Lewis Gaddis, o historiador mais conceituado da Guerra Fria, que na verdade começou em 1917, argumenta ele, com a exortação bolchevique por reforma social e mudança institucional e a resposta ocidental defensiva.

Não era menos importante defender a ordem civilizada contra o inimigo popular em casa. A força devia ser usada para impedir "os líderes do bolchevismo e da anarquia" de tentar "organizar ou pregar contra o governo nos Estados Unidos", explicou Lansing. A administração Wilson reconheceu a ameaça e lançou a repressão mais severa da história dos Estados Unidos, que minou com sucesso a política democrática, os sindicatos, a liberdade de imprensa e o pensamento independente, como de costume, com a aprovação geral da mídia e das elites, tudo em legítima defesa contra a ralé ignorante. Quase a mesma história foi reencenada após a Segunda Guerra Mundial sob o pretexto de uma ameaça comunista e, alguns anos mais tarde, mais uma vez quando o movimento pelos direitos civis e outros malfeitores ameaçaram o funcionamento adequado da democracia, pontos aos quais retornaremos.

Não há nada de original no recurso regular à teoria do dominó no planejamento dos Estados Unidos pós-Segunda Guerra Mundial, na arena internacional e em casa. Os vírus podem realmente espalhar o contágio.

Mencionei anteriormente a segunda revolução democrática moderna, aquela que deveria nos preocupar sobretudo, em particular a formação da Constituição. Vale a pena desenvolvermos um pouco a ideia.

Durante a década de 1780, houve um nível impressionante de ativismo, discussão, debate e reuniões populares. Havia uma literatura panfletária muito viva, assembleias, todos os tipos de grupos e associações. E rebeliões, incluindo uma grande rebelião em Massachusetts, a Rebelião de Shays, em 1786 e 1787, quando agricultores protestaram contra a injustiça econômica na época em que a Convenção Constitucional se reunia. A rebelião aumentou as preocupações dos Desenvolvedores da Constituição sobre os perigos da democracia, e foi parte da razão para o "golpe dos Desenvolvedores" que estabeleceu a Constituição. A melhor fonte sobre esses assuntos é o estudo acadêmico de Michael Klarman, de mesmo título (2016). Ele fornece um relato muito revelador de discussões, debates e intercâmbios populares que ocorreram nos bastidores, e do que realmente aconteceu na Convenção Constitucional.

Os próprios Desenvolvedores eram comparativamente ricos, a elite. Os fazendeiros pobres não podiam fazer a longa jornada até a Filadélfia e passar vários meses lá; lembrem-se, quase não havia transporte. Assim, pessoas razoavelmente ricas das 13 colônias se reuniram na Filadélfia para revisar os artigos anteriores da Confederação, e se encontraram, para surpresa de muitos, construindo um sistema político radicalmente novo com uma estrutura federal forte que muitos temiam e de que não gostavam. Quase treze: Rhode Island não enviou nenhum delegado, em parte por causa de tais preocupações.

As discussões e debates foram sofisticados e alentados, uma leitura fascinante. Uma das principais preocupações durante todo o tempo foi como suprimir as pressões populares por liberdade e democracia, todas em certa medida parecidas com a primeira revolução democrática na Inglaterra um século antes, que estabeleceu o sistema constitucional inglês em 1689, conferindo soberania ao parlamento.

O mais influente dos criadores, James Madison, capturou o tema dominante quando instruiu a Convenção: o governo deve "proteger a minoria rica contra a maioria". Ele apresentou um argumento interessante, referindo-se à Inglaterra, que era o modelo que todos tinham em mente não apenas por serem ingleses, mas por ser a sociedade mais democrática da época.

Madison observou que "na Inglaterra de hoje, se as eleições estivessem abertas a todas as classes de pessoas, a propriedade dos proprietários de terras estaria em perigo. Uma lei agrária logo entraria em vigor" – significando reforma agrária, minando os direitos dos proprietários, um desfecho intolerável.

O problema apresentado por Madison era antigo, remontando ao primeiro clássico da ciência política, a *Política* de Aristóteles.

Da variedade de sistemas que pesquisou, Aristóteles considerou a democracia "o mais tolerável", embora, é claro, ele tivesse em mente uma democracia limitada de homens livres, assim como Madison fez dois mil anos depois. Aristóteles reconheceu as falhas da democracia, porém, entre elas a que Madison apresentou à Convenção. Os pobres "cobiçam os bens de seus vizinhos", e se a riqueza é estreitamente concentrada, eles usarão seu poder de maioria para redistribuí-la de forma mais equitativa, o que seria injusto: "Nas democracias, os ricos devem ser poupados; não apenas sua propriedade não deve ser dividida, mas também suas rendas [...] devem ser protegidas. [...] Grande então é a boa fortuna de um Estado em que os cidadãos possuem propriedade moderada e suficiente; pois onde alguns possuem muito e outros nada, pode surgir uma democracia extrema", que não reconhece os direitos dos ricos, talvez se deteriorando para a tirania, como a democracia poderia, na visão de Aristóteles – com ressonâncias desagradáveis hoje.

Aristóteles e Madison colocaram essencialmente o mesmo problema, mas chegaram a conclusões opostas. A solução de Madison foi restringir a democracia; a de Aristóteles, para reduzir a desigualdade pelo que equivalia a programas de Estado de Bem-estar. Para que a democracia funcione adequadamente, Aristóteles argumenta, "medidas, portanto, devem ser tomadas de forma a dar a [todas as pessoas] prosperidade duradoura [e] o produto das receitas públicas deve ser acumulado e distribuído entre os pobres" para que possam "comprar uma fazendinha, ou, pelo menos, dar início a um negócio ou a uma plantação", juntamente com outros meios, como "refeições comunitárias" custeadas por "terras públicas".

As questões permanecem vivas, de muitas maneiras.

A concepção madisoniana da estrutura constitucional, que prevaleceu amplamente na Convenção, estabeleceu o Senado como o ramo mais poderoso do governo e o princípio de que "deve representar a riqueza da nação e advir dela", o "grupo mais capaz de homens." O Senado não foi eleito diretamente na época – na verdade, não até 1913, quando houve uma emenda para eleger os senadores pelo voto popular.

O Senado era escolhido pelas legislaturas estaduais, que se presumia que pudessem estar sob o controle da elite. Madison propôs outros dispositivos para limitar as aspirações democráticas, incluindo distritos eleitorais muito grandes, o que impediria as pessoas de se reunirem em um momento em que não era fácil viajar para muito longe. O público, portanto, não poderia exercer supervisão e controle detidos sobre seus representantes eleitos, que estariam livres das pressões populares.

Em defesa da posição de Madison, devemos lembrar que sua mentalidade era pré-capitalista. Ele presumiu que as pessoas a dirigir o país, aqueles que tinham a riqueza da nação, seriam "cavalheiros esclarecidos", pessoas que têm o bem da sociedade no coração, não suas próprias fortunas. Eles seriam como os nobres romanos, em sua maioria míticos, que eram uma imagem dos Desenvolvedores, até mesmo fornecendo os nomes para os panfletos assinados por pseudônimos da elite intelectual.

Adam Smith tinha um olhar mais aguçado. Como mencionei da última vez, ele entendeu que os "senhores da humanidade", os comerciantes e fabricantes, se certificariam de que seus próprios interesses fossem preservados, não importando o quão doloroso fosse o efeito sobre os outros, e seguiriam sua máxima vil: tudo para nós, nada para mais ninguém. Madison não via as coisas dessa maneira na época da Convenção, embora não tenha demorado muito para obter uma compreensão mais realista do mundo. Já em 1792, ele reconheceu que o estado capitalista desenvolvimentista hamiltoniano seria um sistema social "impondo o motivo do interesse privado ao dever público", levando a "uma dominação real de poucos sob uma aparente liberdade de muitos". Em uma carta a Jefferson, ele deplorou "a ousada depravação da época [à medida que] corretores de ações se tornem a guarda pretoriana do governo – ao mesmo tempo suas ferramentas e seu tirano; corrompidos por suas riquezas e intimidando-o por clamores e ardis".

Não é uma imagem desconhecida.

Uma questão proeminente nos debates da Convenção Constitucional foi o papel-moeda. Durante a Guerra Revolucionária, os estados individuais assumiram dívidas enormes. Eles tiveram de contrair empréstimos para pagar o Exército Continental e manter suas sociedades funcionando. As dívidas pertenciam a homens ricos, muitas vezes especuladores, que queriam ser pagos. Os estados estavam criando papel-moeda, que se desvalorizava com o tempo. O público o endossou. Eles eram os devedores e queriam que o valor do dinheiro diminuísse. Uma das principais questões em toda a Convenção Constitucional era se os estados deveriam ter permissão para imprimir dinheiro, papel-moeda, em vez de ouro e prata, a moeda do governo federal. Foi uma grande batalha, uma questão de classe: os devedores contra os credores e especuladores. Os últimos venceram. O artigo I da Constituição proíbe o papel-moeda.

É uma história complicada, mas em geral é justo concluir que os Desenvolvedores conseguiram realizar um golpe de elite contra as aspirações democráticas da população em geral. Como Klarman conclui, a Constituição foi uma "contrarrevolução conservadora [contra] a democracia excessiva" (2016). Essa não é uma interpretação nova, como ele aponta, embora ele forneça um relato muito mais detalhado, matizado e fundamentado do que qualquer coisa que a precedeu.

Os Desenvolvedores foram bastante francos sobre o golpe que estavam implementando. As principais figuras foram Alexander Hamilton e James Madison. Hamilton explicou que a Constituição foi desenhada para ser uma "defesa contra depredações que o espírito democrático pode fazer sobre a propriedade", a qual, como foi geralmente aceito, "é certamente o principal objeto da sociedade". Madison elaborou com maior riqueza de detalhes. A Constituição foi projetada para proteger "os interesses permanentes do país contra a inovação", sendo os "interesses permanentes" os direitos de propriedade, e a inovação qualquer ameaça a eles. Foi por essa razão que o poder efetivo deveria ser colocado nas mãos da "riqueza da nação", os "homens responsáveis" que simpatizam com a propriedade e seus direitos, e reconhecem que o governo deve ser "constituído de modo a proteger a minoria rica contra a maioria".

Conforme explicado sucintamente pelo presidente do Congresso Continental e primeiro presidente da Suprema Corte, John Jay, "O povo que possui o país deve governá-lo".

A Convenção teve de lidar com muitas outras questões além de prevenir o excesso de democracia. Tinha que lidar com a escravidão, que era um grande problema: quase todas as principais lideranças eram proprietárias de escravos. Ela teve de lidar com um conflito campo-cidade em desenvolvimento: a cidade, representando sobretudo as áreas industriais e comerciais mais ricas, *versus* o campo, onde viviam agricultores individuais. Além disso, os grandes estados *versus* os pequenos estados e muito mais.

É uma história intrigante. Existem muitas ramificações que chegam ao presente. Uma delas é a estrutura radicalmente antidemocrática do Senado, com habitantes de pequenos estados tendo muito mais poder de voto do que os maiores. Esse arranjo era uma necessidade. Não havia outra maneira de os pequenos estados ratificarem a Constituição. Um assunto muito sério hoje, ao qual voltaremos.

Todas as nossas discussões até agora trataram de um aspecto do governo, o governo político, embora o conflito de classes espreite perto da superfície. O governo político é geralmente entendido como a totalidade do conceito de governo, mas isso é um erro conceitual. Existem também governos privados ao lado do governo formal. Um livro interessante sobre esse tópico foi publicado recentemente pela filósofa política Elizabeth Anderson, criticando o senso comum hegemônico. Talvez vocês se interessem em dar uma olhada nele. Não é uma leitura complicada. Anderson discute algo que todos conhecemos, mas não "vemos": o fato de que, na realidade, a grande maioria da população é governada durante a maior parte de suas vidas por governos privados, mais precisamente, tiranias privadas (2017).

Quando você aluga a si mesmo a alguma concentração de capital no setor privado – isto é, você arranja um emprego –, você entrega sua vida a uma ditadura, na verdade, uma forma extrema de ditadura que vai muito além das ditaduras políticas. A tirania à qual você está se entregando tem controle quase total sobre você. Ela controla cada minuto do seu dia de trabalho: o que você veste e tem permissão para dizer, quando tem permissão para ir ao banheiro, como suas mãos e pernas se movem, se você fuma em casa. Quase tudo em sua vida é controlado por essa ditadura extrema, que vai muito além de qualquer ditadura totalitária no grau de controle que exerce.

Isso levanta questões. Uma é se um sistema socioeconômico é legítimo quando sujeita as pessoas a formas extremas de tirania pela maior parte de suas vidas. E isso leva à próxima questão, se o contrato de trabalho assalariado é em si legítimo. O argumento a favor da legitimidade é que o contrato é livremente assumido – no sentido da observação de Anatole France de que ricos e pobres são igualmente livres para dormir sob a ponte à noite. No mundo real, o contrato é aceito sob coação. Você aceita ou morre de fome, condições exacerbadas sob o monopólio crescente, como Marv discutiu em nossa última sessão. Existem muito poucas opções.

Mesmo que haja opções, surgem questões sobre a legitimidade de um sistema em que as pessoas têm de se alugar a ditaduras para sobreviver. Tal sistema viola direitos, direitos inalienáveis do ser humano, tais como o direito de não ser escravo ou o direito de não ser propriedade: ser pessoa, não propriedade?

Vale lembrar que o direito de não ser propriedade era negado às mulheres até bem recentemente. O sistema constitucional fundador adotou a *common law* britânica, na formulação de Blackstone, segundo a qual uma mulher não é uma pessoa, mas uma propriedade: a propriedade de seu pai, mais tarde entregue ao marido. Isso durou muito tempo, em alguns aspectos até 1975, quando a Suprema Corte finalmente determinou que as mulheres são iguais, não propriedade. Elas têm o direito de fazer parte de um júri federal.

Anderson traça uma analogia interessante. Ela lembra que, na esfera política, consideramos Mussolini um ditador, embora as pessoas tivessem liberdade para emigrar, para sair da Itália. É um pouco como o conceito de liberdade de Friedman: você é livre para deixar o emprego, então a empresa que o emprega não é uma ditadura. Ela também aponta que considerávamos a Europa Oriental governada pelo Kremlin como uma ditadura, embora as pessoas fossem livres para ir de um país para outro. Você poderia conseguir um emprego na Polônia ou na Ucrânia, da mesma forma que pode deixar um emprego na GM e – se tiver sorte – encontrar um na Ford. Bem, não considerávamos isso liberdade.

A analogia com o sistema econômico privado é próxima, o que novamente levanta questões sobre a legitimidade dos governos privados. Na verdade, essas questões não são novas. Eles eram fundamentais para a tradição do liberalismo clássico, que, Anderson argumenta, considerava o trabalho assalariado uma violação de direitos inalienáveis. Essa perspectiva durou praticamente até meados do século XIX, quando a Revolução Industrial e a hegemonia capitalista fomentaram o "senso comum" de um tipo totalmente diferente.

Antigamente, a defesa dos mercados livres era uma doutrina progressiva. Tinha o apoio da turba e dos radicais da Revolução Inglesa. A ideia era que os mercados livres eliminariam a hierarquia e a subordinação à autoridade. Eles libertariam as pessoas dos sistemas autocráticos, do Estado, da Igreja, dos proprietários de terras. Os mercados livres permitiriam que eles se tornassem autônomos, autoempregados e autogeridos. Esse era o ideal para John Locke, Adam Smith, Thomas Paine, Abraham Lincoln e outros liberais clássicos.

Tudo isso chocou-se com a Revolução Industrial do século XIX. Tudo mudou, mas é muito importante entender o raciocínio liberal clássico, que tem considerável ressonância até hoje. Voltemos a Adam Smith. Todas as pessoas têm "igual direito à terra", afirmou ele, e é absurdo afirmar que a propriedade da terra deve ser restringida pela "fantasia daqueles que morreram há talvez quinhentos anos". As grandes propriedades devem ser divididas e vendidas de forma equitativa.

Smith também deu um argumento para os mercados. Se fossem livres, argumentou ele, tenderiam para a igualdade. O comércio, a manufatura e as pequenas empresas devem ser administrados por artesãos e comerciantes independentes. Seu modelo de divisão eficiente do trabalho era uma fábrica de alfinetes, com um punhado de trabalhadores, que poderiam participar de algumas maneiras de sua governança.

Smith, como vocês sabem, valorizava a divisão do trabalho. Todos vocês já ouviram falar do açougueiro, do padeiro, e assim por diante – todos desfrutando do autogoverno. Ele é famoso por isso. Mas ele é menos famoso por suas duras críticas à divisão do trabalho quando o princípio do autogoverno é violado. Em *A riqueza das nações*, ele escreveu que uma pessoa que se mantém em operações de simples repetição sob a divisão do trabalho torna-se "tão estúpida e ignorante" quanto uma pessoa é capaz de ser, mas esse será "o destino dos trabalhadores pobres" sob um regime de divisão do trabalho para quem se aluga para sobreviver. É um destino que ele diz que deve ser evitado pela intervenção do governo em qualquer sociedade civilizada. Não é exatamente isso que se aprende sobre Smith e a divisão do trabalho em cursos e textos.

Na verdade, na edição acadêmica padrão de *A riqueza das nações*, a edição do Bicentenário da Universidade de Chicago, essa passagem nem mesmo é citada no índex sob a rubrica "divisão do trabalho".

Há mais a dizer sobre como Smith é geralmente interpretado, mas não quero ir muito longe. Basta usar sua expressão mais famosa, "mão invisível". Todo mundo aprendeu sobre as maravilhas da mão invisível, mas é muito improvável que vocês tenham aprendido como Smith usava a expressão. Na verdade, ele quase nunca a usava. Ele a utiliza duas vezes em qualquer contexto relevante, uma vez em *A riqueza das nações*, uma vez em seu segundo livro importante, *Teoria dos sentimentos morais*.

Em *A riqueza das nações*, ele usa a expressão "mão invisível" no que, na verdade, é um argumento contra a globalização neoliberal. Ele observa que se os comerciantes e manufatureiros da Inglaterra importassem e investissem em países estrangeiros, eles poderiam ter mais lucros, mas isso poderia ser prejudicial para o povo da Inglaterra. Felizmente, no entanto, eles têm um "viés doméstico". Sua preocupação com o povo da Inglaterra é tanta que eles não se importarão em ter mais lucro e irão investir e comprar em casa. Assim, como por uma mão invisível, o povo da Inglaterra será poupado da devastação do que hoje chamamos de globalização neoliberal. O outro grande fundador da economia moderna, David Ricardo, foi ainda mais franco sobre isso. Ele é famoso pela teoria da vantagem comparativa, mas escreveu que esperava que os comerciantes e fabricantes da Inglaterra não a seguissem, mas se preocupassem com seu próprio povo.

O outro exemplo do uso de Smith da expressão "mão invisível" é um argumento interessante em *Teoria dos sentimentos morais*. A Inglaterra era então, é claro, uma sociedade fundamentalmente agrária. Ele considera a possibilidade de um proprietário obter quase todas as terras, uma forte concentração de riqueza. Smith argumenta que isso não tem grande importância. Por causa de sua compaixão com outras pessoas (quaisquer que sejam suas raízes), ele dividiria sua riqueza de tal forma que, como se por uma mão invisível, sua distribuição seria relativamente igualitária.

Essas são as ocorrências relevantes da expressão na obra de Smith.

A ideia de que o trabalho assalariado é basicamente uma forma de escravidão, e se torna tolerável apenas se temporário, durando apenas até que você se torne independente, foi amplamente aceita em meados do século XIX. Abraham Lincoln, por exemplo, era um forte defensor dessa posição. Na verdade, era um *slogan* de seu Partido Republicano. O trabalho assalariado era considerado essencialmente o mesmo que escravidão, exceto na medida em que era temporário, um passo em direção à liberdade. O ideal é o autogoverno. Outros contribuintes do cânone liberal clássico foram muito mais longe.

De forma mais significativa, ideias semelhantes foram defendidas pelos trabalhadores no início da Revolução Industrial. Nos Estados Unidos do século XIX, nos primeiros dias da Revolução Industrial no leste de Massachusetts, havia uma vigorosa imprensa trabalhista escrita, editada e produzida por homens e mulheres que trabalhavam nas fábricas. Muitos eram mulheres, chamadas de "meninas de fábrica", jovens que vinham das fazendas para trabalhar nas unidades de produção. Seus escritos são muito interessantes. Há um bom trabalho sobre eles, o primeiro grande trabalho sobre a história do trabalho nos Estados Unidos, de Norman Ware (1924). Os documentos originais estão disponíveis em uma publicação editada por Philip Foner.

A imprensa trabalhista independente condenava o que chamava de "a insidiosa influência de princípios monárquicos em solo democrático". Os trabalhadores reconheciam que o assalto aos direitos humanos elementares no sistema industrial capitalista, incluindo o trabalho assalariado, não será superado até que "aqueles que trabalhem nas fábricas tornem-se seus proprietários" e a soberania retornará aos produtores livres. Então os trabalhadores não serão mais "servos ou súditos humildes do déspota estrangeiro", os proprietários ausentes, "escravos no sentido mais estrito da palavra [que] trabalham duramente [...] para seus senhores". Em vez disso, eles recuperarão seu *status* de "cidadãos norte-americanos livres". Os Cavaleiros do Trabalho, a primeira grande organização trabalhista, tinha essencialmente as mesmas ideias. A Revolução Industrial capitalista instituiu uma mudança crucial de preço a salário. Quando o produtor vendia seu produto por um preço, escreve Ware, "conservava sua pessoa. Mas quando ele acabou por vender seu trabalho, ele se vendeu", e perdeu sua dignidade como pessoa ao se tornar um escravo – um "escravo assalariado", expressão comumente utilizada (1924). Os trabalhadores da Nova Inglaterra adotaram implicitamente a visão do grande humanista Wilhelm von Humboldt, o fundador da moderna universidade de pesquisa, de que se um artesão produz uma bela obra sob ordens, "podemos admirar o que ele fez, mas desprezamos o que ele é" – um escravo em tudo, exceto no nome, não um ser humano livre.

No fim do século XIX, um movimento populista se desenvolveu. Não era nada parecido com o que agora é chamado de populismo. Foi um grande movimento popular de fazendeiros independentes, começando no Texas e se espalhando pelo Kansas e grande parte do Meio-oeste. Os fazendeiros queriam se libertar do controle dos banqueiros do nordeste americano, que lhes emprestavam dinheiro para plantar e depois os fraudavam para devolver. Eles fundaram e administraram suas próprias cooperativas de bancos e comércio. Por um tempo, parecia que os Cavaleiros do Trabalho e os populistas agrários poderiam se unir, trazendo uma verdadeira revolução democrática radical. Mas não seria o caso. Os movimentos de trabalhadores e camponeses foram tratados com muita violência estatal-corporativa.

Os Estados Unidos têm uma história de trabalho extraordinariamente violenta, até meados do século XX. O historiador do trabalho David Montgomery escreve que "a América Moderna foi criada sobre os protestos dos trabalhadores, embora cada etapa de sua formação tenha sido influenciada pelas atividades, organizações e propostas que surgiram da vida da classe trabalhadora"

(1989), para não falar das mãos e dos cérebros daqueles que realmente fizeram o trabalho.

Ware relata o pensamento dos trabalhadores qualificados em Nova York 175 anos atrás, que repetiam a visão comum de que o salário diário é uma forma de escravidão, mas alertaram que poderia chegar o dia em que os escravos assalariados "virão a esquecer o que é devido à humanidade no que toca à glória em um sistema imposto a eles por sua necessidade, e em oposição a seus sentimentos de independência e respeito próprio" (1924). Eles esperavam que aquele dia fosse "muito distante".

Demorou muito para tirar as ideias dos trabalhadores e fazendeiros da cabeça das pessoas, mas elas continuam surgindo, incluindo greves recentes às quais voltaremos. A demanda por independência, respeito próprio, dignidade pessoal e controle do próprio trabalho e vida, como a velha toupeira de Marx, continua a cavar não muito longe da superfície, pronta para reaparecer quando despertada pelas circunstâncias e ativismo militante.

Uma forma que está surgindo agora é a ideia de que os trabalhadores devem ter voz na governança das empresas, aparentemente uma crença amplamente difundida de acordo com pesquisas recentes. Em grande parte, graças ao notável sucesso das campanhas de Bernie Sanders, essas ideias estão chegando à arena política. Elizabeth Warren introduziu uma legislação exigindo que, nas grandes corporações, os trabalhadores elegessem 40% dos membros do conselho de administração. Algo semelhante existe há muito tempo na Alemanha, um sistema denominado codeterminação.

Mas então a questão é por que parar aí? Por que não voltar à crença dos trabalhadores norte-americanos nos primeiros dias da Revolução Industrial de que aqueles que trabalham nas fábricas deveriam ser seus donos e gerenciá-las? Na verdade, isso está acontecendo no antigo *Rust Belt* e em outros lugares, com esforços muito importantes para desenvolver empresas, cooperativas e outras formas de ajuda mútua pertencentes e administradas por trabalhadores. Há um trabalho importante nessas iniciativas, especialmente por Gar Alperovitz.

Existem modelos bastante bem-sucedidos nesse sentido. O mais famoso está no País Basco, na Espanha, Mondragón, uma empresa importante que floresce há 60 anos, incluindo manufatura e bancos, moradias, hospitais – todos de propriedade dos trabalhadores. Na última década, Mondragón se associou ao Sindicato dos Trabalhadores do Aço dos Estados Unidos para tentar formar cooperativas de propriedade dos trabalhadores nos Estados Unidos e no Canadá. Muito importante, e não tão conhecido como deveria ser, é o Movimento dos Trabalhadores Sem Terra (MST) no Brasil, indiscutivelmente o maior movimento popular do mundo, agricultores pobres que ocupam terras não utilizadas e desenvolvem uma extensa rede de cooperativas autogeridas e muitas vezes prósperas. Eles receberam algum apoio do governo progressista de Lula da Silva, que agora é o prisioneiro político mais importante do mundo. Provável vencedor das eleições de 2018, ele foi impedido por um golpe de direita em andamento que o prendeu pouco antes das eleições por acusações altamente duvidosas e o impediu de fazer qualquer declaração pública. Sob o duro e repressivo governo de extrema-direita de Jair Bolsonaro, o MST está sob grave ameaça, mas criou raízes profundas[5].

Todas essas e muitas outras iniciativas são maneiras de seguir o conselho do pioneiro anarquista Mikhail Bakunin, que defendeu que os ativistas deveriam criar os germes de uma sociedade futura dentro da atual.

---

5. Lula foi libertado da prisão, enquanto se aguarda o resultado de seus vários recursos judiciais, em novembro de 2019.

3
Capitalismo e militarismo

Palestra de Waterstone, 29 de janeiro de 2019

O tema desta noite é o conjunto de relações, múltiplas e intrincadas, entre capitalismo e militarismo. Quero pensar com muito cuidado sobre algumas das qualidades essenciais do capitalismo histórica e contemporaneamente, em termos da maneira como está relacionado ao militarismo, ao colonialismo e à conquista.

Vou começar baseando-me em algum material do livro *The Parable of the Tribes*, de Andrew Bard Schmookler, lançado no início dos anos de 1980. No livro ele examina as condições subjacentes para a paz ou o conflito entre grupos, e isso nos ajudará a entender algumas das dinâmicas envolvidas no assunto desta noite. Ele começa esse exame convidando os leitores a "imaginar que existe um grupo de tribos vivendo ao alcance umas das outras. Se todas escolherem o caminho da paz, todas poderão viver em paz. Mas e se", ele pergunta, "todas, exceto uma, escolherem a paz e esta for ambiciosa de forma a buscar a expansão e a conquista?" Ele configura o problema como uma forma de pensar sobre quais são as possíveis reações a uma tal situação.

Ele apresenta quatro respostas possíveis. A primeira é que, se houver espaço suficiente, os grupos ameaçados pelo agressor podem simplesmente se afastar. Eles podem se mover para fora dessa esfera, se isso for possível. Mais uma vez, tudo fica na dependência de haver ou não um lugar para onde se retirar. Uma segunda possibilidade é a destruição de grupos subordinados pelo agressor. Isso ocorre quando os grupos subordinados, ou os grupos mais fracos, têm algo que o agressor quer, mas o agressor não quer essas populações, simplesmente quer o que elas têm, então a destruição é uma possibilidade.

Uma terceira possibilidade é quando os grupos mais fracos têm algo que o agressor deseja, mas quando o agressor também está interessado na população de alguma forma e, portanto, se envolve em atividades que resultam em algum grau de absorção, mas certamente em algum grau de sujeição. Essa é uma terceira possibilidade. A quarta possibilidade é a ideia de resistência, ou seja, um grupo pode resistir à agressão, mas como Schmookler deixa claro, essa resistência já é um reconhecimento das relações de poder, e deve ocorrer de alguma forma por meio de algum tipo de emulação ou imitação do comportamento do agressor.

Conforme Schmookler conclui, em cada um desses resultados, os caminhos do poder estão espalhados por todo o sistema, e isso é o que ele chama de parábola das tribos. Ora, vocês podem supor a existência de outras possibilidades, mas esta é uma boa heurística para pensar um pouco sobre como o poder opera no mundo. Portanto, algumas considerações finais. Nas três primeiras versões, os caminhos do poder se espalham quando os poderosos se expandem para áreas onde os fracos já estiveram. Se uma sociedade no sistema desenvolve uma vantagem competitiva importante, seus vizinhos perdem a opção de continuar seu modo de vida anterior. Eles podem se adaptar a essa nova inovação e de alguma forma competir, ou podem ser, como eu disse, subjugados ou destruídos.

O curso da resistência, que é a quarta resposta, também requer transformação nas formas de poder. Requer a imitação de seus inimigos mais potentes. A tirania do poder é tal que mesmo a autodefesa se torna uma espécie de rendição se alguém estiver interessado apenas na paz. Novamente, essas são conclusões de Schmookler. Não resistir é ser transformado ou destruído nas mãos dos poderosos, e resistir requer que a pessoa se transforme à sua semelhança. Esse é o argumento que Schmookler apresenta. Isso se tornará relevante à medida que avançarmos. Mas, de qualquer forma, como ele conclui, a livre-escolha humana é impedida. Todos os caminhos, exceto os caminhos do poder, são bloqueados uma vez que o poder é liberado no mundo. Esse é o argumento que Schmookler apresenta, e voltarei a ele algumas vezes quando refletirmos sobre alguns casos específicos, tanto históricos quanto contemporâneos.

É evidente que militarismo, imperialismo e colonialismo são anteriores ao capitalismo. Houve vários impérios ao longo da história. Houve a era da exploração, que também pode ser considerada, eu acho bastante legítima, como a era do extermínio ao redor do globo. Essas atividades envolveram, na maioria das vezes, a busca de recursos, de mercados de vários tipos e de mão de obra, frequentemente de escravos. Os empreendimentos muitas vezes foram auxiliados e, por sua vez, estimularam mudanças tanto no transporte quanto na comunicação ao longo do tempo. O poderio militar tem historicamente fornecido proteção para o comércio e o mercantilismo. Mesmo antes da era capitalista, temos muitas aventuras ao redor do globo.

Vamos agora pensar em como podemos explicar isso, especialmente quando começamos a nos mover para o modo de produção capitalista. No *Manifesto comunista*, Marx e Engels disseram:

> Impelida pela necessidade de mercados sempre novos, a burguesia invade todo o globo terrestre. Necessita estabelecer-se em toda parte, explorar em toda parte, criar vínculos em toda parte. [...] As velhas indústrias nacionais foram destruídas e continuam a ser destruídas diariamente. São suplantadas por novas indústrias, cuja introdução se torna uma questão vital para todas as nações civilizadas – indústrias que já não empregam matérias-primas nacionais, mas sim matérias-primas vindas das regiões mais distantes, e cujos produtos se consomem não somente no próprio país mas em todas as partes do mundo. Ao invés das antigas necessidades, satisfeitas pelos produtos nacionais, surgem novas demandas, que reclamam para sua satisfação os produtos das regiões mais longínquas e de climas os mais diversos (Marx & Engels, p. 43).

Em 1848, esse sistema mal estava em operação, na verdade. Nesse período, Marx e Engels já previam o que hoje pensamos como um tipo de capitalismo globalizado.

De acordo com Lenin (em *Imperialismo: o estágio mais alto do capitalismo*, 1916-1917), uma definição adequada do imperialismo moderno precisa abranger cinco características essenciais. A primeira é quando "a concentração e a produção de capital atingem um estágio tão elevado que cria monopólios que desempenham um papel decisivo na vida econômica". Já falamos um pouco sobre por que os monopólios se tornam uma forma tão favorecida.

A segunda condição é "a fusão do capital bancário com o capital industrial e a criação com base nesse capital financeiro de uma oligarquia financeira" (1916-1917). Lembre-se de que Lenin está realmente escrevendo na virada do século XX, então isso é, novamente, ainda muito cedo.

A terceira característica do imperialismo é uma "exportação de capital distinta da exportação de mercadorias", que se torna extremamente importante (1916-1917). Falarei sobre isso à frente. Em vez de simplesmente transportar mercadorias de um lugar para outro, o capital estava procurando lugares para se realizar e se valorizar e, de fato, para fomentar a acumulação máxima.

A quarta condição é quando vemos a "formação de monopólios capitalistas internacionais, que compartilham o mundo entre si". E, finalmente, "a divisão territorial de todo o mundo entre as maiores potências capitalistas está concluída". Mais uma vez, lembrem-se de que Lenin escreveu isso entre 1916 e 1917.

Hannah Arendt, ao contrário de Lenin, chamou o imperialismo que surgiu no fim do século XIX de primeiro estágio do governo político da burguesia, e não de último ou mais alto estágio do capitalismo. Ela viu isso basicamente como um novo conjunto de fenômenos.

Há três períodos nessa relação em evolução entre capitalismo e militarismo (em suas várias formas) que desejo cobrir. O primeiro é um período a partir de aproximadamente 1870. Essas não são datas finitas e precisas, mas aproximadamente é de 1870 a 1945 que podemos falar em um imperialismo burguês. O segundo é um período de 1945 a 1970, imediatamente após a Segunda Guerra Mundial, quando os Estados Unidos começaram a consolidar seu domínio (militar e econômico) sobre o globo.

O período final é de 1970 a 2008 e além, a hegemonia neoliberal, onde diferentes formas de dominação começam a ocupar o centro do palco. Isso acarreta alguma mudança de ênfase de intervenções aberta ou exclusivamente militares para o uso de vários tipos de instrumentos financeiros para exercer controle sobre outros. Mas uma vez que a ameaça de meios militares constantemente espreita logo abaixo da superfície, podemos pensar nesse período como o punho de ferro na luva de veludo. Como discutiremos em mais detalhes em algumas semanas, desde 2008 as luvas estão sendo retiradas.

Parte dessa explicação é baseada na análise bastante convincente que David Harvey fornece em *The New Imperialism* (2003), um livro que recomendo para as pessoas interessadas.

Durante esses períodos, os casos dos Estados Unidos e da Europa são um pouco diferentes. Falarei sobre eles um pouco separadamente, mas depois tornarei a uni-los. Pensemos, em primeiro lugar, neste período de 1870 a 1945, que se chama imperialismo burguês, e falemos primeiro do caso europeu.

Uma das primeiras grandes crises de superacumulação de capital, significando capital excedente sem meios para se valorizar – isto é, nenhuma oportunidade de investimento que fosse suficiente para atrair capitalistas –, representou um colapso econômico europeu de 1846 a 1850. Portanto, muito cedo, os capitalistas começaram a experimentar esse tipo de crise. A saída temporária dela foi dupla. Ou seja, havia dois locais principais disponíveis para os capitalistas buscarem lugares para investir, de forma a acumular mais-valia e lucro. Um deles foram os investimentos internos (ou seja, domésticos) em grandes projetos de infraestrutura em transporte, água e esgoto, habitação. Foi, por exemplo, quando Georges-Eugène Haussmann redesenhou Paris. Existem todos esses projetos domésticos onde o capital pode ser investido e um retorno sobre o capital pode ser desenvolvido. A maioria delas, é claro, envolveu a cooperação do Estado.

A segunda oportunidade de investimento foi a expansão geográfica para fora do investimento de capital focado em grande parte no comércio atlântico, com os Estados Unidos desempenhando um papel muito importante na absorção de algum capital excedente. Já pensamos um pouco nisso, em termos de fuga de capitais, quando possível.

No entanto, o declínio da capacidade de absorver o excesso de capital em projetos internos (ou seja, esses tipos de projetos de infraestrutura) e a interrupção do comércio atlântico pela Guerra Civil norte-americana limitaram a capacidade desses mecanismos de resolver a crise. Esse fracasso, por sua vez, produziu uma enorme onda de especulação financeira internacional e expandiu geograficamente o comércio por parte dos capitalistas europeus (e também norte-americanos).

Como esses tipos de atividades precisam de um ambiente seguro e protegido, os capitalistas exigiram que seus estados-nação desenvolvessem uma justificativa geopolítica para auxiliá-los (militarmente, se necessário) na abertura de novas áreas e na proteção do investimento. Em outras palavras, o capital tem uma lógica que é ditada por sua necessidade de maximizar lucro e retorno, mas nem sempre corresponde à lógica do Estado. Nessa situação, o capital precisava que os estados desenvolvessem uma lógica geopolítica para acompanhar sua própria lógica expansionista. Mas isso apresentava uma contradição que precisava ser resolvida. Os estados-nação, que proliferaram na Europa de meados do século XVII em diante, foram construídos principalmente com base na ideia de solidariedade e soberania internas, e não no engajamento estrangeiro. Na verdade, isso é o que, em grande medida, é um Estado: trata-se de uma população interna relativamente homogênea e separada de uma população externa diferenciada e heterogênea.

As duas lógicas realmente não combinavam. Se o capital deseja ou precisa percorrer o globo em busca de oportunidades de investimento, e requer as proteções que os estados oferecem, os estados, naquele momento, não tinham realmente estrutura e racionalidade que justificassem esses compromissos estrangeiros. Assim, como Harvey e outros analistas colocaram, poderia o problema da superacumulação e a necessidade de um arranjo espaço-temporal global (isto é, áreas novas e diferentes para investimento e busca de lucro – eis o que Harvey quer dizer por arranjo) encontrar uma resposta política adequada por meio do mecanismo dos estados-nação?

Eis aí um problema. Em outras palavras, como poderia a solidariedade nacional (até então, baseada amplamente na coesão interna) justificar a aventura estrangeira? Vamos resumir. A resposta foi a mobilização (que agora é, eu sugeriria, mais ressonante do que nunca) do nacionalismo, patriotismo, chauvinismo e racismo para justificar tais aventuras estrangeiras e legitimar o que ficou conhecido como acumulação por expropriação (da qual falei na última vez quando expus sobre acumulação primitiva). Esse é outro enquadramento disso.

É uma das maneiras pela qual esses compromissos estrangeiros poderiam ser justificados. Era perfeitamente razoável, argumentava-se, conquistar e explorar os bárbaros e povos inferiores que não podiam usar seus recursos da melhor e mais elevada maneira. Essa é uma paráfrase de uma posição filosófica de John Locke.

Isso lançou um período brutal de imperialismos, colonizações e conquistas nacionais de base racista pelos britânicos, franceses, holandeses, alemães, belgas, japoneses e italianos. Essas aventuras foram ainda justificadas pelas ideias sociais darwinianas emergentes sobre o fardo do homem branco. Foi dessa maneira que essas duas lógicas (capital e Estado) foram reunidas.

As contradições subjacentes entre nacionalismos e imperialismos não puderam ser resolvidas, no entanto, e isso resultou em mais de 50 anos de confrontos entre estados-nação, exatamente como Lenin previra. Eventualmente, tudo isso evoluiu para uma divisão do globo em esferas separadas de controle ou influência exemplificadas, por exemplo, pela captura da África. No fim da década de 1890, apenas 10% da África havia sido colonizado. Em

1914, estava 90% colonizado. Portanto, em apenas algumas décadas, podemos ver as maneiras pelas quais o capital, em busca de investimento ou recursos, e assim por diante, começou a dividir o globo por si mesmo.

Essa competição resultou em divisões decorrentes do Tratado de Versalhes após a Primeira Guerra Mundial, incluindo divisões arbitrárias do Oriente Médio, com a formação de novos estados governados em grande parte pela Grã-Bretanha e França. Ainda hoje estamos convivendo com alguns dos resultados dessas ações. Ou seja, muitos dos países que constituem o Oriente Médio atual eram criações arbitrárias produzidas após o Tratado de Versalhes, que dividiu a região entre as potências reinantes e muitas vezes contrariava arranjos históricos de longa data.

Apesar de toda a violência e racismo empenhados por esse imperialismo e conquista, ele nunca resolveu de maneira adequada os problemas do capital excedente. Isso acabou produzindo a Grande Depressão da década de 1930, que foi mundial e infundiu substância à catástrofe que foi a Segunda Guerra Mundial. Os mesmos confrontos continuam voltando e ainda não foram resolvidos.

Agora, falarei um pouco sobre o caso dos Estados Unidos, que é um tanto diferente, mas resulta em tipos de desfechos muito semelhantes em alguns aspectos. Em primeiro lugar, os Estados Unidos são, desde seu início, um Estado burguês. Ou seja, não havia necessidade de derrubar as formas mais antigas de poder aristocrático ou feudal. O governo representava os interesses industriais e da classe alta e, portanto, se opôs desde o início a quaisquer ameaças aos direitos de propriedade privada ou à maximização do lucro.

Em segundo lugar, os Estados Unidos já eram uma população multiétnica de imigrantes. Apelos ao nacionalismo homogêneo tiveram que ser construídos contra os não caucasianos. Obviamente, o próprio conceito ou categoria de "brancura" é uma categoria em constante evolução. Portanto, os não caucasianos eram um alvo móvel, e a animosidade unificadora teve eventualmente de ser dirigida contra outras pessoas de fora. O historiador Richard Hofstadter caracterizou essa característica permanente da política dos Estados Unidos como o estilo paranoico, o medo perene dos outros. E isso, veremos, volta repetidamente para assombrar a geopolítica dos Estados Unidos.

Finalmente, os Estados Unidos, ao contrário da Europa, tinham enormes possibilidades de expansão geográfica interna, uma vez que a inconveniente população indígena fosse removida. Isso se deu, novamente, de forma bem distinta do caso europeu com suas extensas colônias externas, embora tenha havido períodos de expansão geográfica ultramarina real, notadamente no fim do século XIX, e depois durante a chamada Guerra Hispano-americana, quando os Estados Unidos tomaram posse de vários territórios ultramarinos. Mais uma vez, ainda estamos convivendo com algumas das consequências.

Os Estados Unidos começaram a justificar suas expansões e ocupações sob a noção de "espalhar os valores norte-americanos". Vista, é claro, como nobre e universal e sendo, a certa altura, chamada de globalização. Em vez de conquistar territórios, como as nações europeias tendiam a fazer, os Estados Unidos estavam, por assim dizer, mais preocupados com a difusão da democracia.

Agora, vamos passar para este segundo período, que vai de 1945 a 1970, ou seja, após a Segunda Guerra Mundial. Além de uma nova fase de imperialismo e militarismo, esse período também produziu uma série de mudanças internas muito significativas aos Estados Unidos e, posteriormente, à economia global.

Os Estados Unidos emergiram da Segunda Guerra Mundial como de longe a grande nação planetária em termos tecnológicos, militares e econômicos. Os outros combatentes, fosse na guerra na Europa ou do Pacífico, estavam em grande parte devastados. O concorrente mais próximo dos Estados Unidos, a União Soviética, suportou o impacto da luta contra a Alemanha nazista com enormes perdas tanto para sua população quanto para sua capacidade produtiva.

Os Aliados, curiosamente, no fim da Segunda Guerra Mundial, atrasaram a abertura de uma segunda frente na Europa para ajudar os soviéticos, que estavam lutando contra os alemães na frente oriental. Os Aliados não se moveram muito nessa direção. Essa inação pode ter sido uma estratégia deliberada para enfraquecer Stalin. Mas uma consequência do atraso foi que permitiu aos soviéticos acumular e então conservar territórios na Europa Oriental, e isso se torna muito, muito importante no período do pós-guerra e da subsequente Guerra Fria.

Esses ganhos territoriais soviéticos e o poder militar competitivo, combinados com a ideologia anticapitalista soviética que há muito irritava as elites americanas, vieram de encontro ao estilo paranoico dos Estados Unidos para ajudar a produzir e sustentar a Guerra Fria. As animosidades eram antigas. Na verdade, os Estados Unidos invadiram a Rússia em 1919, dois anos após as revoluções locais, para impedi-los, mas fracassaram ao fazê-lo. Não tivemos relações diplomáticas com a União Soviética até 1935. E a aliança entre os Estados Unidos, o Reino Unido, a França e a URSS durante a Segunda Guerra Mundial estava rapidamente se rompendo.

Como nota lateral e exemplo desse colapso, Winston Churchill, logo após o fim das hostilidades na Segunda Guerra Mundial, fez este famoso discurso chamado de "Tendões da paz". Um tipo interessante de justaposição: "Tendões da paz". De qualquer forma, Churchill fez esse discurso em 1946. Vou apenas brevemente me referir a ele, porque contém alguns elementos muito interessantes que se mantêm basicamente os mesmos até os dias de hoje.

Em primeiro lugar, ele chama a atenção para o que nomeia os perigos gêmeos da guerra e da tirania. "Não podemos ignorar o fato de que as liberdades gozadas por cidadãos individuais em todo o Império Britânico não são válidas em um número considerável de países, alguns dos quais são muito poderosos." Interessante naquele momento em que grande parte do Império Britânico ainda consistia em colônias total e completamente reprimidas pelo domínio britânico.

> Nesses estados, os controles se impuseram às pessoas comuns por vários tipos de estados amplamente policiais. O poder do Estado é exercido sem restrições, seja por ditadores, seja por oligarquias compactas que operam por meio de um partido privilegiado na polícia política. [...] Não é nosso dever, neste momento em que as dificuldades são tão numerosas, interferir com força nos assuntos internos de países que não conquistamos na guerra. [Essa é uma exceção interessante.] Mas, nunca devemos deixar de proclamar em tons destemidos os grandes princípios da liberdade e os direitos do homem, que são a herança conjunta do mundo anglófono e que, passando pela Magna Carta, a Declaração de Direitos, o *habeas corpus*, o julgamento por júri e o direito consuetudinário inglês encontram suas expressões mais famosas na Declaração Americana de Independência (1946).

Todas essas são citações de "Tendões da paz". O discurso também contém o primeiro uso da frase "Cortina de Ferro":

> De Stetten, no Báltico, a Trieste e o Adriático, uma Cortina de Ferro desceu pelo continente. Atrás dessa linha, estão todas as capitais de todos os antigos estados da Europa central

> e oriental. Varsóvia, Berlim, Praga, Viena, Budapeste, Belgrado, Bucareste e Sofia. Todas essas cidades famosas e as populações ao seu redor estão no que devo chamar de esfera soviética, e todas estão sujeitas de uma forma ou de outra não apenas à influência soviética, mas a uma alta e, em muitos casos, crescente medida de controle de Moscou. Atenas apenas – a Grécia com suas glórias imortais – é livre para decidir seu futuro em uma eleição sob observação britânica, americana e francesa (1946).

Há uma exceção interessante no fim da passagem. Eu diria que as atividades foram além da observação. Na verdade, os Estados Unidos e o Reino Unido manipularam e desestabilizaram as eleições e desalojaram o que era uma incipiente estrutura de governo esquerdista, moderadamente esquerdista.

Mas, de qualquer forma, deixemos Winston prosseguir. Ele também evoca, em seu discurso, uma relação especial entre os Estados Unidos e o Reino Unido e os povos de língua inglesa do mundo.

> Em um grande número de países distantes das fronteiras russas e em todo o mundo, as quintas colunas comunistas estão organizadas e funcionam em completa unidade e absoluta obediência às orientações que recebem do centro comunista. Exceto na Comunidade Britânica e nos Estados Unidos, onde o comunismo está em sua infância [o que não era verdade: estava em seus estertores de morte por meio da subversão e extinção deliberadas], as quintas colunas do Partido Comunista constituem um desafio e um perigo crescentes para a civilização cristã (1946).

Lembrem-se, isso foi um ano depois de a Grã-Bretanha ser aliada da União Soviética, com toda aquela retórica. Imediatamente depois, temos esse antagonismo. Um outro assunto muito significativo está relacionado ao antagonismo Oriente/Ocidente em desenvolvimento. Um pouco controverso, mas agora resolvido principalmente por historiadores. O uso de bombas atômicas no Japão já foi demonstrado claramente que era militarmente desnecessário. O Japão teria se rendido. Na verdade, ele pediu a paz sem invasão ou bombas. As bombas foram lançadas na Guerra do Pacífico antes que os soviéticos pudessem entrar e possivelmente adquirir mais território na Ásia, bem como impedir a Rússia de ajudar Mao na guerra civil na China (à qual voltarei em breve). Finalmente, elas foram lançadas para manter os soviéticos "mais administráveis", como disse o Presidente Truman na época.

Essa postura antissoviética e anticomunista se traduziu na política externa norte-americana de contenção e cerco da União Soviética. Quero passar agora ao Memorando do Conselho de Segurança Nacional (CSN) 68. Esse foi uma espécie de plano detalhado de ação de como lidar com a geopolítica mundial após a Segunda Guerra Mundial. O mais importante, é claro, com nosso relacionamento com a União Soviética.

Ele representa o culminar de uma espécie de batalha de filosofias que pode ser emblematizada por estas duas figuras: George Kennan e Paul Nitze. Imediatamente após a Segunda Guerra Mundial ou durante a Segunda Guerra Mundial e seu imediato desfecho, as visões de contenção de George Kennan, que na verdade eram um tipo bastante passivo de contenção, dominaram os círculos de política externa dos Estados Unidos.

Pouco depois, Nitze passou ao primeiro plano e foi o principal autor do CSN 68. Ele tinha uma visão muito diferente de coisas como questões nucleares e corrida armamentista. Ele pensava que, em vez de simplesmente uma contenção passiva, deveríamos estar empenhados em um enfrentamento real e muito conflituoso com os soviéticos em todos os lugares e em qualquer lugar que pudéssemos. Pensava que deveríamos trazê-los ao enfrentamento porque tínhamos muito mais recursos, e assim por diante em uma espécie de corrida armamentista, que eles acabariam perdendo e nós, de fato, éramos muito mais predominantes.

Nitze era um mestre em dois tipos de táticas. Uma, a capacidade de produzir memorandos de segurança muito assustadores, dos quais o CSN 68 foi um exemplo importante. A outra, sobre a qual falarei mais adiante, foi a produção de comitês de imenso apoio e comitês de *lobby* para levar essas políticas adiante. Uma das coisas que constava do memorando do CSN 68 era a invocação da Revolução Chinesa. Um pouco mais tarde se deu o advento da Guerra da Coreia e, principalmente, a intervenção dos chineses nessa guerra. Ambos foram instrumentalizados como tipos de avanço extremamente alarmantes da frente comunista.

O memorando que circulou e, de fato, foi retomado como o documento da política norteadora desse período, teve efeitos quase imediatos. Os gastos militares aumentaram 458% entre 1951 e 1952. Isso é mais do que imenso. Em praticamente todas as outras guerras anteriores, nós nos desmobilizamos depois que a guerra acabou. Nesse caso, isso colocou em movimento a ideia de um orçamento militar em constante evolução. O efetivo militar aumentou de 2,2 para mais de 5 milhões, então o memorando foi extremamente eficaz.

Em nome do anticomunismo e da disseminação da liberdade (geralmente significando mercados livres e os direitos de propriedade privada), seguindo a doutrina Nitze, os Estados Unidos apoiaram regimes amigáveis por meio de ajuda militar, acordos comerciais, crédito, e assim por diante, e se opuseram a regimes ou os derrubaram por meio de confronto militar, ações secretas, interferência na política interna, mudança de regime, assassinato, sanções comerciais e financeiras, e assim por diante. Usando frequentemente a ONU ou outras alianças militares, por exemplo, a Otan, como "coalizões de voluntários" para cobrir ações que de outra forma seriam unilaterais. Não preciso enumerar tudo isso, mas direi mais algumas palavras sobre isso em um instante.

Em casa, nos Estados Unidos, esse estilo paranoico de política significava uma virulenta repressão anticomunista, antissocialista, antissindical e antiesquerdista. É assim que isso se traduz no cenário doméstico. O macarthismo, que consistia repressão aberta – infiltração do FBI, subversão e assassinatos –, embora muitas vezes encoberta, foi legitimado como necessário para a segurança nacional em face da ameaça comunista soviética e internacional.

Curiosamente, aqueles de vocês que têm acompanhado as notícias nos últimos dias viram o ressurgimento do nome Roy M. Cohn, que foi o conselheiro de Joseph McCarthy, mas também foi o conselheiro de primeira hora e mentor de Donald Trump e Roger Stone. São coisas que nunca desaparecem.

Sempre que houve conflito entre democracia e ordem, definida como proteção das elites na acumulação de capital, os Estados Unidos ficaram ao lado desta. Esse período, de 1945-1970, também deu origem ao complexo militar-industrial (CMI) e ao discurso de Dwight Eisenhower a ele relacionado, alertando sobre o poder incipiente do CMI e seu controle e influência contínuos sobre a política econômica e militar dos Estados Unidos.

Para gerar lucros nesse setor, deve haver uma contínua e crescente venda de armas e, portanto, a constante proliferação de inimigos. Além de construir o poder do CMI econômica e politicamente, isso tem contribuído para a militarização contínua e perigosa do planeta, incluindo a proliferação de armas nucleares. Podemos ver isso acontecendo. Voltarei ao tema.

Uma breve atualização do Stockholm International Peace Research Institute. Vendas totais de armas em 2017, e isso apenas das cem maiores empresas de armas. Quase US$ 400 bilhões, e a participação dos Estados Unidos nisso é de quase 60%. Eu direi mais sobre esses números em um instante.

A segunda etapa terminou por volta de 1970 por vários motivos. Os custos para conter o comunismo foram maiores do que o previsto. Os custos da Guerra do Vietnã continuaram aumentando em todas as dimensões. Vidas perdidas, sangue e tesouro. Sem muita preocupação com o que acontecia ali. Esses custos militares entraram em conflito com a capacidade de satisfazer o crescente consumismo; uma questão do gráfico da relação entre armas e manteiga. Para lidar com esses problemas, os Estados Unidos começaram a imprimir dinheiro, o que levou a uma inflação mundial e ao colapso do sistema de Bretton Woods, que discutiremos novamente na semana seguinte.

Nesse momento, o Governo Nixon abandonou o padrão-ouro, que existia anteriormente. Isso levou a uma série de problemas sobre os quais também pensaremos em detalhes em algumas semanas.

Aqui está uma pequena nota lateral para conectar alguns pontos. Eu disse que uma das coisas em que Paul Nitze era muito, muito bom, além de escrever esses memorandos ameaçadores, esses memorandos assustadores, era produzir esses grupos que faziam *lobby* em nome dessas políticas. Um dos primeiros em que ele se envolveu, e ele não foi o único que organizou isso, foi algo chamado de Comissão sobre o Perigo Presente, que estou chamando de Comissão sobre o Perigo Presente 1.0, que pressionou pela adoção do CSN 68 para evitar uma nova Coreia. Esse era o principal motivo deles, e era o que eles forçavam em relação às propostas de Nitze.

Na década de 1970, Paul Nitze e várias outras pessoas formaram outra Comissão sobre o Perigo Presente. Ele tomou deliberadamente o nome do primeiro, mas estou chamando este de 2.0. A propósito, agora existe um 3.0. Isso incluiu um enorme elenco de personagens neoconservadores que a certa altura povoaram o Governo Reagan.

Na década de 1980, esse grupo foi responsável por muitas das atrocidades e crimes na América Latina, incluindo o escândalo Irã-Contras e assim por diante. Acabei de colocar isso aqui agora, porque na semana passada uma personagem ressurgiu, Elliott Abrams. Se vocês vêm acompanhando a carreira dele, podem ter pensado que ele andava um pouco menos ativo, mas ele esteve envolvido no caso Irã-Contras. Na verdade, ele foi condenado por mentir para o Congresso. Ele foi então perdoado por George H. W. Bush. Coloquei aqui o nome de William Barr, que é o nomeado [agora confirmado] para procurador-geral, que presidiu o indulto de Elliott Abrams e cinco outros condenados do caso Irã-Contras. Essa coisa sempre volta ao mesmo ponto.

Isso claramente se relaciona com as questões prementes nesta semana relativas ao que está se passando na Venezuela. Não vou falar muito sobre isso, apenas uma ou duas palavras a seguir. A ideia de que o mesmo elenco de personagens usando os mesmos tipos de estratégias fomentou, de fato, uma enorme quantidade de caos e perturbação neste hemisfério e em outros lugares.

Agora, o terceiro período, 1970 a 2008 aproximadamente. O ano de 2008 com a crise financeira nos move para uma fase ligeiramente diferente, mais uma vez, sobre a qual falaremos em algumas semanas. Os Estados Unidos se movem para uma forma diferente de imperialismo, que podemos pensar como hegemonia neoliberal.

São muitas aventuras militares, desde a década de 1970 em diante. Na verdade, diria que estamos em guerra quase sem interrupção desde 1776. Mesmo nesse período mais recente que estamos considerando, ainda havia muitas aventuras militares, mas agora os Estados Unidos começaram a usar de forma mais dominante as instituições financeiras para atingir fins semelhantes. O FMI, o Banco Mundial, a Organização Mundial do Comércio, o Nafta, muitos outros acordos comerciais multilaterais e bilaterais, com o objetivo de forçar a abertura de mercados financeiros em todo o mundo e permitir que os Estados Unidos continuem a exercer seu domínio.

Enviei um artigo de Joy Powers, "Off Target: How U.S. sanctions are crippling Venezuela", falando sobre a situação da Venezuela e os termos financeiros e econômicos nos quais espero que vocês deem uma olhada. Colocou-se em movimento um conjunto de políticas que literalmente aleijaram a administração venezuelana; ela mal consegue exercer o governo por causa dos tipos de restrições que lhe foram impostas, incluindo as que foram postas em prática no último momento, a companhia de petróleo venezuelana. Trata-se de um enorme conjunto de restrições e restrições e está na base de grande parte da inquietação que vemos nas ruas da Venezuela.

Um fator-chave durante esse período em termos de militarismo foi o fim da Guerra Fria acompanhando a queda da União Soviética, começando com a queda do Muro de Berlim em 1989 (naquele momento, éramos contra os muros), e a dissolução da União Soviética em 1991.

Entre outras coisas, esse fator significava a necessidade de encontrar um inimigo substituto para manter o complexo militar-industrial em funcionamento. Depois da queda da União Soviética, isso foi um pouco problemático. Falava-se até de algo como dividendo da paz. Uma vez que não tínhamos realmente um inimigo, talvez pudéssemos começar a gastar esses incontáveis milhões e bilhões em casa, mas a ideia evaporou rapidamente.

Basicamente, o que fizemos, foi encontrar um novo inimigo. A guerra global contra o terrorismo é o inimigo perfeito. Na verdade, é melhor do que um adversário baseado no Estado. Nunca pode ser realmente derrotado, mas pode (de fato, deve) ser continuamente combatido.

Esse período é o que Michael Ignatieff na *Prospect Magazine* chamou de "Império Leve". Soa muito bem. É uma expressão com impacto. Diz Ignatieff, o novo Império dos Estados Unidos

> não é como os impérios de outros tempos, construídos sobre colônias, conquistas e o fardo do homem branco. Não estamos mais na era da United Fruit Company [outra escolha interessante, dado o que aconteceu na Guatemala neste período], quando as corporações americanas precisavam dos fuzileiros navais para garantir seus investimentos no exterior. O império do século XXI é uma nova invenção nos anais da ciência política, um império leve. Uma hegemonia global cujas notas de graça são mercados livres, direitos humanos e democracia impostos pelo poder militar mais impressionante que o mundo já conheceu (2003).

"Leve" até precisar de algo mais pesado, em outras palavras, "o poder militar mais incrível que o mundo já conheceu". Na verdade, apenas para registro, e ao contrário dessas afirmações, o colega de Ignatieff no *New York Times*, Thomas Friedman, proclamou abertamente em sua coluna de 28 de março de 1999, na época do bombardeio da Iugoslávia, que é preciso o fornecedor militar McDonnell Douglas para garantir a segurança do McDonald's em todo o mundo. Visão ligeiramente diferente do Império Leve.

Agora, quero começar a pensar um pouco nas consequências de todo esse tipo de imperialismo. Vamos deixar de lado por enquanto o caso europeu e nos concentrar apenas nos Estados Unidos por enquanto, mas voltaremos ao caso europeu na semana seguinte. William Blum, que morreu em dezembro de 2018, era um ativista e analista incrivelmente interessante e tinha algumas coisas a dizer sobre as intervenções dos Estados Unidos, principalmente em uma publicação chamada *Third World Traveller*:

> O motor da política externa americana tem sido alimentado não por uma devoção a qualquer tipo de moralidade, mas pela necessidade de servir a outros imperativos, que podem ser resumidos da seguinte forma: tornar o mundo seguro para as corporações americanas. Aprimorar domesticamente os extratos financeiros de fornecedores militares que contribuíram generosamente para os membros do Congresso. Impedir o surgimento de qualquer sociedade que possa servir de exemplo bem-sucedido de alternativa ao modelo capitalista. Estender a hegemonia política e econômica sobre uma área tão ampla quanto possível à medida que beneficia ou convém a um grande poder. Isso em nome da luta de uma suposta cruzada moral contra o que os guerreiros da Guerra Fria convenceram a si mesmos e ao povo americano de que era a existência de uma conspiração comunista internacional do mal, que de fato nunca existiu, malvada ou não (1999).

Por fim, os Estados Unidos realizaram intervenções extremamente sérias em mais de setenta nações neste período, e ainda se ocupam delas. Isso dá conta, eu acho, da noção de Hofstadter do estilo paranoico. Embora John Ehrlichman, na administração de Richard Nixon, tenha feito o famoso comentário de que até mesmo os paranoicos às vezes têm inimigos reais, esse não era o caso aqui.

Vamos agora considerar algumas das outras consequências do imperialismo norte-americano, por exemplo, vidas perdidas. Estimar esses números é extremamente difícil. É difícil em parte em termos de análise, como contar baixas diretas e indiretas, mas a fonte que estou usando (Lucas, 2020 [2015]) na verdade faz uma tentativa de fazer isso e especifica muito claramente a metodologia que usou, com a qual vocês podem concordar ou discordar, mas dá a vocês algum tipo interessante de limite externo disso.

Nesse pior cenário, e eles o descreveram como o pior cenário, os Estados Unidos mataram mais de 20 milhões de pessoas em 37 nações vítimas desde a Segunda Guerra Mundial. Mesmo que estejam errados em dez vezes, um erro de magnitude, ainda assim resta um número enorme de mortes. Eis uma citação deste estudo:

> As causas das guerras são complexas. Em alguns casos, outras nações além dos Estados Unidos podem ter sido responsáveis por mais mortes, mas se o envolvimento de nossa nação pareceu ter sido uma causa necessária de uma guerra ou conflito, ela foi considerada responsável pelas mortes ocorridas. Em outras palavras, provavelmente não teriam ocorrido se os Estados Unidos não tivessem usado a mão pesada de seu poder. O poder militar e econômico dos Estados Unidos foi crucial (Lucas).

Outra consequência do imperialismo norte-americano é a proliferação de bases norte-americanas. As pessoas simplesmente não estão cientes disso. Não há muita cobertura. A definição do que constitui uma base também é muito difícil, mas, novamente, cheguemos à melhor noção possível. Cito Dave Vine, que estava escrevendo no *The Nation* em 2015, mas os números acabaram de ser atualizados:

> Embora não existam bases formais independentes localizadas permanentemente nos Estados Unidos, existem agora cerca de 800 bases americanas em países estrangeiros. Setenta anos após a Segunda Guerra Mundial e 62 anos após a Guerra da Coreia, ainda existem 174 "bases" dos Estados Unidos na Alemanha, 113 no Japão e 83 na Coreia do Sul, de acordo com o Pentágono. Centenas de outras pontuam o planeta em cerca

de 80 países. [...] Embora poucos norte-americanos percebam que os Estados Unidos provavelmente têm mais bases em terras estrangeiras do que qualquer outro povo, nação ou império na história.

Raramente alguém pergunta se precisamos de centenas de bases no exterior ou se a um custo anual estimado de talvez US$ 156 bilhões ou mais, os Estados Unidos podem pagá-las. Novamente, isso realmente não surge muito nas conversas, mas é um fato existencial. Raramente alguém se pergunta como nos sentiríamos se a China, a Rússia ou o Irã construíssem uma única base em qualquer lugar perto de nossas fronteiras, quanto mais nos Estados Unidos (2015).

A presunção por trás dessas instalações é em si muito interessante. Que os Estados Unidos têm o direito indiscutível (como nação indispensável) de instalá-las em qualquer lugar, ao passo que a ideia de outro país fazer isso é, em grande parte, impensável. Bem, houve um contracaso interessante. Ele foi relatado na Reuters, em 2007:

> O Equador quer uma base militar em Miami. Na verdade, Rafael Correa disse que Washington deve deixá-lo abrir uma base militar em Miami se os Estados Unidos quiserem continuar usando uma base aérea [a base de Manta] na costa do Pacífico do Equador.

Bem, vocês viram a base do Equador em Miami? Pois é. Realmente não aconteceu, mas a base de Manta fechou. Vocês podem ver como parece absurdo que começássemos a imaginar a ideia de que outro país poderia instalar uma base aqui. Simplesmente inviável.

Por fim, o custo das bases, além dos custos econômicos que já mencionei, cerca de US$ 156 ou US$ 157 bilhões anuais. Há também um custo humano causado por essas atividades. Há uma tensão tremenda nas famílias de militares. Há uma enorme quantidade de violência sexual em torno das bases militares dos Estados Unidos. Há uma quantidade enorme de danos ambientais na área hospedeira a partir das bases, e assim por diante.

Elas também se tornam alvos de atividade e animosidade antiamericanas, apenas a instalação delas. Por exemplo, a presença militar dos Estados Unidos na Arábia Saudita foi um motivo declarado que Osama bin Laden deu para os ataques de 11 de setembro. Havia uma instalação dos bárbaros na Terra Santa.

Essas posições também tornam as guerras estrangeiras mais imagináveis e, portanto, tornam o mundo mais perigoso. Ou seja, como temos pessoal posicionado *in loco*, pensamos em uma solução militar para um tipo específico de problema.

Por fim, os convido a consultar este relatório e, em seguida, uma atualização, uma atualização muito boa, de Nick Turse, intitulada "*Bases, bases, everywhere... except in the Pentagon's Report*".

Além dos fatores que acabei de discutir, existem também os custos monetários exorbitantes do militarismo. Os gastos militares dos Estados Unidos são maiores agora do que em qualquer outro momento, exceto o auge da Guerra do Iraque, com ajuste de inflação. O orçamento de 2019 é de US$ 716 bilhões. Esse é apenas o valor mostrado nos registros.

De acordo com o Stockholm International Peace Research Institute, os Estados Unidos superam todas as outras nações em gastos militares. Os gastos militares mundiais totalizaram mais de US$ 1,74 trilhão em 2017 e aumentaram 1% em relação ao ano anterior. Os Estados Unidos responderam por 35% desse total.

Os gastos militares dos Estados Unidos são aproximadamente do tamanho dos oito maiores orçamentos militares em todo o mundo. Um artigo recente de Michael Klare sobre "superação" indica que agora divergimos da simples contenção, que era a política basicamente pós-Segunda Guerra Mundial, para agora sermos a potência preeminente em todos os lugares, o tempo todo, e o que for preciso para conseguir isso em termos de sangue e tesouro, aparentemente iremos gastar. Por nós, quero dizer vocês e eu. Lembrem-se, isso é financiado pelo contribuinte.

Em termos de participação nos gastos militares mundiais, com 35% do total, os Estados Unidos são amplamente predominantes. Eu acho que estamos indo além. Em contraste, a ONU foi criada após a Segunda Guerra Mundial com os esforços fundamentais dos Estados Unidos e aliados importantes, com o compromisso de preservar a paz por meio da cooperação internacional e da segurança coletiva. Ou seja, não militar significa lidar uns com os outros por meio da diplomacia, e assim por diante.

No entanto, todo o orçamento da ONU é uma fração das despesas militares mundiais. É aproximadamente 1,8% do que gastamos com as forças armadas, então podemos ver onde realmente estão as prioridades. No entanto, ter essas despesas enormes com as forças armadas significa que é aí que procuramos, em primeiro lugar, as soluções para os problemas. Temos o investimento lá, podemos também usá-lo.

O orçamento militar aumentou substancialmente sob a administração Trump, que ordenou que os militares, em seus primeiros dias no cargo, se preparassem para a guerra mundial. Após uma semana de mandato, ele disse: "Estou assinando uma ação executiva para iniciar uma grande reconstrução dos serviços militares dos Estados Unidos".

A ordem militar instruiu o Secretário de Defesa James "Mad Dog" Mattis, que foi encarregado na cerimônia a concluir uma "revisão de prontidão" de 30 dias, destinada aos preparativos para a destruição do Isis na Síria e no Iraque, junto com "outras formas de terror islâmico". A ordem instruiu ainda Mattis, nas palavras do *Washington Post*, "a examinar como realizar operações contra concorrentes próximos não identificados", um grupo que as autoridades americanas normalmente identificam como China e Rússia.

Isso estava sinalizando uma enorme mudança de política. Na década anterior, aproximadamente, o foco havia sido o combate ao terrorismo global. Agora, de repente, nesse documento, começamos a ver o surgimento desta fraseologia: "concorrentes quase iguais". Estamos reinvocando a Guerra Fria, essencialmente.

A ordem inequivocamente ameaçava o uso de armas nucleares. A seção 3 clamava por força nuclear "para deter as ameaças do século XXI" e, ameaçadoramente, "alcançar o objetivo presidencial caso a dissuasão falhe".

Ele também pediu um plano para atingir os "objetivos de prontidão" para o uso do arsenal nuclear até 2022. É daqui a alguns anos, então pratiquem suas manobras de esconder-se. Isso incluiria a modernização da força nuclear dos Estados Unidos (que já havia sido iniciada no governo anterior de Obama). Também incluiria um sistema de defesa antimísseis bastante expandido e uma ênfase maior na guerra cibernética, que visa a prejudicar a capacidade de retaliação dos principais adversários, tendo em vista suas estruturas digitais e de telecomunicações antes de um ataque americano. O que poderia dar errado se as forças de nossos adversários não pudessem se comunicar com seus militares? Nada realmente poderia acontecer.

A ação do executivo não impôs um preço aos novos gastos militares, mas as especulações da mídia indicaram que o valor poderia se aproximar de US$ 100 bilhões adicionais por ano, o que realmente aconteceu. Combinado com uma promessa de cortes de impostos no topo, esses gastos adicionais virão às custas da Previdência Social e do Medicare, do Medicaid, de educação, saúde e infraestrutura, e assim por diante.

Então, apenas para colocar isso em outro contexto, o orçamento militar hoje consome 60% dos gastos discricionários do orçamento dos Estados Unidos. Todos os tipos de coisas que poderíamos fazer de outra forma são consumidos por esse orçamento.

Aqui está uma pequena atualização. Em 19 de janeiro de 2018, o então Secretário de Defesa Mattis forneceu um resumo das novas direções, que são elas próprias bastante preocupantes. Estas são citações do resumo de Mattis da estratégia de defesa nacional de 2018 dos Estados Unidos:

> Novamente, esta é uma estratégia de defesa nacional, mas o que realmente é, senhoras e senhores. [...] Esta é uma estratégia americana. Ela pertence a vocês; vocês são os donos dela. Trabalhamos para vocês incansavelmente. É um prazer estar em uma escola que tem o nome do cavalheiro que deu nome a esta. Oh, Paul Nitze. E trago isso à tona porque o documento ou relatório 68 do Conselho de Segurança Nacional foi uma luz orientadora durante a Guerra Fria. Neste tempo de mudança, nossas forças armadas ainda são fortes, embora nossa vantagem competitiva tenha se desgastado em todos os domínios da guerra. Ar, terra, mar, espaço e ciberespaço e continua a se desgastar. [Dado o valor que gastamos com isso, como poderia ser?] Apesar de continuarmos a promover a campanha contra terroristas em que estamos engajados hoje, a competição entre grandes potências, não o terrorismo, é agora o foco principal da segurança nacional dos Estados Unidos. Enfrentamos ameaças crescentes de potências revisionistas tão diferentes quanto a China e a Rússia são uma da outra. Nações que buscam criar um mundo à semelhança de seus modelos autoritários. [...] Regimes desonestos como a Coreia do Norte e o Irã persistem em tomar ações ilegais que ameaçam a estabilidade regional e até global. Oprimindo seu próprio povo e destruindo a dignidade e os direitos humanos de seu próprio

povo, eles levam seus pontos de vista distorcidos ao exterior. Senhoras e senhores, não temos espaço para complacências, e a história deixa claro que a América não tem direito predeterminado à vitória no campo de batalha. Simplesmente, devemos ser os melhores para que os valores que surgiram a partir do Iluminismo sobrevivam. Vamos construir uma força mais letal. Investimentos no espaço e no ciberespaço, em força de dissuasão nuclear de defesa antimísseis, sistemas autônomos avançados. Logística resiliente e ágil fornecerá às nossas tropas de alta qualidade o que elas precisam para vencer. Claro, nunca redefinimos a vitória. Para aqueles que ameaçam o experimento democrático da América, eles devem saber que se alguém nos desafia, esse alguém conhecerá seu mais longo e pior dia. Trabalhe com nossos diplomatas, você não quer lutar contra o Departamento de Defesa (2018).

Como balanço final, o novo orçamento do Presidente Trump é de US$ 716 bilhões para 2019, um aumento de 7% em relação a 2018. Por fim, curiosamente, ele criticou o orçamento de US$ 700 bilhões. Ele achou que era loucura, então ofereceu US$ 750 bilhões. Esse é o orçamento proposto para o próximo ano fiscal. Anteriormente, ele pediu um corte, mas agora foi dissuadido disso.

Existem algumas tendências preocupantes aqui, incluindo a continuação e a escalada da guerra global contra o terrorismo. Isso é algo que continuamos a fazer. Também estamos aumentando as tensões com a Rússia e a China, juntamente com a Coreia do Norte e o Irã, Venezuela, Cuba, e assim por diante.

Estamos aumentando a dependência da guerra de drones e operações especiais e assassinatos seletivos. O público dos Estados Unidos claramente não mantém um apetite saudável pelas baixas dos Estados Unidos e, portanto, estamos nos movendo para essas outras formas de guerra que não requerem tanto pessoal. Estamos expandindo o programa de bases dos Estados

Unidos, mas contando com bases menores e mais numerosas, chamadas de nenúfares.

Há também a proposta de US$ 1 trilhão para a renovação do arsenal nuclear e inclusão de armas nucleares táticas e de baixa potência. São extremamente perigosas. A ideia de que ter uma arma nuclear de baixa potência. São armas que provavelmente têm a capacidade explosiva de cerca de cinco bombas de Hiroshima, em vez de 300 bombas de Hiroshima por ogiva. A ideia de que se deseja de alguma forma tornar as armas nucleares mais passíveis de utilização é uma ideia extremamente perigosa. Ao mesmo tempo, estamos descendo o sarrafo das condições ou circunstâncias sob as quais contemplaremos o uso de armas nucleares, por exemplo, em resposta a um ataque cibernético. Este é um momento extremamente perigoso.

Outra característica contínua do militarismo continuado é o uso de retórica racial, religiosa, xenófoba e nacionalista para manter o público em constante estado de medo. Isso faz parte da forma como mantemos e justificamos esse militarismo no exterior. Mas outra consequência é que esse militarismo volta para casa. Existe um senso comum generalizado, o medo do perigoso outro. É uma espécie de aplicação da lei de Hofstadter, a política paranoica sob esteroides – os perigosos outros. Esse medo deve ser constantemente reforçado, e o vemos o tempo todo nas discussões sobre o muro da fronteira, ou qualquer uma dessas outras caracterizações dessas caravanas de pessoas perigosas que vêm nos invadir.

Alguns analistas renomearam o Estado de Bem-estar, norma basicamente de cerca de 1945 até a década de 1970, como o Estado de guarnição. A legitimidade do Estado agora depende da proteção contra essas ameaças, transformando os outros perigosos em alvo. Falarei mais sobre isso em duas semanas, mas apenas para repetir o que indiquei na semana passada, a ideia de que a forma globalizada de capitalismo significa que as decisões sobre a segurança econômica e o bem-estar dos cidadãos não estão mais necessariamente nas mãos dos líderes dos estados-nação. Para preservar sua legitimidade como líderes, eles precisam encontrar uma nova base de legitimação. Algumas pessoas estão discutindo, e eu concordaria com isso em boa parte, que esta é a nova base. A proteção contra o perigo do outro. Temos inimigos sem fim.

O comunismo estrangeiro se transformou em terrorismo. Agora temos um medo tremendo de imigrantes e refugiados. Vejam as recentes ordens de proibição, as deportações, as detenções, a demonização do outro. Temos inimigos domésticos, pessoas distinguidas por raça, os jovens, os velhos, as comunidades LGBTQIA+, os portadores de deficiência e, junto com isso, a militarização da polícia e a criminalização do protesto, de que falaremos nas próximas duas semanas. Para onde tudo isso vai? O Pentágono tem uma visão muito sombria do futuro (cf. Ramos, 2016), que vê as áreas urbanas (tanto estrangeiras quanto domésticas) basicamente como criadouros de instabilidade, agitação e caos. Pensando sobre o tipo de visão subjacente da humanidade nesse sentido, acho que ela deriva naturalmente em alguma medida dessa longa história de militarização. Ou seja, uma vez que você se considere militar, então todos de fora são inimigos.

É também isso que se torna parte do problema da militarização da polícia. À medida que a polícia se torna cada vez mais militarista, as pessoas que ela supostamente protege e serve começam a se parecer cada vez mais com os não policiais, com o inimigo. Esse é, eu acho, um tipo de tendência extremamente perigosa que estamos vendo.

A previsão de que essa é a maneira pela qual os militares se reproduzirão atualmente sendo agora capazes de responder a esses tipos de ameaças futuras, nas quais a massa da humanidade é ou inimiga ou está em um disfarce consciente ou inconsciente de inimiga. Isso é extremamente perigoso. Devemos pensar nisso com muito cuidado, mas essa é a visão do Pentágono, em grande parte, de como será esse futuro, e é, de fato, urbano, militarizado e perigoso. É isso. Vou parar aqui por enquanto.

Palestra de Chomsky, 31 de janeiro de 2019

Nas últimas palestras, entre outras coisas, tenho discutido as posturas da elite em relação à democracia. Esbocei uma linha desde a primeira revolução democrática, com seu medo e desprezo pela turba que reivindicava coisas ridículas, como educação e saúde universais e democratização da lei, que desejava ser governada por gente de sua terra que conhecem as dores do povo, não por cavaleiros e cavalheiros que simplesmente os oprimiam. Daí passamos à segunda grande revolução democrática, que institui a Constituição dos Estados Unidos, que foi, como discutido da última vez, um Golpe dos Desenvolvedores, o título da principal obra acadêmica, um golpe de elites que o autor descreve como uma contrarrevolução conservadora contra uma democracia excessiva.

Seguimos em direção ao século XX e aos grandes teóricos progressistas da democracia como Walter Lippmann, Edward Bernays, Harold Lasswell e Reinhold Niebuhr, e sua concepção de que o público deve ser colocado em seu lugar. O público é espectador, não participante. Os homens responsáveis, a elite, devem ser protegidos do pisoteio e do rugido do rebanho desnorteado, que deve ser mantido na linha das ilusões necessárias, das supersimplificações emocionalmente potentes e, em geral, da engenharia de consentimento, que se tornou uma indústria gigantesca dedicada a alguns aspectos da tarefa, enquanto intelectuais responsáveis cuidam de outros.

Os homens de melhor qualidade, ao longo dos tempos, têm de ser autodoutrinados, como Orwell advertiu. Eles devem internalizar o entendimento de que há certas coisas que simplesmente não são convenientes de se mencionar. Isso deve ser tão totalmente internalizado que se torne tão rotineiro quanto respirar. Em que mais alguém poderia acreditar?

Enquanto tudo isso estiver no lugar, o sistema funcionará corretamente, sem crises. Esse panorama, penso eu, captura características cruciais do controle do pensamento nas sociedades mais livres, mas é enganoso em aspectos essenciais. O que é mais importante, omitiu em grande parte as constantes lutas populares para ampliar o escopo da democracia, com muitos sucessos. Mesmo na última geração, houve sucessos bastante substanciais. Esses sucessos normalmente levam a uma reação. Aqueles com poder e privilégio não os abandonam facilmente.

O período neoliberal que agora estamos enfrentando, com muito planejamento, é essa reação. Voltaremos aos detalhes. Também é enganoso, porque já houve exceções significativas da elite a essa tendência dominante. Durante a Convenção Constitucional, o mais respeitado dos delegados foi Benjamin Franklin, que se opôs ao que estava acontecendo. Ele expressou sua "aversão a tudo que tendia a rebaixar o espírito das pessoas comuns", e lembrou a seus colegas que "alguns dos maiores canalhas com quem já havia travado contato eram os mais ricos canalhas" (Klarman, op. cit.) – algo como algumas das reflexões de Adam Smith.

Franklin foi uma voz solitária na convenção. Thomas Jefferson expressou sentimentos bastante semelhantes, mas ele não estava lá. Ele era então embaixador em Paris. De qualquer forma, o golpe continuou em curso com consequências até o presente, embora houvesse muitos conflitos no país na época – portanto, "um golpe" – e nos anos que se seguiram, até o presente.

O século XX também teve exceções importantes na opinião da elite. A mais proeminente foi a de John Dewey, o filósofo social americano mais respeitado do século XX. A maior parte de seu trabalho – e também ativismo – foi dedicada à democracia e à educação, em uma perspectiva muito oposta às doutrinas de "produção de consentimento" e marginalização do "rebanho desnorteado".

Por democracia, Dewey entendia democracia pura, com participação ativa de um público informado. Sua teoria democrática estava intimamente ligada à sua filosofia educacional, concebida para fomentar a criatividade e a independência de pensamento, com vistas à preparação para a participação em uma sociedade democrática. Funcionou. Tive a sorte de frequentar uma escola do método Dewey entre os dois e os doze anos de idade, e foi muito importante.

Dewey foi, a princípio, um intelectual responsável típico, aderindo à autoadulação dos intelectuais durante a Primeira Guerra Mundial por seu papel galáctico em direcionar as massas imbecilizadas ao entusiasmo do esforço de guerra. Isso, porém, não era incomum. A capitulação ao poder das classes intelectuais durante esses anos, por todos os lados, é surpreendente de se ver, e dos poucos que não nadaram com a maré, os mais conhecidos acabaram presos: Bertrand Russell na Inglaterra, Eugene Debs nos Estados Unidos, Karl Liebknecht e Rosa Luxemburgo na Alemanha.

Pouco depois da guerra, Dewey mudou e se tornou um crítico social e de mídia agudo e bastante incisivo. Com o passar dos anos, ele passou a considerar a "política como a sombra lançada sobre a sociedade pelas grandes empresas". As reformas são de utilidade limitada: "A atenuação da sombra não mudará a substância". A essência é que as próprias instituições do poder privado minam a democracia e a liberdade. "O poder hoje", reconheceu, "institui-se no controle dos meios de produção, troca, publicidade, transporte e comunicação. Quem os possui governa a vida do país", ainda que subsistam as formas democráticas. Em uma sociedade livre e democrática, os trabalhadores deveriam ser "os senhores de seu próprio destino industrial", e não ferramentas alugadas pelos empregadores. A indústria deve, portanto, ser mudada "de uma ordem social feudal para uma ordem social democrática", baseada no controle da produção pelos próprios trabalhadores, de forma não distinta de como os trabalhadores exigiam nos primeiros dias da Revolução Industrial, chamas que nunca se apagaram e, frequentemente, são alimentadas desde então, assim como hoje.

O sistema de poder real no país, Dewey continuou, é "negócio para lucro privado por meio do controle privado de bancos, terras, indústria, reforçado pelo comando da imprensa, assessores de imprensa e outros meios de publicidade e propaganda". Esse é o sistema de poder real, a fonte de coerção e controle, e até que seja desbaratado, não podemos falar seriamente sobre democracia e liberdade. Dewey também condenou a "imprensa não livre" por ceder ao comercialismo e lamentou seu impacto "sobre o julgamento do que é uma notícia, sobre a seleção e eliminação do assunto que é publicado, sobre o tratamento das notícias em editoriais e colunas de notícias". Ele sugeriu um "sistema cooperativo" controlado "no interesse de todos", ao invés do compromisso da mídia de "edulcorar [...] motivos de lucro" (Westbrook, 1993).

Essa não é a voz de um selvagem nos bastidores, mas de um dos mais respeitados e influentes intelectuais norte-americanos do século XX. Em resumo, é uma simplificação excessiva falar de posturas de elite sem qualificação, embora a quase uniformidade seja não raro impressionante.

A condenação de Dewey do trabalho assalariado é uma reminiscência da posição de Abraham Lincoln e outras figuras proeminentes do liberalismo clássico e trabalhadores, homens e mulheres, como vimos. E sua crítica à mídia nos traz à mente um traço progressivo da Convenção Constitucional, que tem uma história instrutiva nos anos que se seguem, com lições importantes para os dias de hoje. Tenho em mente a maneira como os Fundadores interpretaram a Primeira Emenda, especificamente, a liberdade de imprensa.

É uma prática comum distinguir direitos negativos de direitos positivos. Os direitos negativos reduzem-se essencialmente a "Não pise em mim". Os direitos positivos envolvem a melhoria do bem-estar e das oportunidades, o que o economista Amartya Sen chama de "capacidades".

A interpretação atual dominante leva a Primeira Emenda a conferir direitos negativos à mídia: o Estado não deve interferir em seu trabalho. Mesmo essa é uma inovação bastante recente, que remonta a um importante caso de 1964 envolvendo o movimento dos direitos civis (*New York Times* vs. *Sullivan*). A interpretação dos direitos negativos é um afastamento brusco da perspectiva dos Fundadores, que interpretaram a Primeira Emenda de forma mais liberal, como conferindo direitos positivos, questões discutidas no penetrante trabalho dos críticos da mídia Robert McChesney (2007) e Victor Pickard (2020). Os Fundadores queriam que a mídia fosse livre, vibrante, independente, não a "imprensa não livre" que Dewey condenou por sua subordinação aos proprietários e anunciantes. E diversa; a imprensa da época costumava ser áspera e adversária. Para os Fundadores, isso não era apenas um compromisso retórico. Eles acreditavam que o governo deveria estar diretamente engajado na promoção de uma imprensa verdadeiramente livre. O método utilizado era, essencialmente, o subsídio. O serviço postal dos Estados Unidos foi pensado como um subsídio substancial à mídia independente, fornecendo distribuição amplamente disponível a taxas muito baixas. A grande maioria do tráfego postal nos primeiros anos da república era de jornais.

Como já foi discutido, os Fundadores eram, em aspectos cruciais, de mentalidade pré-capitalista. Mas os Estados Unidos logo se transformaram em uma sociedade dirigida por empresas em um grau incomum. Assim, o senso comum hegemônico passou a se opor a direitos positivos, que via de regra infringem as prerrogativas do capital privado. E ao longo dos anos a interpretação liberal dos Fundadores da Primeira Emenda foi reduzida à interpretação de direitos negativos de hoje. O tema foi altamente contestado ao longo do século XX, primeiro com o advento do rádio, depois da televisão e, por fim, da internet. Na década de 1930, houve forte oposição pública à decisão do governo de entregar as ondas de rádio públicas à iniciativa privada, com a preocupação mais marginal pelos direitos positivos do público à informação, à livre-discussão e ao serviço público. No fim da década de 1940, um debate semelhante ocorreu sobre a decisão de entregar bens públicos à iniciativa privada pelos direitos televisivos. A questão ressurgiu em meados da década de 1990, quando o governo neoliberal de Clinton aprovou a Lei das Telecomunicações de 1996, entregando a internet – propriedade pública e de criação amplamente pública – à propriedade privada, ademais desregulamentada e logo convergindo, como não poderia ser diferente, à monopolização, contrariando as previsões dos defensores e da maioria dos economistas, mas seguindo as antecipações dos críticos e uma característica marcada do apelo neoliberal à desregulamentação e ao culto ao mercado.

Como consequência, os Estados Unidos estão sozinhos entre as sociedades formalmente democráticas que não dispõem de grandes meios de comunicação públicos que não estejam sujeitos às pressões da "imprensa não livre" de Dewey – embora o ataque neoliberal tenha causado danos em outros lugares, notadamente na BBC, de forma bastante visível desde Thatcher e sua doutrina NHA: Não Há Alternativa à ortodoxia neoliberal.

A preferência do "senso comum" por direitos negativos em vez de direitos positivos tem amplas consequências políticas. Em termos de justiça social, os Estados Unidos estão próximos da última posição entre os 36 membros da Ocde – os países mais ricos –, ao lado de Grécia e Turquia. Ele também se expõe claramente nas atitudes da elite em muitas questões. Um caso notável é a Declaração Universal dos Direitos Humanos, iniciada pelos Estados Unidos em seus dias mais liberais e adotada pela Assembleia Geral da ONU em 1948 como "a base da liberdade, justiça e paz no mundo". Houve oito abstenções: África do Sul, Arábia Saudita, Rússia e de vários de seus satélites. De outro modo, o parecer favorável foi unânime, incluindo os Estados Unidos.

A Declaração tem três componentes, de idêntico *status*: direitos políticos, socioeconômicos e comunitários. O segundo e o terceiro componentes são direitos basicamente positivos. A maioria dos signatários aprova em palavras, enquanto desconsidera muitos de seus compromissos na prática. Os Estados Unidos são diferentes: até desaprovam em palavras. Direitos positivos são rejeitados. Os direitos da comunidade são considerados ridículos até para serem rejeitados abertamente, mas os direitos socioeconômicos (à saúde, empregos decentes etc.) são rejeitados com desprezo. A embaixatriz da ONU e conselheira de política externa de Reagan, Jeane Kirkpatrick, considerou esta seção da Declaração "uma carta ao Papai Noel", secundada pelo russo Andrey Vyshinsky.

A mesma posição foi elaborada por Paula Dobriansky, secretária adjunta de Estado para Direitos Humanos e Assuntos Humanos nos governos Reagan e Bush I. Ela desfez tais "mitos" sobre os direitos humanos, como os chamados "direitos econômicos e sociais" arraigados na Declaração Universal, que apenas obscurecem o discurso dos direitos humanos. A mesma opinião foi expressa em 1990 pelo representante dos Estados Unidos na Comissão de Direitos Humanos da ONU, o Embaixador Morris Abrams, explicando o veto solitário de Washington à resolução da ONU sobre o Direito ao Desenvolvimento, que virtualmente repetia as disposições socioeconômicas da Declaração Universal. Essas afirmações espúrias "parecem absurdas", declarou Abram: tais ideias são "pouco mais do que um recipiente vazio no qual podem ser despejadas esperanças vagas e expectativas incipientes", e até mesmo um "incitamento perigoso".

A prática dos Estados Unidos é incomum da mesma maneira. Outros países ratificam as convenções da Assembleia Geral sobre direitos humanos, mas frequentemente as ignoram. Os Estados Unidos se recusam a ratificá-las, com exceção de algumas poucas que ratificaram, mas com reservas que isentam os Estados Unidos. A rejeição das convenções internacionais vai além dos direitos socioeconômicos positivos da Declaração Universal, estendendo-se até mesmo ao Pacto Internacional sobre Direitos Civis e Políticos, "o principal tratado para a proteção" da subcategoria de direitos que os Estados Unidos afirmam defender, para citar o Observatório dos Direitos Humanos e a União das Liberdades Civis Americanas. A Convenção foi finalmente ratificada depois de longo atraso, mas apenas com disposições para torná-la inaplicável aos Estados Unidos.

Ao interpretar o debate sobre as decisões do governo e o debate público sobre essas questões, podemos distinguir de maneira útil os fundamentos, pretextos e razões. Justificativa é o que se oferece em defesa das escolhas. Nós a consideramos pretexto, se for absurda demais para ser levada a sério. Razões reais são o que procuramos descobrir por meio da análise do registro histórico e documentário, e atendendo ao princípio de direito segundo o qual as consequências previsíveis são uma boa indicação dos motivos. Não é de surpreender que comumente encontremos uma desconexão entre motivos e justificativa.

Para pegar um caso incontroverso: há 80 anos, Hitler invadiu a Polônia. A justificativa era a defesa contra o "terror selvagem" dos poloneses, imediatamente atribuído à categoria de pretextos fora da Alemanha nazista e seus simpatizantes. Os motivos eram a conquista do *Lebensraum* [espaço vital] para a raça ariana superior e eliminar as dezenas de milhões de *Untermenschen* [sub-humanos] que ocupavam os territórios e que se apropriavam dos recursos que propriamente pertenciam a seus superiores. Se vêm à mente as analogias na história americana, e em outros lugares hoje, não é um mero acidente.

Vamos nos voltar a outro caso, que não é controverso dentro da opinião dominante nos Estados Unidos: as guerras dos Estados Unidos na Indochina. A justificativa, exemplificada anteriormente, é exposta pelas vozes mais respeitadas da esquerda oficial: "esforços disparatados para fazer o bem" (Anthony Lewis), defesa contra a "agressão" do Vietnã do Norte comunista (Arthur Schlesinger, historiador e conselheiro de Kennedy), defesa contra "agressão interna" (o embaixador de Kennedy na ONU e ícone liberal Adlai

Stevenson, referindo-se à agressão de guerrilheiros camponeses sul-vietnamitas contra a ditadura imposta pelos Estados Unidos) e pronunciamentos semelhantes de vários outros. Os selvagens nos bastidores descartaram tudo isso como um mero pretexto, junto com a grande maioria do público, que considerava a guerra "fundamentalmente errada e imoral", não "um equívoco", como vimos – o que fizeram sem qualquer efeito ou voz no *mainstream*.

Para descobrir as razões, podemos investigar o rico registro interno desde os primeiros dias, quando as decisões básicas foram tomadas no fim da década de 1940 e início da década de 1950. Para alguns dos homens selvagens, o registro revela a preocupação imperial de costume de que o "vírus" de um Vietnã independente "contagiaria" todo o Sudeste Asiático, chegando até o Japão, e minando seriamente os planos dos Estados Unidos para o controle global do pós-guerra. Voltaremos a isso mais tarde.

Para tomar outro caso, consideremos o maior crime do século XX, a invasão do Iraque pelo consórcio Estados Unidos-Reino Unido, um caso clássico de agressão, o "Crime internacional supremo", de acordo com o Tribunal de Nuremberg que enforcou criminosos de guerra nazistas por menos, dispensando pretextos nazistas.

Na opinião dominante dos Estados Unidos, a guerra foi, na pior das hipóteses, um "disparate estratégico" (Obama). A razão inicial foram os programas de armas nucleares de Saddam. Essa foi "a única questão". Quando respondida da maneira errada, a justificativa mudou instantaneamente e sem esforço para "promoção da democracia". A mídia americana e outros comentários rapidamente adotaram a nova justificativa, embora mentes mais sóbrias avisassem que a visão "nobre" e "generosa" pode estar além de nosso alcance: pode ser muito cara, os beneficiários podem estar muito pouco dispostos para se beneficiar de nossa solicitude. A universidade também se manifestou. Raríssima exceção, o estudioso do Oriente Médio Augustus Richard Norton observou causticamente que "à medida que as fantasias sobre as armas de destruição em massa do Iraque foram desmascaradas, o Governo Bush enfatizou cada vez mais a transformação democrática do Iraque, e os estudiosos aderiram ao trem da democratização" (2005).

Alguns consideraram essas justificativas como pretextos, entre eles os iraquianos, que demonstraram sua relutância em uma pesquisa Gallup realizada bem na época em que a nova justificativa foi eloquentemente proclamada em um importante discurso do Presidente Bush. Alguns iraquianos, é verdade, consideraram a justificativa válida: 1%. Outros 4% achavam que a meta era "ajudar o povo iraquiano". A maior parte do restante acreditava que o objetivo era assumir o controle dos recursos do Iraque e reorganizar o Oriente Médio sob o interesse dos Estados Unidos e de Israel – a "teoria da conspiração" ridicularizada por ocidentais racionais, que entendiam que Washington e Londres teriam sido igualmente dedicados à "libertação do Iraque" se ele produzisse aspargos em vez de petróleo e o centro da produção mundial de petróleo estivesse no sul do Pacífico.

Quanto aos motivos, deixo para vocês.

As distinções entre justificativa-pretexto-razão têm um papel crítico ao longo da história e hoje. A desregulamentação, como mencionado acima, é um caso instrutivo. E, de maneira mais geral, o governo limitado, supostamente um ideal conservador, embora, estranhamente, o governo tenda a crescer sob tais administrações, como nos anos Reagan, servindo principalmente aos ricos.

Um dos primeiros expoentes do ideal de governo limitado foi Andrew Jackson. A justificativa era direitos negativos: cidadãos de nossa sociedade livre devem estar livres da intrusão do governo. Em suas palavras, o governo federal não deveria ter permissão para restringir a "liberdade humana", mas deveria ter permissão unicamente para "fazer cumprir os direitos humanos". O significado dessas belas palavras e suas consequências previsíveis são explicadas pelo historiador Greg Grandin em seu *End of the Myth*: por "direitos humanos" Jackson significava o direito de massacrar índios sem interferência do governo e de possuir propriedade, e o que era crucial para este dono de escravos espúrio, possuir seres humanos como propriedade. A era de Jackson, Grandin observa, "implicou um empoderamento radical dos homens brancos [e] uma subjugação igualmente radical dos afro-americanos", juntamente com massacres brutais e expulsão dos *Untermenschen* que estavam apropriando-se indevidamente do que pertencia por direito à raça superior anglo-saxônica.

Existem inúmeros outros exemplos da utilidade dessas distinções na análise da política, mas vamos agora nos voltar para um dos mais proeminentes. Uma característica central do senso comum recebido é que os Estados Unidos estão comprometidos com a promoção da democracia e dos direitos humanos. Às vezes é chamado de "idealismo wilsoniano" ou "excepcionalismo americano".

Mencionei em alguns comentários iniciais que é mais do que comum assentir em relação a doutrinas sobre assuntos complexos que são reiterados apaixonadamente, constantemente, mas sem qualquer evidência. Nessas condições, é útil dar uma olhada mais de perto e ver se estamos diante de um daqueles casos em que há coisas que não são convenientes de se mencionar, na frase de Orwell.

O excepcionalismo americano é um desses casos. Em primeiro lugar, assim que olhamos, descobrimos que a doutrina não tem nada a ver em particular com os Estados Unidos. Parece ser universal. Todas as potências imperiais têm a mesma doutrina de excepcionalismo. A França, por exemplo, estava cumprindo sua "missão civilizatória" na Argélia enquanto o general comandante dava ordens para "exterminar" a população. Isso os civilizaria adequadamente.

A nobre missão da França se estendeu a grande parte da África Ocidental com tanto sucesso, que pessoas estão morrendo no Mediterrâneo, tentando fugir dos destroços. Com a Grã-Bretanha não era diferente. Se houvesse tempo, eu passaria por alguns exemplos bastante notáveis, incluindo até mesmo as pessoas mais ilustres, como John Stuart Mill. O mesmo é verdade até mesmo para os estados mais brutais. Vejam o caso da Alemanha nazista. Quando Hitler assumiu o controle da Sudetenland, grande parte da Tchecoslováquia, ele estava transbordando de preocupação com o sofrimento do povo da região. Os alemães iriam empreender uma intervenção humanitária, para resolver conflitos étnicos, para trazer a população em atraso sob a asa da civilização avançada da Alemanha. Sabemos como isso terminou.

Enquanto isso, na Ásia, quando os japoneses estavam devastando a Manchúria e o Norte da China com atrocidades horrendas, o que eles estavam pensando é acessível em uma extensão incomum. Como foram derrotados na guerra, seus registros internos foram recolhidos, incluindo manuais de contrainsurgência. Não tenho certeza se eles foram divulgados ao público, mas na década de 1960 um amigo da Rand Corporation os enviou para mim: Tony Russo, que trabalhou com Dan Ellsberg no lançamento dos *Pentagon Papers*. Publiquei alguns trechos deles em um volume em memória do grande pacifista americano A.J. Muste, reimpresso em *American Power and the New Mandarins*.

Eles são muito interessantes. Eles são muito parecidos com a doutrina de contrainsurgência dos Estados Unidos, exceto que a retórica é mais elevada. Enquanto eles estavam devastando a Manchúria e o norte da China, cometendo o massacre de Nanjing e outros crimes hediondos, isso é o que eles estavam dizendo – falando um com o outro, sem pretensão. Vamos criar um "paraíso terrestre" para o povo da China, pelo qual estamos gastando nossas vidas e nossos tesouros para o proteger dos "bandidos chineses", ou seja, aqueles que resistem à intervenção humanitária japonesa. Protegeremos o povo da China e os colocaremos sob a asa da avançada civilização japonesa. Muito elevada.

Na verdade, se tivéssemos registros de Átila o Huno, suspeito que provavelmente encontraríamos a mesma coisa. É difícil encontrar uma exceção em toda a história do imperialismo. Esse aspecto do excepcionalismo americano não é de forma alguma excepcional. É a norma. Os que têm algum poder não diferem entre si.

A segunda coisa que não seria adequado dizer sobre o excepcionalismo americano diz respeito aos fatos, alguns dos quais estivemos discutindo. É particularmente instrutivo ver como o registro histórico é tratado por estudiosos realmente sérios, os melhores estudiosos, pessoas que não são especialistas em legitimação. Vejam Hans Morgenthau. Ele é um dos fundadores da teoria realista das relações internacionais (RI), tendência dominante na teoria das RI, que descarta conversas sentimentais sobre o idealismo wilsoniano. Morgenthau era um erudito bom demais para incorrer nesse tipo de coisa. Ele era um realista obstinado.

Em seu livro de 1964, *The Purpose of American Politics* (uma frase sobre a qual vale a pena ponderar), Morgenthau escreve que a América é diferente de outros países porque tem um "propósito transcendente". Outros países têm apenas interesses nacionais. Os

Estados Unidos têm um propósito transcendente: "o estabelecimento de igualdade na liberdade na América" e, de fato, em todo o mundo, uma vez que "a arena em que os Estados Unidos devem defender e promover seu propósito se tornou mundial".

Um erudito honesto e competente, Morgenthau reconheceu que o registro histórico é radicalmente inconsistente com o propósito transcendente da América. Mas isso não deve nos enganar. Não devemos "confundir o abuso da realidade com a própria realidade". A própria realidade é o "propósito nacional" não alcançado revelado pela "evidência da história como nossas mentes a refletem". O registro histórico real é apenas o "abuso da realidade", portanto, de interesse apenas secundário. Aqueles que confundem "realidade" com "abuso da realidade" estão cometendo "o erro do ateísmo, que nega a validade da religião por motivos semelhantes". Novamente, um pensamento sobre o qual vale a reflexão.

Um dos elementos altamente admirados do excepcionalismo americano é nosso compromisso de longa data com a promoção da democracia. Quanto a esse tema também existem bons estudos. O principal estudo acadêmico sobre a promoção da democracia é de autoria de outro estudioso sério, Thomas Carothers, então diretor do Projeto de Democracia e Estado de Direito do Fundo Carnegie.

Carothers estava em uma posição excepcionalmente favorável para estudar essa justificativa fundamental para a política externa dos Estados Unidos, trazida mais uma vez à baila por Bush no Iraque, quando a busca por armas de destruição em massa fracassou. Carothers, que se descreve como um neorreaganita, serviu no Departamento de Estado de Reagan nos programas de promoção da democracia na América Latina, então ele tinha uma visão privilegiada do que estava acontecendo.

Revendo o registro, Carothers conclui que os programas de democracia foram "sinceros", mas um fracasso, na verdade, um fracasso sistemático, fracasso em todos os lugares. Onde a influência dos Estados Unidos foi menor, no cone sul da América, o progresso em direção à democracia foi maior, apesar dos esforços de Reagan para impedi-la "tentando abraçar os decadentes ditadores de direita que Carter havia evitado por motivos de direitos humanos". Onde a influência dos Estados Unidos foi mais forte, nas regiões próximas, o progresso foi mínimo.

Havia uma razão: Washington procurou manter "a ordem básica do que, historicamente, pelo menos, são sociedades bastante antidemocráticas" e evitar "mudanças de base populista na América Latina – com todas as suas implicações no que toca à desestabilização das ordens econômica e política e uma guinada à esquerda". Portanto, os Estados Unidos tolerariam apenas "formas limitadas de mudança democrática de cima para baixo que não implicassem a perturbação de estruturas tradicionais de poder das quais os Estados Unidos são aliados de longa data" (Carothers, 1991).

O que realmente aconteceu foi isso: "abuso da realidade". A realidade é que os programas eram "sinceros". Vou deixar para vocês uma análise em termos de justificativa, pretexto e razões.

Essas questões representam um dilema doloroso para os formuladores de políticas, lamentadas na ponta da ingenuidade extrema do espectro por Robert Pastor, especialista em América Latina do Governo Carter, que foi ridicularizado por reaganitas e muitos outros por sua devoção excessiva aos direitos humanos. Defendendo a política dos Estados Unidos, Pastor explica que "os Estados Unidos não queriam controlar a Nicarágua ou outras nações da região, mas também não queriam permitir que os acontecimentos saíssem do controle. Queria que os nicaraguenses agissem independentemente, *exceto* quando isso afetasse adversamente os interesses dos Estados Unidos" (Pastor, 1987, ênfase dele). Em suma, a Nicarágua e outros países devem ser livres – livres para fazer o que queremos que eles façam – e devem escolher seu curso de maneira independente, desde que sua escolha esteja de acordo com nossos interesses. Se eles usarem a liberdade que lhes concedemos imprudentemente, então, naturalmente, temos o direito de responder com violência em autodefesa.

Carothers e Pastor estão discutindo a América Latina, mas o padrão é mundial. Vamos voltar para W. Bush e a doutrina Bush (todo presidente precisa ter uma doutrina para deixar sua marca na história). A doutrina Bush é definida de forma simples no mais extenso estudo acadêmico sobre "as raízes da doutrina Bush", por Jonathan Monten na prestigiosa revista *International Security*: "a promoção da democracia é fundamental para a condução legal levada a cabo pela administração W. Bush tanto da guerra contra o terrorismo quanto de sua grande estratégia geral". O artigo foi publicado em 2005, quando o Iraque estava entregue ao caos total após a invasão dos Estados Unidos. O sentimento não foi surpreendente. A essa altura, já havia alcançado o nível de ritual. Por que só então? Talvez porque, naquele momento, a justificativa oficial para a guerra havia mudado do que tinha sido a "questão única" – os programas de armas nucleares de Saddam – para a "promoção da democracia", assuntos já discutidos.

Vamos ver outro exemplo interessante, Winston Churchill. Em nossa última sessão, Marv discutiu algumas das frases nobres de Churchill sobre nossa magnífica história e intenções comuns em seu famoso discurso de 1946 sobre a Cortina de Ferro. Mas Churchill não era tolo. Ele tinha algumas outras coisas a dizer sobre esses assuntos ao mesmo tempo, em sua história da Segunda Guerra Mundial:

> O governo do mundo devia ser confiado a nações satisfeitas, que nada mais desejassem de si mesmas do que aquilo que possuíam. Se o governo mundial estivesse nas mãos de nações famintas, sempre haveria perigo. Mas nenhum de nós tinha motivos para buscar mais nada. A paz seria mantida por povos que viviam à sua maneira e não eram ambiciosos. Nosso poder nos colocou acima do resto. Éramos como homens ricos morando em paz dentro de suas habitações.

Habitações bastante amplas.

Isso é 1945 em sua história da Segunda Guerra Mundial (vol. 5). Mas, na verdade, essa é uma posição antiga de Churchill. Pouco antes da Primeira Guerra Mundial ele fez um discurso no Parlamento, no qual explicou que "não somos um povo jovem *com um histórico inocente* e uma herança *escassa*. Temos monopolizado uma parte *totalmente desproporcional* da riqueza e das trocas do mundo. Temos tudo o que queremos no território, e nossa pretensão de sermos deixados no gozo jamais incomodado de vastas e esplêndidas posses, *adquiridas sobretudo pela violência, em grande parte mantidas à força*, muitas vezes parece menos razoável para os outros do que para nós" (Ponting, 1994).

Churchill não permitiu que isso fosse publicado na época. Foi publicado com as frases em itálico omitidas. O original foi descoberto recentemente. Churchill é incomum apenas em sua honestidade: ao reconhecer os fatos e ter disposição para expressá-los. Com esse pano de fundo, vamos dar uma olhada em como o mundo se organizou desde a Segunda Guerra Mundial. Assim que a guerra começou, o Departamento de Estado e o Conselho de Relações Exteriores (CRE) estabeleceram um grupo de estudos guerra-paz que deveria determinar como seria o mundo do pós-guerra; o

CRE é a principal instituição não governamental preocupada com as relações exteriores, formado principalmente por pessoas dentro e fora do governo e corporações.

Os analistas presumiam que os Estados Unidos sairiam vitoriosos. Isso não estava realmente em questão. Durante vários anos, eles presumiram que a guerra terminaria com dois grandes blocos de poder, um dominado pelos Estados Unidos e o outro pela Alemanha. Nos primeiros estágios da guerra, a Alemanha estava obtendo sucessos notáveis.

A área a ser dominada pelos Estados Unidos eles chamaram de "Grande Área". A Grande Área deveria incluir, no mínimo, todo o hemisfério ocidental, o extremo Oriente e o antigo Império Britânico, que os Estados Unidos estavam assumindo, substituindo a Grã-Bretanha, que antes havia sido a principal potência global, espaço que ocupou por muito tempo. Portanto, esse é o mínimo de domínio dos Estados Unidos. O resto seria o mundo dominado pelos alemães.

Por volta de 1942, 1943, após a batalha em Stalingrado e, em particular, uma enorme batalha de tanques em Kursk, estava claro que os russos derrotariam os alemães. A concepção mudou; as expectativas da Grande Área foram modificadas em caráter e escala. Agora seriam os russos, não os alemães, os adversários. A Grande Área passava a incluir tudo o que acabei de descrever, além de qualquer parte da Europa e da Ásia que os Estados Unidos pudessem assumir. No mínimo, a Europa Ocidental, que é o coração industrial do continente europeu. Então essa é a Grande Área expandida.

Ficou claro que, na Grande Área, os Estados Unidos reinariam supremos. Muito antes da guerra, os Estados Unidos haviam sido de longe o país mais rico do mundo e lucraram enormemente com a guerra. A manufatura praticamente quadruplicou, enquanto outros estados industriais foram severamente prejudicados ou quase destruídos. O proeminente estadista George Kennan, chefe da Equipe de Planejamento de Políticas do Departamento de Estado do pós-guerra, estimou que os Estados Unidos detinham metade da riqueza mundial. Muito provavelmente um exagero; as estatísticas não eram muito boas na época. Mas provavelmente não por muito.

Os planejadores da Grande Área determinaram que o domínio dos Estados Unidos devia ser firmemente estabelecido. Em suas próprias palavras, planejavam um mundo em que os Estados Unidos "detivessem um poder inquestionável", garantindo "a limitação de qualquer exercício de soberania" por estados que pudessem interferir em seus desígnios globais. Os planejadores, portanto, buscaram desenvolver uma "política integrada para alcançar a supremacia militar e econômica" para os Estados Unidos na Grande Área, que deveria se expandir o máximo possível.

Quando a guerra acabou, essas concepções foram formuladas em documentos de planejamento interno. Os planos foram então implementados onde foi possível. A ideia geral era impor o que é comumente chamado de "ordem econômica liberal liderada pelos Estados Unidos" – agora sob a ameaça de Trump. Havia uma série de princípios orientadores.

O princípio básico era que a nova ordem econômica deveria ser um sistema aberto, o que significa liberdade para os investidores, para movimentação de capital, para extração de recursos. Não, é claro, para movimentação de pessoas. E deve ser um campo de jogo nivelado: todos são iguais. Portanto, os Estados Unidos fariam parte do sistema, Granada faria parte do sistema, tudo perfeitamente justo e igual.

Não havia nada de novo nessa postura. Na verdade, os Estados Unidos estavam repetindo o que a Grã-Bretanha havia feito um século antes. A Grã-Bretanha se tornou uma das principais potências industriais, assim como disse Churchill, pela força e violência, e também por roubar tecnologia de ponta de outros países: Índia, Irlanda, os países que agora são a Bélgica e a Holanda. Em meados do século XIX, a Grã-Bretanha havia se tornado, de longe, a sociedade mais avançada, com mais de duas vezes a capitalização *per capita* de qualquer outro país. Estava bastante adiantada na competição para começar a brincar com a ideia de defender o livre-comércio, supondo que se sairia muito bem na competição. Isso foi em 1846.

O comércio livre, entretanto, tinha algumas condições. A Grã-Bretanha nunca concordou totalmente com isso. A Índia, à época todo o sul da Ásia, estava sob controle britânico. Antes do ataque europeu, Índia e China eram os países mais ricos e avançados do mundo. Mas o imperialismo cuidou disso. A Índia foi desindustrializada pela ocupação britânica, mas ainda era um belo trunfo – fechada apesar das pretensões de livre-comércio e impedida de um desenvolvimento real. Mais tarde, a Grã-Bretanha abandonou totalmente o jogo do livre-comércio, porque não podia mais competir com o Japão. Portanto, fechou o império. A Holanda, que tinha um império substancial no Leste Asiático, fez o mesmo, os Estados Unidos também. Essa é uma grande parte do pano de fundo da Segunda Guerra Mundial no Pacífico. Os japoneses reagiram ao fechamento de toda a região pelas potências imperiais, bloqueando o acesso destes aos recursos essenciais. Eles começaram a levar a cabo atos agressivos, o que finalmente levou à guerra.

Os Estados Unidos recapitularam a experiência britânica um século depois. Até meados do século XX, os Estados Unidos foram líderes no protecionismo. O historiador econômico Paul Bairoch descreveu os Estados Unidos como "a pátria-mãe e o bastião do protecionismo" desde suas origens (Bairoch, op. cit.). Os Estados Unidos também recorreram a outras formas de intervenção estatal em grande escala na economia, algumas verdadeiramente extremas, como a escravidão, que foi a base de grande parte da economia moderna. Mas em 1945, os Estados Unidos estavam muito à frente de qualquer outro. Portanto, era um bom momento para o livre-comércio, um sistema global aberto. Mas, assim como a Grã-Bretanha antes, havia qualificações. Um dos princípios dos Estados Unidos para a ordem mundial liberal do pós-guerra era que as alianças regionais deviam ser desmanteladas. Não deveria haver mais sistemas de preferência imperial em que o poder imperial tivesse controle especial e pudesse impedir que outros entrassem em igualdade de condições. Com uma única exceção. Um sistema regional deveria permanecer. Henry Stimson, um dos principais estadistas dos Estados Unidos, ao discutir a eliminação dos sistemas regionais, explicou que todos deviam ser eliminados, exceto "nossa regiãozinha aqui que nunca incomodou ninguém", o hemisfério ocidental (Kolko, 1968).

Portanto, o hemisfério ocidental, como a Índia sob os britânicos, estaria sob o controle dos Estados Unidos. Mas o resto estaria aberto a todos. O significado de sistemas globais abertos às vezes é articulado de forma bastante escancarada em documentos internos. A mercadoria mais importante do mundo na época, como ainda hoje, era o petróleo. Os Estados Unidos, é claro, tinham uma política de petróleo. Isso se explica em um documento do Departamento de Estado de 1944 intitulado *The Petroleum Policy of the United States*. O documento pedia "a preservação da posição absoluta que atualmente se obtém [no hemisfério ocidental] e, portanto, a proteção vigilante das concessões existentes nas mãos dos Estados Unidos, juntamente com a insistência no princípio de portas abertas de oportunidades iguais para empresas dos Estados Unidos em novas áreas". Em suma, o que temos, guardamos, fechando a porta para os outros; o que ainda não temos, consideramos, sob o princípio das portas abertas.

Em "nossa regiãozinha aqui", não foi muito difícil implementar este princípio. Muito antes da Segunda Guerra Mundial, os Estados Unidos expulsaram a Grã-Bretanha da Venezuela quando grandes reservas de petróleo foram encontradas lá, impondo seu próprio governo. O Oriente Médio, onde estavam e ainda estão os principais recursos de petróleo de fácil acesso, era mais complexo. Antes da Segunda Guerra Mundial, a região estava em grande parte sob controle britânico. Para implementar a política do petróleo, os Estados Unidos, contando com seu poder muito superior, obrigaram a Grã-Bretanha "a aceitar um acordo que reservava uma posição privilegiada para a indústria petrolífera doméstica dos Estados Unidos, expondo toda a produção de petróleo da Grã-Bretanha, que estava em outros países, à competição das poderosas companhias petrolíferas internacionais dos Estados Unidos" (David Painter, especialista da indústria petrolífera, 1986). Os interesses franceses foram rejeitados com ainda mais facilidade, ao declarar a França como um Estado inimigo, sob ocupação alemã, perdendo, assim, seus direitos.

As vastas reservas de energia do Oriente Médio, incluídas na Grande Área, não eram importantes para os próprios Estados Unidos, que então, e por muitos anos depois, foram o maior produtor mundial de petróleo (como estão se tornando novamente hoje). Mas elas eram importantes como meio de controle mundial. Os centros industriais da Grande Área estavam convertendo-se à dependência do petróleo, sob a influência dos Estados Unidos: grande parte da ajuda do Plano Marshall para a Europa foi dedicada à compra de petróleo, passando, portanto, de um banco dos Estados Unidos para outro. Além disso, o controle sobre este recurso, cada vez mais essencial, deu aos Estados Unidos "poder de veto" sobre seus aliados, explicou George Kennan.

Kennan estava se referindo especificamente ao Japão. Na época, o desenvolvimento do Japão para uma grande potência industrial era considerado uma contingência remota, mas ainda uma preocupação potencial, especialmente se o Japão buscasse um papel independente nos assuntos mundiais. Nesse caso, o "poder de veto" poderia se tornar um importante instrumento de diplomacia. Essas concepções persistiram nos anos pós-Guerra Fria. O influente planejador Zbigniew Brzezinski não era um entusiasta da invasão do Iraque pelos Estados Unidos em 2003, mas reconheceu que poderia ter um lado bom. Ele escreveu que "a segurança do papel da América", eufemismo convencional para dominação militar, se estendido ao segundo maior produtor de petróleo da região, daria a Washington "uma posição de vantagem indireta, mas politicamente fundamental nas economias europeia e asiática, que também dependem das exportações de energia da região" (*National Interest*, inverno 2003-2004).

O controle global requer um planejamento cuidadoso.

O Oriente Médio continua tendo uma importância enorme. Basta abrir os jornais. Vocês leem a respeito de Iraque, Irã, Síria, Arábia Saudita e sua guerra no Iêmen (que está destruindo o país com as armas e o apoio da inteligência dos Estados Unidos), Catar, Israel. É um grande foco. E a razão não é obscura. Isso foi explicado pelo Departamento de Estado em 1945, quando a nova ordem mundial estava sendo estabelecida. O Departamento de Estado destacou que o petróleo do Oriente Médio é "uma fonte estupenda de poder estratégico e um dos maiores trunfos materiais da história mundial". Isso não é uma questão de somenos. Precisamos ter certeza de que temos um controle substancial sobre isso.

Na Europa, a guerra terminou em 1945, com as forças russas e aliadas (Estados Unidos-Reino Unido) separadas pela Linha Oder-Neisse, que era na verdade uma histórica fronteira natural. Foi ali que a Europa Oriental e Ocidental começaram a se dividir por volta do século XV. A Europa Ocidental, àquela altura, estava começando a se desenvolver. A Europa Oriental estava ficando para trás. O historiador da Rússia, Theodore Shanin, escreve que, no decorrer desse processo, "a Rússia começou a se tornar uma possessão semicolonial do capital europeu" (Shanin, 1985). Houve algum desenvolvimento na Europa Oriental, mas em grande medida de propriedade do Ocidente. Isso mudou em 1917. Após a Revolução Bolchevique, a Rússia passou a se tornar uma grande potência industrial, embora distante da escala do Ocidente.

Depois de 1945, cada lado impôs seu domínio nas áreas que conquistou. Para os russos, era a Europa Oriental. Essa história é conhecida – não na Rússia, onde foi envolta em propaganda, mas aqui todos nós sabemos da opressão russa na Europa Oriental. Portanto, não teremos que voltar ao tema.

Para os domínios norte-americanos, a maior parte do resto do mundo, vocês devem pesquisar o registro documental e acadêmico para descobrir o que aconteceu. Falei um pouco sobre isso antes.

Na Europa e também no Japão, a primeira tarefa foi desmantelar a resistência antifascista e as estruturas sociais e políticas que havia estabelecido. O problema foi enfrentado no primeiro país ocupado pelos Aliados, a Itália. Lá, a resistência havia expulsado os alemães de grandes áreas e começado a construir uma nova ordem democrática radical por conta própria. Era, portanto, necessário desmantelar o que havia sido construído e restaurar a ordem tradicional, incluindo as lideranças fascistas e os colaboradores fascistas. A Itália continuou sendo um osso duro de roer. A CIA iniciou ali uma de suas principais operações em 1948, com o objetivo de subverter a democracia italiana, continuando pelo menos até os anos de 1970. Havia tarefas semelhantes em toda a Europa Ocidental e no Japão. E intervenções em toda a Grande Área, numerosas demais para serem mencionadas. Se houver tempo, voltaremos a algumas delas.

Se olharmos para o período desde 1945, comparando retórica e ações, encontramos, como de costume, duas imagens diferentes. A retórica era que os Estados Unidos estavam se defendendo e a outros da agressão russa em todo o mundo. Os Estados Unidos estavam em uma postura de defesa. Para ressaltar essa postura, o Departamento de Defesa foi criado em 1947. Os Estados Unidos não tinham um Departamento de Defesa antes disso: havia um Departamento de Guerra. Esse era o período pré-Orwell – então, um Departamento de Guerra dedicado a guerras de agressão foi chamado de Departamento de Guerra.

Na verdade, desde a fundação do país até os dias de hoje, dificilmente houve um ano em que os Estados Unidos não estiveram em guerra. Uma história bastante curiosa. Pensem nisso. Primeiro, houve guerras contra o que a Declaração da Independência chama de "selvagens índios impiedosos" que atacavam brutalmente as pacíficas comunidades inglesas. Então, tivemos que nos defender contra as nações indígenas que estávamos desapropriando e "exterminando", como a liderança por vezes descreveu o processo. Também conquistamos metade do México, inclusive o lugar onde estamos nos reunindo agora. Em seguida, expandimo-nos por partes do Pacífico. Intervenção sem fim principalmente nas Américas. Não há tempo para elencarmos tudo isso. E continua durante a Guerra Fria.

Às vezes não é agressão militar direta, apenas apoio a golpes militares. O mais recente é o de Honduras em 2009, uma das razões de termos recebido tantos refugiados hondurenhos, como já discutimos.

Esse é essencialmente o quadro, incluindo a atual Guerra Fria. Se vocês derem uma olhada na Guerra Fria em termos de ações reais, não de retórica, não é fundamentalmente um confronto russo--americano, embora isso sempre tenha ficado ao fundo. No campo, cada uma das duas grandes potências, a grande superpotência e a superpotência menor, intervieram muitas vezes com força em seus próprios domínios. Para os russos, a Europa Oriental, para os Estados Unidos, a maior parte do resto do mundo. E cada um usou o pretexto da ameaça do outro como justificativa para a intervenção. Então, quando os russos invadiram a Hungria em 1956, eles estavam defendendo a Hungria livre contra as forças fascistas apoiadas pelo Ocidente. E sempre que os Estados Unidos intervêm em qualquer lugar do mundo, sejam quais forem os fatos, estão defendendo a si mesmos e ao mundo livre da subversão ou agressão russa. Mesmo que não haja russos à vista, são os russos ou seus representantes.

Embora os dois lados sejam desiguais em escala e escopo de suas ações violentas, eles seguiram políticas bastante semelhantes. Essa é a verdadeira estrutura da Guerra Fria enquanto durou, até o colapso da União Soviética. Isso se olharmos para as ações em lugar da retórica.

A estrutura básica foi estabelecida quando os nazistas foram derrotados. A Rússia estabeleceu seu governo duro e repressivo no

Oriente, tudo bastante conhecido. Os Estados Unidos e seus aliados britânicos apoiaram a reconstrução de sociedades capitalistas de Estado amplamente independentes, abertas às multinacionais americanas que então tomavam sua forma moderna e dentro da aliança da Otan dirigida pelos Estados Unidos – mas somente depois de completar a primeira tarefa de desmantelar a resistência antifascista e suas aspirações e estruturas democráticas radicais e restaurar algo como a ordem tradicional.

A tarefa se estendeu até o hemisfério ocidental, nossa regiãozinha aqui. Surgiu um conflito entre duas concepções diferentes de como o hemisfério deveria ser organizado e desenvolvido. Uma delas era a concepção que dominava toda a América Latina. A outra, a concepção nos Estados Unidos. E elas eram diametralmente opostas. Como o Departamento de Estado descreveu o problema, os latino-americanos defendem "a filosofia do novo nacionalismo [que] abrange políticas destinadas a promover uma distribuição mais ampla da riqueza e elevar o padrão de vida das massas". Os latino-americanos estão convencidos de que "os primeiros beneficiários do desenvolvimento dos recursos de um país devem ser as pessoas desse país" (Green, 1971). Esse erro no entendimento de uma "economia saudável" teve de ser interrompido no ponto em que estava.

Para lidar com o problema, os Estados Unidos convocaram os países latino-americanos para uma conferência hemisférica no México em fevereiro de 1945, onde os Estados Unidos apresentaram uma Carta Econômica das Américas que pedia o fim do "nacionalismo econômico" em todas as suas formas. Uma "economia saudável" requer que os beneficiários dos recursos de um país sejam investidores norte-americanos e seus associados locais. Não o povo daquele país.

Dadas as relações de poder, prevaleceu a posição dos Estados Unidos.

Como de costume na retórica do livre-comércio, houve uma exceção: os Estados Unidos. O nacionalismo econômico deve ser banido em todo o continente, mas não no Estado que emitiu as regras. Os Estados Unidos seguiram uma política de desenvolvimento industrial liderado pelo Estado sob a cobertura do Pentágono, criando essencialmente a moderna economia de alta tecnologia. É por isso que vocês têm seus computadores e *iPhones* e a internet e todo o resto, principalmente graças à extensa intervenção estatal na economia, financiamento maciço dos contribuintes por décadas para criar a economia de alta tecnologia. Mas fora isso, nenhum nacionalismo econômico.

Reconheceu-se que poderia ser necessário erradicar a filosofia do novo nacionalismo e a ideia herética de que as pessoas deveriam ser beneficiárias de seus próprios recursos. Isso foi entendido. Mais uma vez, vamos para o lado pacífico do espectro de planejamento, para George Kennan. Ele alertou que devemos garantir "a proteção de nossas matérias-primas". Elas são nossas; apenas ocorre que por acaso elas estão localizadas em outro lugar. E pode não ser fácil.

"A resposta final pode ser desagradável", concluiu Kennan: "repressão policial pelo governo local". Não devemos hesitar em apoiar "medidas governamentais duras de repressão" desde que "os resultados sejam favoráveis aos nossos propósitos". Em geral, "é melhor ter um regime forte no poder do que um governo liberal se for permissivo e relaxado e infiltrado pelos comunistas" (LaFeber, 1983), um termo de ampla aplicação. Pode referir-se a padres e freiras organizando camponeses, organizadores de trabalhadores, ativistas de direitos humanos, uma noção bastante abrangente. Esse é o extremo pacífico do espectro.

Permaneceu uma doutrina do liberalismo americano, reiterada muito mais tarde na doutrina Clinton, que sustentava que os Estados Unidos têm o direito de recorrer ao "uso unilateral do poder militar" para garantir "acesso irrestrito aos principais mercados, suprimentos de energia e recursos estratégicos". Não é um direito concedido a outros, não é preciso dizer.

De acordo com esses princípios, há um histórico vicioso de intervenção. Eu não vou atravessar esse ponto. Centenas de milhares de pessoas mortas, países destruídos, grande fluxo de refugiados. Um ano crucial neste registro foi 1962, durante o Governo Kennedy, uma data importante à qual retornarei.

Em outros lugares, também era necessário disciplinar os países tentados a "agir violentamente mediante nacionalismo fanático" tentando controlar seus próprios recursos. Esses são os editores do *New York Times* em 1954 (6 de agosto) elogiando o golpe da CIA que derrubou o governo parlamentar do Irã e instalou o governo do Xá. As repercussões estão nas primeiras páginas até hoje. Aliás, o *New York Times* parece ter um registro de quase 100% de apoio a golpes militares referendados diretamente ou não pelos Estados Unidos.

Tudo isso remonta a 1945, quando os Estados Unidos estavam no auge de seu poder, uma espécie de poder que nunca existiu na história mundial. A segurança americana era esmagadora. Os Estados Unidos controlavam o hemisfério ocidental, ambos os oceanos, os lados opostos de ambos os oceanos. Detinham quase metade da riqueza do mundo naquela época, o que é surpreendente.

Fala-se muito hoje em dia sobre o recente declínio americano, mas vale a pena ter em mente que o declínio começou imediatamente após a guerra. Esse nível de poder não poderia ser conservado. Houve um sério declínio no poder americano em 1949, quando ocorreu um evento chamado "perda da China" – uma frase interessante; posso perder meu relógio, mas não o seu. A independência da China foi um grande golpe no planejamento da Grande Área e teve grandes efeitos nas políticas internacionais, às quais retornaremos mais tarde.

Teve um grande impacto no cenário doméstico também. A questão de quem foi o responsável pela perda da China deu um grande impulso para a severa repressão macarthista – que na verdade começou alguns anos antes com Truman, mas foi levada adiante substancialmente por McCarthy com efeitos que não desapareceram.

À medida que a descolonização tomava seu curso agonizante e outras potências industriais se reconstruíam dos danos da guerra, a participação dos Estados Unidos na riqueza global (PIB) continuou a diminuir, para cerca de 25% em 1970 – ainda fenomenal, mas não o que havia sido no auge do poder dos Estados Unidos. Por ora diminui ainda mais, mas essas medidas estão se tornando enganosas à medida que entramos no período da globalização neoliberal, em que as contas nacionais significam muito menos do que antes. Há uma medida diferente de poder que está se tornando mais significativa: a porcentagem de propriedade da riqueza mundial por corporações sediadas nos Estados Unidos. A resposta é absolutamente surpreendente: 50%. Hoje, as estatísticas são boas. Elas revelam que 50% da riqueza do mundo está nas mãos de corporações sediadas nos Estados Unidos, embora a conta nacional, o PIB, não esteja nem perto disso. Esses tópicos foram explorados em profundidade pelo economista político Sean Starrs, que também descobriu que as corporações sediadas nos Estados Unidos são as primeiras em quase todas as categorias – manufatura, finanças, quase tudo o mais (Starrs, no prelo).

No entanto, a hegemonia global declinou. A perda da China, como eu mencionei, foi muito séria. De fato, isso foi o pano de fundo para o pior crime do pós-guerra, a invasão do Vietnã, que começou imediatamente depois, com forte apoio dos Estados Unidos ao esforço da França para reconquistar sua antiga colônia. Voltaremos aos detalhes, mas no contexto do nosso tópico desta noite é interessante considerar como a guerra é interpretada. Quase universalmente, em todo o espectro político, é descrita como um fracasso, uma terrível derrota para os Estados Unidos.

Há, é claro, alguma verdade nisso. Os Estados Unidos não atingiram seu objetivo máximo de conquistar o Vietnã ou mesmo sustentar o regime que haviam estabelecido no sul. Mas existe mais para a história.

Uma das coisas boas sobre os Estados Unidos é que é uma sociedade bastante aberta, mais do que qualquer outra que eu conheça. Temos um bom acesso a registros internos, não tudo, claro, mas há um histórico razoavelmente bom de liberação de documentos. Neste caso, fomos bastante ajudados por Dan Ellsberg. Os *Pentagon Papers* revelaram uma enorme quantidade de material sobre a guerra, logo complementada pela liberação do governo de muitos documentos uma vez que a barreira foi rompida. Isso incluiu discussões internas bastante reveladoras sobre as razões da intervenção precoce no Vietnã em apoio à França, que preparou o cenário para o que se seguiu.

Este material tem sido em grande medida desconsiderado. Na edição dos *Pentagon Papers* do *New York Times*, tudo o que a maioria das pessoas viu, vocês não encontram nada desse material. O foco está na década de 1960, o fracasso. Mas o raciocínio inicial é interessante e instrutivo. Essencialmente, trata-se de nossa velha amiga, a teoria do dominó. O argumento era que, se o Vietnã realizasse um desenvolvimento independente bem-sucedido, configuraria o que Kissinger mais tarde chamou de "vírus" que "espalharia o contágio". Seria um modelo a ser seguido por outros que na região sofreram as duras consequências do imperialismo. Eles podem querer seguir o mesmo curso, e o sistema de dominação global – a Grande Área – pode se deteriorar seriamente.

Os planejadores estavam preocupados que o contágio pudesse se espalhar não apenas pelo sudeste da Ásia continental, mas até a Indonésia. O Vietnã não importava muito; mas a Indonésia, sim. Um país grande, muito rico em recursos. Se a podridão se espalhar até a Indonésia pode chegar ao Japão – o "superdominó", nas palavras do proeminente estudioso da Ásia John Dower. Se o sudeste e o leste da Ásia se tornassem independentes, o que chamamos de comunista, o Japão ficaria tentado a "acomodar" esse bloco de estados e se tornar seu centro tecnológico e industrial.

Há um nome para esse sistema. Era chamada de Nova Ordem na Ásia, que os fascistas japoneses tentaram estabelecer. No início dos anos de 1950, os Estados Unidos não estavam prontos para perder a fase do Pacífico da Segunda Guerra Mundial, que foi travada para impedir o Japão de estabelecer sua nova ordem. Obviamente, os planejadores não iriam aceitar isso.

Como, então, se evita isso? Quando um vírus está espalhando o contágio é preciso destruir o vírus e inocular alvos em potencial. Isso foi alcançado. O Vietnã foi praticamente destruído. Não é um modelo para ninguém, e agora está cada vez mais integrado ao sistema global dominado por corporações sediadas nos Estados Unidos. Nos países vizinhos, foram estabelecidas ditaduras militares duras e brutais, impedindo o contágio. A Indonésia era a peça mais importante do dominó. O contágio foi bloqueado na Indonésia, em 1965, por um golpe militar extraordinariamente brutal apoiado pelos Estados Unidos, que matou centenas de milhares de pessoas e suprimiu totalmente todas as dissidências. Os principais partidos políticos foram varridos. O país ainda precisa se recuperar, mesmo descobrir o que aconteceu, pois tudo foi efetivamente escondido.

Não foi ocultado no Ocidente, que mal podia conter sua euforia sobre o "assombroso massacre em massa" que foi "um vislumbre de luz na Ásia" (*New York Times*), um "banho de sangue fervente" que forneceu "nova esperança" para a região (os semanários de notícias).

O dominó não caiu; na verdade, foi totalmente incorporado à ordem mundial liberal dominada pelos Estados Unidos, aberta à exploração. O apoio dos Estados Unidos continuou durante a repressão brutal e os grandes crimes de guerra. Em 1975, Henry Kissinger deu sinal verde aos generais no poder para que invadissem o Timor Leste, onde passaram a realizar o que parece ser o pior massacre em termos *per capita* desde o genocídio de Hitler, sempre com o apoio firme e decisivo dos Estados Unidos. E admiração. Quando o ditador, General Suharto, foi convidado a ir a Washington em 2005, o Governo Clinton o recebeu como "nosso tipo de cara".

Nos últimos anos, McGeorge Bundy, ex-conselheiro de segurança nacional sob Kennedy e Johnson, ponderou que poderia ter sido uma boa ideia encerrar a Guerra do Vietnã em 1965, quando o "brilho de luz" reluzira e os Estados Unidos haviam alcançado seus principais objetivos. Sem modelos perniciosos, sem contágio, a Indonésia fora resgatada, o Japão estava no nosso bolso.

A Guerra do Vietnã foi um fracasso, uma derrota terrível? É verdade que os Estados Unidos não atingiram seu objetivo máximo de transformar o Vietnã em algo como as Filipinas, uma espécie de neocolônia, mas atingiram o objetivo principal. Os dominós não caíram. Como mencionei na semana passada, é padrão em comentários sobre assuntos internacionais ridicularizar a teoria do dominó, porque os dominós não caíram como se temia. Em outras palavras, a solução foi bem-sucedida. O vírus foi extirpado, as vítimas potenciais inoculadas. Mas como mencionei, embora ridicularizada, a teoria do dominó nunca é abandonada. É bastante racional e tem suporte empírico substancial.

A perda da China também fez parte do pano de fundo do CSN 68 em 1950, com trechos postados para leitura nesta semana. O documento é amplo e corretamente reconhecido como um documento de grande importância, estabelecendo um quadro político duradouro. Além de sua substância, a retórica é altamente esclarecedora. Vale lembrar que esse é um documento interno, não para o público, nem mesmo para a maioria do Congresso, só desclassificado muitos anos depois.

A retórica é como um conto de fadas. De um lado, existe o mal absoluto, do outro, a perfeição absoluta. Cada um dos antagonistas tem uma natureza essencial que o define. O documento contrasta o "projeto fundamental do Kremlin" com o "propósito fundamental" dos Estados Unidos.

"O propósito implacável do Estado escravocrata [é] eliminar o desafio da liberdade" (trechos da CNS 68, 1950) em todos os lugares. A "compulsão" do Kremlin "exige poder total sobre todos os homens" no próprio Estado escravista e "autoridade absoluta sobre o resto do mundo". A força do mal é "inescapavelmente militante", de modo que nenhuma acomodação ou acordo pacífico é sequer imaginável.

Em contraste, o "propósito fundamental dos Estados Unidos [é] assegurar a integridade e vitalidade de nossa sociedade livre, que se baseia na dignidade e no valor do indivíduo" (excertos do CSN 68, 1950) – isso em um momento de racismo desenfreado, até linchamento, leis federais impondo a segregação em moradias públicas e leis contra a miscigenação tão extremas que os nazistas – que tomaram as leis dos Estados Unidos como modelo – se recusaram a ir tão longe quanto os Estados Unidos.

E bem no auge do macarthismo e da histeria anticomunista, nossa sociedade livre é marcada por "diversidade maravilhosa", "tolerância profunda", "legalidade", um compromisso "de criar e manter um ambiente no qual cada indivíduo tenha a oportunidade de realizar seus poderes criativos. [Ela] não teme, acolhe a diversidade [e] deriva sua força de sua hospitalidade mesmo a ideias antipáticas". O "sistema de valores que anima nossa sociedade [inclui] os princípios da liberdade, da tolerância, da importância do indivíduo e da supremacia da razão sobre a vontade" (excertos da CSN 68, 1950).

Felizmente, a sociedade perfeita tem algumas vantagens nesse conflito. "A tolerância essencial de nossa visão de mundo, nossos impulsos generosos e construtivos e a ausência de cobiça em nossas relações internacionais são ativos de influência potencialmente enorme", particularmente entre aqueles que tiveram a sorte de experimentar essas qualidades em primeira mão, como na América Latina, que se beneficiou de "nossos esforços contínuos para criar e agora desenvolver o sistema interamericano" (trechos da CSN 68, 1950).

Os latino-americanos podem ter alguns pensamentos sobre essa benevolência de longa data.

É claro que não pode haver conciliação com o mal absoluto, então devemos "promover as sementes da destruição dentro da União Soviética [e] acelerar sua decadência". Devemos evitar negociações, porque quaisquer acordos "refletiriam as realidades presentes e, portanto, seria inaceitável, se não desastroso, para os Estados Unidos e o resto do mundo livre", embora após o sucesso de uma "estratégia de reversão" possamos "negociar um acordo com a União Soviética (ou um Estado ou estados sucessores)" (excertos da CSN 68, 1950). Essa política nos é imposta pelo projeto fundamental do Estado escravista e sua compulsão pela dominação mundial.

Para ser justo, o documento reconheceu algumas falhas em nossa perfeição e instou que fossem remediadas. As falhas são "os excessos de uma mente permanentemente aberta [e] o excesso de tolerância". Outra falha é "dissidência entre nós" quando deveria haver consenso. Teremos que aprender a "distinguir entre a necessidade de tolerância e a necessidade de justa repressão", que é uma característica crucial do "caminho democrático". É particularmente importante isolar nossos "sindicatos trabalhistas, empreendimentos cívicos, escolas, igrejas e todos os meios de comunicação para influenciar a opinião" do "trabalho maligno" do Kremlin, que procura subvertê-los e "torná-los fontes de confusão em nossa economia, nossa cultura e nosso corpo político" (trechos da CSN 68, 1950).

Para nossa sorte, Joe McCarthy, o Comitê de Assuntos Não Americanos da Câmara e outras figuras de relevo estavam cumprindo essas duras obrigações naquele momento.

Existem outras falhas de nossa sociedade além da mente aberta e da incapacidade de entender a necessidade de uma justa repressão. As aspirações são muito altas. São necessários aumentos de impostos, juntamente com "[r]edução de gastos federais para outros fins que não defesa e assistência externa, se necessário pelo adiamento de certos programas desejáveis". Essas políticas keynesianas militares, sugere-se, provavelmente estimularão também a economia doméstica e podem impedir "um declínio na atividade econômica de sérias proporções". Em geral, "uma grande medida de sacrifício e disciplina será exigida do povo americano", e eles também devem "abrir mão de alguns dos benefícios" de que desfrutam, pois nos dedicamos a salvar a humanidade da campanha implacável do Estado escravocrata de destruir a liberdade em todos os lugares (excertos da CSN 68, 1950).

O CSN 68 exigia um enorme aporte de armamentos, triplicando o orçamento militar, enquanto ocultava cuidadosamente suas descobertas de que o Estado escravista é mais fraco não apenas do que os Estados Unidos, mas até mesmo do que a Europa Ocidental. Espalhados pelo documento estão estatísticas e dados sobre a Europa Ocidental, que, ao que parece, era mais ou menos comparável à União Soviética em força militar e, é claro, muito mais avançada industrialmente e em outros tipos de desenvolvimento. É desnecessário dizer que os Estados Unidos estavam muito à frente de qualquer um.

Como mencionei, a CSN 68 é reconhecida como um dos documentos fundadores da ordem mundial contemporânea, e é objeto de grande atenção acadêmica. A interessante estrutura retórica é ignorada ou minimizada, erroneamente, eu acho. Isso nos diz algo sobre as percepções da classe política dominante, embora o veterano estadista Dean Acheson tenha confessado que era necessário ser "mais claro do que a verdade" para "macetar a mente das massas" do governo e "instaurar o terror no povo americano", como o influente Senador Arthur Vandenberg interpretou a mensagem geral do governo.

As políticas mudaram rapidamente para uma linha mais dura, com a justificativa usual: segurança. A segurança é um conceito muito interessante, assim como a defesa. O que é segurança? Vamos passar rapidamente por ela.

Em 1950, a segurança real dos Estados Unidos era extraordinária, como já discutido. Mas havia uma ameaça potencial, que só se materializou alguns anos depois, embora tenha sido reconhecida como uma ameaça potencial grave, na verdade existencial: os MBICs, mísseis balísticos intercontinentais, que mais cedo ou mais tarde seriam desenvolvidos a ponto de poderem alcançar os Estados Unidos e carregarem ogivas nucleares.

O que se faz, então, a respeito de uma grave ameaça potencial à segurança? Bem, uma possibilidade seria negociações para proibir o desenvolvimento de tais armas, maximizando, assim, a segurança. Isso não aconteceu, e é interessante observar o porquê. Há uma história acadêmica padrão do sistema de armas estratégicas, obra de McGeorge Bundy (1988), que teve acesso a documentos de alta classificação, documentos de segurança, e assim por diante. Ele menciona essa opção. Ao discutir outros tópicos, ele menciona o fato de que se houvesse um tratado para banir os MBICs, a única ameaça potencial à segurança americana teria sido eliminada. Ele acrescenta que não conseguiu encontrar um único documento, nem mesmo um rascunho de papel em qualquer lugar, sugerindo que talvez valesse a pena buscar uma maneira de proteger a população dos Estados Unidos do único perigo potencial que enfrentavam, a ameaça de destruição.

Bundy escreve algumas frases sobre esse fato curioso e, em seguida, passa para o próximo tópico. E, curiosamente, toda a academia, até onde eu sei, ignora o assunto. Nunca consegui encontrar uma referência a ele. Acho que é uma das descobertas mais surpreendentes na história acadêmica. Pensem sobre isso.

Bem, havia a possibilidade de um tratado? Não podemos ter certeza, porque aparentemente essa opção nunca foi levada em conta. Mas parece que pode ter havido.

Em 1952, Stalin fez uma oferta incrível. Ele se ofereceu para permitir a unificação da Alemanha. Lembrem-se de que apenas alguns anos antes a Alemanha havia praticamente varrido a Rússia do mapa. Mas Stalin, no entanto, estava disposto a aceitar a unificação da Alemanha, embora com uma condição: que ela não se juntasse a uma aliança militar hostil, que não se juntasse à Otan. Portanto, ela seria neutra e independente. Falou-se da perspectiva de eleições, que, é claro, os comunistas perderiam.

Conheço apenas um estudioso americano que prestou atenção à oferta de Stalin, o respeitado analista James Warburg, em seu importante livro *Germany: Key to Peace*, no qual ele defende que essas perspectivas fossem colocadas como meta. Ele foi ignorado ou ridicularizado. Todos que mencionaram isso mais tarde – e foram pouquíssimos (eu, aliás, era um deles) – também foram ridicularizados. Como Stalin poderia ter querido sugerido algo assim? Havia, é claro, uma maneira de descobrir, mas nunca foi considerada: aceitar a oferta. Qualquer coisa que tivesse decorrido disso teria feito do mundo um lugar muito melhor.

Desde então, os arquivos russos vieram a público. E descobriu-se que se tratava de uma proposta bastante séria. Um dos mais respeitados historiadores da Guerra Fria, Melvyn Leffler, escreve na *Foreign Affairs* (julho de 1996) que os acadêmicos que se debruçaram sobre os arquivos soviéticos divulgados ficaram surpresos ao descobrir que "[Lavrenti] Beria – o sinistro e brutal chefe da polícia secreta – [havia] proposto que o Kremlin oferecesse ao Ocidente um acordo sobre a unificação e neutralização da Alemanha, [concordando] em sacrificar o regime comunista da Alemanha Oriental para reduzir as tensões Leste-Oeste" e melhorar as condições políticas e econômicas internas na Rússia – oportunidades que foram desperdiçadas em favor de garantir a participação alemã na Otan – uma grande ameaça para a Rússia, é claro.

Bem, não sabemos se poderia ter acontecido, mas o que sabemos é que a segurança da população dos Estados Unidos parece não ter sido levada em conta, nem mesmo de maneira marginal.

Isso se chama preocupação com a segurança – como sempre... Não poderei entrar em alguns exemplos ilustrativos reveladores, porque está ficando muito tarde, mas o assunto é muito importante para ser ignorado completamente.

Após a morte de Stalin, veio Khrushchov. Ele entendeu que a Rússia não podia competir economicamente com os Estados Unidos, era inconcebível. Então ele quis cortar gastos militares em ambos os lados. Estes são os anos Kennedy. Quanto à recepção de sua oferta, citarei Kenneth Waltz, um dos principais estudiosos de relações internacionais. A administração Kennedy, ele escreve em *PS: Political Science and Politics* (dezembro de 1991), "empreendeu a maior construção militar estratégica e convencional em tempos de paz que o mundo já viu [...] mesmo quando Khrushchov estava tentando imediatamente realizar uma grande redução nas forças convencionais e seguir uma estratégia de contenção mínima, e nós o fizemos mesmo que o equilíbrio de armas estratégicas favorecesse muito os Estados Unidos".

Mais uma vez, a decisão de Kennedy prejudicou a segurança, mas aumentou o poder do Estado. Esse é um padrão sólido.

Logo se soube quão seriamente a segurança da população estava ameaçada pela reação de Kennedy à oferta de Khrushchov: em outubro de 1962, o mês em que o historiador associado de Kennedy, Arthur Schlesinger, chamou, com razão, de "o momento mais perigoso da história", a crise dos mísseis cubanos. Os fatos são angustiantes. Os Estados Unidos aumentaram a condição de prontidão de combate para o código Defcon 2. Há uma série de estágios de prontidão de combate começando com cinco e indo para um. Essa foi a única vez que o Defcon 2 foi imposto. Defcon 1 significa enviar os mísseis, é o fim. Então chegamos a Defcon 2, a um passo do fim.

O Estado Maior queria invadir Cuba. Kennedy considerou a invasão. Se houvesse uma invasão de Cuba, provavelmente estaríamos todos mortos.

Os Estados Unidos não sabiam, mas os russos tinham armas nucleares táticas em Cuba para tentar combater uma invasão americana. E se houvesse uma invasão, elas teriam sido usadas. As forças de invasão americanas teriam sido aniquiladas, muito do sudeste dos Estados Unidos teria sido aniquilado, depois teríamos bombardeado Moscou, e tudo teria acabado. Chegamos muito perto.

Na verdade, o quão perto estávamos é simplesmente inconcebível. Houve um ponto no pico da crise em que os *destroyers* dos Estados Unidos estavam lançando cargas de profundidade em submarinos soviéticos já fora da chamada área de quarentena. Eram submarinos antigos, projetados para o Atlântico Norte, não para o Caribe. Hoje temos extensos registros sobre o que aconteceu. Dentro dos submarinos a temperatura estava subindo para 60°C. Os níveis de CO_2 estavam em um ponto em que os tripulantes estavam desmaiando, desabando, próximos da morte. Cargas de profundidade estavam caindo perto dos submarinos. Eles não tinham comunicação com ninguém; eles não sabiam o que estava acontecendo.

Os Estados Unidos não sabiam disso na época, mas os submarinos russos tinham torpedos com ogivas nucleares. Um dos comandantes decidiu: "vejam, estamos em guerra, uma guerra de grandes proporções está em andamento. Vamos defender nossa dignidade e, em vez de sermos assassinados aqui, vamos disparar os torpedos". Se ele tivesse feito isso, muito provavelmente teria desencadeado uma escalada que levaria a uma grande guerra nuclear.

Para disparar os torpedos, ele precisava da aprovação de dois oficiais subordinados. Um deles aprovou, o segundo, Vasili Arkhipov, não. Ele decidiu que estava fora da legalidade disparar os torpedos. Então ele recusou. Eles não os lançaram. Isso é o quão perto estivemos de uma possível destruição total. Se Arkhipov estivesse em um dos outros submarinos, teria sido o fim. É um dos piores casos já registrados – e há muitos outros.

Desde então, soubemos que o Presidente Eisenhower subdelegou aos comandantes autoridade para o uso de armas nucleares. Isso continua com as administrações subsequentes. Vocês podem ler sobre isso em um livro muito importante que acabou de sair, *Doomsday Machine*, de Daniel Ellsberg. O livro fornece informações detalhadas sobre isso vindas de dentro.

Também veio a nosso conhecimento, por meio de memórias, que os pilotos norte-americanos que estavam no ar, voando nas missões *chrome dome*, acreditavam ter autoridade para usar armas nucleares em circunstâncias extremas. Estremecemos ao pensar nas consequências.

Mas por que, antes de tudo, Khrushchov colocou mísseis em Cuba? A academia converge praticamente em duas razões. Uma era tentar compensar o atraso soviético no nível militar depois que Kennedy rejeitou a oferta de reduções mútuas de Khrushchov e, em vez disso, realizou um enorme acúmulo militar, embora os Estados Unidos já estivessem muito à frente. Essa foi uma das razões.

A outra era uma questão de *timing*. Kennedy estava conduzindo uma verdadeira guerra terrorista contra Cuba. O objetivo, como coloca Arthur Schlesinger em sua biografia de Robert Kennedy, era levar o "terror da Terra" a Cuba. A campanha terrorista era responsabilidade de Robert Kennedy, sua principal prioridade. Ele informou à CIA que o problema cubano era "a prioridade máxima do governo dos Estados Unidos – tudo o mais [era] secundário –, nenhum tempo, nenhum esforço ou mão de obra [deveria] ser poupado" no esforço para derrubar o regime de Castro. Um componente do esforço foi um programa terrorista chamado Operação Mangusto. A operação dispunha de um cronograma que levava à "revolta aberta e derrubada do regime comunista". Em 23 de agosto, o Presidente Kennedy emitiu o Memorando de Segurança Nacional, n. 181, uma diretriz para arquitetar uma revolta interna que seria seguida pela intervenção militar dos Estados Unidos, depois que o terrorismo e a subversão tivessem lançado as bases.

Em outubro de 1962, os mísseis foram enviados para Cuba. Enquanto isso, os ataques terroristas continuaram: ataques de lanchas a hotéis cubanos à beira-mar, onde técnicos militares soviéticos se reuniam, matando muitos russos e cubanos; ataques a navios de carga britânicos e cubanos; contaminação dos carregamentos de açúcar. Muitas outras atrocidades e sabotagens. Quando essa campanha brutal é discutida por comentaristas norte-americanos, é quase sempre descartada como uma travessura da CIA, como um plano para fazer a barba de Castro cair. Foi muito mais grave do que isso.

Dan Ellsberg estava então do lado de dentro, perto do centro de análise e planejamento. Ele revisou a crise dos mísseis cubanos detalhadamente em seu livro recente. Em comunicação pessoal, ele diz que, em sua opinião, a ameaça de invasão foi a principal razão para Khrushchov enviar os mísseis. Observe que esse é um caso em que o terror em grande escala chegou muito perto de acabar com a vida humana. É um caso que merece reflexão. O terror era muito sério. O primeiro livro que explora o efeito sobre as vítimas apareceu recentemente. É obra de um estudioso canadense, Keith Bolender, *Voices from the Other Side: An Oral History of Terrorism*.

Há ainda mais, coisas de que se suspeitava, mas que vieram recentemente à tona. Acontece que bem no auge da crise dos mísseis, no fim de outubro de 1962, os Estados Unidos estavam realizando explosões nucleares de alta altitude para testar algumas ideias sobre um escudo de defesa. Os testes foram, é claro, detectados pelos russos, que realizaram testes de alta altitude em resposta, que foram detectados pelos norte-americanos. Qualquer um dos lados poderia facilmente ter assumido que se tratava de um ataque. Por sorte, escapamos. Por sorte. Mais uma vez, a segurança da população quase não é uma preocupação.

Bem, a crise acabou com Khrushchov recuando. Não abordarei apenas a importância da história. Mas tudo merece grande atenção.

Está ficando tarde, então não vou passar por outros casos. Mas, na verdade, há uma sucessão de casos de quase desastre. É praticamente um milagre termos escapado. E não podemos contar com milagres para sobreviver.

Vamos avançar rapidamente para o fim da Guerra Fria. Em 1989, quando a União Soviética entrou em colapso, havia duas visões conflitantes da ordem global pós-Guerra Fria. Uma era a de Mikhail Gorbachov. Ele propôs um sistema de segurança eurasiano, no qual não haveria nenhum bloco militar. Seria um sistema de segurança comum de Bruxelas a Vladivostok. Essa é uma ideia.

A outra foi a posição dos Estados Unidos. Era a visão de George H.W. Bush, o primeiro Bush, e seu secretário de Estado, James

Baker. A posição deles era que os Estados Unidos haviam vencido a guerra e iriam estender seu domínio. Bush e Baker queriam que Gorbachov concordasse em deixar a Alemanha unificada dentro da Otan – uma séria ameaça à Rússia se pensarmos bem, principalmente à luz da história recente. Eles disseram a Gorbachov que, se ele concordasse, os Estados Unidos não se moveriam – a frase era "uma polegada para leste", o que significava em direção à Alemanha Oriental. Ninguém estava nem sonhando com nada além – pelo menos eles não estavam falando sobre isso.

Mas isso nunca foi escrito, e quando Gorbachov concordou com a unificação da Alemanha, a Otan imediatamente se mudou para Berlim Oriental. Quando Gorbachov reclamou, foi dito a ele que, se ele era burro o suficiente para confiar em um acordo de cavalheiros, o problema era dele.

Então Clinton veio e estendeu a Otan para o leste, até a fronteira russa. Em 2008, houve propostas para trazer a Ucrânia para a Otan, que é o coração geoestratégico russo. Houve muitos atos provocativos de ambos os lados. Obama introduziu um programa de modernização de armas nucleares de trilhões de dólares, algumas reduzidas para uso no campo de batalha. Isso nos traz ao momento atual.

Mencionei anteriormente que 1962 foi um ano importante em outros aspectos. Em 1962, Kennedy mudou a missão dos militares latino-americanos. Claro que podemos fazer isso. Foi mudado de "defesa hemisférica", que era um resquício da Segunda Guerra Mundial, para "segurança interna". Segurança interna é um eufemismo para guerra contra a população. Essa foi a mudança oficial, e teve consequências. Elas são descritas vividamente por Charles Maechling, que foi o chefe da contrainsurgência nos Estados Unidos durante esses anos, 1961-1966, sob as administrações de

Kennedy e Johnson. Maechling descreve a decisão de Kennedy em 1962 como "uma mudança da tolerância em relação a cobiça e crueldade dos militares latino-americanos [para] a cumplicidade direta" com seus crimes, ao apoio dos Estados Unidos aos "métodos dos esquadrões de extermínio de Heinrich Himmler" (*Los Angeles Times*, 18 de março de 1982).

Esse é o chefe da contrainsurgência dos Estados Unidos descrevendo a decisão de 1962 e suas consequências. Bastante forte e, lamentavelmente, não impreciso – embora não manche a imagem de Camelot entre os intelectuais liberais.

O que se seguiu foi uma enorme praga de repressão. Começou com a ditadura militar no Brasil, o país mais importante da América Latina, em 1964, derrubando um governo parlamentar moderadamente reformista. O golpe parece ter sido montado com o apoio do Governo Kennedy, embora tenha ocorrido algumas semanas após seu assassinato. Esse foi o primeiro dos estados de segurança nacional neonazistas que se espalharam pela América do Sul, trazendo consigo massacres em massa, dura repressão, tortura, "desaparecimentos" e rígidos controles ideológicos. O Chile, que discutimos, foi um desses casos.

Como o golpe de Suharto, o golpe brasileiro foi bem recebido nos círculos liberais. Por exemplo, pelo embaixador Kennedy-Johnson no Brasil, Lincoln Gordon, que se tornou então presidente da Universidade Johns Hopkins. Ele descreveu o feliz evento como "a vitória mais decisiva para a liberdade em meados do século XX", até porque os generais brasileiros, as "forças democráticas" então no comando, deveriam "criar um clima muito melhor para o investimento privado" (Parker, 1979).

A praga então varreu o hemisfério. Não vamos nos estender nisso, apenas observando aqui como pouco mudou ao longo dos anos. Assim, a celebração de Gordon pela destruição da democracia brasileira pela ditadura militar foi ecoada pelo embaixador de Obama em Honduras, Hugo Llorens, que elogiou as eleições realizadas sob o regime militar como "uma grande celebração da democracia", isolando mais uma vez os Estados Unidos da América Latina. América e a maior parte do resto do mundo, que, ao contrário de Obama-Clinton, recusaram-se a acolher a derrubada da democracia hondurenha e a expulsão do presidente eleito, e a endossar as "eleições" que restauraram o duro poder das oligarquias e militares hondurenhos.

A praga apoiada pelos Estados Unidos atingiu a América Central nos anos Reagan, com terror estatal maciço, tortura, todo tipo imaginável de horror. Os Estados Unidos foram predominantemente os agentes da violência. Os Estados Unidos foram até mesmo condenados pela Corte Mundial por "uso ilegal da força" – também conhecido como terrorismo internacional – e ordenados a pagar reparações substanciais à Nicarágua e cancelar sua guerra terrorista. Claro, isso foi desconsiderado, e a escalada do terror teve lugar. A Corte Mundial foi rejeitada pelo *New York Times* como um "fórum hostil", então não precisamos dar atenção a ela. Alguns anos antes, o mesmo tribunal foi elogiado como uma instituição nobre quando decidiu a favor dos Estados Unidos em um caso envolvendo o Irã. Tudo isso continua até o presente. Mencionei um caso, Honduras. Bem, essa é "nossa regiãozinha aqui".

Como discutido anteriormente, os anos de 1980 foram marcados pelo assassinato do Arcebispo Dom Oscar Romero no início da década, e pelo assassinato de seis importantes intelectuais latino-americanos, padres jesuítas, em novembro de 1989 – logo após a queda do Muro de Berlim. De fato, durante todo o período posterior a 1962, houve muitos mártires religiosos. Isso tinha a ver com outro evento significativo de 1962. O Papa João XXIII convocou o Concílio Vaticano II, o segundo concílio ecumênico a ocorrer no Vaticano. Seu tema era devolver a Igreja Católica à mensagem básica dos evangelhos, amplamente esquecida desde que o imperador romano Constantino[6], no século IV, adotou o cristianismo como religião do Estado e converteu o cristianismo de "Igreja perseguida" em uma "Igreja perseguidora", nas palavras do ilustre teólogo Hans Küng em sua história do cristianismo. O Concílio Vaticano II, continuou ele, "ensejou uma nova era na história da Igreja Católica", restaurando os ensinamentos dos evangelhos (Küng, 2001).

A mensagem do concílio foi adotada pelos bispos latino-americanos, que adotaram a "opção preferencial pelos pobres". Padres, freiras e leigos trouxeram a mensagem pacifista radical dos evangelhos aos pobres, ajudando-os a se organizar para melhorar seu destino amargo nos domínios do poder dos Estados Unidos, tomar as rédeas de suas vidas e ser governados por "compatriotas como nós que conhecem as feridas do povo". As ideias fundadoras são chamadas de teologia da libertação.

Esse, é claro, é o tipo de heresia que deve ser erradicada sem piedade ou demora. Os Estados Unidos e seus clientes locais lançaram uma guerra contra a Igreja. É por isso que há tantos mártires religiosos. E eles se orgulham disso. Existe um ramo famoso do Pentágono chamado Escola das Américas – desde então renomeado, quando as façanhas de seus graduados se tornaram muito conhecidas. A Escola das Américas treinou assassinos e torturadores latino-americanos, incluindo muitos dos piores. Ela se anuncia de forma diferente, é claro, com "pontos de discussão", que são apre-

---

6. Constantino, por meio do Edito de Milão em 315 d.C., deu liberdade de culto aos cristãos. O imperador a tornar o cristianismo como religião oficial do império foi Teodósio com o Edito de Tessalônica no ano de 380 [nota do editor no Brasil].

sentados ao público para mostrar o quão maravilhoso é o trabalho da escola. Um dos pontos de discussão é que a teologia da libertação, que foi iniciada no Vaticano II, foi "derrotada com a ajuda do exército dos Estados Unidos", que treinou aqueles que trouxeram a vitória na guerra contra a Igreja.

4
Capitalismo *versus* meio ambiente

Palestra de Waterstone, 5 de fevereiro de 2019

Antes de entrar no tópico principal, que é capitalismo *versus* meio ambiente, eu só queria prefaciar a conversa dizendo algumas coisas e responder a outras que tenho visto tanto em pessoas chegando, um pouco em sala, e também um pouco de observação que tenho feito dos fóruns de discussão e dos áudios compartilhados. Enfim, gostaria de dizer algumas coisas sobre isso.

Primeiro, essa questão de por que o vínculo novamente com o capitalismo, e quero repetir isso, e deixar claro do que se trata esse conjunto de conexões. Como eu disse, um objetivo principal do curso é identificar as causas fundamentais comuns dos problemas mais urgentes dos dias atuais. Isso é fundamental para outra coisa, e essa outra coisa é demonstrar as maneiras pelas quais esses problemas estão necessariamente relacionados entre si e, então, poder verificar as bases para a solidariedade e a ação política coesa, não fragmentada. A noção usual de que essas questões são isoladas e diferenciadas umas das outras, eu acho, não é capaz de frisar o bastante que elas realmente estão ligadas umas às outras de maneiras muito fundamentais e que isso pode ser a base para um conjunto unificado de ações políticas.

A segunda coisa que eu queria dizer, porque eu vi algumas coisas sobre isso, e as pessoas têm perguntado sobre isso, é uma palavra sobre o capitalismo e suas alternativas. A alternativa ao capitalismo de estágio avançado, que é o que estamos descrevendo aqui, às vezes chamado de capitalismo realmente existente, que, como já começamos a discutir, geralmente significa socialismo para os ricos e capitalismo brutal e mafioso para os demais. A alternativa a isso não é uma economia planejada dirigida por um Estado autoritário, que é frequentemente retratada no tipo inverso da mitologia como comunismo ou socialismo realmente existente.

Por exemplo, na antiga URSS ou na Rússia de hoje, na Coreia do Norte, China, Cuba, Vietnã e assim por diante, virtualmente todos esses experimentos, muitos dos quais de inspiração marxista ou socialista, formaram, de fato, um capitalismo de Estado em uma inflexão ligeiramente distinta do capitalismo de Estado que vemos em outras partes do mundo. Essa não é a alternativa.

A alternativa que estamos pensando é uma economia gerida pelos produtores, ou seja, os próprios trabalhadores, por meio de uma democratização do local de trabalho. Dizemos que valorizamos muito a democracia e, no entanto, não a instituímos nos lugares onde passamos a maior parte de nossas vidas. Ou seja, o local de trabalho é um ambiente muito autoritário e não questionamos isso.

Quando vamos trabalhar, não esperamos poder ter um monte de escolhas sobre o que vamos fazer no dia, o que vamos produzir e como vamos produzir, e assim adiante, mas se realmente valorizamos a democracia, por que não começar a instituí-la nos lugares onde passamos grande parte do nosso tempo? Por que não democratizar as decisões sobre o que é produzido (e isso está ligado ao que espero falar um pouco hoje à noite e sobre o que falaremos um pouco mais nas próximas semanas, está intimamente ligado a como definimos qualidade de vida ou felicidade ou satisfação). O que é produzido não está necessariamente vinculado apenas, ou mesmo mais importante, à maximização do lucro. Isto é, se você voltar a uma conversa de algumas semanas atrás, e se as coisas fossem produzidas por seu valor de uso e não por seu valor de troca? Isso pode, de fato, produzir um conjunto muito diferente de resultados.

A forma como as coisas são produzidas também seria democraticamente organizada. Ou seja, se as pessoas que tiveram que conviver com as consequências do processo de produção fossem responsáveis por esse processo de produção, em vez de os responsáveis serem proprietários ausentes ou distantes, poderíamos ver tipos muito diferentes de efeitos saindo de nossos processos e lugares de produção, e isso inclui muitos dos impactos sobre o meio ambiente.

E, finalmente, o que fazer com os lucros, se houver, o que leva a questões sobre desigualdade de renda e riqueza, e assim por diante. Novamente, se essas decisões fossem tomadas democraticamente, poderíamos ver um conjunto muito diferente de impactos, e isso é algo que acho que deveríamos pensar em termos das questões que estamos discutindo. Se o processo de produção fosse organizado de maneiras muito diferentes, os tipos de coisas que estamos discutindo aqui, os tipos de resultados e consequências, poderiam ter uma aparência muito, muito diferente, então vale a pena pensar nisso. Mas é nisso que normalmente pensamos quando pensamos em uma alternativa ao capitalismo.

Então agora vamos voltar ao tópico desta noite, porque estamos presos a este sistema e ele tem consequências. Eu vou passar por algumas das questões. Não tenho a pretensão de produzir uma lista exaustiva, mas ao fim dela, pode ser que acabe um pouco exaustiva, ou seja, vocês podem se sentir um pouco cansados com esse exercício, apenas passando por ela, e só é útil saber do que estamos falando e enfrentando quando pensamos em impactos ambientais.

Primeiro existem os tipos de impactos evidentes com os quais estávamos lidando, começando a observá-los de maneira substantiva no fim da década de 1950, na década de 1960 – mas coisas como poluição do ar, da água e do solo, que na época eram bastante evidentes, já inegáveis em muitos aspectos, como falarei daqui a pouco, à medida que os problemas se tornaram muito aparentes simplesmente não puderam mais ser ignorados. O problema da poluição do ar em espaços fechados é algo que veio um pouco mais tarde. Pensem em pessoas em todo o mundo que usam combustíveis sólidos para se aquecer e cozinhar, e assim por diante – é óbvio que a poluição do ar em espaços internos é um problema. Em países mais desenvolvidos tecnologicamente, os poluentes de ar interno estão sendo reconhecidos como provenientes de muitos materiais de construção que usamos, de isolamento, e assim por diante, e isso está se tornando um problema predominante.

Ao longo do tempo, vimos uma mudança de natureza nos próprios poluentes, dessas noções evidentes e inevitáveis de resíduos sólidos para resíduos industriais e tóxicos, que passaram, principalmente, por uma transformação em sua visibilidade, sua tangibilidade. Ou seja, esses problemas iniciais, como eu disse, eram bastante evidentes, mas os problemas posteriores de resíduos industriais e toxinas e assim por diante estão em grande parte fora de vista e, logo, em grande parte distantes do pensamento. Portanto, não vemos todas essas coisas, mas elas estão se tornando onipresentes no meio ambiente.

A poluição plástica é outro problema crescente. Vocês podem encontrar todos os tipos de estatísticas interessantes sobre plásticos. Nesta forma abreviada, darei apenas uma que achei particularmente incômoda. Em 2050 haverá mais plástico do que peixes nos oceanos, se considerarmos o peso. Ok, então se vocês estiverem interessados em pescar plásticos, é uma boa notícia; de outra forma, não é tão bom.

Depois, há a questão dos antibióticos, sobre a qual as pessoas têm pensado muito nas últimas duas décadas, levando à produção desses superpatógenos, as superbactérias, que se desenvolvem muito mais rapidamente do que a indústria farmacêutica evolui para lidar com eles. Então, existem as pessoas que estão tomando antibióticos e não completam seus tratamentos, ou mais proeminentemente, existem os medicamentos ministrados aos animais, com algo entre 30% e 60% deles que atravessam seu sistema digestivo inalterados, e então eles simplesmente invadem o meio ambiente. Eles estão no abastecimento de água. Nós os ingerimos pela cadeia alimentar, e assim por diante, e estão produzindo uma constelação desses patógenos que agora não são suscetíveis ao tratamento por esses antibióticos. Algumas dessas drogas eram milagrosas quando foram lançadas nas décadas de 1920, 1930, e assim por diante. A penicilina, a amoxicilina, muitas delas, estão se tornando ineficazes, e estamos vendo os resultados no aumento da resistência e da morbidade.

Desreguladores endócrinos, novamente, coisas que perturbam nossos sistemas hormonais, estes, novamente, estão se tornando predominantes no ambiente. Eles estão em uma grande variedade de produtos, nos bifenilos policlorados, no DDT, que é um pesticida digno de nota. Alguns de vocês devem se lembrar do famoso livro de Rachel Carson, *Silent Spring*, no qual ela começa a documentar a onipresença dos agrotóxicos no meio ambiente e seus efeitos, neste caso, nas espécies de aves e no habitat das aves. O DDT foi banido para uso nos Estados Unidos por muitos anos, mas não sua produção. Então, nós o produzimos e então o distribuímos pelo mundo, e então ele volta para nós em vários produtos. Mas o DDT, os produtos de limpeza, todas essas coisas, novamente, estão aparecendo no meio ambiente em concentrações crescentes, e estão produzindo esses efeitos muito deletérios.

A rarefação da camada de ozônio, que muitas pessoas confundem com mudanças climáticas ou perturbações climáticas. Mas o buraco na camada de ozônio é um problema diferente. A camada de ozônio é muito importante para impedir a entrada de radiação ultravioleta. Se o buraco na camada de ozônio persistir e aumentar, veremos um aumento imediato e concomitante de câncer de pele, melanomas, e assim por diante. Pensávamos que tínhamos um controle sobre a destruição do ozônio em grande parte na década de 1980 com o Protocolo de Montreal, que na verdade proibiu alguns dos produtos que estavam afetando o buraco da camada de ozônio, como clorofluorcarbonos e outras coisas que estavam em propulsores. Retrocedemos um pouco nesse acordo internacional. Ao menos tínhamos algum tipo de modelo para pensar em como lidar com esse tipo de problema internacional, a destruição da camada de ozônio. Voltarei a isso daqui a pouco.

O lixo nuclear é outra questão importante, sobre a qual falarei até certo ponto em alguns minutos.

Há uma série de problemas marinhos associados ao aumento de CO_2 atmosférico. Estes incluem problemas de acidificação dos oceanos, branqueamento de recifes de coral e impactos significativos na vida marinha. Mais uma vez, essas coisas estão ocorrendo em um ritmo crescente. Se vocês estiverem interessados em ver coisas como a Grande Barreira de Corais, provavelmente no próximo ano seria uma boa época para ir. Em uns três anos, pode ser que ela não esteja mais lá para vocês verem.

A perda e a degradação do habitat estão ocorrendo por meio de todos os tipos de atividades, incluindo mineração, extração de madeira, urbanização e desmatamento, apenas para citar alguns. Esses efeitos estão ampla e intimamente ligados à extinção de espécies e à perda de biodiversidade, que agora é estimada pela literatura acadêmica em cerca de mil a dez mil vezes a taxa normal de extinção. Estamos perdendo de uma a cinco espécies por ano, e a taxa está aumentando.

Outro sinal sinistro é a perda de insetos e todas as funções que eles exercem, mais notavelmente, embora não exclusivamente, na polinização de plantas (e as implicações para o suprimento de alimentos): estima-se que 76% dos insetos voadores desapareçam em menos de 30 anos na Alemanha; as borboletas-monarca caíram 90% desde 1996; populações de abelhas caem significativamente em todo o mundo.

75% da diversidade genética das culturas agrícolas já se perdeu, ou seja, à medida que passamos para o conglomerado e passamos para o monocultivo, vemos uma perda crescente da diversidade genética. 75% da atividade pesqueira do mundo se encontra hoje totalmente ou superexploradas. Até 70% das espécies conhecidas do mundo correm o risco de extinção se as temperaturas globais subirem mais de 3,5 graus centígrados, uma trajetória na qual é evidente que temos avançado. Estamos nos movendo muito rapidamente nessa direção (todos esses são números que vêm da lista vermelha de espécies ameaçadas da União Internacional para a Conservação da Natureza e dos Recursos Naturais).

O desmatamento tropical é um problema por si só em termos de habitat e perda de espécies. Também é um problema enorme em termos do fato de que as florestas tropicais são um mecanismo muito, muito eficaz para a remoção do carbono da atmosfera. Assim, à medida que desmatamos, seja em regiões tropicais ou não, nossos efeitos de mudança climática são exacerbados. Assim, o desmatamento tropical é um grande problema, assim como o esgotamento de recursos de todos os tipos – água, solo, fertilidade, terra arável e, como já mencionei, pesca predatória.

Outra questão emergente recentemente é a dos alimentos geneticamente modificados. Muitos de vocês – na verdade, todos vocês – já comeram, quer saibam ou não. No momento, mais de 90% do milho dos Estados Unidos é geneticamente modificado, e o milho, como vocês sabem, aparece em todos os lugares como xaropes ricos em frutose, como aditivos em vários tipos de alimentos processados. Então, se, de fato, vocês comem alguma coisa, provavelmente já comeram milho geneticamente modificado. Cerca de 90% da soja dos Estados Unidos agora é geneticamente modificada. Cerca de 50% do mamão vindo do Havaí também é geneticamente modificado, 10% dos tomates e assim por diante. Recebemos novos materiais todos os anos, e não sei quando vocês receberam a ligação a respeito disso, se vocês desejam um alimento geneticamente modificado em sua dieta – eu mesmo nunca recebi essa ligação. Talvez eu estivesse fora, mas de qualquer forma, agora está se tornando bastante prevalente. Há uma série de especiarias e ervas que são geneticamente modificadas, que, novamente, aparecem em todos os tipos de alimentos processados. A principal preocupação é a incerteza em torno dos potenciais efeitos desses produtos à saúde. Nos Estados Unidos, que usam um processo de avaliação de risco para determinar danos potenciais, cabe ao governo provar que os produtos não são seguros. Em outros lugares, por exemplo na Europa, usando um princípio de precaução, os produtores devem provar que os produtos são seguros. É por isso que muitos produtos agrícolas dos Estados Unidos foram barrados em muitos países europeus.

A mudança climática é um tema muito grande, não vou falar muito sobre ele. O Professor Chomsky falará sobre isso um pouco na quinta-feira à noite. Mas claramente há uma série de efeitos da mudança climática (que agora deveríamos realmente chamar de perturbação climática ou crise climática), incluindo o aumento do nível do mar, a mudança de temperatura, de precipitação e padrões de estação de crescimento, a intensificação, como vimos – muito dramaticamente nos últimos dois anos – de tempestades tropicais e furacões, eventos climáticos mais extremos e de doenças transmitidas por vetores à medida que as espécies migram para novas zonas.

E então, finalmente, nenhuma dessas coisas tem efeitos muito uniformes ao redor do mundo. Ou seja, todas as questões que listei têm efeitos muito diferentes dependendo de onde se está no planeta e/ou no espectro socioeconômico. Daí a ideia de que encontramos não apenas essas questões, mas que elas trazem consigo todos os tipos de questões de injustiça ambiental. Ou seja, pessoas de grupos étnicos oprimidos, pessoas pobres, arcam com o custo disso de maneira muito desproporcional. Então, o planeta, em certo sentido, está engajado, ou estamos engajados por causa do nosso sistema socioeconômico – estamos engajados em uma espécie de genocídio ao redor do planeta.

Agora vamos começar a pensar sobre as causas desses problemas. Thomas Malthus, cujo nome vocês devem conhecer, escrevendo no ensaio sobre o qual vou refletir aqui, escrito no fim do século XVIII, é identificado como o autor de um certo conjunto de formulações de como funcionam os problemas ambientais, e estes são chamados malthusianos. Há também uma variante desses argumentos que é chamada de neomalthusiana, e farei essa distinção em um instante, mas primeiro gostaria de oferecer algumas citações pertinentes de Malthus. Estas vêm de seu *Essay on the Principle of Population*, escrito em 1798. Gostaria de dizer desde o início que este é um argumento muito político. Malthus escreve em grande medida em oposição às *poor laws* da Inglaterra, e esforça-se para criar uma justificativa para a eliminação das *poor laws*, o sistema de bem-estar da época.

É nesse sentido que ele faz o seguinte comentário: "Os trabalhadores pobres, para usar uma expressão vulgar, parecem viver sempre da mão à boca". Nunca entendi direito a que a expressão "vulgar" se refere, o "trabalhador pobre" ou "vivendo da mão à boca", mas de qualquer forma, foi o que provavelmente ele quis escrever. "Suas necessidades imediatas ocupam toda a sua atenção, e raramente pensam no futuro. Mesmo quando têm uma oportunidade de poupar, raramente a exercem, e tudo o que não é consumido por suas necessidades atuais acaba, em geral, na cervejaria. Pode-se dizer, portanto, que as *poor laws* da Inglaterra diminuem tanto o poder quanto a vontade de poupar entre as pessoas comuns e, assim, enfraquecem um dos mais fortes incentivos à sobriedade e à indústria e, consequentemente, à felicidade". Proporcionar bem-estar aos pobres só os leva a aumentar em número; disso decorre que as demandas de "uma parte da sociedade que não pode em geral ser considerada a parte mais valiosa diminui o quinhão que de outra forma pertenceria a membros mais industriosos e dignos". Podemos ver isso ecoando até o momento presente quando pensamos em conversas sobre dependência de bem-estar e tudo o mais.

Malthus é bastante direto. Seu argumento se volta, em linhas gerais, no que toca aos pobres, contra o consumo de qualquer ordem, uma vez que não se trata de um consumo de alto valor e não contribui para nada, e, em seguida, defende o consumo atraente dos ricos. Esses argumentos que Malthus apresenta, como eu disse, se propagam até os dias de hoje, como veremos agora.

Malthus enquadra os problemas ambientais e de recursos como resultado do aumento da população, que cresce a uma taxa geométrica, porque os pobres não são capazes de se controlar. Eles simplesmente procriarão sem restrições. E esse crescimento esbarra em recursos escassos, que infelizmente crescem a uma taxa aritmética. Assim, Malthus produz esse tipo de tensão entre população e recursos, e esse argumento persiste como uma noção muito proeminente de problemas ambientais e de outros recursos.

Como exemplo dessa persistência, gostaria de tratar de alguns ensaios de alguém cujo nome vocês talvez conheçam, Garrett Hardin. Ele escreveu uma série de outras coisas. Pouco antes de publicar seu famoso ensaio sobre "a tragédia dos comuns", sua grande contribuição anterior havia sido um ensaio sobre eugenia, no qual ele se pergunta por que diabos não deveríamos, de fato, controlar os segmentos menos desejáveis da população e promover aqueles que são mais contributivos. Pouco tempo depois, ele escreveu "A tragédia dos comuns". A razão de eu voltar a esse ponto, em parte, se dá porque o argumento básico ainda é muito prevalente (na verdade, em muitos lugares ainda é o argumento dominante), mas também se trata de um dos ensaios mais antologizados já escritos sobre esses tópicos. Ele aparece em cerca de 115 outros volumes. Foi retomado repetidas vezes, porque é um tipo de argumento que encontra grande apelo em um certo tipo de mentalidade. No ensaio, Hardin produz essa espécie de parábola baseada em outro artigo escrito na década de 1830. Se, de fato, há uma área comum de terra arável ou uma área comum de pastagem, é do interesse de todos levar a ela o maior número possível de animais. Isso, portanto, produz o que ele chama de "a tragédia dos comuns". Ou seja, se cada um fizer isso, agindo em seu próprio interesse, como ele o concebe, o bem comum desaparecerá. Essa é a tragédia.

Há muitos problemas nessa tese. Em primeiro lugar, Hardin não está falando de terra comum. Ele está falando sobre o que podemos mais apropriadamente pensar como recursos de acesso irrestrito. Uma terra comum é, na verdade, um arranjo institucional construído sobre cooperação respeitosa. Ou seja, é do interesse de todos manter a sustentabilidade de uma verdadeira terra comum. Elinor Ostrom, cujo nome alguns de vocês talvez conheçam, na verdade ganhou um Prêmio Nobel de Economia há alguns anos, e todo o seu trabalho foi sobre a questão dos bens comuns tal como concebidos, o que não se deu daquela forma. Hardin também escreveu um ensaio um pouco mais tarde, no qual defendia essa noção da ética do bote salva-vidas. Nesse ensaio, seu assunto não são indivíduos, ele aborda, em verdade, países e ele os organiza em uma categorização tripartida. No topo estavam os países de fato prósperos, e bem desenvolvidos, e assim por diante. No meio estava uma espécie de grupo de países em triagem, que poderiam sobreviver com um pouco de ajuda, e na base, os países que não conseguiriam de forma alguma. A analogia é que o planeta é o bote salva-vidas. A alguns países não devemos fornecer ajuda, porque eles vão afundar todo o bote salva-vidas com todos nós. Pois é: trata-se de uma figura muito humana.

Além da concepção errônea do bem comum, a ideia de sua tragédia e toda essa noção de um argumento malthusiano, onde a população inevitavelmente apenas entra em conflito consigo mesma, e cria dificuldades em relação aos recursos disponíveis, também é deficiente de outras maneiras. Elas estão ligadas a várias outras noções sobre as quais gostaria de me debruçar por um instante. A primeira é a noção de superpopulação, que é uma forma muito popular de pensar de onde vêm os problemas ambientais, pois há gente demais. Se não houvesse tanta gente, tudo estaria bem. Mas a questão da superpopulação é uma formulação muito problemática. Em primeiro lugar, quando pensamos em quem é demais, tenho certeza de que não sou eu, e tenho quase certeza de que vocês pensam que não são vocês. Daí que só restam *eles*. Um indefinido *eles* é o problema; *eles*, *aqueles*, esses não são *meus* pronomes. Eles são eles, mas a superpopulação é muitas vezes caracterizada como o problema. Mais uma vez, estamos diante de um tipo de entendimento falacioso.

Ele é baseado nessa noção de capacidade de carga, que é uma ideia que vem da biologia evolutiva. É uma ideia que está ligada às relações predador/presa, que operam em torno de uma espécie de média homeostática. Ou seja, quando a população da presa aumenta, a população dos predadores aumenta; há mais para eles comerem. Mas à medida que eles começam a consumir a população de presas, a população de predadores também diminui. Portanto, há esse tipo de regressão a uma média, e essa média é a capacidade de carga média para um determinado território. Mas essa ideia de que há uma capacidade de carga ou limites naturais para as populações humanas elimina todo o papel da maneira como fazemos escolhas sobre o que precisamos e como satisfazer essas necessidades. Em um relacionamento predador/presa não há muita escolha em questão. Ou seja, este é um conjunto puramente instintivo de relacionamentos. Para os humanos, no entanto, não é assim que necessariamente temos de definir a relação entre quantos de nós existem e quantos recursos podem haver para satisfazer o que quer que achemos que podemos precisar.

Esse argumento malthusiano também está ligado à questão da escassez, que, como espero estar começando a ilustrar, o capitalismo inverte. Ou seja, sob o capitalismo, coisas que deveriam ser abundantes tornam-se artificialmente escassas. Vocês podem pensar em coisas como cuidados de saúde. Vocês podem pensar em coisas como produtos farmacêuticos, que custam centavos para fazer, basicamente e, no entanto, sob um sistema capitalista, essas coisas se tornam escassas e indisponíveis para muitas pessoas. Por outro lado, coisas que deveriam ser pensadas como passíveis de escassez e preservação, como os recursos naturais e o único planeta que temos, são consideradas infinitamente abundantes. É isso que quero dizer com o capitalismo inverter essa noção de escassez.

Tudo bem, como comecei a dizer, toda essa formulação, ou seja, que simplesmente justapõe população e recursos, é uma formulação que deixa de fora a questão essencial da escolha humana. Essa maneira de ver o problema também nos dá poucas variáveis com as quais trabalhar para resolver os problemas. Ela apenas nos permite diminuir a população ou aumentar os recursos de uma forma ou de outra. Aliás, essa noção de recursos crescentes é o cerne de uma espécie de argumento neomalthusiano. Mas deixa de fora essas importantes questões de escolha humana, e um melhor enquadramento das questões do que simplesmente população *versus* recursos é o relacional. Os recursos, como eu disse na palestra algumas semanas atrás, não são simplesmente coisas finitas; são coisas em desenvolvimento. Algo que pode ser um recurso em um lugar no tempo, pode não estar em outro lugar no tempo e vice-versa. Em qualquer caso, um recurso é uma "avaliação cultural, técnica e econômica de elementos e processos na natureza que podem ser aplicados para cumprir objetivos e metas sociais por meio de práticas materiais específicas" (Harvey, 1996). É essa última parte, essa ideia dos objetivos e metas sociais que temos, que nos dá um conjunto de escolhas a fazer.

Como definimos o que precisamos e como descobrimos como satisfazer essas necessidades e desejos? Em contraste com a formulação malthusiana, fazer esse tipo de pergunta nos dá todo um conjunto de coisas para trabalhar em termos do que constituem os recursos e como necessidades e desejos podem ser definidos e satisfeitos, incluindo a contabilização de nosso impacto no meio ambiente tanto a curto como a longo prazo.

Eu gostaria de passar, agora, para outra perspectiva sobre quais são as causas dos problemas ambientais, em outras palavras, o capitalismo como a causa subjacente. Ora, é verdade que existem várias pessoas ao redor do planeta que não operam diretamente sob um sistema capitalista. Mas como falei outro dia, os atos de militarismo e a ideia de acumulação por desapropriação, ou acumulação primitiva, forçam as pessoas a um quadro capitalista, sejam elas diretamente exploradas por ele ou não. Gostaria de me aprofundar nessa questão a seguir. Mas estou colocando o capitalismo como a causa subjacente dos problemas ambientais e de recursos. Ele tem uma necessidade de acumulação constante e acumulação expandida.

Movidas pela competição, as decisões (e esta é uma citação de Marx) "tampouco depende[m] da boa ou má vontade do capitalista individual. A livre-concorrência impõe ao capitalista individual, como leis eternas inexoráveis, as leis imanentes da produção capitalista" (*O capital*, vol. 1, p. 342). Isto é, como acho que disse, Marx não fala em *O capital*, vol. 1, sobre indivíduos, ele fala ambos nos papéis de capitalista ou trabalhador. É a compulsão da competição que impulsiona essa formulação. A única saída dela, como mencionei outro dia, é a possibilidade, como capitalista, de garantir uma posição de monopólio. Se o seu bem ou serviço ainda for desejado, pode-se produzi-lo e entregá-lo nas condições que forem definidas. Mas de outra forma, sob competição, há esse impulso para acumulação e acumulação expandida.

Mais uma vez, recorro a Marx:

> O capitalista só é respeitável como personificação do capital. Como tal, ele partilha com o entesourador o impulso absoluto de enriquecimento. Mas o que neste aparece como mania individual, no capitalista é efeito do mecanismo social, no qual ele não é mais que uma engrenagem. Além disso, o desenvolvimento da produção capitalista converte em necessidade o aumento progressivo do capital investido numa empresa industrial, e a concorrência impõe a cada capitalista individual, como leis coercitivas externas [ou seja, elas surgem da forma como o capital funciona, mas parecem vir de fora], as leis imanentes do modo de produção capitalista. Obriga-o a ampliar continuamente seu capital a fim de conservá-lo, e ele não pode ampliá-lo senão por meio da acumulação progressiva (*O capital*, vol. 1, p. 667).

Ou seja, o capital parado, não lançado de volta ao processo, é um absurdo. Isso não pode acontecer. Para Marx, o capital é o valor em movimento. Isso significa que é constantemente devolvido à circulação. "Acumulai, acumulai. Eis Moisés e os profetas. [...] A acumulação pela acumulação, a produção pela produção" (*O capital*, vol. 1, p. 670). Assim se move o sistema.

Voltamos a esta fórmula muito brevemente: D → M → M' → D', onde temos dinheiro no início, o capitalista comprando meios de produção de força de trabalho, transformando isso em mercadoria excedente, produto excedente, e se há uma venda, em mais dinheiro do que o dinheiro com que o capitalista começou. Essa é a formulação. As decisões de reinvestimento têm de ser tomadas, como falei outro dia. Há uma constante expansão da produção. Há necessidade de maiores insumos, ou seja, mais recursos. Sem automação, mais força de trabalho. Produção expandida de produtos e produção expandida de resíduos, em parte porque o sistema capitalista também depende da obsolescência, da obsolescência planejada. Se vocês tivessem que comprar um bem e ele durasse a vida inteira, o produtor desse bem dependeria simplesmente do aumento da população. Não é um bom caminho a seguir.

Mas toda essa expansão ocorre em um mundo finito. Essa é a tensão básica. Se os capitalistas precisam constantemente expandir sua produção, expandir seu uso de recursos, expandir sua necessidade de absorção de resíduos, um mundo finito não é o melhor lugar para que isso aconteça. E assim temos capital percorrendo o globo em busca de lugares que ainda não foram ocupados. Como eu disse outro dia, se eles não estiverem vinculados aos custos de capital fixo em vigor, eles se envolverão em uma busca por nova mão de obra, por novos recursos, por novos mercados e, eventualmente, transcenderão o que os biólogos chamam de uma ecosfera particular, isto é, um tipo particular de local onde eles operam, e logo estarão explorando toda a biosfera.

Assim, todos os lugares do globo se tornam compráveis, acessíveis para recursos, mão de obra, mercados, ambientes regulatórios hospitaleiros, sobre os quais falarei mais em breve. Mas, em qualquer caso, passamos de um conjunto de impactos em um conjunto de locais, uma ecosfera, para impactos agora em uma escala espacial crescente. Vemos essas cadeias de fornecimento e distribuição estendidas. Vocês sabem sobre a salada de cinco mil milhas, nós sabemos sobre o fato de o Walmart utilizar todos os lugares do mundo para produção barata e trazer para cá os produtos.

Então, como eu disse, também nos deparamos com a questão da acumulação por desapropriação. Enquanto tudo isso acontece, produtores, trabalhadores, camponeses etc., são desalojados de seus próprios meios de produção – e é por isso que vemos o crescimento, um enorme crescimento, das populações de favelas em todo o mundo. São pessoas sendo expulsas da terra. São pessoas privadas de seus meios de subsistência e produção. À medida que o capital assume recursos, sejam eles recursos de terra ou outros recursos, pessoas são desalojadas. Isso se torna parte do fluxo de refugiados que vemos, além de conflitos e guerras, e assim por diante. Mas esses processos de acumulação por desapropriação estão colocando a população do planeta sob a esfera capitalista, seja diretamente, como digo, explorada pelo capitalismo, ou não.

C. Wright Mills em seu livro *The Power Elite* descreve um fenômeno que ele chama de "a imoralidade superior", no qual, diz ele, "em uma civilização tão profundamente impregnada dos negócios como a América", o dinheiro se torna "o único marcador inequívoco de sucesso, o valor soberano americano" (Mills, 1956). Vocês já podem começar a ver como isso funciona. Tornamo-nos uma sociedade, como argumenta Mills, de irresponsabilidade organizada, na qual o legal muitas vezes suplanta o moral. Vemos isso na sociedade americana e em outros lugares, onde a litigância é um marcador de como a sociedade funciona. Se algo está certo ou errado, isso não é jamais tão relevante quanto se é legal ou ilegal, e às vezes a ilegalidade nem mesmo importa tanto. Mas a ideia com a qual nos deparamos – toda essa noção de moralidade *versus* legalidade – é derivada, como argumenta Wright Mills, dessa noção de imoralidade superior.

Essa forma de capitalismo exige a produção constante do desejo. Hoje, nos Estados Unidos, gastamos algo em torno de US$ 200 bilhões por ano em publicidade, algo em torno de US$ 500 bilhões por ano em *marketing* e, em todo o mundo, vocês podem ver esses custos chegando à estratosfera. Tudo isso para garantir que os desejos das pessoas sejam redefinidos como necessidades. Esse é o ponto da publicidade e do *marketing*. É como funciona. É para que serve. A produção constante do desejo. Gosto de inverter a velha máxima de que "a necessidade é a mãe da invenção". No capitalismo, a menos que já se disponha de um prognóstico de mercado, é melhor não estar produzindo um determinado produto. Assim, "a invenção torna-se a mãe da necessidade". É tudo uma questão de inverter a equação e se obtém o tipo de forma capitalista.

Cada anúncio... Vocês mesmos podem fazer esse exercício. Vão para casa e deem uma olhada em um anúncio na TV ou em qualquer outro lugar. Vocês verão que esses anúncios assumem uma forma muito particular. Eles são como uma pequena parábola, todos eles. Eles primeiro produzem uma urgência em você. Algo está errado com você. Você sabe, você não parece bem, você nunca vai conseguir o parceiro de sua escolha, isso e aquilo. Eles produzem um pouco de ansiedade. Então eles lhe oferecem a mensagem de que a ansiedade pode ser resolvida comprando alguma coisa. Essa etapa se dá em dois níveis. Um, comprando seu produto, bem ou serviço específico. Mas também a ideia de que os problemas podem ser facilmente definidos nesses termos simples e resolvidos pela compra de um produto, um bem ou um serviço. Todo anúncio tem esse formato. Produz uma ansiedade, diz que o problema pode ser resolvido em uma compra e depois diz o que comprar. Façam o teste. Deem uma olhada em uma série de anúncios e vejam se eles não funcionam dessa maneira.

Para que a última parte da fórmula funcione (ou seja, $M' \to D'$), é preciso que haja uma venda. Isso significa que o desejo tem de estar lá, o que leva a esse tipo de consumismo desenfreado em alguns lugares, *versus* pobreza extrema em outros. Algumas pessoas têm os meios para satisfazer seus desejos. Para outras pessoas, o desejo é produzido, mas elas não têm capacidade de comprar. É por isso que vemos aspirações em todo o mundo para o chamado "sonho americano". As pessoas veem esses anúncios, veem os produtos, veem os serviços. Elas não podem obtê-los necessariamente, mas elas os desejam.

Isso nos leva a uma formulação em que pensamos em crescimento *versus* progresso. Eles são a mesma coisa? Como o crescimento é normalmente medido, seja como PIB, PIB *per capita* ou alguma forma desse arranjo, começamos a igualar crescimento de um certo tipo com progresso. Mas não temos realmente a oportunidade de pensar com frequência se esse é o caso, se o crescimento em si mesmo e de si mesmo, definido da maneira que acabei de descrever como sendo necessário para o capitalismo, é de fato um progresso.

Acho que isso está resumido de forma muito interessante nos três artigos que vocês leram para esta noite, sobre crescimento *versus* decrescimento. Talvez, como argumenta Jason Hickel, não devêssemos pensar muito em mais, devíamos pensar no que é suficiente: o decrescimento. Estamos continuamente condicionados a pensar que somente com o crescimento contínuo podemos progredir. Na verdade, qualquer movimento para longe disso imediatamente nos coloca em uma mentalidade: "Oh, cara, vamos voltar para as cavernas para sentar e passar fome no escuro". Que qualquer afastamento do *status quo* atual do que constitui qualidade de vida, satisfação e felicidade é um retrocesso. Acho que é algo que precisamos pensar com muito cuidado, e faremos isso nas próximas semanas.

Outra questão que está ligada ao capitalismo e, mais uma vez, faz parte das causas subjacentes aos problemas que o capitalismo produz no meio ambiente, é o problema das externalidades e efeitos de terceiras e quartas partes. Fiz alusão a isso algumas semanas atrás, mas quero dedicar a esse ponto um instante para esclarecê-lo. A natureza básica de uma troca é que há compradores e vendedores que estão em um acordo voluntário e não coercitivo (e agora vocês entendem o que quero dizer com esses termos: eles devem estar entre aspas. Se vocês estão no mercado de trabalho, essa não é exatamente uma troca voluntária). Mas em circunstâncias normais, uma troca geralmente será voluntária e não coercitiva. Ambos se beneficiam, caso contrário não haveria troca. Os compradores e vendedores são a primeira e a segunda parte. Ambos estão na troca voluntariamente e ambos ganham algo com isso. O comprador recebe um bem ou serviço; o vendedor recebe o dinheiro.

Mas e os outros que são afetados pela transação, mas não são beneficiários dela? Estes são os terceiros. Pense em uma usina de energia, uma usina a carvão, carvão bonito e limpo. As pessoas que vendem a energia obtêm algo dela. As pessoas que compram a energia obtêm algo dela. Mas e todas as pessoas que são suscetíveis à poluição que a usina produz, seja no presente ou no futuro? As pessoas do futuro são quartas partes. As pessoas que são afetadas pela transação no presente, mas não são beneficiárias dela, são as terceiras partes. Então, esses são efeitos de terceira parte. É também por isso que esses efeitos são chamados de externalidades. Eles são externos a essa barganha. Eles acontecem de uma forma que não está confinada dentro da própria barganha.

Se pudermos entender a natureza das externalidades e que os capitalistas, quando dada a oportunidade, externalizarão quaisquer custos que diminuam os lucros, tornamo-nos capazes de pensar em algumas soluções possíveis. Uma solução é internalizar as externalidades. Quando os custos e benefícios de uma transação são compartilhados por um número limitado de participantes diretos, vendedores e compradores, pelo menos em teoria, é possível aplicar o princípio do "poluidor-pagador". Voltarei ao exemplo de uma bela usina a carvão. Se a usina instalar um purificador nas saídas de ar, e que tem algum custo associado a ele, e esse custo for repassado aos pagadores da taxa, essa é uma forma de internalizar esses custos. Evita a poluição, mas as pessoas que se beneficiam dela são as pessoas que se beneficiam da transação. É uma forma de internalizar os custos e reinternalizar as externalidades.

Como eu disse, se houver um número limitado de participantes diretos, vendedores e compradores, em teoria é possível fazer isso. Mas, na maioria dos casos de externalidades, é muito difícil identificar as diversas partes afetadas muito difusas e como identificar os custos reais que elas estão arcando. A teoria funciona quando há uma situação limitada e confinada, mas na maioria dos casos práticos, não é possível identificar todos os possíveis portadores de externalidades, ou identificar com precisão quais são os custos reais. E assim acontece que internalizar externalidades é um processo muito difícil de se levar a cabo.

Então, fica ainda mais difícil pela forma como valorizamos as preocupações das gerações futuras. Ou seja, o que estamos fazendo com o planeta e o que vamos deixar para trás? Eu já mencionei, eu acho, antes disso, eu vi no mesmo gigantesco veículo recreativo, ou talvez seja no Hummer que está rebocando o veículo, eu vi dois adesivos de para-choques. De um lado, "não somos donos da terra, pegamos emprestado de nossos netos" e, do outro lado, "estou gastando a herança dos meus netos". Então, valorizar as gerações futuras é algo sobre o qual falamos, temos uma boa retórica para isso, mas na verdade não nos comportamos como se estivéssemos muito preocupados com essas gerações futuras. Afinal, o que elas já fizeram por nós?

Aqui está uma segunda possibilidade para remediar alguns desses problemas. É a ideia de valorizar e mercantilizar a natureza. Foster fala sobre isso no artigo que vocês leram, que levanta a questão: como podemos valorizar a natureza? Vários economistas dizem que a razão pela qual o meio ambiente recebe pouca atenção é que ele não é incluído em nossos cálculos de forma muito eficaz, então sempre é subvalorizado. Se de alguma forma pudéssemos colocar um preço nisso, um preço efetivo, poderíamos, de fato, valorizá-lo adequadamente. Uma das maneiras de fazer isso é parar de pensar nisso apenas em termos de natureza. Muito amorfo. Pensem nisso em termos desagregados, em termos utilitários, e utilitários principalmente para nós. Que serviços os ecossistemas fornecem? Esse é o termo em voga: serviços ecossistêmicos. Um tópico muito grande, muito interessante, complicado e preocupante. Esta seria uma maneira. Ou seja, não pensamos nela como natureza, pensamos nela como um sortimento, um agregado de serviços que ela presta, e talvez possamos então usar algumas das ferramentas que os economistas têm para valorizá-la.

Duas delas sobre as quais Foster fala são os preços hedônicos e a disposição para pagar. O preço hedônico é um mecanismo usado para tentar colocar um preço em algo que, de outra forma, seria intangível. E eu vou lhes dar um exemplo. Quanto vale um lote à vista em imóveis? Como descobriríamos quanto vale uma vista panorâmica? Bem, não se pode de fato olhar os preços das casas em vários lugares, e se pode comparar casas muito semelhantes com e sem vista, e é possível ver se há um pequeno bônus no preço das casas com vista, ou casas em um bairro tranquilo ou não. Vocês podem fazer o mesmo tipo de coisa. Então, vocês têm um mecanismo que permite adicionar um pouco de recompensa por esse atrativo que, de outra forma, seria muito difícil de precificar.

Repito, não é preciso, mas dá uma noção. Isso é preço hedônico. Essa seria uma maneira de fazer isso.

Outra maneira de começar a colocar um preço na natureza é pensar na disposição para pagar. Se vocês forem capazes de identificar os serviços que a natureza está fornecendo, poderão perguntar às pessoas o que elas estariam dispostas a pagar por esse serviço. Bem, vocês podem, e os economistas fazem, e eles fazem isso o tempo todo, mas há um problema com a disposição a pagar. Quero dizer, há muitos problemas com isso, mas um grande problema é a questão de como a pessoa que recebe a pergunta interpreta a pergunta. Se vocês amam esse serviço, esse serviço ecossistêmico, e acham que ele pode ser retirado, vocês podem supervalorizá-lo em resposta à pergunta: "o que você está disposto a pagar?" "Bem, eu estaria disposto a pagar quase qualquer coisa por isso." Claro, a menos que você realmente tenha que pagar.

Mas se vocês estão apenas em uma pesquisa, uma pesquisa de disposição a pagar, e alguém lhe faz essa pergunta, então essa é a sua mentalidade, que esse é um serviço que pode ser tirado de mim, mas que eu valorizo, vocês podem dar uma resposta de uma maneira. Se, no entanto, vocês acham que há um serviço no qual eles vão aumentar o preço assim que vocês derem essa resposta, então vocês podem subvalorizá-lo. Portanto, há um problema real com a disposição de pagar as pesquisas, e isso tem muito a ver com a maneira como o entrevistado ouve a pergunta e qual seu interesse. Há outro problema com a disposição a pagar, sobre o qual falarei daqui a pouco, mas tem a ver com sua posição na hierarquia econômica.

O problema mais crucial, no entanto, com a mercantilização da natureza (não importa como os cálculos sejam feitos) é a perda da noção de valor intrínseco ou inerente. Ou seja, se começarmos a colocar tudo em dólares, perdemos algo bastante essencial. Toda essa noção de valorização da natureza da maneira que acabei de descrever assume imediatamente um ponto de vista utilitário, e assume um ponto de vista utilitarista antropocêntrico. Que essas coisas têm que ser úteis, e têm que ser úteis para nós. Sob esse conjunto de suposições, elas não podem ter nenhum valor por si mesmas, e isso é um problema. Este é o grande e maior problema, na minha opinião.

Essa é uma disputa, eu acho, que algumas das grandes organizações ambientais começaram a perder no fim da década de 1960 e início da década de 1970, quando começaram a se envolver com a análise custo-benefício, quando esta entrava em voga. Eles venceram algumas batalhas específicas, mas ao vencê-las e capitular a esse discurso de mercantilização, perderam a guerra maior. Isso porque a disputa também é esse problema de, como estou dizendo, reducionismo econômico, que tudo tem um preço. Vocês conhecem esse ditado dos economistas: são pessoas que sabem o preço de tudo e o valor de nada, não?

Há também a possibilidade, uma vez que se esteja nesse modo utilitário, ou de uma natureza como nada além de uma reunião de serviços, da infinita capacidade substitutiva. Isto é, se estamos realmente pensando na natureza como um conjunto de serviços, no meio ambiente como um conjunto de serviços ecossistêmicos, desde que possamos obter esses serviços de alguma forma, tudo bem. Coloquei dois exemplos aqui. Um deles é este artigo de Lawrence Tribe no início dos anos 1970 na *Yale Law Review*, "Ways not think about plastic trees: new foundations for environmental law" (Tribe, 1974). O gatilho para o texto de Tribe foi um artigo no *Los Angeles Times*, segundo o qual, em uma das vias principais da cidade, que passava por reformas, suas palmeiras icônicas não encontrariam solo suficiente para sustentá-las, enquanto outras pessoas estavam preocupadas com a fuligem acabar por matá-las, de onde talvez fosse possível apenas substituir as árvores reais por árvores de plástico.

E foi o que fez a cidade, de fato, instalando várias palmeiras de plástico. Basicamente, elas cumpriam o mesmo propósito. Elas dão a aparência de que se necessita, fornecem um pouco de sombra, os pombos podem se empoleirar nelas. Mas elas não precisam ser regadas. Bastaria que as espanassem periodicamente, e só. O ponto que Tribe estava tentando defender aqui é que grande parte da lei ambiental e da política ambiental foi escrita com esse tipo de mentalidade. Ou seja, capacidade de substituição infinita, de forma que, se fosse possível, de fato, simplesmente obter os serviços, não precisaríamos nos preocupar se a natureza existe ou se é valiosa em si mesma para outros propósitos que não a satisfação das necessidades humanas.

O outro texto aqui, "Nós realmente precisamos das Montanhas Rochosas?", foi uma questão apresentada por Armand Hammer, que foi por muitos anos o CEO da Occidental Petroleum (cf. Hammer, 1977). A Occidental Petroleum, no início da década de 1950, na verdade, mas avançando muito mais fortemente na década de 1960, começou a se interessar muito pelo petróleo de xisto. O pessoal da Occidental Petroleum teve a ideia de que eles poderiam minimizar os custos da extração de xisto betuminoso detonando explosivos no subsolo e destruindo o material no que eles chamam de processo de extração de xisto *in situ*.

Eles desencadeariam explosões... Na verdade, em um ponto, eles estavam pensando em usar armas muito pequenas, acho que poderíamos chamá-las de armas táticas e nucleares. Mas a ideia era escavar as câmaras subterrâneas, e então é muito mais econômico extrair o xisto dessa maneira do que realmente minerá-lo, e também não é preciso se preocupar com os detritos de xisto. Eles permanecerão sempre no mesmo lugar. Mas a ideia, e a razão pela qual o artigo tem este título, é que isso não iria perturbar a superfície das Montanhas Rochosas. Elas estariam vazias por baixo, mas ninguém se preocupa de fato com isso. Tudo o que realmente nos importa é a grandeza cênica e a capacidade de esquiar nelas, e assim por diante, para que elas desempenhem a função das Montanhas Rochosas, mas ao mesmo tempo teríamos extraído o xisto betuminoso. Esse é outro exemplo de capacidade de substituição infinita utilitária. O plano, eu acho, parou por volta de 1970, em parte porque o preço do petróleo mudou.

Vamos passar a outro conjunto de soluções. Se as abordagens que acabei de usar não estiverem funcionando, talvez precisemos mudar para algo diferente. Se as estratégias baseadas no mercado não funcionarem, talvez precisemos mudar para uma formulação diferente. Gostaria de apresentá-los ao nosso maior presidente ambiental: Richard Milhous Nixon. Ele foi nosso maior presidente ambientalista, não porque fosse ambientalista, mas porque foi forçado pelas circunstâncias. Houve uma série de eventos bastante dramáticos no fim da década de 1960: um gigantesco derramamento de petróleo no Barbara Canal; o Rio Cuyahoga pegou fogo em Cleveland; o Lago Erie foi declarado morto (peixes mortos, oxigênio esgotado, tornou-se completamente eutrófico). Esses eventos e outros forçaram o governo federal (com Nixon no comando) a agir.

E como eu digo, se os mercados não funcionarem, talvez precisemos de uma maneira diferente de lidar com esses problemas ambientais, que se as externalidades não puderem ser internalizadas, se não pudermos avaliar adequadamente a natureza, e assim por diante, se não pode substituir, talvez precisemos enfrentar os problemas de outra forma: regulação de comando e controle. Vou passar por uma sopa de letrinhas só para falar sobre algumas das coisas que surgiram na administração Nixon. A primeira foi a Lei de Política Nacional do Meio Ambiente, em 1969, que criou o Conselho de Qualidade Ambiental, que é um conselho consultivo do poder executivo sobre como tomar decisões em nível federal sobre grandes projetos. É aqui que obtemos as instruções para declarações de impacto ambiental e avaliações de impacto ambiental, muitas das quais já foram esquecidas, mas ainda estão em vigor.

A Agência de Proteção Ambiental, criada em 1970, demolida em 2017. A Administração de Segurança e Saúde Ocupacional foi criada em 1970 para proteger a saúde e a segurança dos trabalhadores. A Lei do Ar Limpo foi aprovada pela primeira vez em 1955, mas foi amplamente expandida em 1970 para lidar tanto com fontes estacionárias, ou seja, usinas de energia e fábricas e assim por diante, quanto com fontes móveis de poluição. A Lei da Água Limpa, que foi aprovada pela primeira vez em 1948, mas que foi completamente reescrita em 1972. A Lei Federal de Controle Ambiental de Pesticidas foi aprovada muito cedo, mas atualizada, novamente em 1972, para lidar com pesticidas. A Lei das Espécies Ameaçadas foi aprovada em 1973. Tem sido controversa desde então. A Lei de Água Potável Segura, aprovada em 1974, abrange todo o abastecimento público de água. A propósito, se vocês comprarem água engarrafada, ela não cobre isso. Para isso, vocês terão que confiar na muito confiável Administração de Alimentos e Medicamentos. Também não cobre aquelas máquinas no supermercado, sabem, onde vocês conseguem água de nascente natural engarrafada diretamente nessas fontes naturais em algum lugar nas Montanhas Rochosas, ou sob as Montanhas Rochosas.

A Lei de Conservação e Recuperação de Recursos, aprovada em 1976, logo após a saída de Nixon, rege os resíduos sólidos e perigosos em um sistema chamado de monitoramento do berço ao túmulo, desde a produção desses materiais até o momento em que são finalmente descartados, caso sejam. A Lei de Controle de Substâncias Tóxicas também foi aprovada em 1976. Essa é a única de todas essas leis que estou mostrando a vocês que teve uma abordagem preventiva em vez de corretiva. Todas as outras são abordagens de fim de cadeia poluidora. Curiosamente, a única que nunca foi realmente financiada em um grau significativo. Isso teria mudado os processos de produção e impedido que essas substâncias tóxicas entrassem no meio ambiente, mas é claro que isso era muito sensato. A Lei de Compensação e Responsabilidade de Resposta Ambiental Abrangente, que é a lei do *superfundo*, foi aprovada em 1980 para limpar locais de resíduos perigosos. Ela tem sido muito problemática ao longo do tempo. Tem sido objeto de litígios intermináveis. Houve alguns lugares que foram limpos, relativamente falando, mas na maioria das vezes cai na discussão sobre quem colocou os materiais lá para começar.

Essas regulamentações sempre sofrem resistência do capital. Estamos vendo isso de forma monumental agora, como falarei daqui a pouco. A reação conjunta começou em grande parte sob o Governo Reagan e a introdução da análise custo-benefício em novas leis e regulamentações. Muitas dessas leis que acabei de mencionar foram aprovadas com a presença nelas de um conjunto de metas aspiracionais, sem qualquer consideração quanto ao custo para atingi-las. Foi só quando o Governo Reagan chegou que eles começaram a aplicar a análise custo-benefício à implementação dessas leis. Isso mudou sua natureza de maneiras muito fundamentais. Esse ataque continua por meio de pressões sobre o Estado para a desregulamentação, como veremos e como falarei mais adiante.

Há também empresas que utilizam a correção espacial ou a ameaça de realocação para gerar ambientes menos rigorosos. Eles pressionam cidades e estados a dizer: "se vocês querem os empregos, precisam mudar algumas dessas regulamentações para torná-las muito menos onerosas para nós. Caso contrário, vamos para outro lugar". Os acordos comerciais que vimos nos últimos 25 anos, começando com o Nafta e mesmo antes disso, incluem esses incentivos a uma corrida para ver quem oferece um ambiente mais desregulamentado. Ou seja, quando as empresas empregam essa correção espacial, elas não procuram custos trabalhistas mais altos ou recursos mais caros ou ambientes regulatórios mais rigorosos. Eles estão procurando por ambientes cada vez menos rigorosos e, portanto, pressionam lugares em todo o mundo para reduzir suas regulamentações ambientais, para que possamos levar esse tipo de disputa para ver quem cede mais. Isso também vale para os salários. Isso também vale para os preços das mercadorias e os recursos.

Mas, de qualquer forma, as empresas podem em realidade produzir esses processos no âmbito da OMC (Organização Mundial do Comércio) e, antes disso, no âmbito do AGTC (Acordo Geral de Tarifas e Comércio). Elas podem processar países, países soberanos, se acreditarem que certas regulamentações impõem o que se chama de barreiras não tarifárias ao comércio. Essas podem ser regulamentos ambientais, podem ser regulamentos de segurança do trabalhador, podem ser proteção da organização sindical. Todas essas coisas podem ser interpretadas como barreiras não tarifárias ao comércio. De acordo com os mecanismos de resolução incorporados a esses acordos, elas são julgadas por advogados amigos do setor e julgadas em segredo. Isso se torna uma ameaça real, quando elas se valem desses mecanismos. De qualquer forma, todos os regulamentos que descrevi estão sob pressão constante. Tratarei disso em detalhes mais adiante.

Finalmente, outra solução possível para problemas ambientais (e muitos outros) é a correção tecnológica. Se as regulamentações também não funcionarem, talvez possamos resolver esses problemas utilizando algum tipo de tecnologia. Correções tecnológicas são infinitamente atraentes. Um dos apelos de uma correção tecnológica é que ela isenta a maioria de nós da responsabilidade de lidar com os problemas. Os tecnólogos cuidarão disso. Alguém mais vai ter a responsabilidade de lidar com isso. Uma correção tecnológica também adia constantemente a ação no presente para a salvação em algum momento no futuro. Na verdade, fracassamos no enfrentamento dos problemas, porque achamos que uma correção tecnológica está em algum lugar no horizonte. Não nos obriga a mudar muito o *status quo*, se é que o mudamos. Ou seja, simplesmente teremos outro mecanismo para lidar com isso. Um exemplo perfeito disso é a energia renovável para resolver a crise climática. Se pudermos encontrar um novo combustível, podemos seguir com as coisas exatamente como estão.

Mas se a inovação tecnológica é impulsionada pela maximização do lucro, é improvável que ela resolva os problemas ambientais. Vou lhes dar apenas um exemplo rápido. Eis como Bill Gates pretende limpar o planeta: "é uma ideia simples: retirar o CO_2 do ar e usá-lo para produzir combustível de carbono neutralizado. Mas pode funcionar em escala industrial?" Gates está envolvido agora não apenas em educação e outras atividades filantrópicas – ele vai resolver o problema climático para nós. "Não é nada demais para se levar em conta. O emaranhado de canos, bombas, tanques, reatores, chaminés e dutos em uma área industrial bagunçada nos arredores da cidade madeireira de Squamish, no oeste do Canadá, poderia fornecer a solução para impedir que o mundo caísse em uma mudança climática descontrolada e substituir os suprimentos cada vez mais escassos de combustíveis convencionais." Quem não aprovaria? O artigo continua dizendo que, é claro, o projeto poderia produzir para Gates e seus colaboradores "mais dinheiro do que jamais poderiam sonhar" (Vidal, 2018). De qualquer maneira, isso faz parte da correção tecnológica para as mudanças climáticas em que as pessoas estão trabalhando, captura direta de carbono no ar e conversão em combustível.

A correção tecnológica geralmente significa maneiras mais eficientes de fazer o que já estamos fazendo, por exemplo, a automação pode fazer as vezes dessa correção tecnológica, em vez de mudar o que estamos fazendo. E, por exemplo, usando tecnologias mais benignas e... então renováveis. É aqui que eu acho que essa tensão no argumento crescimento-decrescimento está focada: fazer praticamente a mesma coisa, mas apenas com abordagens mais benignas. Basicamente, é um apelo para não ter que mudar a maneira como vivemos nossas vidas ou a maneira como organizamos nossa sociedade. Nós simplesmente precisamos de uma combinação diferente de energia e/ou tecnologia. Uma combinação que não tenha vestígios de carbono.

Eu quero me voltar um pouco para a energia nuclear, porque ela está mais uma vez criando seu lugar de destaque como uma possível solução tecnológica, um remédio, uma solução verde, para a crise climática. Em primeiro lugar, a energia nuclear nunca deveria ter acontecido. Quando Eisenhower lançou o programa "Átomos para a paz", era em grande parte um programa de relações públicas ou propaganda, em grande parte destinado a apaziguar tanto o público dos Estados Unidos quanto as pessoas ao redor do mundo após os horrores de Hiroshima e Nagasaki. Ou seja, não eram apenas essas armas temíveis e que nunca deveriam ser usadas, mas talvez esse poder pudesse ser usado para usos pacíficos.

Na medicina, na produção de energia e por aí afora – um uso muito mais benigno. Mas era basicamente um programa de relações públicas. Caso interesse a vocês, Barry Commoner tem um livro muito bom sobre parte disso chamado *The Poverty of Power*, onde ele fala sobre a campanha de relações públicas.

Mas de qualquer forma, a ideia de que isso ia acontecer não era realmente séria. Mas algumas pessoas levaram a sério. Eles disseram: "sim, isso realmente não é uma má ideia. Podemos usar dois mil graus para ferver água e girar uma turbina. Por que não? De fato, se colocarmos isso em funcionamento direito, a energia será muito barata para ser medida. Nem teremos que cobrar nada das pessoas por isso. Vai ser tão eficiente e tão eficaz que seria ridículo até medi-la, vai ser muito barato". Esses eram os verdadeiros crentes. Mas gostaria de sugerir a vocês que toda a história da energia nuclear tem sido uma série de surpresas inesperadas e bastante desagradáveis. Praticamente tudo nessa história, agora longa, foi uma surpresa. As pessoas a subestimaram enormemente. Noam falou sobre isso da última vez quando tratou de um dos primeiros testes, mas praticamente todos os aspectos da energia nuclear, seja para uso militar ou para uso civil pacífico, foram uma surpresa inesperada e desagradável.

Os custos não chegaram nem perto do que as pessoas pensavam que seriam. Parte disso decorreu da antipatia do público, que prolongou o processo de licenciamento, construção, e assim por diante, mas por outro lado o fato é que o que era necessário para que esse trabalho realmente se realizasse era completamente novo, em termos de estruturas de contenção, em termos do modo como toda a indústria teria de ser militarizada e organizada por causa da natureza do próprio combustível, que tem enormes e imprevisíveis usos terroristas e militares, então todo o empreendimento custou muito mais do que qualquer um jamais imaginou.

Em segundo lugar, houve uma série de acidentes muito preocupantes, além dos que quase se concretizaram. Menciono apenas três aqui porque vocês reconhecerão os nomes. Three Mile Island, Chernobyl e Fukushima, mais recentemente. Mas se vocês olharem para a história da energia nuclear, houve literalmente milhares de incidentes ao longo do tempo. E situações que não se concretizaram por um triz... quero dizer, a indústria tem um vocabulário muito curioso sobre como descrever eventos. Transitório, não transitório, incidentes *versus* não incidentes. Mas foram muitas, muitas as situações em que se esteve muito mais perto de uma catástrofe do que o público está realmente ciente.

Outra surpresa interessante – e não vou colocar tudo aqui, só quero falar de algumas – é essa questão do desmantelamento das usinas. Muitas dessas usinas foram construídas com uma expectativa de vida útil de 50 anos, mas outra surpresa é que, depois de operar por talvez 20 ou 30 anos e serem constantemente bombardeadas por radiação, as próprias estruturas de contenção se tornam muito mais friáveis e muito mais suscetíveis a rachaduras e vazamentos. E assim toda essa questão da desmobilização ocorreu muito mais rapidamente do que pensávamos. Ou seja, essas coisas deveriam ter uma vida útil muito mais longa.

Em um dos primeiros artigos do *Bulletin of the Atomic Scientists*, cujos responsáveis são as mesmas pessoas que fazem o Relógio do Juízo Final, havia um artigo escrito que dizia que a desativação, quando acontecesse, custaria cerca de 10 a 15% do que custa para construir as plantas. Bem, as poucas que desativamos custaram desde algo em torno de US$ 100 milhões, caso de uma planta muito pequena em Shippingport, Pensilvânia, até as estimativas atuais, que giram em aproximadamente US$ 500 milhões por planta. US$ 500 milhões por planta. Isso se pudermos fazer alguma coisa com elas, sobre o que tratarei mais adiante.

Até o momento, embora muitas usinas o exijam, muito poucas foram desativadas, seja nos Estados Unidos ou ao redor do mundo. Das usinas nos Estados Unidos que entraram no processo, apenas três receberam a classificação de "licença encerrada", o que significa que estão completamente esvaziadas de combustível usado. Todas as outras, que são chamadas de "desmanteladas" de uma forma ou de outra, gastaram combustível no local ou foram, como se diz atualmente, "sepultadas". Toda a estrutura, a estrutura de contenção e assim por diante, foi envolta no que esperamos ser um material impermeável. Concreto, em grande medida. Portanto, o problema do desmantelamento está se apresentando para nós. Essa é uma grande parte do problema com a energia nuclear.

A maior parte do problema, porém, é que não sabemos o que fazer com esses materiais quando desativamos as usinas. Não temos onde colocar. Temos uma instalação no Novo México chamada Planta Piloto para Isolamento de Resíduos (PPIR) para resíduos nucleares de baixo nível de radioatividade. São resíduos que vêm, por exemplo, da comunidade médica, da indústria médica. Mas não temos lugar para colocar resíduos radioativos de alto nível de radioatividade. Temos um local que está sob estudos há cerca de 25 ou 30 anos, Yucca Mountain, em Nevada. Quando a lei do local do depósito de resíduos foi aprovada, previa-se a existência de um depósito no leste e um depósito no oeste. Bem, adivinhem por que Nevada tem um local. Eles têm uma delegação de três representantes no Congresso. Eles foram derrotados. O único local em potencial, que já desenvolveu todos os tipos de problemas geológicos e outros problemas significativos, é o único local que está sendo considerado, e essa consideração está atualmente suspensa. Não há nenhum tipo de movimento ativo para colocar esse local em operação.

Mas em qualquer caso, trata-se de um grande problema. O que fazer com os resíduos? Não deveria haver nenhum resíduo. Essa é outra das muitas surpresas desagradáveis. Quando o programa nuclear realmente começou a se preparar, os tecnólogos pensaram que seríamos capazes de reprocessar todo o combustível usado em uma espécie de formulação de reator reprodutor, de modo que, à medida que se produzisse combustível usado, esse combustível seria reprocessado e depois reutilizado sucessivas vezes para a criação de energia.

Bem, é bastante digno de nota que o Presidente Carter, que havia trabalhado em submarinos nucleares e coisas do gênero, chegou à conclusão de que, como muito do material saído desses reatores era plutônio para armas, talvez não fosse uma boa ideia unicamente reprocessá-lo dessa maneira. Ou seja, que ele era muito suscetível a roubos por terroristas, que no caso de se ter acesso a ele, se estaria muito mais perto de fabricar uma arma. E assim, sob a administração Carter, o programa de reprocessamento foi interrompido. Desde então, temos resíduos armazenados basicamente em reservatórios dessas usinas nucleares há cerca de 40 anos ou mais. E é isso que estamos fazendo com ele.

O resíduo de plutônio tem uma vida útil, meia-vida, de 250 mil anos, o que significa que metade de sua radioatividade se foi nesse período. Nós realmente não temos a capacidade institucional para lidar com tais extensões de tempo. Não temos a capacidade de ter certeza sobre a estabilidade geológica em tais períodos de tempo, mas também não sabemos como indicar nesses prazos o que seria um perigo. O simbolozinho que temos para a radioatividade, como sabemos que terá significado em algo próximo aos períodos de tempo em que se fará necessário? Alvin Weinberg, um dos primeiros gurus da energia nuclear, disse que realmente precisaríamos de um tipo de sacerdócio nuclear para cuidar desses locais, se algum dia chegarmos a tê-lo. Mas mesmo a simbologia dele é difícil de abarcar pelos intervalos de tempo necessários.

Uma sugestão séria sobre como lidar com os resíduos era tirá-los da Terra. Não vamos mantê-los por aqui. É muito perigoso. Podemos carregá-los em foguetes e lançá-los em direção ao sol. Bem, quando o desastre da Challenger aconteceu em 1986, isso meio que pôs fim a essa discussão, felizmente. Quero dizer, se a Challenger tivesse uma carga nuclear, como tivemos para alguns satélites, isso poderia ter sido um grande problema. De qualquer forma, não temos realmente nada a ver com os resíduos. Não sabemos bem o que fazer com eles.

Muito bem. Mas nestes tempos a energia nuclear tem sido promovida, como vinha dizendo, a uma espécie de solução de tecnologia verde para a mudança climática. Ou seja, se pudéssemos trocar os combustíveis fósseis pela energia nuclear, os vestígios de carbono seriam substancialmente menores. Mas, além de todos os outros problemas que acabei de descrever com a própria energia nuclear, se toda a cadeia, desde a mineração de urânio até a construção e operação de usinas e sua desativação e, finalmente, chegando aos resíduos e descarte, armazenamento temporário, for considerada, a energia nuclear não é isenta de carbono, e realmente não é a solução. Esse não é o caminho a seguir. Mas vocês verão em muitas, muitas conversas sobre mudança climática a energia nuclear sendo defendida mais uma vez.

Antes de concluir, quero apenas dizer algumas outras coisas sobre a crise climática. A primeira é esta palavra estranha, agnotologia. É o estudo da ignorância ou dúvida culturalmente induzida, particularmente a publicação de dados científicos imprecisos ou enganosos. O termo foi cunhado por Robert Proctor quando estudava essa história de distorção pela grande indústria do tabaco. Se vocês olharem para a discussão sobre mudanças climáticas, o discurso público, e olharem para o discurso sobre o tabaco, há alguns paralelos muito marcantes. A ideia é simplesmente semear dúvidas, onde há um consenso científico quase universal, não apenas sobre a natureza das mudanças climáticas, mas seus mecanismos causais como sendo atividade humana. Há um consenso quase universal – um consenso maior do que vocês obteriam na ciência sobre quase qualquer coisa – e, ainda assim, certos agentes foram capazes de produzir dúvidas e, assim, inviabilizar a ação. O mesmo aconteceu com os efeitos adversos do tabaco para a saúde.

Parte disso envolve a produção do senso comum em torno dessa questão. Naomi Klein descobriu, em um de seus estudos, que onde você se alinha com a questão da mudança climática, assim como uma série de outras questões, praticamente não se toca nos fatos do caso, mas ele se torna parte da identidade das pessoas. Se você se considera um republicano tradicional, parte de sua identidade deve ser a negação das mudanças climáticas. Se você se considera um democrata convencional, parte de sua identidade deve levar a sério a questão das mudanças climáticas. Mas, de qualquer forma, isso agora faz parte da produção do senso comum.

Eu só queria dizer uma breve coisa sobre o papel da Exxon nesse empreendimento da agnotologia (a produção de desinformação), porque eles são emblemáticos em relação ao que aconteceu nessa esfera ao longo do tempo. A própria pesquisa da Exxon confirmou o papel do combustível fóssil no debate sobre o aquecimento global décadas atrás, na década de 1970, basicamente. A Exxon acreditava que, se eles se aprofundassem na pesquisa sobre mudanças climáticas, isso protegeria seus negócios. Ou seja, eles tinham interesse, pensavam eles, em realmente enfrentar a questão das mudanças climáticas. Eles equiparam seu maior superpetroleiro para medir a absorção de dióxido de carbono dos oceanos. Eles consideraram isso uma joia da coroa em seu programa de pesquisa. Eles confirmaram o consenso sobre o aquecimento global em 1982 com modelos climáticos internos. Eles tinham toda uma equipe científica trabalhando nisso no fim da década de 1970 até o início da década de 1980, e confirmaram todas essas descobertas.

Mas, em algum momento, sua ambição de negócios colidiu com as mudanças climáticas de uma maneira que os levou a uma direção diferente. Por toda a década de 1980, a empresa lutou para resolver esse dilema. Eles fizeram uma enorme descoberta em um campo de gás, mas sabiam dos impactos da mudança climática, então fizeram uma troca. Eles começaram a semear dúvidas sobre a ciência climática por décadas, enfatizando essa questão da incerteza. Eles realmente não dizem que não está acontecendo, apenas dizem: "não temos certeza. Nós simplesmente não sabemos o suficiente ainda para agir. Não queremos ser precipitados. Não queremos agir cedo demais e incorrer em custos desnecessários como empresa ou sociedade". Eles colaboraram com a Casa Branca sob a administração Bush/Cheney, que estava cheia de pessoas da indústria do petróleo. A Exxon transformou incertezas científicas comuns em armas de confusão em massa.

Se vocês estiverem interessados em mapear toda a história disso, há um site muito bom, insideclimatenews.org. Esse grupo tem mapeado a maneira pela qual a Exxon vem fazendo isso. Quando os fatos não condizem com a teoria, jogue fora os fatos. Essa é a orientação da Exxon.

Vamos a algumas citações de Naomi Klein, em seu relato de uma reunião do Heartland Institute, organização financiada pelos irmãos Koch, cujo negócio é semear dúvidas sobre as mudanças climáticas. Ela diz:

> Quando se trata das consequências no mundo real dessas descobertas científicas, especificamente o tipo de mudanças profundas necessárias não apenas para nosso consumo de energia, mas para a lógica subjacente de nosso sistema econômico, a multidão reunida no Marriott Hotel [pessoas ligadas ao Heartland Institute] pode estar em negação consideravelmente menor do que muitos ambientalistas profissionais. Aqueles que pintam um quadro do aquecimento global ao estilo apocalíptico nos asseguram que podemos evitar a catástrofe comprando produtos verdes e criando mercados inteligentes para a poluição. Metade do problema é que os progressistas, com as mãos cheias de desemprego crescente e múltiplas guerras, tendem a supor que os grandes grupos verdes têm a questão climática coberta. A outra metade é que muitos desses grandes grupos verdes evitaram, com precisão fóbica, qualquer debate sério sobre as raízes óbvias da crise climática: globalização, desregulamentação e a busca do capitalismo contemporâneo por crescimento perpétuo, as mesmas forças que são responsáveis pela destruição do resto da economia. O resultado é que aqueles que assumem os fracassos do capitalismo e aqueles que lutam pela ação climática permanecem como pontos sem contato, com o pequeno, mas valente movimento de justiça climática traçando as conexões entre racismo, desigualdade e vulnerabilidade ambiental, amarrando algumas pontes frágeis entre eles.

Curiosamente, no próprio livro de Naomi Klein, *This Changes Everything*, ela faz exatamente o que está acusando as pessoas aqui de fazerem. Ela realmente não vê no capitalismo o culpado central da história. E ela não está sozinha nessa análise deficiente.

> Existem vários sites que estão mantendo um registro dos ataques do Governo Trump às estruturas institucionais, legais e regulatórias que foram criadas para proteger o meio ambiente (em grande escala). Não vou dizer muito sobre eles, exceto... Você pode tirar suas próprias conclusões (cf. National Geographic Staff, 2017; Popovich et al., 2017).

Muito bem. Então, alguns pensamentos finais. Capitalismo *versus* meio ambiente, quem vai ganhar? Não sabemos. Mas como ex-membro do corpo docente aqui na Universidade do Arizona, que então se mudou para o Novo México, e acho que agora se mudou para Belize, Guy McPhearson diz: "a natureza bate por último". Então, há uma realidade material em tudo isso que está além da confusão mental e da retórica. Mas isso levanta uma questão com a qual eu gostaria de encerrar. Se a natureza bate por último, em que momento do jogo estamos? Eu vou parar por aqui.

Palestra de Chomsky, 7 de fevereiro de 2019

O discurso sobre o Estado da União na última terça-feira foi muito oportuno para o nosso tópico desta semana. Enquanto Marv discutia os efeitos sombrios do uso de combustíveis fósseis, o presidente declarou – quero citá-lo – que "desencadeamos uma revolução na energia americana. Os Estados Unidos são agora o produtor número um de petróleo e gás natural em qualquer lugar do mundo. Pela primeira vez em 65 anos, somos um exportador líquido de" – dos meios para destruir a vida humana organizada na Terra. As últimas palavras, após a pausa, são minha paráfrase para sua palavra "energia", lamentavelmente, uma palavra precisa.

Havia, é claro, verificadores de fatos. Todos os jornais passaram pelo discurso para listar todas as mentiras e declarações enganosas. O *New York Times* anotou o texto com correções e ressalvas. Mas as observações que acabei de citar escaparam ilesas. Por motivos muito bons. Elas estão amplamente corretas. Na verdade, a única ressalva é que, embora o Governo Trump tenha trabalhado horas extras para aumentar a grave ameaça à vida organizada, a revolução estava de fato em andamento antes. Obama já havia aumentado substancialmente as oportunidades de extração de combustíveis fósseis. E ele não foi o primeiro.

Gostaria de começar dando uma olhada em alguns dos artigos que apareceram na imprensa nos últimos dias, que ilustram os dilemas que estamos enfrentando, o precipício de que estamos nos aproximando ao imitar o proverbiais lêmingues, mas neste caso com os olhos bem abertos, sabendo exatamente o que estamos fazendo. Isso inclui a classe dos líderes políticos e empresariais.

Vamos começar com o primeiro que Marv mencionou na terça-feira, sobre o derretimento das geleiras do Himalaia. Há um estudo científico recente, que apareceu na imprensa há alguns dias, relatando que pelo menos um terço dos enormes campos de gelo na imponente cadeia de montanhas asiática estão fadados a derreter devido às mudanças climáticas, com sérias consequências para quase 2 bilhões de pessoas – é um belo número de pessoas. Existem centenas de milhões hoje, talvez 500 ou 600 milhões no sul da Ásia, que carecem de água potável, e isso vai aumentar drasticamente. A agricultura sofrerá drasticamente. Grande parte da região já está insuportavelmente quente em boa parte do ano, e isso está piorando. Essa é uma região com alguns dos piores níveis de pobreza do mundo. Existem dois estados com armas nucleares que em breve terão conflitos sobre o acesso mais limitado à água. Deixo o resto para sua imaginação.

Essa é a primeira. Podemos acrescentar às misérias do sul da Ásia a antecipada elevação do nível do mar. Bangladesh é uma planície costeira muito baixa. Provavelmente haverá dezenas ou mesmo centenas de milhões de refugiados apenas do sul da Ásia, muitos mais em outros lugares. Isso é apenas o começo. Então, quem pensa que há um problema de refugiados agora vai se surpreender em alguns anos, se as tendências atuais persistirem.

Vejamos um segundo artigo, uma matéria de primeira página no *New York Times* de hoje. É um relatório da Nasa sobre o aquecimento global. Relata que os últimos cinco anos foram os mais quentes já registrados. E dos dezenove anos mais quentes já registrados, dezoito ocorreram desde 2001. Então é quase perfeito. Há um gráfico que o acompanha, que vale a pena olhar. Mostra o aumento do aquecimento global. Há uma aceleração muito acentuada desde 1980. O relatório que cita o estudo científico diz que "o que diferencia o aquecimento recente na varredura do tempo geológico é o aumento relativamente repentino das temperaturas". E sua clara correlação com níveis crescentes de gases de efeito estufa, como dióxido de carbono e metano, produzidos pela atividade humana.

Essa é a Nasa esta manhã. Então, vamos voltar para ontem, o *Washington Post*, um relatório que diz que "durante o antigo período chamado Eemiano, há cerca de 125 mil anos, os oceanos eram tão quentes quanto são hoje. E no mês passado, surgiram novas pesquisas intrigantes sugerindo que as geleiras do Hemisfério Norte já recuaram tanto quanto no Eemiano, impulsionadas pelo aquecimento dramático nas regiões do Ártico", que está aquecendo mais rápido do que outras regiões. Esse período "foi muito próximo do nosso clima atual", continua o relatório, "mas com uma grande discrepância – os mares na época eram de 6 a 9 metros mais elevados".

A discrepância pode ser superada, indica o artigo, pelo derretimento da enorme camada de gelo da Antártida Ocidental, que agora está em andamento. Existem explorações científicas monitorando-a. O artigo cita um importante pesquisador da Antártida que diz: "há uma coisa importante a considerar: o Eemiano ocorreu sem humanos emitindo muitos gases de efeito estufa. O dióxido de carbono atmosférico era muito menor do que é hoje. O evento foi impulsionado por mudanças na órbita da Terra ao redor do sol, levando à incidência de mais luz solar no Hemisfério Norte. A grande diferença, desta vez, é que os humanos estão aquecendo as coisas muito mais rápido do que se acredita ter acontecido no passado geológico", e isso "faz uma diferença fundamental. O ritmo atual das mudanças climáticas é muito rápido, e a taxa de aquecimento pode fazer com que as geleiras se comportem de maneira diferente do que no passado".

Então, na verdade, pode ser muito pior hoje do que o Eemiano, quando o nível do mar estava de 6 a 9 metros mais alto, independentemente do aquecimento ao redor da Terra.

Podemos apoiar isso com um artigo que acabou de aparecer na imprensa científica de autoria de James Hansen, um dos principais geofísicos que estudam as mudanças climáticas (Hansen, 2016). Ele e algumas dezenas de outros publicaram um artigo que concluiu que agora estamos cerca de um grau centígrado abaixo da temperatura de 125 mil anos atrás. O nível do mar, segundo eles, era cerca de sete metros e meio mais alto do que hoje. E, crucialmente, eles descobriram que o aumento do nível do mar, estou citando agora, "é melhor compreendido como exponencial do que por uma resposta mais linear". Então, isso significa que, em vez de o nível do mar continuar subindo como tem acontecido, ele pode dobrar a cada duas décadas. Essa é a situação de momento.

O próximo item é uma matéria de primeira página de alguns dias atrás no *New York Times*, considerada tão importante que eles publicaram uma seção on-line especial sobre ela. A manchete é: "Campo gigantesco no Texas revive as fortunas do petróleo dos Estados Unidos". O campo gigantesco é a Bacia do Permiano. Fica entre o Novo México e o Texas. Agora está repleta de produção e exploração. E a maior preocupação para eles é como criar mais capacidade para colocar todo esse petróleo no mercado. Sua recompensa também empoderou os Estados Unidos diplomaticamente, permitindo que imponha sanções ao Irã e à Venezuela sem preocupação de que possa haver um efeito na produção de petróleo. Então estamos em boa forma para atacar o resto do mundo livremente. A Bacia do Permiano gera mais petróleo do que qualquer um dos 14 membros da Opep, exceto Arábia Saudita e Iraque. Lembre-se de que é apenas um dos nossos campos de petróleo. A produção doméstica de petróleo aumentou 2 milhões de barris por dia no ano passado para um recorde de 12 milhões de barris por dia, tornando os Estados Unidos novamente o maior produtor mundial. Espera-se que quinze oleodutos e gasodutos a servir o Permiano sejam concluídos até meados de 2020, potencialmente aumentando as exportações do Golfo do México em quatro vezes, para 8 milhões de barris por dia após 2021.

A ExxonMobil tornou-se a perfuradora mais ativa na bacia. Ela projeta que aumentará a produção em cinco vezes até 2025, outros também. O gerente geral da Shell para a Bacia do Permiano diz: "nós não estamos aqui em uma situação de grande prosperidade e rápida decadência. Estamos aqui desenvolvendo um recurso geracional".

Falta uma palavra no relatório: "clima". Também falta o fato de que o maior produtor mundial é também o maior poluidor *per capita*. E também falta um fato crucial: se isso continuar por uma geração como o gerente da Shell prevê, estamos condenados.

Não se tocou no tema.

O repórter é Clifford Krauss. Ele é um dos principais repórteres veteranos do *New York Times*. Altamente qualificado, altamente experiente, dotado de grande conhecimento. Ele sabe tudo sobre o que está faltando no relatório, o que isso significa. E, claro, os editores também. Isso não é incomum. Na verdade, está em toda parte. Se vocês olharem através da imprensa regular e especialmente de negócios, incluindo jornais bastante sérios como o *Financial Times*, vocês encontrarão exatamente a mesma coisa, de forma consistente e sem interrupção, até onde eu vi. Muitas discussões eufóricas sobre o grande aumento da produção de petróleo, mas nenhuma menção à palavra "clima" ou qualquer das consequências. Às vezes, há menção a danos ambientais. Assim, por exemplo, o *New York Times* publicou uma longa matéria de mil palavras, frente e verso, alguns dias atrás sobre como Trump estava abrindo vastas novas áreas para perfuração de petróleo em Wyoming, Nevada, e outras áreas na região. Euforia.

O artigo menciona questões ambientais. Diz que pode haver problemas para os fazendeiros, eles podem estar ficando sem água por causa do fraturamento. E a vida humana (e outras) na Terra? Nem uma palavra! Novamente, não é ignorância, todos eles sabem disso. Tudo o que estamos falando e muito mais, eles estão bem cientes.

Tudo isso continua a levantar algumas questões de interesse, às quais voltarei.

Um último exemplo. Ryan Zinke, como vocês provavelmente sabem, foi forçado a renunciar ao cargo de secretário do interior por causa de todos os tipos de acusação de corrupção, o que acaba sendo bastante normal. Então ele saiu e há um novo cara nomeado, David Bernhardt. De acordo com o relatório, "enquanto o Sr. Zinke foi a face pública de alguns dos maiores retrocessos das proteções de terras públicas na história do país, o Sr. Bernhardt foi quem esteve discretamente puxando as alavancas para executá-las, abrindo milhões de acres de terra e água para empresas de petróleo, gás e carvão" (*New York Times*, 4 de fevereiro de 2019). Ele é descrito por aliados e oponentes como tendo desempenhado um papel crucial no avanço do que Trump descreveu como uma agenda de dominação energética para o país. Um especialista em direito ambiental da Faculdade de Direito da Universidade do Colorado diz: "Bernhardt realmente está comandando o *show*, dirigindo o leque de políticas de uma maneira muito forte".

Bem, Bernhardt é um ex-lobista da indústria de combustíveis fósseis. O novo nomeado para a Agência de Proteção Ambiental, Andrew Wheeler, é um ex-lobista da indústria do carvão. Portanto, as duas agências que lidam com o meio ambiente estão em boas mãos. Vocês poderão dormir com os anjos esta noite.

As opiniões de Bernhardt sobre o aquecimento global não parecem ter sido reportadas, pelo menos não consigo encontrá-las, embora as de Wheeler tenham sido. Durante sua audiência de posse no Senado, um senador perguntou a ele o que ele pensava sobre o aquecimento global. Ele disse que provavelmente está acontecendo, mas está bem abaixo na lista de questões urgentes. Ele classificaria talvez em oitavo ou nono lugar, então podemos esquecer isso.

Eu poderia acrescentar outro relatório da mídia que acabou de sair, que na verdade traz boas notícias sobre o que podemos fazer para aliviar a crise. Foi noticiado pela BBC na semana passada. Houve "uma pequena era do gelo" no século XVII; a temperatura caiu. Ninguém realmente entendeu o porquê, é um problema há muito tempo. Mas a BBC relata um novo estudo – eu pesquisei, o relatório é preciso – que sugere que a queda dos níveis de CO_2 que causou o resfriamento foi em parte devido ao assentamento das Américas e ao colapso resultante da população indígena, que permitiu a rebrota da vegetação natural. O relatório estima que cerca de 60 milhões de pessoas foram mortas em um século, muito mais, é claro, depois. Agora, esse é algo como o número de refugiados hoje. Por isso, dá uma sugestão de como mitigar a crise climática e também a crise dos refugiados. Poderíamos simplesmente matá-los e talvez isso reduzisse um pouco a temperatura.

Bem, se algum de vocês tem os talentos de Jonathan Swift, o que não é meu caso, vocês podem escrever isso como "Uma proposta modesta", sua sátira à racionalidade da economia.

Não são apenas o governo dos Estados Unidos e as corporações de energia que se dedicam a aumentar rapidamente a produção de combustíveis fósseis. O mesmo ocorre em todo o setor corporativo. Então pegue o maior banco do país, o JP Morgan Chase. Ele está dirigindo grandes investimentos à extração de combustíveis fósseis, concentrando-se no mais perigoso e mais poluente deles, as areias betuminosas canadenses.

Todos eles sabem exatamente o que estão fazendo, não apenas os repórteres e os editores da grande imprensa, mas também os CEOs das empresas de energia e financeiras. E, claro, também os líderes políticos. Eles não são analfabetos.

Marv falou um pouco na terça-feira sobre a ExxonMobil, uma das maiores corporações de energia. Podemos acrescentar um pouco à história. Eles estavam na liderança, começando nos anos 1960, 1970, com muitos cientistas trabalhando para eles, na descoberta da natureza e da grave ameaça que representava o aquecimento global. Eles estavam produzindo documentos importantes sobre a ameaça, que, é claro, foram para a administração.

Algo aconteceu em 1988. Em 1988, James Hansen fez um discurso muito importante, que foi divulgado e, pela primeira vez, deu reconhecimento público em larga escala à grave ameaça do aquecimento global.

Nesse ponto, a gestão mudou a política. Eles começaram a despejar dinheiro no negacionismo. Eles reconheceram que o aquecimento global se tornaria um grande problema, o que afetaria seus lucros, é claro. Assim, eles começaram a financiar não tanto o negacionismo direto; mas, como Marv apontou da última vez, o ceticismo, dizendo: "bem, nós realmente não sabemos. Muita incerteza, não tenho certeza de qual é o efeito da cobertura de nuvens... Existem argumentos nos dois sentidos. Portanto, é realmente prematuro tentar fazer algo a respeito, despejar uma enorme quantidade de dinheiro nisso". Ao mesmo tempo, bem na frente deles estavam os relatórios de seus próprios cientistas, os principais cientistas da área, dizendo que isso é um desastre iminente.

O mesmo vale para o sistema político. Então pegue Donald Trump. Ele sabe tudo sobre o aquecimento global e seus perigos. Recentemente, ele solicitou ao governo da Irlanda permissão para construir um muro – ele adora muros. Este é para proteger seu campo de golfe do aumento do nível do mar. No pedido, ele apela para a ameaça do aquecimento global. Então, quando há algo realmente importante, como algum dinheiro no bolso, é perfeitamente óbvio que tudo está acontecendo.

E o resto deles? Nas primárias republicanas de 2016, como talvez vocês se lembrem, quase todos os candidatos negaram que o aquecimento global está acontecendo... Certamente, todos eles sabem que está. Havia uma exceção interessante, John Kasich, que era considerado o cara sério, o adulto na sala. Kasich era o governador de Ohio. Ele disse: "sim, está acontecendo", mas "vamos queimar [carvão] em Ohio e não vamos nos desculpar por isso" (Geman, 2012).

Ele era considerado o cara com alguns princípios morais, mas é exatamente o oposto. Foi ele quem disse: sim, está acontecendo. Nós vamos causar uma catástrofe, mas não vamos nos desculpar por isso. Nós vamos apenas seguir em frente e fazê-lo.

Isso é considerado o adulto na sala. Bem, é claro que os outros também sabiam.

Agora, há algumas exceções, alguns que realmente acreditam firmemente que o clima não é da nossa conta. Um deles é o senador de Oklahoma, senador veterano, que chefiou a comissão de meio ambiente do Senado, James Inhofe. Ele disse que Deus está lá em cima, e há uma razão para isso acontecer. Portanto, é uma espécie de sacrilégio interferir na vontade de Deus. E estou bem certo de que ele falou a sério. Ele é um cristão dedicado e comprometido. Ele falou por muitos norte-americanos.

Comparativamente falando, entre as sociedades desenvolvidas, talvez quase todas as sociedades, esta é uma sociedade incomumente fundamentalista. Tem sido ao longo de sua história, e agora isso aparece de todas as maneiras. Essa é provavelmente uma das razões pelas quais os Estados Unidos lideram o mundo desenvolvido na negação do que está acontecendo. Houve uma pesquisa recente em 20 países, países desenvolvidos. As pessoas foram perguntadas: "você concorda com a afirmação 'a mudança climática que estamos vendo atualmente é em grande parte o resultado da atividade humana'?" 54% dos norte-americanos disseram que sim. Isso está dez pontos abaixo do país seguinte mais baixo da lista. Os outros estão agrupados acima. Dê uma olhada nos republicanos. Metade diz que não está acontecendo, de jeito nenhum. Da outra metade, pouco mais da metade diz que os humanos podem ser responsáveis por parte disso. A que se deve isso?

Suponho que uma das principais razões é que é isso que as pessoas veem, leem e ouvem. Assim, dezenas de milhões de pessoas ouvem diariamente Rush Limbaugh, que os instrui que existem os "quatro cantos do engano: governo, academia, ciência e mídia. Essas instituições são hoje corruptas e existem para enganar. É assim que eles se dão a conhecer ao público; é como elas prosperam". Além disso, a ciência das mudanças climáticas é "o maior golpe da história do mundo".

Então, por que devemos acreditar em pessoas dedicadas ao engano, como cientistas? Na verdade, isso não é necessariamente uma má notícia. Significa que há espaço para um trabalho educativo e ativista, que pode fazer uma grande diferença se for realizado.

Tudo isso levanta algumas questões bastante interessantes. Pensemos na mentalidade das pessoas que se dedicam a destruir as perspectivas da vida humana organizada, sabem muito bem o que estão fazendo e são seres humanos perfeitamente racionais. Como se junta tudo isso?

Vejamos, por exemplo, Rex Tillerson, ex-CEO da ExxonMobil, levado para o Governo Trump, mas logo expulso por ser considerado racional demais. Como CEO da ExxonMobil, era responsável pelo que acabei de descrever. Ou vejam Jamie Diamond, CEO do JP Morgan Chase. Eu não vi o que ele tem a dizer sobre o assunto, mas ele certamente entende tudo isso. Ele é uma pessoa inteligente e racional, está sempre por dentro de tudo no mundo. Ele precisa estar para ganhar dinheiro.

Então o que está acontecendo? Coloquem-se no lugar deles. O que fazer caso você seja Rex Tillerson ou Jamie Diamond? Eles realmente têm algumas opções. Uma escolha é buscar maximizar os lucros. A outra opção é desistir e ser substituído por alguém que buscará maximizar os lucros. Eis as opções.

Isso conta para a mentalidade? Eu não acho que isso isenta os indivíduos da responsabilidade, mas indica que eles têm pouca escolha. O problema não é só individual, é institucional. É sobre isso que Marv estava falando em nossa última sessão. E vemos isso muito claramente em casos como esses.

Bem, e quanto a Clifford Krauss, o repórter, o jornalista. É o mesmo problema. Ele tem o que se chama de responsabilidade profissional. O aquecimento global não fazia parte da matéria que ele estava cobrindo, então se ele trouxesse isso em sua reportagem, isso seria introduzir uma opinião em uma notícia objetiva. Isso revelaria um viés inaceitável que violaria o princípio da objetividade, que diz que se você é um profissional, deve cumprir a tarefa atribuída. Você pode saber que o que você está dizendo é: "nós destruiremos o mundo", mas você não coloca isso em sua coluna, porque seria uma violação da responsabilidade profissional.

Na verdade, existe um conceito de objetividade. Se vocês forem às escolas de jornalismo, aprenderão sobre a objetividade, que é muito valorizada. Objetividade significa descrever com precisão e justiça o que está acontecendo dentro dos círculos do poder. Se vocês fizerem qualquer outra coisa, isso é assumir um viés, e não queremos ser tendenciosos. Então talvez saibamos todas essas coisas, mas não podemos dizê-las.

Essa é a situação que essas pessoas enfrentam, problemas institucionais. Algumas semanas atrás, eu trouxe uma anedota pessoal. Espero que vocês não se importem se eu recorrer a outra. A primeira foi uma que tem me assombrado toda a minha vida. 6 de agosto de 1945[7]. Houve outra mais ou menos na mesma época, que também não consigo tirar da cabeça. Um artigo de um grande ensaísta, Dwight McDonald, bem no fim da guerra, por volta de 1945. Ele escreveu alguns ensaios muito eloquentes em seu próprio periódico, um jornal dissidente chamado *Politics*.

---

7. Eu era um conselheiro em um acampamento de verão. O bombardeio de Hiroshima foi anunciado, todos partiram para a próxima atividade. Fiquei tão chocado com o evento e com a falta de reação que fui sozinho para a floresta por algumas horas. Tenho sentido o mesmo desde então.

Eu estava lendo na época quando era adolescente. Alguns dos ensaios eram sobre responsabilidade dos povos e responsabilidade dos intelectuais. Eles incluem uma das minhas frases favoritas. Ele diz: "é ótimo ser capaz de ver o que está bem debaixo do próprio nariz, o que geralmente perdemos de vista, mas é um bom talento a ser cultivado".

Esses ensaios são muito bons. Eu recomendo que vocês deem uma olhada neles, eles estão on-line. No ensaio sobre a responsabilidade dos povos, McDonald cita uma entrevista com um tesoureiro de um campo de extermínio, um tesoureiro de um campo de extermínio nazista, que foi preso quando os campos foram libertados. Ele descobre que os russos que libertaram o campo vão executá-lo. Ele começa a chorar e pergunta: "por que fariam isso? O que foi que eu fiz? Eu não matei ninguém. Eu estava apenas cumprindo a função que outra pessoa teria assumido se eu tivesse saído. Eu estava apenas tentando sobreviver".

Soa familiar?

Bem, voltando àqueles dias, 1945, quando estávamos entrando na era nuclear, não se sabia na época, mas agora se sabe que estávamos entrando em outra era, uma nova época geológica. Agora ela é chamada de Antropoceno. Houve debates quanto ao seu marco. A Organização Geológica Mundial, há um ano, estabeleceu o período logo após a Segunda Guerra Mundial, quando todos os tipos de ataques ao meio ambiente estavam aumentando, não apenas o aquecimento global, mas os plásticos, sobre os quais Marv falou na terça-feira, e muitos outros. Então esse é o Antropoceno, uma nova época geológica em que os humanos estão produzindo um impacto importante e deletério no meio ambiente.

Há um corolário para o Antropoceno, a saber, a sexta extinção, em meio da qual nos encontramos hoje. Marv também mencionou isso em nossa última sessão: o declínio muito rápido – surpreendentemente rápido – de espécies, principalmente insetos, o que é letal para o futuro.

Na verdade, se vocês olharem para a era nuclear, é literalmente um milagre que tenhamos sobrevivido. Conversamos um pouco sobre a crise dos mísseis cubanos, o momento mais perigoso da história, e um dos milagres que nos salvou da guerra nuclear: a decisão de Vasili Arkhipov de não autorizar o lançamento de mísseis nucleares. Não é apenas a hora.

Tomemos outro caso. No início dos anos 1980, quando teve início a administração Reagan, eles decidiram testar as defesas russas em um momento em que a situação geral era muito tensa. A maneira como eles fizeram isso foi simulando ataques à Rússia – ataques aéreos, terrestres e marítimos, incluindo ataques nucleares, apenas para ver como os russos responderiam e o que poderíamos aprender sobre suas defesas. Os analistas da CIA presumiram que eles não levavam isso muito a sério. Afinal, como alguém poderia acreditar que os Estados Unidos almejavam um ataque? Mas quando os arquivos russos saíram, descobriu-se, não muito surpreendentemente, que eles levaram isso muito a sério. De fato, os relatórios de inteligência que estão sendo escritos agora nos Estados Unidos apontam que "The war scare was for real", chegou muito perto de acontecer (Fischer, 2008; Adamsky, 2013). Isso foi na época da Operação Able Archer, se vocês quiserem pesquisar.

Pouco antes, houve um momento em que as defesas aéreas russas registraram um ataque de mísseis dos Estados Unidos. Lembrem-se de que seus sistemas são primitivos; eles não são como os nossos, que usam satélites e podem dizer o que está acontecendo em qualquer lugar. O sistema russo, acho que até hoje, mas aparentemente na época, era baseado em radares, o que significa que você pode ver até o horizonte, mas você não sabe o que realmente está acontecendo até que esteja bem em cima de você.

Então seus sistemas registraram um ataque de mísseis dos Estados Unidos. Aliás, isso acontece repetidamente. Temos apenas nossos próprios registros, lidando com um sistema muito mais sofisticado. Houve centenas de casos em que os sistemas automatizados registraram ataques de mísseis. A informação vai para o Estado Maior Conjunto e depois para o Conselheiro de Segurança Nacional, que informa o presidente, que então tem que decidir se deve apertar o botão e, se for o caso, está tudo feito. Tudo em poucos minutos. Houve momentos em que chegou muito perto. Durante os anos Carter, o conselheiro de segurança nacional Brzezinski estava ao telefone pronto para ligar para Carter sobre um ataque com mísseis russos quando chegou a informação de que o relatório era um erro, algum erro de codificação ou algo assim. À medida que avançamos na área de inteligência artificial, deixo para vocês a reflexão sobre o que isso significa. Em todas as ocasiões, o bloqueio se deu por intervenção humana.

De qualquer forma, foi o que aconteceu na Rússia no período muito tenso pouco antes de Able Archer. O protocolo na Rússia era para que o indivíduo que recebesse a informação a transmitisse ao Politburo e depois ao alto-comando. Que pode decidir que sua única escolha é lançar os mísseis.

E lembrem-se: eles têm apenas alguns minutos para decidir.

Bem, o cara que recebeu a informação dos sistemas automatizados, cujo nome era Stanislav Petrov, decidiu que provavelmente não era real. Ele examinou os relatórios e concluiu que era improvável que os Estados Unidos enviassem um número relativamente pequeno de mísseis. Não fazia sentido. Então ele decidiu não enviar a informação ao alto-comando. Outra razão pela qual estamos vivos.

Tem sido assim indefinidamente, e está piorando. Mencionei anteriormente que o Relógio do Juízo Final acabou de ser acertado, em 24 de janeiro, a dois minutos da meia-noite, o mais próximo que esteve da extinção desde que foi acertado pela primeira vez em 1947 – com exceção de 1953, quando os Estados Unidos e a URSS detonaram as bombas termonucleares, demonstrando que a inteligência humana havia inventado os meios para destruir a vida na Terra. Os analistas voltaram a acertar o relógio em dois minutos para a meia-noite. Eles chamam de "o novo anormal". É com isso que estamos vivendo agora. E está piorando.

Bem, existem respostas para essas terríveis perspectivas. Isso é importante ter em mente. No caso das armas nucleares, elas podem ser eliminadas, um ideal utópico proposto por gente de notável ingenuidade como Henry Kissinger e o secretário de Estado de Reagan, George Shultz.

Parece bastante sombrio, mas em todos os casos, há respostas. No caso de uso excessivo de antibióticos, sobre o qual Marv falou, há respostas óbvias: parar a produção industrial de carne. Só isso já teria um efeito enorme. A superpopulação é um problema bastante sério, mas há uma resposta muito simples e conhecida: a educação das mulheres. Onde quer que tenha havido educação das mulheres, a fecundidade diminuiu drasticamente, países ricos ou pobres. Isso, é claro, requer planejamento familiar. Então, como estamos lidando com isso? Cortando a ajuda externa para o planejamento familiar. Essa é a maneira de lidar com o problema. O argumento é que parte da ajuda ao planejamento familiar pode ir para abortos. Mas, na verdade, o corte da ajuda aumenta o número de abortos, abortos ilegais e perigosos. Isso é o que acontece quando você não tem acesso ao planejamento familiar, cortando anticoncepcionais e assim por diante. Haverá mais abortos, ilegais e perigosos.

E continua.

Se vocês pensarem a respeito disso, se vocês olharem para o que está debaixo de seus narizes, para citar McDonald mais uma vez, tudo isso é muito claro.

Mas, e as armas nucleares? Quanto a essa questão, sabemos a resposta: podem ser eliminadas. Elas certamente podem ser reduzidas. Existem acordos de controle de armas, que poderíamos ratificar e que reduziriam significativamente o problema. Existem três acordos principais de controle de armas. O primeiro é o Tratado de Mísseis Antibalísticos. A expressão "míssil antibalístico" soa defensiva – estamos nos protegendo. Mas analistas estratégicos de todos os lados sabem muito bem – e muitas vezes o dizem – que os sistemas de mísseis antibalísticos são armas de primeiro ataque.

Todo mundo sabe que é inconcebível que qualquer sistema imaginável de mísseis antibalísticos seja capaz de deter um primeiro ataque violento. Mal é concebível que ele possa impedir um ataque de retaliação. Portanto, ter um sistema como esse significa, para aqueles que o arquitetam, que, se lançarmos um primeiro ataque, existe a possibilidade de sobrevivermos. Daí que ele incentiva os primeiros ataques. Ele não conhece outra função, senão – e talvez – num sentido muito secundário. Esse é um tratado.

O segundo tratado é o Tratado de Forças Nucleares de Alcance Intermediário, assinado por Reagan e Gorbachov em 1987. É bastante importante. Impediu a instalação dos muito perigosos mísseis nucleares de curto alcance na Europa, que poderiam facilmente ter sido usados para iniciar uma guerra que teria acabado com tudo. Por que eles assinaram? Bem, uma das principais razões é que houve um grande movimento antinuclear no início dos anos 1980, um movimento popular muito importante, que criou as condições sob as quais seria muito difícil não fazer algo.

Daí que o tratado foi assinado e ratificado. É importante conservar o contexto em mente. Não é apenas a hora. Agora, esse é o segundo.

O terceiro é o tratado New Start, assinado e ratificado em 2011. Ele levou a uma redução radical de lançadores e mísseis. O tratado vence em 2021. Esses são os três tratados.

Muito bem: como eles estão? O Tratado de Mísseis Antibalísticos está morto. Os Estados Unidos se retiraram em 2002 durante a administração Bush. Quanto ao Tratado de Forças Nucleares de Alcance Intermediário, o Governo Trump acabou de anunciar que está saindo. O terceiro, Trump sugeriu que deseja cancelar. Ele diz que esse é um daqueles tratados de Obama. Trata-se, por definição, do pior tratado já assinado, a reboque de tudo que tenha sido feito pelo odiado Obama. Precisamos nos livrar disso. Assim, assistimos ao fim dos três tratados, e nesse caso se escancaram as portas para a produção de armas nucleares mais destrutivas e ameaçadoras[8].

Bem, há muitas coisas que podemos fazer. Poderíamos lembrar o pano de fundo que se fez presente à época dos outros tratados: os protestos populares em massa.

Há muitas outras medidas concretas que podem ser tomadas para reduzir a grave ameaça de uma guerra nuclear. Uma delas, importantíssima, é o estabelecimento de zonas livres de armas

---

8. Em agosto de 2019, pouco antes do Dia de Hiroshima, o Governo Trump revogou o Tratado de Forças Nucleares de Alcance Intermediário, alegando que os russos o haviam violado, afirmação amplamente divulgada e considerada obviamente verdadeira, como talvez seja. O que raramente se menciona é que os russos alegam há muito tempo que as instalações de mísseis antibalísticos dos Estados Unidos na fronteira russa violam o tratado, argumento levado tão a sério pelos cientistas norte-americanos que o *Bulletin of Atomic Scientists*, grande referência do tema, tem um artigo de capa para explicar a situação. Em um mundo saudável, o embate entre declarações levaria a negociações, investigações por especialistas independentes e renovação deste tratado de importância tão fundamental. Mas esse não é o nosso mundo.

nucleares em todo o mundo. Isso reduz a possibilidade de conflito e desenvolvimento de armas. Já existem várias dessas zonas livres. Quase. Uma delas está no hemisfério ocidental, mas é claro que não está completa. Ela precisa deixar os Estados Unidos e o Canadá de fora. Outra, também importante, é a África, mas essa não pode ser implementada por causa de um problema. Existe uma ilha chamada Diego Garcia. A África a reivindica, mas a Grã-Bretanha, a antiga colonizadora do local, também. A pedido dos Estados Unidos, a Grã-Bretanha desalojou toda a população da ilha para que os Estados Unidos pudessem construir uma enorme base militar ali.

A reivindicação britânica de soberania é apoiada pelos Estados Unidos e pela França, não por outros. A base militar está em operação. É uma das principais bases militares para o bombardeamento de Iraque e Afeganistão. Foi ampliada. Parece que, sob o Governo Obama, foi ampliada para incluir instalações de armas nucleares, alojamento para submarinos nucleares e instalação de armas nucleares. Isso impede, portanto, que o tratado africano entre em vigor.

Há outra no Pacífico, a zona livre de armas nucleares do Pacífico. Essa esperou anos porque a França estava realizando testes de armas nucleares em suas possessões insulares, mas eles pararam há alguns anos. No entanto, os Estados Unidos insistem em manter instalações de armas nucleares e instalações para submarinos de armas nucleares em suas ilhas do Pacífico, e assim essa zona não entra em vigor.

A mais importante de todas seria uma zona livre de armas nucleares no Oriente Médio, uma área altamente volátil com muitas ameaças de armas nucleares. É um caso muito significativo – como os outros, quase nunca discutido, como vocês podem confirmar.

Há um apoio global esmagador para o estabelecimento de uma zona livre de armas nucleares no Oriente Médio. A campanha para estabelecê-la foi iniciada pelos estados árabes, Egito e outros, ainda na década de 1990. A campanha para instituí-la mais recentemente foi liderada pelo Irã, atuando em nome do G-77, os antigos países não alinhados, atualmente representados em essência pelo sul global, incluindo 132 países. Eles pedem com veemência pelo estabelecimento de uma zona livre de armas nucleares na região. E o resto do mundo concorda, com uma única exceção, a de sempre. Os Estados Unidos não o permitem.

A cada cinco anos há uma reunião de revisão dos países do tratado de não proliferação. A cada vez, a ideia é apresentada e apoiada. Os Estados Unidos colocam-se contrários, mais recentemente na administração Obama, em 2015.

Todos sabem o motivo. Se uma zona livre de armas nucleares for estabelecida no Oriente Médio, Israel terá de expor à inspeção seu enorme sistema de armas nucleares. E os Estados Unidos teriam de admitir que elas existem. Claro, todos sabem que elas existem, mas é necessária aos Estados Unidos e Israel a recusa em reconhecê-lo. Há uma boa razão. Se ambos admitirem sua existência, a ajuda militar a Israel deve ser interrompida, segundo lei norte-americana (a emenda Symington). Portanto, não sabemos se esse sistema existe, e cabe aos Estados Unidos refrear quaisquer esforços regionais e internacionais para estabelecer uma zona livre de armas nucleares no Oriente Médio – o que, aliás, eliminaria qualquer ameaça imaginável que o Irã possa representar, se há quem pense que existe uma ameaça, uma vez que se implementasse um sistema de inspeção sério. E ampla experiência, verificada pela inteligência dos Estados Unidos e pela Agência Internacional de Energia Atômica, demonstra que o Irã tem aderido com correção aos acordos de inspeção do tratado nuclear iraniano de julho de 2015, celebrado por Irã, Estados Unidos e outros países – com poder de veto – membros da ONU e a Alemanha[9].

A suposta ameaça de armas nucleares iranianas tem sido um tópico importante há anos, em todas as primeiras páginas e na TV, com debates sóbrios sobre se devemos apenas bombardeá-los agora ou se devemos manter essa opção na mesa, violando a Carta da ONU e a Constituição dos Estados Unidos, como já discutido. Tentem encontrar uma palavra sobre o fato de que há uma solução fácil para esses tremendos problemas: seguir os passos do Irã, dos estados árabes e do resto do mundo estabelecendo uma zona livre de armas nucleares com um regime de inspeção confiável, tudo bastante simples – exceto pelo fato...

É um exercício instrutivo, que nos diz muito sobre a pinça de ferro da doutrina oficial que exerce sua força sobre uma cultura intelectual profundamente conformista.

Também será preciso trabalhar duro para encontrar qualquer menção, da parte do *mainstream*, ao fato de que os Estados Unidos – e o Reino Unido – têm a responsabilidade única de se dedicar ao estabelecimento de uma zona livre de armas nucleares no Oriente Médio. Quando os dois governos planejavam a invasão do Iraque, eles tentaram construir uma cobertura legal tênue para a agressão, apelando à Resolução 687 (1991) do Conselho de Segurança da ONU, que pedia ao Iraque que encerrasse seu desenvolvimento de armas de destruição em massa. A parceria Estados Unidos-Reino Unido alegou, falsamente, que o Iraque não cumprira com suas

---

9. O acordo foi revogado por Trump, em maio de 2019, a despeito das fortes objeções de todos os outros signatários, que juraram conservar o acordo, mas não são capazes de fazê-lo diante do poder e das ameaças esmagadoras dos Estados Unidos.

responsabilidades. Um exame da Resolução 687 revela que ela compromete seus signatários a se mobilizar para estabelecer uma zona livre de armas nucleares no Oriente Médio. Assim, embora o Iraque tenha de fato cumprido a Resolução 687, os Estados Unidos continuam a violá-la, isoladamente.

Isso não é pouca coisa, como vemos diariamente com os perigos extremos representados pelas ameaças coordenadas entre Estados Unidos e Israel contra o Irã por seus supostos interesses no que toca a armas nucleares.

Há muito mais a dizer sobre tudo isso, mas, por enquanto, vamos deixar isso por enquanto com a observação de que essas são algumas das coisas "cuja menção não é conveniente", tomando emprestado a explicação de Orwell sobre como os assuntos importantes são suprimidos nas sociedades livres.

A mensagem mais importante é, uma vez mais, que há coisas que podem ser feitas para evitar crises graves. E para voltar aos comentários anteriores, isso é certamente verdade para o aquecimento global. O prazo que temos para a ação é curto, os problemas estão aumentando, mas o jogo de forma alguma acabou.

De modo mais geral, acho que John Dewey, que citei anteriormente, estava certo em dizer que até que o "feudalismo industrial", nosso sistema atual, tal como ele o nomeou... até que ele seja substituído pela democracia industrial, ou seja, o controle democrático da produção, juntamente com o controle democrático de todos os aspectos da vida social – até que isso aconteça, como ele disse, "a política será a sombra lançada pelos negócios sobre a sociedade".

Remover a sombra é uma tarefa enorme. O prazo para que déssemos uma resposta à crise ambiental já se foi, embora ainda seja absolutamente possível levantar parcialmente a questão. Isso pode fazer uma grande diferença. Isso pode ensejar meios de enfrentar os terríveis riscos que temos enfrentado, ao mesmo tempo em que nos direcionamos a uma verdadeira democracia.

Discutimos alguns dos graves problemas que enfrentamos. Nas próximas semanas, falaremos sobre outros. Há quem diga que é inútil tentar fazer qualquer coisa a seu respeito. Teríamos simplesmente de reconhecer que a humanidade perdeu o jogo, e que só nos restaria desistir. Uma dessas vozes é o governo dos Estados Unidos. Uma das tarefas de leitura para esta semana é uma publicação muito interessante da agência responsável pela segurança nas estradas, a Administração Nacional de Segurança Rodoviária, sob a presidência de Trump. É uma avaliação ambiental de quinhentas páginas. Evidentemente, muito trabalho foi empenhado nele. A conclusão do relatório é que não deve haver nova regulamentação para as emissões de poluentes dos veículos automóveis. Não precisamos, portanto, tornar carros e caminhões mais eficientes, não precisamos tentar reduzir as emissões. E eles têm um argumento muito racional – afinal, é uma burocracia séria. Concluem os responsáveis pelo documento que, no fim do século, a temperatura terá subido cerca de quatro graus Celsius para além dos níveis pré-industriais, um nível que o Banco Mundial chamou de "cataclísmico", cerca do dobro do que o mundo científico estima ser possível para que a vida humana organizada resista sob qualquer forma reconhecível.

Em suma, o jogo vai acabar em breve de qualquer maneira. E uma vez que as emissões automotivas não contribuem definitivamente para a catástrofe total, por que não nos divertirmos? A experiência humana se acabou de qualquer maneira. Vocês devem se lembrar da história de que Nero supostamente havia tocado a lira enquanto Roma queimava. O governo republicano está nos dizendo que devemos desfrutar a vida enquanto o mundo arde. Estas são as instruções do governo mais poderoso da história mundial.

Claro, há um pressuposto: que todos os outros são tão criminalmente loucos quanto eles e se unirão a eles na escalada das ameaças.

Este deve ser o documento mais surpreendente que já apareceu na história da humanidade. Vejam se vocês conseguem pensar em qualquer coisa parecida. É muito grave. E vejam como o assunto é tratado. Ele ganhou uma reportagem do *Washington Post*, provavelmente em alguns outros lugares, e então desapareceu. Quem se importa?

Felizmente, não é verdade que todos são tão criminalmente loucos quanto os nossos líderes. Muita coisa tem sido feita. Assim, por exemplo, na Dinamarca, cerca de 50% das necessidades energéticas serão supridas por energias renováveis até 2030, e eles estão planejando atingir o uso zero de combustível fóssil até 2050. Há muitos outros casos.

E mesmo que o governo federal, sob a administração dos republicanos, esteja determinado a ganhar os louros como a organização mais criminosa da história mundial – dedicada à destruição da vida humana organizada – há coisa sendo feita aqui, nos estados e localidades. Recentemente, na costa noroeste do Pacífico, a cidade de Portland e várias outras áreas declararam um compromisso de eliminação de todos os combustíveis fósseis. O exemplo mais extraordinário é a China. Dean Baker, um economista muito bom, publicou um estudo interessante a esse respeito há alguns dias (Baker, 2019). Ele afirma que a China lidera o mundo no desenvolvimento de energia sustentável. O uso de carros elétricos na China já está no mesmo nível que todo o resto do mundo combinado e aumentando rapidamente. O mesmo acontece com a energia eólica: o nível também iguala o resto do mundo combinado, e com a energia solar ainda mais. No ano passado, a China adicionou mais capacidade solar do que todo o resto do mundo combinado. Podemos pensar num lugar como Tucson, onde o sol brilha quase o tempo todo.

A China é um país pobre. Tem uma grande economia, mas *per capita* continua a ser globalmente um país pobre com graves problemas internos desconhecidos no Ocidente. Os Estados Unidos poderiam certamente fazer melhor do que isso. Estamos fazendo? Bem, perguntem a si mesmos.

Há muitas outras coisas que devem ser feitas – como a aclimatação das casas. Isso está acontecendo por toda a Europa a tal ponto que as empresas não têm mais negócios e estão a tentar entrar no mercado americano, mas ninguém está muito interessado. A aclimatação torna a vida melhor, mais barata, mais feliz, reduz o impacto no clima, mas não se encaixa na doutrina. Só de usar apenas coisas como luzes LED, caso se faça o cálculo, o impacto é tremendo.

Há muitas coisas que podem ser feitas, e há organizações realmente trabalhando nelas. Uma delas nos Estados Unidos é um grupo chamado Movimento Sunrise. É formado sobretudo por jovens, como a maioria dos outros. Um grupo chamado Earth Strike teve a sua primeira ação em 15 de janeiro. Há também um grupo chamado Extinction Rebellion, com sede na Grã-Bretanha.

Milhares de manifestantes na Grã-Bretanha fecharam as pontes de Londres repetidas vezes em protesto contra a incapacidade de agir contra o aquecimento global. Agora eles têm, dizem eles, cerca de duzentas células ao redor do mundo. Houve uma grande manifestação em Manhattan há alguns dias, em 28 de janeiro. Eles estão organizando esforços para realizar uma semana internacional de ação em abril. Muitas células estão surgindo em torno dos Estados Unidos. O Movimento Sunrise, ao qual retornaremos, já teve um efeito bastante significativo. Uma das suas ações foi um protesto sentado no gabinete de Nancy Pelosi, a presidenta da Câmara, contra a falta de ação contra o aquecimento global.

A eles se juntaram Alexandria Ocasio-Cortez e as outras jovens mulheres, mulheres progressistas que acabaram de ser eleitas para o Congresso. E eles exigiram o que eles chamaram de um *New Deal* verde, um compromisso de descarbonizar, descarbonizar completamente, a economia dos Estados Unidos até 2030, e fornecer um emprego verde para quem quer que tenha interesse. A resposta obtida pelo grupo é bastante ampla e colocou a ideia na agenda do Congresso. Na verdade, houve uma resolução, introduzida hoje por Ocasio-Cortez e Ed Markey, senador por Massachusetts, para implementar essa proposta. Isso poderia se tornar real com a pressão pública, o tipo de pressão pública que levou ao Tratado de Forças Nucleares de Alcance Intermediário, por exemplo. E não é pouco! Alguma forma de *New Deal* verde é essencial para a sobrevivência.

O que levanta mais uma questão. Vamos voltar para McDonald, sobre o tesoureiro do campo de extermínio. Não somos tesoureiros do campo de extermínio que sabem o que acontece atrás dos muros, mas decidem desviar o olhar, fazer o seu trabalho e viver as suas vidas.

Não somos assim. Na verdade, somos piores. Assistimos a uma história terrível se desdobrar, muito mais horrível até do que Auschwitz. E temos de nos fazer a pergunta do pagador: "o que eu fiz? Em que eu fracassei?" As gerações futuras, se existirem, farão essa pergunta sobre nós.

Abri esta sessão com o relatório sobre o derretimento das geleiras no Himalaia, colocando centenas de milhões de pessoas em risco de perderem o seu escasso abastecimento de água. E isso não é apenas algo muito remoto de nós. Tucson, como a maioria de vocês sabe, tem um sistema de água muito frágil e que se encontra em séria ameaça.

5
Neoliberalismo, globalização e financeirização

Palestra de Waterstone, 12 de fevereiro de 2019

Muito bem, pessoal. Vamos começar. Antes de entrarmos no assunto principal desta noite, eu só queria fazer uma atualização muito, muito breve em relação a um tópico que abordamos na semana passada, apenas porque nos últimos dias vieram a público alguns relatórios realmente alarmantes, que alguns de vocês provavelmente viram ou podem ter visto. Eles receberam um pouco de cobertura jornalística.

Um foi um trabalho que acabou de sair na *Biological Conservation*. Ele projeta que, dentro de algumas décadas, cerca de 40% das populações de insetos podem se extinguir, e que todos os insetos podem, de fato, desaparecer no período de um século. As consequências disso, vocês podem imaginar, não são em nada desprezíveis. Na verdade, são insuportáveis. Mas, de qualquer forma, esse foi um dos relatórios que saiu apenas nos últimos dias.

Outro que acabou de sair nos últimos dias tem a ver com o desaparecimento de geleiras em todo o mundo, mas especialmente nos glaciares do Himalaia, alguns dos quais estão condenados ao completo desaparecimento, marcando o destino de cerca de 1,5 a 2 bilhões de pessoas que dependem deles para o suprimento de água, para a obtenção de água potável, para a agricultura, e assim por diante. Ambos acabaram de ser publicados nesses últimos dias, e assim o ritmo com que a ciência projeta as circunstâncias da ruptura climática... eu não acho mais que seja apropriado chamá-la simplesmente de mudança climática. Penso que catástrofe ou ruptura climática seja talvez uma descrição melhor, mas, em todo o caso, o ritmo com que a ciência tem desvelado o percurso de aceleração desses fenômenos é, de fato, alarmante.

O assunto desta noite, ou os assuntos, na verdade, são esses três fenômenos relacionados. Gostaria de lhes apresentar um esquema rápido do que é minha intenção abordar esta noite. Em primeiro lugar, gostaria de lhes dar uma definição muito breve do neoliberalismo, e quero distingui-lo da globalização e da financeirização. Em seguida, quero falar sobre o desenvolvimento desses fenômenos em dois períodos distintos. O primeiro período abrange 1945, imediatamente após a Segunda Guerra Mundial, até a entrada dos anos de 1970. Essas datas não são precisas, é claro, mas elas concentram mudanças particulares no sistema econômico político.

É um período por vezes chamado de capitalismo regulado. Há também quem o chame de liberalismo incorporado. Às vezes recebe o nome de idade de ouro do capitalismo. Em seguida, temos o segundo período, que abrange a década de 1970 até algo em torno de 2008, que é realmente o período do advento do neoliberalismo. E então, após a quebra em 2008, penso que nós realmente mudamos para um novo momento, que uma série de analistas, incluindo figuras como Henry Giroux, chamaram de capitalismo gângster. Gostaria de tratar um pouco disso esta noite, mas vamos conversar sobre isso um pouco mais provavelmente na quinta-feira, e depois na próxima semana. E então, por fim, quero pensar sobre que tipos de efeitos foram produzidos por essas mudanças na economia política do globo. Quais são as principais consequências da mudança do período anterior para o período neoliberal?

O neoliberalismo é, ele próprio, o conjunto de ideias e práticas, e vou descrever o que elas são em instantes, mas o neoliberalismo é, de fato, uma compreensão filosófica de como o mundo não só funciona, mas como ele deve funcionar. A globalização é a disseminação dessas ideias e práticas pelo espaço e de lugar para lugar, e então na esteira dele há o surgimento da financeirização, que realmente caracteriza a mudança e o crescente papel dominante do capital financeiro ante outros setores do capital. Não só a natureza das finanças mudou, mas também a natureza de seu relacionamento com outros setores do capital mudou drasticamente, o que acarretou efeitos de grande monta.

Vamos começar com o neoliberalismo. E vocês reconhecerão um pouco dessa fraseologia com a leitura de algumas semanas atrás do artigo de Milton Friedman, um dos principais defensores do neoliberalismo. Em seu cerne, o neoliberalismo é uma teoria das práticas econômicas e políticas que propõe que o bem-estar humano pode conhecer avanços oferecendo livre-trânsito a liberdades empreendedoras individuais – não coletivas, atenção – definidas de maneiras muito particulares, e a competências no âmbito de uma estrutura institucional caracterizada por fortes direitos de propriedade privada, os chamados "mercados livres" e o chamado comércio "livre". Se eu pudesse usar minhas mãos para fazer aspas e mais aspas, eu o faria a cada instante, mas eu as deixo à imaginação de vocês.

O papel do Estado sob a filosofia neoliberal é criar e preservar uma estrutura institucional adequada a esses tipos de prática. Ela deve garantir a qualidade e a integridade do dinheiro. Também cria as estruturas e funções de defesa militar, polícia e justiça necessárias para garantir os direitos de propriedade privada e garantir, pela força, se necessário (e já vimos parte disso na conversa sobre o militarismo; veremos mais disso), o funcionamento adequado dos mercados. Esse é o papel do Estado.

Se os mercados não existirem em áreas como propriedade de terras, saneamento, educação, saúde, seguridade social ou poluição ambiental, eles devem ser criados por ação do Estado, se necessário. Talvez vocês vejam essas coisas de pronto, antes de tudo, como bens ou recursos públicos, mas todos devem ser colocados sob as rubricas do mercado por meio da privatização, uma característica essencial do neoliberalismo. Quaisquer outras ações do Estado são consideradas ilegítimas, mas já é possível observar que o Estado tem um papel muito significativo a desempenhar aqui, embora os defensores do neoliberalismo e sua retórica minimizem constantemente tanto o papel quanto a necessidade do Estado. Também deve estar bastante claro, de pronto e apesar desta retórica, que o neoliberalismo não é, em verdade, um empreendimento desimpedido e não mediado pelo Estado.

Quero falar sobretudo a respeito dos dois períodos mencionados e, em seguida, sobre o período após 2008 como uma extensão separada, porém relacionada, dos fenômenos que o precedem. Vamos começar com este gráfico. O eixo x se refere aos anos de 1949 a 2015. O eixo y é um índice relativo a 1970 da relação, neste caso, entre a produtividade e os salários de trabalhadores produtores de bens. No período após a Segunda Guerra Mundial até cerca de 1970 e um pouco depois, há uma correlação muito próxima, e o claro sentido disso é que os trabalhadores estavam sendo contemplados com os resultados desse aumento de produtividade.

A distância entre produtividade e a compensação de um trabalhador aumentou drasticamente desde 1979

Crescimento da produtividade e crescimento de compensação por hora, 1948-2018

Obs.: Os dados representam a compensação (salários e benefícios) de trabalhadores de produção/não supervisão no setor privado e produtividade de rede da economia total. "Produtividade de rede" é o crescimento da saída de bens e serviços menos a depreciação por hora trabalhada.

Fonte: Análise de dados não publicados de Produtividade Total da Economia do Instituto de Política Econômica, Secretaria de Estatísticas Laborais SEL, programa de Produtividade e Custos do Trabalho; dados salariais oriundos das estatísticas de emprego da SEL, tendências de custo do emprego da SEL, índice de preços ao consumidor da SEL e contabilidade de produto e renda da SEL.

Atualizados a partir da Figura 1 de Raising America's Pay: Why It's Our Central Economic Policy Challenge (Bivens et al., 2014).

Instituto de Política Econômica

E é possível ver um ponto de inflexão em meados dos anos de 1970, quando essas linhas começam a divergir drasticamente, e a produtividade continua a subir, mas os salários permanecem, na verdade, bastante estagnados. Falarei mais sobre isso daqui a pouco, mas, de qualquer forma, esse é o ponto de divisão entre esses dois períodos. O primeiro período, 1945-1970, que, como eu disse antes, é referido ora como capitalismo regulado, ora liberalismo incorporado, ou idade de ouro do capitalismo e também, por vezes, chamado de capitalismo com um rosto humano.

O que se passa neste primeiro período? Na economia global, o sistema de Bretton Woods é estabelecido. Pouco antes do fim da Segunda Guerra Mundial, cerca de 700 delegados se reúnem em New Hampshire, em Bretton Woods, e definem, àquela altura, um sistema monetário que a princípio governaria as relações econômicas e, portanto, políticas entre os estados-nação após a guerra. É uma estrutura para o comércio e desenvolvimento internacional. Dá ensejo a certas instituições. O Fundo Monetário Internacional foi criado neste momento. São criados os antecessores do Banco Mundial, o Acordo Geral sobre Tarifas Aduaneiras e Comércio, que foi sucedido pela Organização Mundial do Comércio. São estabelecidas na conferência de Bretton Woods a Ocde, o Banco de Compensações Internacionais e, assim, todas as instituições financeiras que em verdade dominam o funcionamento da economia mundial ou pelo menos suas premissas.

E o elemento central disso era que os países, de fato, negociariam sob taxas de câmbio fixas. As coisas não se desviariam em mais de 1% de uma taxa fixa, isto é, fixada em uma moeda atrelada ao ouro, de maneira que a quantidade de moeda não poderia, de fato, se desviar da quantidade de ouro em mais de 1%. Havia o respaldo do ouro, e também do dólar norte-americano. Na época, os Estados Unidos controlavam cerca de dois terços das reservas de ouro da economia mundial, e assim o ouro tornou-se o padrão, e a fixação do dólar americano a esse ouro tornou-se a maneira pela qual a moeda internacional foi definida.

Era uma economia mundial moderadamente aberta, embora houvesse algumas tarifas, tarifas de proteção, alguns obstáculos à livre-circulação de capitais. É preciso lembrar que, em 1944, tal como o mundo emergia da Segunda Guerra Mundial, os Estados Unidos eram, de longe, a economia mundial predominante, então eram capazes de ditar muitos dos termos em que esses acordos foram feitos. Isso permitiu aos Estados Unidos investimento direto em países estrangeiros, o que incluía novos estados emergentes que passavam por um processo de descolonização, mas isso teve outro efeito que se revelaria um obstáculo. Isto é, esse movimento também abriu os mercados dos Estados Unidos para bens da Europa e do Japão, e permitiu um forte crescimento das economias capitalistas em todo o mundo. Isso não parecia um grande problema à época da conferência de Bretton Woods. Isto é, a hegemonia norte-americana era tão grande que isso realmente não parecia ser um grande problema.

Durante esse período, o governo desempenhou um papel importante na economia. A princípio, as decisões econômicas e fiscais eram regidas por um conjunto keynesiano de políticas, que tinham por finalidade manter uma baixa taxa de desemprego e uma taxa de inflação aceitável. A principal característica de uma economia keynesiana é a gestão da demanda. Ou seja, se a demanda começa a enfraquecer, outro ator, tipicamente o Estado, deve intervir para estimular a economia. Esse é um conjunto de teorias sobre como a economia funciona que persistiu durante esse período, e depois foi derrubada no período seguinte. É uma economia baseada na demanda, não na oferta.

Havia regulamentação governamental das indústrias básicas. Havia regulamentação governamental do setor financeiro; regulação social, incluindo o aumento das regulamentações ambientais, de consumo, ocupação, segurança e saúde. Tudo isso começa a fazer parte da rede social das sociedades. Havia forte fiscalização antitruste. Razoavelmente forte, relativamente forte. Também havia fornecimento de alto nível de bens e serviços públicos, incluindo infraestrutura. Esse é o momento em que se desenvolve o sistema rodoviário interestadual. A *G.I. Bill* [lei de benefícios a veteranos de guerra] de que falamos um pouco.

Esse é o período em que vemos o surgimento dos subúrbios e a abertura de novas áreas geográficas para o desenvolvimento dos Estados Unidos; já havia movimentos nesse período a partir do chamado *Rust Belt* no alto centro-oeste, a sede tradicional da manufatura, até o *Sun Belt*, com implicações importantes para as relações capital-trabalho. Ou seja, grande parte do *locus* original da atividade econômica foi fortemente sindicalizada. O sul, o sudoeste e o oeste não estavam, então isso realmente fez uma grande diferença.

Eu não vou falar muito sobre essa provisão de bens públicos, mas pode passar pela cabeça de vocês como a criação de uma sociedade de consumo dependeu muito de coisas como suburbanização e pulverização, basicamente, da população em domicílios individuais. Parte do sonho americano de que falamos no início de fato conheceu um crescimento neste período, e vocês têm condições de enxergar seu necessário conjunto de relações com o consumo de massa. Todos têm de mobiliar as próprias casas, todos precisam ter todos os tipos de coisa que agora estão sendo convertidas de uma produção de tempos de guerra para uma produção de tempos de paz.

Também vemos o aumento do Estado de Bem-estar durante este período: seguridade social, Medicare, Medicaid, seguro-desemprego. Esses eram parte do mecanismo do *New Deal* para salvar o capitalismo dos capitalistas. Houve uma tremenda quantidade de incentivo durante o período da Depressão, e então a guerra trouxe a economia para fora da recessão, mas outros elementos precisavam ser aperfeiçoados, e assim algumas dessas coisas, como a segurança social, o Medicare e assim por diante, foram destinadas a salvar o capitalismo dos capitalistas.

Por fim, e isto é coisa digna de nota, especialmente à luz das recentes notícias sobre impostos. Durante esse período, houve uma estrutura de imposto de renda muito progressiva. Na verdade, em 1944, a taxa marginal de imposto máxima era de 94%. E durante as décadas de 1950 e 1960 permaneceu perto de 90%. Ela não caiu para 70% até a década de 1980; assim, as propostas encabeçadas por pessoas como Elizabeth Warren e Alexandria Ocasio-Cortez não são sem precedentes históricos. E a produtividade durante este tempo foi a mais alta que tivemos, então estas são coisas a se ter em mente enquanto vemos os argumentos que circulam em torno destas propostas fiscais.

Houve também, nesse período, um papel muito importante da negociação coletiva entre empresas e sindicatos, por razões de que tratarei a seguir. Havia uma grande proporção de empregos muito estáveis e de longo prazo. As pessoas muitas vezes entravam em um emprego, uma profissão, e neles ficavam por toda a vida. Não esse pular de um emprego para outro que temos agora.

O próprio setor empresarial também tinha algumas características interessantes. Não havia guerras de preços ou concorrência total. Os CEOs corporativos tendiam a ser promovidos de dentro da corporação, em vez de serem procurados em outras empresas. Os princípios burocráticos, em vez dos princípios econômicos, governavam muitas das relações dentro das corporações, então essa ideia de promoção a partir de dentro, a ideia de atingir uma senioridade e assim por diante – esses eram os tipos mais importantes de relações. Isso muda no período seguinte.

De forma muito significativa, nesse período, as instituições bancárias financiam sobretudo as empresas não financeiras e as famílias. Ou seja, o papel do capital financeiro era, de fato, lubrificar as engrenagens para o resto da economia. Ou seja, a ideia é "você investe". As pessoas, então, entram em produção, e isso gera empregos e produção e assim por diante. Isso também muda.

Eis uma questão sobre este período, 1945-1970: por que o capital concordou com esse estado de coisas? Lembrem-se, chamava-se capitalismo regulado. Por que os capitalistas concordaram com isso? Em primeiro lugar, nas profundezas da Grande Depressão, um grande levante de trabalhadores começou nos Estados Unidos e em muitas outras partes do mundo. Isto é, a antipatia pelo capitalismo derivada da Grande Depressão estava sendo sentida de maneiras muito, muito políticas. As pessoas estavam começando, em grande medida, a se organizar com base na solidariedade trabalhista. Trabalhadores de muitos setores industriais lançaram campanhas para o reconhecimento de sindicatos, incluindo o automobilístico, o siderúrgico, de pneus, máquinas, caminhões, de trabalhadores das áreas elétrica e portuária. Houve conflitos ferozes e muitas vezes violentos que resultaram em ganho de força dos trabalhadores em alguns setores ao longo do tempo, obrigando muitas corporações gigantes a reconhecer e negociar com sindicatos. Essa era, portanto, uma situação comum.

Quando os Estados Unidos entraram na Segunda Guerra Mundial, a liderança trabalhista aceitou uma trégua concordando com um compromisso de não greve durante a guerra – em outras palavras, para ajudar a economia durante a guerra. Durante a guerra, com o pleno emprego reforçando o poder de barganha dos trabalhadores e o sucesso do esforço de guerra dependente da cooperação dos trabalhadores, os sindicatos conquistaram vários ganhos adicionais, incluindo a contribuição sindical, negociações entre empregado e empregador, a senioridade como base para a promoção e como proteção contra a dispensa e expansão da filiação sindical. A dinâmica emergente ao longo desse período é de um setor trabalhista que ganha poder.

Entrar em modo de produção de guerra havia tirado os Estados Unidos da Grande Depressão. Muitos temiam que, com o fim da guerra, a Depressão pudesse retornar, e, com isso, as suas condições, incluindo toda a agitação social e política. Além dos efeitos econômicos, o grande capital temia que tais condições pudessem acarretar uma propagação do socialismo e do comunismo, e esses não eram medos infundados. Muitos partidos socialistas e comunistas ganharam grande poder nesse período, especialmente, embora não só, fora dos Estados Unidos. Por toda a Europa e Ásia os partidos socialistas e comunistas conheceram, de fato, uma expansão.

Além disso, depois da Segunda Guerra Mundial, os governos comunistas passaram a governar uma parcela ainda maior do globo, um terço da população mundial (incluindo, sobretudo, a China e a União Soviética), e isso gerou, no mínimo, um imaginário alternativo. Por isso, concessões eram necessárias. Já falamos sobre a dificuldade de ter esse imaginário alternativo em jogo no mundo. E eu deveria ter posto aspas sobre o termo "comunista". Eles não eram de forma alguma comunistas, por razões que já comentamos, mas afirmavam ser retoricamente comunistas, e isso permitia que uma espécie de tensão se estabelecesse entre o Ocidente e o resto.

A partir das primeiras décadas do século XX, mas especialmente depois das revoluções russas de 1905 e 1917, houve perseguição e repressão a comunistas, socialistas e muitos outros líderes trabalhistas. Já falamos um pouco sobre isso. Essa repressão aumentou tremendamente no período pós-Segunda Guerra Mundial com o macarthismo e fenômenos semelhantes. O trabalho foi enfraquecido pela legislação.

Por exemplo, a aprovação da Lei Taft-Hartley (que o Presidente Truman, curiosamente, vetou, mas seu veto foi anulado em 1947), que proibiu, entre outras coisas, boicotes secundários, que eram um mecanismo muito eficaz para os sindicatos. Isto é, se um sindicato entrasse em greve, outros sindicatos poderiam entrar em greve por solidariedade. Bem, a Lei Taft-Hartley proibiu isso, entre outras coisas.

À medida que a Guerra Fria ganhava terreno, o Congresso de Organizações Industriais (COI), de orientação bastante conservadora, que ainda estava separado da Federação Americana do Trabalho (FAT), começou a se voltar contra líderes de esquerda. Nesse momento, o FAT-COI tornou-se um dos instrumentos de perseguição comunista e caça às bruxas, culminando na expulsão de vários grandes sindicatos nacionais, liderados por comunistas e outros esquerdistas, do COI no período de 1949 a 1950.

O ano de 1949 foi muito significativo, é claro, em termos do chamado "efeito dominó". Noam falou sobre este momento em que "perdemos" a China, como se tivéssemos conhecido alguma forma de posse da China em 1949. Se vocês relembrarem nossas discussões sobre o período, e o estilo paranoico da política dos Estados Unidos, a Revolução Chinesa e a "perda" da China lançaram mais combustível a esse frenesi antissocialista e anticomunista. Disso resultou, entre outras coisas, que muitos ativistas sindicais de esquerda foram demitidos de seus empregos pela administração. Os sindicatos ficaram bastante enfraquecidos e desradicalizados, particularmente nos Estados Unidos. O que isso tem a ver com o motivo pelo qual o capital concorda com o acordo?

Nessas circunstâncias (isto é, com os sindicatos enfraquecidos e seus líderes mais radicais eliminados), a negociação parecia preferível ao capital do que a intrusão do governo. Esse era particularmente o caso se a intrusão do governo significasse uma gestão governamental muito mais ativa da economia, por exemplo, pela nacionalização de indústrias ou outros tipos de mecanismos. Dadas essas possibilidades, o capital estava mais interessado em engajar a política moderada que emergia da atividade política sindical nos Estados Unidos. Em contraste, na maioria dos países europeus nesse período, o trabalho desempenhou um papel político muito mais radical, apoiando os partidos socialistas e comunistas que pressionavam por maior intervenção do Estado nos negócios, ao mesmo tempo em que proclamavam um objetivo final de substituir o capitalismo pelo socialismo. E essa conversa – parece difícil de imaginar agora, embora estejamos conhecendo um pouco de sua recuperação – era muito presente.

Uma grande negociação, particularmente sobre salários e condições de trabalho, foi estabelecida entre capital e trabalho. Começou durante a Segunda Guerra Mundial com este tipo de acordo pela não paralisação do trabalho e assim por diante, sem produzir exigências excessivas durante o tempo de guerra, mas depois foi retida. Havia uma torta maior. Havia um aumento da produtividade e uma partilha mais equitativa nessa torta. A oposição à barganha veio principalmente de pequenas empresas. Claro: as grandes empresas não tinham problemas em pagar salários sindicais. Elas não tinham problemas para aderir a programas do governo. Por exemplo, para proteção do trabalhador, para proteção ambiental (internalização de algumas externalidades), e assim por diante.

Mas as pequenas empresas, que operam com uma margem muito pequena (e muitas das quais saem do mercado no primeiro ano), vivem tempos mais difíceis para aderir a esses tipos de acordos. Como nota lateral, apenas uma sugestão, às vezes as grandes empresas usam desse tipo de expediente para eliminar concorrentes menores, ao mesmo tempo em que soam bastante virtuosas. Ou seja, as grandes empresas encamparão práticas trabalhistas ou ambientais mais rigorosas e assim por diante, sabendo que podem facilmente absorver o custo, enquanto as empresas menores não serão capazes e, em seguida, vão afundar. Esse é um comentário lateral, apenas uma das muitas, muitas características amigáveis do capitalismo.

O resultado dessa negociação, como falamos, foi a partilha equitativa do aumento da produtividade. Durante o período de 1945-1970, vemos esse conjunto de relações entre capital e trabalho produzindo um conjunto crescente de expectativas e um conjunto crescente de resultados. O que acontece naquele momento em que as coisas começam a mudar? O que motivou essa mudança do capitalismo regulado para o neoliberalismo? A resposta curta é que o capital começou a experimentar uma taxa de lucro em queda. A resposta muito mais longa tem de explicar a razão de as coisas terem se dado assim.

Em primeiro lugar, havia um conjunto de conflitos internos à própria forma capitalista. Havia conflitos entre capital e trabalho, provocados em grande parte pela mudança das condições no processo de produção. Estimulados pela queda das taxas de lucro, os capitalistas tentaram implementar novas condições de trabalho. Havia aceleração, empregos inseguros, distribuição desigual de lucros e, portanto, havia muita agitação trabalhista. Houve conflito entre o capital e os cidadãos sobre o fornecimento de programas de bem-estar social e sobre reclamações sobre externalidades, poluição, produtos inseguros. Vemos algumas dessas coisas refletidas no *Powell Memorandum* (Powell, 1971). Quando, por exemplo, Lewis Powell vai atrás de Ralph Nader, podemos ver que esse é o início de uma reação do capital ao movimento de proteção do consumidor (e, por extensão, a outros movimentos de bem-estar social) e coisas como segurança em automóveis e assim por diante. Todos eles representavam custos para o capital que começavam a se acumular.

Verificou-se também uma maior concorrência com os países em desenvolvimento, uma vez que outras economias viviam um crescimento, em torno de recursos e do aumento dos preços do petróleo. No fim desse período temos a formação da Organização dos Países Exportadores de Petróleo (Opep) e um aumento de preços. Há também competição entre capitalistas norte-americanos e capitalistas em outros países em desenvolvimento e em países desenvolvidos, especialmente da Europa Ocidental e do Japão. Podemos ver que isso teve um reflexo muito significativo na indústria automobilística da época. Ou seja, esta é a primeira vez que Detroit e as grandes montadoras dos Estados Unidos realmente começam a enfrentar uma concorrência muito substancial das fabricantes europeias e, particularmente, de montadoras japonesas. Esse, como indiquei anteriormente, é um dos efeitos imprevistos (ou pelo menos subestimados em 1944) do arranjo de Bretton Woods. A abertura da economia mundial ao investimento direto estrangeiro dos Estados Unidos, mas também a abertura da economia dos Estados Unidos ao investimento e a interpenetração dos mercados dos Estados Unidos.

O resultado de todos esses custos crescentes para o capital foi uma taxa de lucro em queda, a enorme estagnação do crescimento da produtividade, o aumento da inflação e do desemprego, e a quebra do sistema de Bretton Woods. O chamado Nixon Shock, quando Nixon tirou a economia dos Estados Unidos do padrão ouro, e, portanto, todo o resto das economias basicamente saiu do padrão ouro, foi para a moeda fiduciária. Sei que provavelmente nenhum de vocês se lembrará, mesmo que estivessem vivos à época. Se vocês olharem para a moeda norte-americana, ela costumava dizer: "cambiável por ouro". E então ela passou a dizer: "cambiável sob demanda". Agora ela diz apenas: "em Deus confiamos" – ou seja, é uma moeda fiduciária. Vocês precisam estar cientes disso.

Tudo isso produziu o caos monetário e econômico internacional que foi parte dessa desestabilização nesse período. Havia, portanto, a necessidade de um novo conjunto de arranjos para permitir que a acumulação de capital continuasse e se expandisse. Essa forma é o neoliberalismo. Então, a partir desse período e continuando até o presente (embora agora com algumas rachaduras muito significativas), como a forma neoliberal do capitalismo se tornou o senso comum? As ideias em torno do neoliberalismo, na verdade, começaram a ganhar forma mais recentemente na década de 1940. Algumas das ideias existem há tanto tempo quanto o capitalismo. Um pequeno e exclusivo grupo de defensores apaixonados, principalmente economistas acadêmicos, historiadores e filósofos, se reuniram em torno do renomado filósofo político Friedrich von Hayek para criar a Sociedade Mont Pelerin, que recebeu o nome do *spa* suíço onde se encontraram pela primeira vez.

Aliás, a Sociedade Mont Pelerin ainda existe. Eles se encontraram pela primeira vez em 1947. Os notáveis incluíram Hayek, Ludwig von Mises, o economista Milton Friedman, e até mesmo por um tempo o ilustre filósofo Karl Popper. A declaração de fundação da sociedade diz o seguinte, e vocês reconhecerão algumas palavras familiares agora: "os valores centrais da civilização estão em perigo". Atenção ao detalhe: isso se passa imediatamente após a Segunda Guerra Mundial, então as coisas que vimos no CSN 68 (1950) estão na ordem do dia, assim como o discurso de Churchill sobre a Cortina de Ferro (1946), então já começamos a ver esse antagonismo entre o Oriente e o Ocidente, re-representado em declarações desse tipo.

> Os valores centrais da civilização estão em perigo. Por sobre vastas extensões da superfície da Terra, as condições essenciais da dignidade humana e da liberdade já desapareceram. Em outras, elas se mostram sob a constante ameaça do desenvolvimento das tendências atuais da política. A posição do

> indivíduo e do grupo voluntário é progressivamente prejudicada por extensões de poder arbitrário. Mesmo a posse mais preciosa do homem ocidental, a liberdade de pensamento e expressão, encontra-se ameaçada pela propagação de credos que, reivindicando o privilégio da tolerância quando na posição da minoria, procuram apenas estabelecer uma posição de poder em que eles possam suprimir e obliterar todas as visões, exceto a sua própria.

Isso ecoa claramente a linguagem que identificamos no CSN 68 e assim por diante, e veremos essa linguagem voltar para nos assombrar no *Powell Memorandum*. E o documento diz ainda:

> O grupo sustenta que esses desenvolvimentos foram fomentados pelo crescimento de uma visão da história que nega todos os padrões morais absolutos. E pelo crescimento de teorias que questionam a conveniência do estado de direito. Além disso, sustenta que elas foram fomentadas pelo declínio da confiança na propriedade privada e no mercado competitivo, pois sem a difusão do poder e da iniciativa associados a essas instituições é difícil imaginar uma sociedade na qual a liberdade possa ser efetivamente preservada.

Remeto vocês aos comentários que fiz há pouco sobre o que esses tipos de grupos entendem por liberdade. É uma definição muito, muito restrita de liberdade econômica. Hayek, o autor de textos-chave como *The Constitution of Liberty*, também *The Road to Serfdom*, argumentava que a batalha por ideias era fundamental. É crucial entender que o grupo em Mont Pelerin já estava profundamente ciente da maneira pela qual o senso comum deve ser cultivado e construído. E que provavelmente levaria pelo menos uma geração para que essa batalha fosse vencida, não apenas contra o marxismo, mas contra o socialismo, o planejamento estatal e o intervencionismo keynesiano, que, lembrem-se, era o senso comum prevalecente anterior. O período em questão, 1945-1970, foi dominado por uma visão keynesiana.

O movimento neoliberal permaneceu à margem da influência política e acadêmica até a conturbada década de 1970, quando as pessoas estavam procurando, particularmente os capitalistas, novas estratégias de aumento da acumulação. As ideias neoliberais começaram a se mover para o centro das atenções nesse período, em particular nos Estados Unidos e na Grã-Bretanha e, sobretudo, sob o governo Reagan aqui e a administração Thatcher na Grã-Bretanha. Embora, nos Estados Unidos, os rudimentos de tais políticas tenham começado, na verdade, sob a administração Carter.

Elas foram cultivadas em vários grupos de reflexão bem financiados, alguns ramos diretos da Sociedade Mont Pelerin, como o Instituto de Assuntos Econômicos em Londres, a Fundação Heritage em Washington, e vou citar alguns outros a seguir. Além disso, por meio de sua crescente influência dentro da academia, particularmente na Universidade de Chicago, onde Milton Friedman era figura dominante. Vou falar mais sobre ele. A teoria neoliberal ganhou respeitabilidade acadêmica com a concessão do Prêmio Nobel de Economia a Hayek em 1974, e a Friedman em 1976, juntamente com seis outros economistas afiliados ao Mont Pelerin, de modo que esse conjunto de noções passou a ter um selo de destaque.

Mas vocês devem estar cientes, é claro, que esse prêmio em particular, embora tenha assumido a aura de um Nobel, nada tinha nada a ver com os outros prêmios e está basicamente sob o controle muito restrito da elite bancária sueca. Na verdade, Peter Nobel, neto de Alfred Nobel, disse que seu avô nunca quereria um prêmio concedido a qualquer atividade que extraísse lucros das pessoas. Mesmo Hayek era da opinião de que não deveria haver um prêmio em economia, e quando fez o seu discurso de aceitação em 1974, ele assim disse. Milton Friedman pergunta em seu prefácio de 1962 a *Capitalismo e liberdade*:

> Qual é, então, o papel de livros como este? Um papel duplo, na minha opinião. O primeiro, fornecer assunto para rodas de conversa. O segundo, e mais básico, manter as opções abertas até que as circunstâncias tornem a mudança necessária. Há uma enorme inércia [esta é outra maneira de se referir ao senso comum existente], uma tirania do *status quo* em arranjos privados e especialmente governamentais. Apenas uma crise, real ou percebida [ou criada, que tem, de fato, sido parte do modo de operação do sistema neoliberal], produz uma mudança real. Quando a crise acontece, as medidas a tomar dependem das ideias que se apresentam no contexto (1962).

Se alguém leu o livro de Naomi Klein, *The Shock Doctrine*, ela atenta à ideia de que são as ideias que estão circulando em um momento de crise que se tornam predominantes. Friedman está dizendo que essas ideias, que os neoliberais vinham desenvolvendo desde a década de 1940, simplesmente aguardavam um momento maduro para serem retomadas e se tornarem parte do senso comum. "Essa, acredito, é a nossa função básica, desenvolver alternativas às políticas existentes, mantê-las vivas e disponíveis até que o politicamente impossível se torne o politicamente inevitável" (Friedman, 1962).

Esta é a noção de Friedman em 1962: "as ideias em nossos dois livros ainda estão longe de estar no *mainstream* intelectual, mas agora são ao menos respeitáveis na comunidade intelectual e muito provavelmente quase convencionais entre o público em geral". Isso se dá, basicamente, no início do governo Reagan, quando essas ideias, de fato, começam a ter uma enorme tração política.

Vejamos agora o *Powell Memorandum*, que faz parte da promulgação do neoliberalismo como senso comum. É uma das primeiras tentativas de organizar a comunidade empresarial para produzir ativamente um novo senso comum, e realmente muito intencionalmente tenta fazer isso. Penso que se deve prestar atenção, não só ao conteúdo do documento, mas também à sua retórica, ao seu estilo retórico. Noam descreveu isso como, e ele provavelmente vai dizer algo mais sobre isso, mas "parece uma criança muito mimada, que tem 99 bolinhas de gude, mas se sente privada por não ter a centésima".

O memorando argumentava que o sistema de livre-iniciativa, o capitalismo, estava sob ataque. E ele está certo. Os capitalistas quase nunca tiveram um momento de paz neste ponto. "A Câmara de Comércio dos Estados Unidos", disse Powell, "deve liderar um ataque" (1971). E lembrem-se, esse é um documento secreto que só foi revelado mais tarde. Um memorando secreto de Lewis Powell para o secretário da Câmara de Comércio dos Estados Unidos – portanto, ele está exortando a câmara a se tornar politicamente ativa na defesa do sistema de livre-iniciativa.

"A Câmara de Comércio dos Estados Unidos deve liderar um ataque às principais instituições, universidades, escolas, meios de comunicação, publicações, tribunais, a fim de mudar a forma como os indivíduos pensam a corporação, a lei, a cultura e o indivíduo" (1971). As empresas dos Estados Unidos, sugeriu Powell, não careciam de recursos para tal esforço, em especial se elas se unissem. A comunidade empresarial poderia ser mais eficaz se as pessoas começassem a pensar juntas como uma classe, em vez de fazê-lo como empresas e corporações individuais. A Câmara de Comércio dos Estados Unidos aceitou o desafio de uma forma bastante dramática.

A Câmara expandiu sua base de cerca de 60 mil empresas em 1972 para mais de 250 mil, em um intervalo de dez anos. A mensagem básica era recorrer à retórica da liberdade individual, definida de forma muito restrita em termos econômicos, embora não a colocassem dessa forma, para se opor a todas as formas de coletivismo, incluindo, por exemplo, sindicatos e organizações sindicais como alvos principais. Mas todas as formas, não apenas de coletivismo, como de qualquer noção da conveniência ou adequação de um bem público ou bens públicos. A dimensão privativista do neoliberalismo visa, tanto a curto como a longo prazo, a reduzir as expectativas de que existe um bem público. Isso, é claro, inclui limitar as chamadas "intervenções inadequadas" do Estado na economia. Mas não se esqueçam da absoluta dependência do modelo neoliberal das intervenções contínuas do Estado.

Outra organização que foi desenvolvida como resultado do *Powell Memorandum* foi a que veio a se chamar Mesa-Redonda de Negócios. Tratava-se de uma organização de CEOs, "comprometida com a busca agressiva do poder político para as corporações", e foi fundada em 1972. Portanto, isso não se destina agora apenas a produzir um senso comum dominante – ela se move para o reino político. As corporações envolvidas representaram cerca de metade do PIB dos Estados Unidos durante a década de 1970. Gastaram cerca de US$ 900 milhões por ano, uma quantia enorme na época, em questões políticas.

Alguns dos recursos foram destinados ao desenvolvimento de *think tanks* (um dos elementos que Powell promoveu), dos quais emergiu "a circulação de ideias", como Friedman havia defendido. Os *think tanks* também organizariam gabinetes de palestrantes para espalhar as ideias, produzir artigos de opinião e assim por diante. Estes incluíam o American Enterprise Institute, fundado em verdade nos anos de 1940, a The Heritage Foundation, fundada em 1973 por Adolph Coors, e o Center for the Study of American Business. Eles foram todos formados com apoio corporativo à época.

Durante a década de 1970, os negócios refinaram sua capacidade de agir como classe, assim como Powell havia sugerido. O tema dominante na estratégia política dos negócios tornou-se um interesse compartilhado na derrota de projetos de lei, como de proteção ao consumidor e ao meio ambiente, de reforma do direito do trabalho e, em seguida, a promulgação de legislação fiscal, regulatória e antitruste favorável. Eles estavam unidos e tinham um programa. Houve também um conjunto crucial de decisões do Supremo Tribunal, a partir de 1976, que estão nessa longa linha que recobrou uma interpretação errada de fins da década de 1870, que conferiu personalidade às corporações.

Eu só quero destacar algumas que são relevantes para o que estamos pensando agora. Essa linha de decisões primeiro estabeleceu o direito de uma corporação de fazer contribuições monetárias ilimitadas para partidos políticos e comitês de ação política (CAPs), que eram basicamente desconhecidos na época, mas cresceram enormemente. Havia 89 deles em 1974. Eles já contavam quase 1500 em 1982. Isso se deu sob os auspícios da Primeira Emenda, garantindo direito individual – neste caso, das corporações – à liberdade de expressão.

Um dos principais votos foi escrito por Lewis Powell, cujo nome foi mencionado agora há pouco, que a essa altura (1978) havia se tornado juiz nomeado por Nixon na Suprema Corte. A decisão, no caso do First National Bank of Boston *versus* Bellotti, deu esse direito às corporações. Caso vocês estejam interessados, há uma dissidência muito interessante do então chefe de justiça William Rehnquist, na qual ele tenta perturbar toda essa história de precedentes sobre as corporações terem os mesmos direitos que os seres humanos.

Os doadores fizeram aportes financeiros aos PACs de ambos os partidos na década de 1970, mas depois começaram a inclinar--se fortemente em direção aos republicanos. Os democratas encontravam-se em maior conflito entre o apoio à sua base da classe trabalhadora e a necessidade de buscar muito dinheiro, pelo menos naquela época. Eles não parecem ter muitos problemas agora. Havia um limite de US$ 5 mil em doações para PACs na época, o que significa que as pessoas que queriam motivar a mudança tinham que entrar em algum tipo de solidariedade de classe e reunir seu dinheiro. A base política do Partido Republicano começou a se fundir, neste ponto, com a direita cristã.

A Maioria Moral, de Jerry Falwell, foi a primeira politização, e começou um apelo baseado em critério racial às classes trabalhadoras brancas, que poderiam ser persuadidas de que elas estavam sendo deixadas para trás e em desvantagem pela ação afirmativa e assim por diante. Em outra oportunidade, discutirei um texto que mostra como o aborto se tornou um dos motivos centrais para esse alinhamento, e falaremos um pouco sobre isso quando pensarmos sobre a ascensão dos movimentos sociais na próxima semana. A base política poderia ser reunida por meio de mobilizações muito positivas de coisas como religião e nacionalismo cultural, mas também poderia ser mobilizada por meio de racismo, homofobia e antifeminismo muito negativos, apesar de codificados (embora, diria eu, cada vez menos codificados, se não flagrantes). Essa coalizão tinha uma face positiva, mas também tinha esses elementos negativos que ainda são predominantes.

Os problemas que as pessoas estavam enfrentando (e os problemas eram, e permanecem, reais), tal como essa aliança os retratava, não eram o capitalismo e a neoliberalização da economia política. O verdadeiro problema eram os liberais, que usaram o poder excessivo do Estado para sustentar grupos especiais. Existe essa ideia de as pessoas cortarem a fila à sua frente. Você trabalhou muito. Você seguiu as regras. Você não está avançando. Bem, não é que o sistema esteja contra você. É que "aquelas" pessoas, que não merecem, estão obtendo mais vantagens do que você obtém.

A estrutura política que emergiu de tudo isso era bastante simples. O Partido Republicano era capaz de mobilizar enormes recursos financeiros e mobilizar sua base popular para votar contra seus próprios interesses materiais por motivos culturais ou religiosos. O Partido Democrata não podia atender às necessidades materiais, por exemplo, de um sistema nacional de saúde voltado a sua base popular tradicional, porque tinha medo de ofender sua nova classe de doadores reinstituindo um sistema tributário verdadeiramente progressivo. Dada a assimetria, a hegemonia política do Partido Republicano tornou-se mais sólida ao longo desse período.

A eleição de Reagan em 1980 foi apenas o primeiro passo no longo processo de consolidação da mudança política necessária para apoiar essas políticas econômicas neoliberais, e estamos nessa situação desde então, basicamente, por meio dos regimes republicano e democrata. As políticas de Reagan centraram-se em um esforço amplo e irrestrito para remover o escopo e o conteúdo da regulamentação federal da indústria, do meio ambiente, do local de trabalho, dos cuidados de saúde e da relação entre consumidor e vendedor. Cortes orçamentários, desregulamentação e a nomeação de agentes de tendência antirregulatória e orientados à indústria (o que pode parecer familiar) para cargos-chave foram os principais meios.

Quais são algumas das principais características desse período de neoliberalismo? Voltando ao que eu tinha dito sobre o período anterior, quero traçar alguns paralelos. No nível da economia global, vemos a remoção de barreiras à circulação de bens, serviços, capital e dinheiro através das fronteiras nacionais. Ao mesmo tempo, e de forma crucial, porém, mantendo o trabalho no lugar, porque se os trabalhadores pudessem circular e encontrar os melhores mercados para o trabalho, isso colocaria um obstáculo ao sistema.

O papel do governo na economia é basicamente o oposto do que eu pontuava antes: renúncia à demanda agregada, gestão, ou seja, uma renúncia a uma abordagem keynesiana. Desregulamentação das indústrias básicas, desregulamentação do setor financeiro, enfraquecimento da regulamentação de todos os tipos, enfraquecimento das leis antitruste, privatização e contratação de bens e serviços públicos, cortes ou eliminação de programas de assistência social e cortes de impostos para empresas e ricos.

As taxas marginais de tributação passaram de cerca de 90% na década de 1950 para 28% em 1988, e ainda estamos lutando para saber se isso é, de fato, pago. Em seguida elas subiram um pouco, e agora vão descer novamente. As taxas de imposto corporativo caíram de 50% para 34%. Os impostos sobre ganhos de capital passaram de 30% para 15%. Esse é basicamente o programa em andamento do neoliberalismo.

Na relação capital-trabalho, as coisas também mudam. Houve uma marginalização drástica e, na verdade, ataques diretos à negociação coletiva, o que em verdade é o que está em curso. Assistimos a uma tremenda precarização de empregos, então, em vez de esperar um emprego estável e vitalício, as pessoas agora têm a expectativa de uma precariedade significativa em sua vida profissional.

No próprio setor corporativo, assistimos à concorrência desenfreada, incluindo o movimento de monopolização e conglomeração. CEOs corporativos no período neoliberal são, via de regra, contratados de fora da corporação. Ou seja, é preciso sair à caça de CEOs. Os princípios de mercado se difundem dentro das empresas – assim, em vez de as regras democráticas do escritório ditarem os acontecimentos, cada segmento de uma empresa tem de ser um centro de lucro, e esses segmentos competem uns com os outros.

Em movimento fundamental, as instituições financeiras se voltam a novos tipos de atividades e tornam-se relativamente independentes do setor não financeiro. Isso é essencial. Ou seja, começa a haver um divórcio entre os segmentos financeiros do capital e a chamada economia real, e farei novos comentários sobre isso a seguir.

Uma questão importante: como o neoliberalismo se espalha pelo mundo? Em outras palavras, como o modelo neoliberal se torna globalizado, se torna globalização? Falamos um pouco sobre isso quando discutimos a militarização. Eu só queria reiterar esse ponto. Aqui está uma citação que encontrei no outro dia, e achei interessante para o contexto atual. A fonte é da Oppenheimer Funds (uma grande empresa de investimento global). A maneira certa de investir: "Desafiar fronteiras" (consultem "Oppenheimer funds invites investors to 'challenge borders' with new ad campaign"). Vocês não os veem querendo muitos muros.

Existem três métodos principais para disseminar essas ideias. O primeiro é comprar elites em países receptivos. Encontra-se um homem forte local, e são quase inteiramente homens, é claro. Os exemplos são incontáveis. Fornecer assistência econômica e militar a ele e sua família e aliados imediatos, para que eles possam reprimir ou comprar a oposição e acumular considerável riqueza e poder para si mesmos, e abrir o país para as necessidades do capitalismo. Esse é o primeiro.

O segundo método é substituir os líderes da oposição e instalar elites receptivas. Mais uma vez, exemplos não faltam. Mosaddegh no Irã, 1953; Árbenz na Guatemala, 1954; Allende no Chile, 1973; Zelaya em Honduras, 2009; Maduro na Venezuela em... pontinhos.

Em seguida, volte ao primeiro método. Assim que se encontra o tipo certo de pessoa, volta-se ao modelo anterior.

O terceiro método não é ser tão direto, mas utilizar uma série de mecanismos financeiros internacionais para induzir a flexibilização. O endividamento é induzido de uma forma ou de outra. Em seguida, o FMI, o Banco Mundial e a Organização Mundial do Comércio entram em cena com o que são chamados de programas de ajuste estrutural, que consistem em grande medida na venda dos ativos públicos do Estado, privatizando o máximo que podem, abrindo mercados financeiros e de *commodities* ao investimento estrangeiro, eliminando quaisquer sistemas públicos de bem-estar que possam interferir no pagamento da dívida. Vocês têm um mecanismo inteiro que se agita constantemente em direção à abertura dos países às necessidades do capital.

Eis aqui um caso exemplar. Este é o caso de Paul Bremer, que era o chefe da Autoridade Provisória da Coalizão. Ele era, em essência, o procônsul no Iraque. Em 19 de setembro de 2003, Bremer promulgou quatro ordens que incluíam: a privatização total de empresas públicas; direitos de propriedade total por empresas estrangeiras de empresas iraquianas; repatriamento total de lucros estrangeiros; a abertura dos bancos do Iraque ao controle estrangeiro; tratamento nacional para empresas estrangeiras; e a eliminação de quase todas as barreiras comerciais.

As ordens deveriam ser aplicadas a todas as áreas da economia, incluindo serviços públicos, mídia, manufatura, serviços, transporte, finanças e construção civil. Apenas o petróleo estava isento (presumivelmente por causa de seu *status* especial como produtor de receita para pagar pela guerra e sua importância geopolítica). O mercado de trabalho, por outro lado, deveria ser estritamente regulado. As greves foram efetivamente proibidas em setores-chave, e o direito de sindicalizar, restrito. O que os Estados Unidos evidentemente procuraram impor pela força principal ao Iraque era um aparelho de Estado cuja missão fundamental era facilitar as condições para a acumulação lucrativa de capital por parte do capital doméstico e do capital estrangeiro. As liberdades que ela incorpora refletem os interesses de proprietários privados, empresas, corporações multinacionais e capital financeiro. Uma ilustração adequada da disseminação da democracia e da liberdade (que, é claro, são sinônimos).

O que o neoliberalismo prometeu? Prometeu que todos os ganhos acumulados no topo seriam eventualmente compartilhados por todos. Uma maré alta levanta todos os barcos. A riqueza acabaria por transbordar, cedo ou tarde. Essa foi a promessa. Mas o que realmente produziu? Vou passar por várias dimensões dos efeitos. Vou começar com os Estados Unidos e depois vou falar um pouco sobre o cenário global. Mais uma vez, pensem no gráfico acima, onde vemos essa disparidade a partir de 1970, e esse ponto de virada teve efeitos enormes.

Uma é a riqueza e a desigualdade de renda. Para onde foram todos os ganhos de renda e riqueza dessa produtividade, se não chegaram aos salários dos trabalhadores? Esses ganhos foram para os ricos na maior parte. Os 20% da base da pirâmide mal têm alguma coisa. Os 20% logo acima conseguiram alguma coisa, mas no topo as pessoas em verdade conseguiram substancialmente mais. Eles praticamente dobraram sua riqueza e renda no período que estamos examinando. Outra maneira de olhar para isso, em termos de crescimento total da riqueza das famílias entre 1983 e 2010, de acordo com vários grupos de riqueza, os 5% mais ricos das famílias concentraram 74,2%.

Há ainda outra maneira de pensar sobre isso, e ela é mais contemporânea. Os quatrocentos norte-americanos mais ricos hoje possuem mais do que os 150 milhões mais pobres. Em 1980, os 60% mais pobres detinham, em um momento de alta, quase 6% da riqueza. Isso caiu quase para perto de zero em 2008-2009, chegando um pouco depois a 2%. As quatrocentas pessoas mais ricas, possuindo cerca de 3,2% da riqueza, agora têm mais do que os 150 milhões da base.

Os cortes de impostos recentemente decretados só vão piorar as coisas. Eles não estão fazendo o que deviam. As corporações deviam repatriar todo o imposto sobre dinheiro em *offshores*. Isso de fato não aconteceu. As declarações de impostos que estão prestes a sair serão uma desilusão para muitas pessoas. Há algumas especulações de que o Governo Trump em verdade trabalhou com a Receita Federal e o Departamento do Tesouro para reter deliberadamente menos de cada salário das pessoas, para que parecesse que o corte de impostos havia criado um impulso imediato. Isso vai ser um ganho político de curta duração, porque a maioria das pessoas não vai se lembrar dos poucos centavos que receberam de cada salário, mas notarão a falta de reembolso de impostos em abril ou maio, se a Receita Federal estiver aberta.

Aqui está outra maneira de pensar sobre a riqueza e a desigualdade de renda: a relação entre o salário médio de um CEO e a remuneração média dos trabalhadores. Em 2013, estes foram os números: Japão, 11-1; Alemanha, 12-1; França, 15-1; Canadá, 20-1; Reino Unido, 22-1; México, 47-1; Estados Unidos, 475-1. Na virada do século passado, JP Morgan chegou a dizer que se essa proporção alguma vez ficasse acima de 10 para um, as ruas seriam tomadas de tumultos e raiva. Não vejo isso acontecendo. Talvez um pouco na França, os Coletes Amarelos, mas a população dos Estados Unidos é um pouco mais pacata.

Vamos também olhar brevemente para essa imagem em escala global, onde a globalização deveria erguer todos os barcos. Em 2012, os 99,9% mais pobres da população global tinham cerca de 19% da riqueza global. Por outro lado, o 0,1% do topo possuía 81%, com um total de 30% de propriedade concentrada no 0,01% do topo. Talvez não seja tão equitativo. Outra forma de pensar nisso, que também surgiu recentemente: os oito indivíduos mais ricos agora possuem tanta riqueza quanto os 50% mais pobres da população mundial, então pode haver um pouco de agitação em algum momento.

O Banco Mundial, e uma série de outros analistas, faz a afirmação de que uma das conquistas do capitalismo em sua forma neoliberal e globalizada foi tirar um enorme contingente de pessoas da pobreza. E em algum sentido absoluto, isso é verdade. É verdade que, em certo sentido absoluto, mais pessoas estão fora da pobreza do que, digamos, em 1800, mas é uma noção muito complicada. Um artigo recente publicado pelo *The Economist* descreve as razões pelas quais é tão difícil de avaliar a redução da pobreza. É muito difícil produzir dados estatísticos, e a pobreza, como conceito, é muito difícil de definir.

Agora quero passar para alguns outros efeitos da globalização neoliberal. Um efeito interessante sobre o qual falamos um pouco: a expectativa de vida nos Estados Unidos tem caído, penso eu que agora pelo terceiro ano consecutivo. Em 1960, os norte-americanos tinham a maior expectativa de vida, 2,4 anos acima da média da Ocde. Mas os Estados Unidos começaram a perder terreno na década de 1980 (em torno desse ponto de inflexão no gráfico, curiosamente). A expectativa de vida dos Estados Unidos caiu abaixo da média da Ocde em 1998, estabilizou-se em 2012, e agora está um ano e meio abaixo da média da Ocde. Isso é inédito num país desenvolvido. Simplesmente não pode acontecer. Só em 2015, mais de 64 mil norte-americanos morreram de overdose de drogas, excedendo o número de vítimas na Guerra do Vietnã. Também excede o número de ferimentos e fatalidades de acidentes automobilísticos. Entre 1999 e 2014, a taxa de suicídio aumentou 24%. Essas "mortes de desespero", como o *British Medical Journal* descreve – e também faço menção ao documento que examinamos da ONU, de Philip Alston, da Comissão de Direitos Humanos da ONU – estão afetando desproporcionalmente os norte-americanos brancos, especialmente adultos de 25 a 59 anos, aqueles com educação limitada e mulheres.

Os aumentos mais acentuados estão ocorrendo em municípios rurais, muitas vezes em regiões com desafios socioeconômicos de longa data – lugares que, em parte, concentram certos eleitores. Possíveis explicações: colapso das indústrias e das economias locais em que se apoiavam suas vidas, erosão da coesão social e maior isolamento social. Todas essas são especulações do *British Medical Journal* com base em seus dados.

Outros fatores incluem dificuldades econômicas e sofrimento crescente entre os trabalhadores brancos por perder a segurança no emprego; enfraquecimento do desempenho educacional; aumento das divisões sociais (incluindo alguma desigualdade de renda). Os rendimentos da classe média estagnaram. As taxas de pobreza nos Estados Unidos estão agora a ultrapassar as da maioria dos países ricos. São, mais uma vez, alguns dos resultados do relatório de Philip Alston. O contrato social é mais fraco do que em outros países. Os necessitados têm menos acesso aos serviços sociais, aos cuidados de saúde, à prevenção e ao tratamento das doenças mentais e da narcodependência.

Outro efeito é a comercialização de tudo, como já falamos, incluindo a privatização de todas as formas de bens comuns, propriedade intelectual, patentes e direitos autorais, conhecimento indígena, comercialização de governança e política (ou seja, o melhor que o dinheiro da democracia pode comprar, que tem sido o título agora de vários livros diferentes). Todos eles são formas de acumulação primitiva ou acumulação por desapropriação de que falei anteriormente.

Durante o período neoliberal tem havido muitos episódios de instabilidade econômica, exatamente o que a abordagem keynesiana, em sua concepção, projetava evitar, então tem havido especulação financeira desenfreada. Tivemos bolhas de *commodities* e ativos de vários tipos, o escândalo de poupança e empréstimo dos anos de 1980, o *crash* ponto-com dos anos de 1990, a crise financeira e habitacional de 2008, apenas o último exemplo. Esses tipos de crises cíclicas são coisas que a abordagem keynesiana pretendia atenuar.

O conjunto de efeitos de que quero falar um pouco é a ideia de populações excedentes e descartáveis, e falarei mais sobre isso na próxima semana. Em parte, é um fenômeno que resulta do domínio do capital financeiro. Ou seja, que você pode derivar lucros de um certo tipo sem uma contrapartida produtiva. Na verdade, o economista Costas Lapavitsas escreveu um livro com esse título, *Profting Without Producing*. O capital financeiro está cada vez mais divorciado da economia real (ou seja, produtiva). Os lucros vêm cada vez mais de *commodities* e rendas fictícias, seja de custos de transação, taxas ou uma infinidade de outras coisas. É uma forma de trapaça que Marx tentou evitar em sua análise. Ou seja, você a obtém de uma pessoa, mas é uma soma zero. Outra pessoa perde. Não há valor adicional produzido.

Um resultado é, então, a produção de mais e mais pessoas excedentes. Eles não são necessários como trabalhadores por causa da automação, por causa da terceirização, por causa dos lucros sem produção, por causa de todos os tipos de outras coisas. Se eles não são necessários como trabalhadores, porque você não está produzindo muito, você está usando o sistema financeiro para desenvolver lucros, então eles não são capazes de consumo. O que acontece com elas? Tornam-se parte de um exército de reserva global de trabalho. Eles servem a alguns propósitos, um dos quais é exercer pressão descendente sobre os salários. Outra é disciplinar a força de trabalho contínua. Ou seja, se você sabe que há um monte de pessoas desempregadas por aí, é provável que você mantenha um comportamento bastante pacífico.

O trabalho restante é cada vez mais precário e casual. Muitos dos novos empregos criados desde a quebra de 2008, em que 9 milhões de empregos foram perdidos nos Estados Unidos, são de baixo salário, a tempo parcial, sem benefícios. Vemos a ascensão da chamada *gig economy*, que agora é caracterizada como algo desejável para as pessoas. O que fazer com o excedente? Eles não são mais necessários como trabalhadores, não se pode usá-los como consumidores, porque eles não têm nenhuma renda passível de ser gasta. Em vez de uma guerra contra a pobreza, temos agora uma guerra contra os pobres. Surge ainda uma nova opção: é possível ganhar dinheiro com os seus corpos por meio de coisas como encarceramento em massa. Muito lucrativo. Complexo industrial prisional, prisões privadas locais, estaduais, federais. As prisões por dívida voltaram. É preciso movimentação nesse negócio, por isso são necessários prisioneiros. Como é que você os consegue? Inventando novos crimes.

Um excelente exemplo, a guerra contra as drogas. Quem diz que a guerra às drogas tem sido um fracasso não a entende, não entende para que serve. É um genocídio, basicamente. É a remoção de jovens, particularmente negros, da sociedade porque eles supostamente não são produtivos como trabalhadores ou consumidores. Além disso, coisas como detenção prévia à deportação, o que está tremendamente em voga. E o circuito de deportação, que já era cruel o suficiente – agora detemos pessoas, e elas se tornam a matéria-prima dessas prisões privadas, desses espaços de detenção. As empresas que os administram muitas vezes lucram duas vezes – uma vez para o alojamento de prisioneiros em si, e uma segunda vez, se eles puderem realmente usar aqueles encarcerados como uma força de trabalho muito barata (cada vez mais o caso). Pequenas taxas e multas com que muitas forças policiais agora contam para seu próprio sustento. Quando essas pretensas multas não podem ser pagas, os devedores acabam na prisão e alimentam o ciclo.

Como discuti várias vezes agora, por causa da atual natureza financeirizada e globalizada do capitalismo, os estados-nação não podem mais garantir o bem-estar econômico de seus cidadãos, que era uma base poderosa de legitimidade do Estado e, portanto, governança hegemônica. Agora eles necessitam, portanto, de uma nova base para a legitimidade do Estado. Essa nova base é de que tratam as leituras de Bauman e Henry Giroux desta semana: é uma mudança de um Estado de Bem-estar para um Estado de guarnição.

A legitimidade do Estado está agora cada vez mais baseada na proteção contra o perigo dos outros. A necessidade de manter um clima de medo torna-se uma parte essencial disso. Inimigos intermináveis. Na esfera estrangeira, historicamente, esse inimigo tem sido o comunismo. Mais recentemente (especialmente após o colapso da URSS), mudou para o terrorismo, imigrantes e refugiados, e assim por diante. Na cena doméstica, os negros, os jovens, os idosos, as comunidades LGBTQIA+, capacitados de diferentes formas. Aquele filme que mostrei sobre a perspectiva do Pentágono sobre a população, que requer uma resposta militarizada, essa abordagem agora migrou para o policiamento doméstico. E se você tem uma visão militar, as pessoas que lhe interessam agora parecem um inimigo. Um efeito político e econômico crucial de tudo isso é dividir e conquistar a população e impedi-la de ver bases para a coalizão. Ou seja, você mantém as pessoas distraídas do que está produzindo todos esses problemas.

No período após 2008, que eu, juntamente com analistas, estou chamando de período do capitalismo gângster, algumas das tendências que descrevi esta noite conheceram um recrudescimento. Algumas delas discutiremos nas próximas semanas, mas só quero enumerar algumas coisas que acontecem na frente da desregulamentação, onde os atuais guerreiros neoliberais têm sido bastante ativos nos últimos dois anos. Dentre elas podemos citar:

- Vítima de desregulamentação #1: saúde e segurança dos trabalhadores;

- Vítima de desregulamentação #2: salários dos trabalhadores;

- Vítima de desregulamentação #3: poupança dos trabalhadores;

- Vítima de desregulamentação #4: redes de segurança dos trabalhadores;

- Vítima de desregulamentação #5: remuneração equitativa;

- Vítima de desregulamentação #6: direitos dos trabalhadores a organização e ingresso em um sindicato;

- Vítima de desregulamentação #7: consequências para os empregadores que violam os direitos dos trabalhadores.

Por fim: para onde ir a partir daqui? Como Marx e Engels declaram no *Manifesto comunista*, as lutas de classes devem terminar em "uma constituição revolucionária da sociedade em geral, ou na ruína comum das classes em conflito". Rosa Luxemburgo, com base na formulação de Karl Kautsky: "tal como estão as coisas hoje, a civilização capitalista não pode continuar. Devemos avançar para o socialismo ou recuar para a barbárie, e ambas as opções não são inevitáveis". Em resposta a todas essas coisas de que temos falado, houve claramente um levante dos movimentos sociais em reação ao neoliberalismo, à globalização, à financeirização, aos antagonismos entre o capitalismo e o resto do mundo, entre o capitalismo e o meio ambiente.

Uma pergunta é: "o que esses grupos estão fazendo?" E a questão relacionada, que retorna a essa questão do socialismo ou da barbárie, é: "qual será a resposta do Estado e da elite? As elites mudarão e aceitarão, ou se moverão para uma repressão ainda mais brutal?" Paro por aqui.

Palestra de Chomsky, 14 de fevereiro de 2019

Um tema recorrente em toda a nossa discussão tem sido o senso comum hegemônico, como ele se estabelece, como é difícil se livrar de sua teia.

Uma maneira de explorar essas questões é simplesmente dar uma olhada no jornal da manhã e perguntar a si mesmo o que não foi dito – o que "não é conveniente mencionar", para recorrer à frase de Orwell mais uma vez. É um exercício útil. Vou dar alguns exemplos.

Vamos começar com hoje, com o artigo principal do *New York Times*, assunto de capa. Ele diz que os ataques de guerra cibernética dos Estados Unidos estão desativando o lançamento de satélites no Irã. Ele também menciona que o Pentágono determinou que um ataque de guerra cibernética é um ato de guerra que justifica uma resposta militar em retaliação – embora ninguém diga ou pense que o direito se estende ao Irã.

Claro, há um pretexto para o ataque de guerra cibernética neste caso. O pretexto é que os lançadores de satélite têm uma capacidade de dupla utilização. Poderiam também ser adaptados para disparar mísseis, pelo que é legítimo realizar um ato de guerra para os desativar.

Bem, deixando de lado a credibilidade do pretexto, vamos a outro exemplo, que é certamente muito bem conhecido dos escritores, editores, leitores. Os Estados Unidos têm instalações de mísseis antibalísticos (MABs) na fronteira com a Rússia. A Rússia argumenta que esses mísseis têm uma capacidade de dupla utilização, que podem ser facilmente adaptados para mísseis de primeiro ataque, o que teria um impacto devastador na Rússia, muito além de qualquer coisa sequer imaginável no caso do Irã.

As reivindicações russas são simplesmente rejeitadas, se é que são mencionadas, embora não por todos. Por exemplo, não pelo *Bulletin of Atomic Scientists*, a principal revista científica dos Estados Unidos que lida com questões militares. Deem uma olhada no artigo principal deles na edição deste mês. É uma discussão aprofundada, assinada por um especialista bem conhecido, Theodore Postol, do MIT, sobre como os sistemas de MABs dos Estados Unidos nas fronteiras da Rússia podem ser facilmente adaptados às armas de primeiro ataque.

Suponhamos que a Rússia decida realizar um ataque de guerra cibernética desativando as instalações de MABs dos Estados Unidos em suas fronteiras. Nós não temos que realmente especular sobre o que aconteceria, porque não haveria ninguém por perto para se importar de uma forma ou de outra.

Bem, todas essas são coisas que não são convenientes de se mencionar ou pensar quando você escreve o artigo de primeira página, ou quando o editor a autoriza, ou quando as pessoas o leem.

Vocês podem dar uma passada de olhos nos comentários. Não me dei ao trabalho, mas duvido que haja algum que traga à tona esses pontos elementares. Um exercício de lição de casa.

Vamos dar outro exemplo, do *New York Times* de ontem, outra matéria de primeira página, longa e interessante, que vale a reflexão. A manchete é "Congresso pronto para ajudar os veteranos expostos a 'lixões em chamas' ao longo de décadas de guerra [no Iraque]". O artigo abre citando um veterano que relata que "em todos os lugares que ele foi ao Iraque durante seu destacamento de um ano, [ele] viu valas de lixo em chamas. Às vezes, como em Ramadi, elas eram tão grandes quanto um lixão municipal, cheias de veículos militares abandonados ou destruídos, tubulações sintéticas e refeições de combate descartadas. Às vezes, ele mesmo lançava lixo nelas. O cheiro era horrível".

Isso teve um efeito tóxico nos soldados dos Estados Unidos, que exigem tratamento médico e compensação. O artigo cita a Senadora Amy Klobuchar, do Partido Democrata de Minnesota, concorrendo agora às primárias para presidente. "Esse é o agente laranja da nossa geração", disse ela, acrescentando que já foi responsável pela aprovação de legislação sobre essas valas e que tem mais em vista, "motivada, como muitos membros do Congresso, por histórias de eleitores afetados". O representante Tulsi Gabbard, do Partido Democrata do Havaí, ajudou a patrocinar a legislação para avaliar a exposição dos militares a produtos químicos tóxicos.

Isso é tudo na ponta progressista do espectro político. Há alguma coisa que não seja conveniente de se mencionar? Vocês conseguem pensar em algo que falta?

Bom, duas coisas. Iraquianos e vietnamitas. São "vítimas indignas", para tomar de empréstimo a expressão de um velho amigo e colega que faleceu recentemente, Edward Herman. Ele fazia uma distinção entre as vítimas dignas, cujo destino é importante – as vítimas dos estados inimigos, e as vítimas indignas, cujo destino não importa, nossas vítimas. Uma distinção muito útil, com amplo alcance e significado incisivo.

Klobuchar fez uma analogia com o agente laranja, uma referência à Guerra do Vietnã. No Vietnã, houve uma vasta campanha de guerra química. Tudo começou com a escalada de John F. Kennedy do ataque ao Vietnã do Sul assim que ele assumiu o cargo. O objetivo da guerra química era destruir plantações e gado. Junto com o pesado bombardeio de áreas rurais, que se destinava a levar a população para o que eram chamadas de aldeias estratégicas, essencialmente, campos de concentração cercados por arame farpado. O objetivo oficial era "protegê-los" dos guerrilheiros que o governo dos Estados Unidos sabia muito bem que eles apoiavam.

Tudo isso está registrado em documentos oficiais do governo e nas palavras de funcionários, sem ratos comunistas ou jornalistas que publicam "notícias falsas" na "mídia fracassada e manca".

Ao todo, havia cerca de 20 milhões de galões de herbicidas que saturaram grande parte do país a uma intensidade totalmente inimaginável, além de vítimas indignas. Principalmente do agente laranja, eis a razão da referência. O agente laranja tem um componente, dioxina. Os seus fabricantes e o governo dos Estados Unidos sabiam que a dioxina é um dos mais severos agentes cancerígenos. Também tem efeitos muito nocivos nos sistemas reprodutivo e imunológico.

Agora, citando novamente, "a evidência é esmagadora: soldados vietnamitas, de ambos os lados, com crianças perfeitamente saudáveis antes de ir à guerra, voltaram para casa e geraram filhos com deformidades e doenças horríveis; as aldeias pulverizadas repetidamente têm taxas de deformidade ao nascer excepcionalmente altas; e nosso próprio Departamento de Assuntos de Veteranos agora lista 14 doenças presumidamente relacionadas ao agente laranja"; um artigo de opinião do *New York Times*, publicado pelo notável intelectual vietnamita-americano Viet Thanh Nguyen e por Dick Hughes, um analista altamente respeitado que viveu e trabalhou no Vietnã por muitos anos e ainda o faz. E, na verdade, fetos terrivelmente deformados ainda aparecem no Hospital de Saigon, no Vietnã do Sul. Isso ocorre várias gerações depois.

É alegado que há alguma preocupação nos Estados Unidos sobre a proteção de fetos. De alguma forma, parece ser bastante seletiva.

O Vietnã do Norte foi submetido a bombardeios maciços, com grande parte do país transformado em uma paisagem lunar e as principais cidades fortemente bombardeadas também. Eu vi um pouco disso em primeira mão numa breve visita durante uma pausa de bombardeio. Mas fui poupado deste horror em particular. O ataque de guerra química foi apenas contra o Sul. Depois de extensas campanhas e muitas batalhas na corte, os veteranos dos Estados Unidos finalmente ganharam algum reconhecimento do governo de que o agente laranja teve efeitos extremamente prejudiciais. Muitos deles sofreram de graves consequências. Eles têm alguma compensação, inadequada, mas pelo menos alguma. E os vietnamitas? São vítimas indignas, coisica de nada.

O artigo de ontem não ignora os efeitos brutais da guerra química dos Estados Unidos no Vietnã do Sul. Voltando ao comentário de Klobuchar sobre "o agente laranja da nossa geração" e as "histórias dos constituintes afetados" em Minnesota, o artigo do *Times* explica que o agente laranja é "um herbicida conhecido por causar doenças a veteranos no Vietnã", e depois de muitos anos dos esforços dos veteranos afetados "tornou-se amplamente aceito como causa de doença entre os veteranos da Guerra do Vietnã, [embora] tenha havido uma luta prolongada por benefícios para aqueles que ficaram doentes depois de servir ao largo da costa durante esse conflito".

O sofrimento dos veteranos afetados foi e continua sendo muito real, mas nada como o impacto da guerra química sobre as vítimas vietnamitas. Se vocês quiserem examinar esse tópico, existem dois livros muito bons de Fred Wilcox, um sobre o efeito em veteranos norte-americanos e outro sobre o efeito em vietnamitas (cf. Wilcox, 2011a; 2011b).

Também não há dúvida de que os veteranos norte-americanos estão sofrendo com os efeitos das valas de lixo em chamas no Iraque. Poderá haver mais alguém no Iraque que seja afetado por elas? Alguns vêm à mente, mas como vítimas indignas, não recebem nenhuma menção. Daqui a 30 ou 40 anos, talvez haja um comentário retrospectivo: "pena que algo tenha acontecido aos iraquianos".

Bem, tudo isso são coisas cuja menção não seria conveniente, certo? Isso pode lembrá-los do tesoureiro do campo de extermínio de quem falei da última vez. Vou deixar que pensem nisso.

Como um aparte, gostaria de mencionar que a guerra química dos Estados Unidos se estende além da Indochina. Visitei aldeias pobres e remotas no sul da Colômbia, juntamente com ativistas dos direitos humanos, nas grandes áreas visadas pela desfolha no âmbito do Plano Colômbia de Clinton, intensamente alargado sob Bush. A lógica é destruir a coca como parte da guerra contra as drogas nos Estados Unidos (vamos deixar de lado algumas questões que surgem sobre isso). Mas a desfoliação tem o que é chamado de "consequências não intencionais" – completamente previsíveis, é claro, mas "não intencionais". Os camponeses produzem seu cultivo entre as plantas de coca e, acreditem ou não, eles e suas famílias são pessoas, mesmo que indignas. No terreno, pode-se testemunhar os efeitos sombrios do uso intensivo de glifosato, muito além dos níveis permitidos para pessoas dignas (como grupo) e modificado para a Colômbia: crianças com feridas horríveis e doenças graves inexplicáveis, terras devastadas, histórias dolorosas de camponeses pobres. Vocês podem encontrar artigos científicos na internet usando o sensoriamento remoto nessas áreas, descritas como de acesso direto muito difícil. Eles são criteriosos e devidamente cautelosos, mas não podem transmitir o que a experiência direta proporciona. Como nos relatórios de Dick Hughes, no Vietnã do Sul.

Bem, vamos levar um terceiro item. É um pouco diferente, mas muito instrutivo. É perto de casa, aqui mesmo, em Tucson. Marv postou uma história do *Tucson Sentinel*. Uma bela crítica, devo dizer. Foi há alguns dias. É sobre uma reunião fechada numa luxuosa comunidade murada ao sul de Tucson. Vale a pena ler atentamente, não só porque está aqui, mas porque nos diz muito sobre a nossa sociedade de forma muito mais geral, algo que certamente queremos entender.

A reunião contou com Steve Bannon, de quem vocês provavelmente já ouviram falar. Ele é uma figura altamente influente aqui e no exterior, anteriormente o principal estrategista de Trump. Bannon foi acompanhado de Kris Kobach, uma figura de liderança do Partido Republicano no esforço de supressão de votos, especializada em relatar casos de fraude eleitoral que desmoronam no inquérito.

Bannon tem trabalhado – de forma aberta e pública, nada se escondeu – para forjar uma coalizão internacional "populista" liderada por Trump, incluindo figuras de extrema-direita como Bolsonaro, Le Pen, Orban, Salvini, da França, e também incluindo uma série de estados reacionários: no Oriente Médio, as ditaduras de clã familiar do Golfo, a ditadura militar egípcia e Israel, unidas a Modi, o extremista hindu ultranacionalista da Índia, e alguns outros nos bastidores.

Para a Europa, um objetivo principal é proteger sua civilização cristã branca da invasão de refugiados, que planejam transformar a Europa, segundo a doutrina, em um continente muçulmano. Um olhar para os números é instrutivo. A maior percentagem de refugiados em qualquer país europeu é a Suíça, onde é relatado que é de 1%, em outros lugares geralmente uma pequena fração de 1%, mas todo cuidado é pouco. Eles se reproduzem como coelhos e continuam chegando. Aqui, também, onde estamos sendo submetidos a uma invasão de criminosos, estupradores, assassinos, terroristas muçulmanos, traficantes de drogas e outros que buscam o genocídio da raça branca. Não há dúvida sobre isso. Escutem o presidente e os seus acólitos.

A reunião na comunidade murada foi sobre a organização de financiamento privado para o muro da fronteira, caso o Congresso não cumpra suas responsabilidades. Os participantes parecem defender o princípio da tolerância zero, enviar crianças para campos de concentração no deserto e assim por diante, reconhecendo o seu horror. Mas isso é necessário. Temos de nos proteger das hordas que invadem o país para destruir a nossa civilização branca judaico-cristã e nos inundar com drogas.

Uma das figuras ilustres presentes, um ex-representante do Estado do Colorado, sugeriu que o muro se estendesse até a fronteira Arizona-Califórnia. Vocês sabem quem vai vir de lá.

E o muro deve estar do lado de fora da reserva Tohono O'odham, que ele conhece, porque já esteve lá. Ele descobriu que "crianças de cinco anos estão andando por aí armadas. Vocês sabem que é horrível. Todo jovem naquela reserva, todo jovem, tem um caminhão novo porque eles realmente ajudaram a transportar as drogas". É óbvio que temos de nos proteger disso.

O tom da reunião foi capturado por um veterano da Guerra do Iraque, que disse: "Eu me recuso a permitir que nosso sistema político quebrado deixe minha família e meu país vulneráveis a ataques". Então, caso vocês não saibam, estamos em perigo aqui em Tucson, não muito longe da fronteira. Não demoraria muito para eles chegarem aqui.

Estes são sentimentos muito comuns em todo o país. E Trump, pensemos o que for a seu respeito, tem um faro político muito aguçado. Foi por isso que ele escolheu o muro como seu principal problema de campanha. Um vencedor certo. Só é necessário marcar os democratas com o desejo de que essas hordas nos invadam e nos destruam.

Suspeito que as pessoas citadas no artigo e os participantes da reunião de fato acreditam nas ameaças e sua gravidade. Parece muito sincero. E muitos outros em todo o país também. As preocupações, é claro, vão além da fantasia. Não há necessidade de entrar nisso. Mas os medos são reais. Tudo isso nos diz algo importante sobre a nossa cultura, a nossa sociedade, o senso comum de uma boa parte da população. Tal como o tratamento hediondo dado aos refugiados na Europa, muito pior do que aqui, diz-nos muito sobre a civilização avançada da Europa.

Um breve olhar sobre a história pode ajudar a entender essas atitudes. Por duzentos anos, desde que os britânicos foram postos fora do caminho, os Estados Unidos provavelmente têm sido o país mais seguro do mundo, talvez em toda a história. Além disso, é provavelmente o país mais assustado e tem sido já por muito tempo. É um fenômeno muito marcante. Por quê?

É comum hoje em dia lamentar o fato de que, neste século, os Estados Unidos estiveram envolvidos em "guerras intermináveis". Verdade, mas um pouco enganador. Como discutido anteriormente, é difícil encontrar outro país que esteve em guerra quase sem parar desde a sua fundação. Quase todos os anos desde 1783. É um belo recorde. E estar constantemente em guerra gera uma cultura militar, que deve ser justificada pelo medo de terríveis inimigos, desde os "selvagens indígenas impiedosos" da Declaração de Independência até os delírios do CSN 68 e afins e até as hordas que nos atacam a poucos quilômetros ao sul daqui e ao Irã e outros que tramam nossa destruição.

Uma das razões para a Revolução Americana foi uma proclamação real do Rei George III em 1763, que proibiu o assentamento além dos Apalaches. O resto foi designado como terra indígena. Os colonos não teriam acesso a nada. Eles se irritaram com a barreira da Grã-Bretanha contra o estabelecimento do que chamavam de "terras vagas a oeste" na Convenção Constitucional. Havia todas essas terras vagas e os britânicos estavam barrando o assentamento. Não eram apenas os colonos, eram também especuladores de terras como George Washington. Nenhum deles podia tolerar essa barreira.

Assim que a barreira foi levantada com a independência, os recém-independentes Estados Unidos entraram em guerra contra as nações indígenas. George Washington foi um dos primeiros, lançando uma guerra contra as nações iroquesas. Ele era conhecido pelos iroqueses como o "destruidor da cidade". Não poderia haver nenhum problema com isso, "a extensão gradual de nossos assentamentos certamente fará com que o selvagem, como o lobo, se afaste; ambos animais de rapina, apenas diferem em forma" (Washington, 1783).

Essencialmente, os mesmos conceitos prevaleceram durante o século XIX até o fim, terminando com genocídio virtual na Califórnia. Enquanto isso, as guerras perpétuas foram pontuadas em meados do século pela conquista dos Estados Unidos de metade do México no que o General Ulysses S. Grant, mais tarde presidente, chamou de uma das "guerras mais perversas" da história. A guerra que nos colocou deste lado da fronteira.

No fim do século XIX, o território nacional havia sido conquistado. As guerras então se estenderam além do Caribe e da América Central, que já haviam sido submetidos a meio século de intervenções repetidas. E para o extremo Pacífico.

Atualmente, os Estados Unidos têm cerca de oitocentas bases militares no exterior. Não somos os únicos, é claro. As antigas potências imperiais, Grã-Bretanha e França, têm cerca de dez cada. Então, oitocentas, dez, zero, uma ou duas... E as forças militares dos Estados Unidos estão envolvidas em combates em todo o mundo.

Então, é uma história estranha. Uma história única. E, como eu disse no início, ainda hoje, esta manhã, foi anunciado que os Estados Unidos estão envolvidos em guerra contra o Irã (não admitida).

E muitas dessas ações estão longe de ser menores. Desde a Segunda Guerra Mundial, o pior ato de agressão é a guerra dos Estados Unidos no Vietnã, depois expandida para toda a Indochina, grande parte completamente devastada. Neste milênio, o pior crime, um exemplo clássico do tipo de agressão pelo qual os criminosos de guerra nazis foram enforcados, foi a invasão do Iraque, a que se juntaram os britânicos, no caso.

Bem, quando um país está constantemente em guerra por toda a sua história, dificilmente um ano sem guerra, não é muito surpreendente que haja muito medo. Há muito com que se assustar. E se olharmos para as sondagens, vemos outras razões.

A Gallup Poll, a maior agência de pesquisas, realiza levantamentos internacionais regularmente, fazendo muitas perguntas. Há alguns anos, em 2013, uma das perguntas foi: qual é o país mais perigoso do mundo? Os Estados Unidos ficaram em primeiro lugar, ninguém sequer chegou perto. Muito atrás, em segundo lugar, estava o Paquistão, certamente inflado pelo voto indiano. Mal se mencionam outros países.

Essa foi a primeira vez que a Gallup fez essa pergunta, e a última. Eles realizam as pesquisas todos os anos, mas essa pergunta não foi feita novamente. Na verdade, eles não precisavam se preocupar muito porque, embora a pesquisa fosse reportada internacionalmente, os norte-americanos estavam protegidos das notícias indesejadas. A imprensa livre não publicou, uma pesquisa no banco de dados indicou.

Um amigo meu que faz extensas buscas em bases de dados disse que encontrou uma menção. Eu não vi, então é informação de segunda mão. Ele disse que a sondagem foi mencionada em artigo num tabloide de direita, numa publicação de Murdoch, no *New York Post*. A matéria era sobre como isso mostra a loucura total que é o mundo. Mas fora isso, não foi mencionada. Embora a pergunta não tenha sido feita novamente, há evidências indiretas de outras pesquisas sugerindo que os resultados seriam aproximadamente os mesmos.

Uma razão principal para a Revolução Americana foi o imperativo de tomar as "terras vagas" a oeste. Outra foi a escravidão. Um dos principais juristas da Inglaterra, Lord Mansfield, em 1772 emitiu uma decisão que a escravidão era tão "odiosa" que não podia ser tolerada dentro da Inglaterra, pressupondo-se inclusas as colônias americanas. Podia ser tolerada dentro das colônias caribenhas da Inglaterra, mas não nas colônias americanas estabelecidas pelos ingleses.

Os donos de escravos viram nisso sinal de coisas ruins se sucederiam. E lembrem-se, quase todas as principais lideranças eram donas de escravos. Das primeiras dezenas de presidentes norte-americanos, havia apenas um, John Adams, que não era dono de escravos. Então, essa foi uma segunda razão para a revolução. A escravidão, também, exigia uma cultura militar, justificada pelo medo, não inteiramente injustificado. Ao longo do século XVIII, houve rebeliões de escravos nas ilhas caribenhas, que eram então os principais centros de escravos, logo desbancados pelos Estados Unidos. E houve algumas rebeliões de escravos nos Estados Unidos também. Se vocês olharem para a demografia, em alguns estados, como a Carolina do Sul, os escravos superavam aqueles que os vigiavam, que tinham um motivo para se assustar.

Depois veio a rebelião haitiana, que teve um enorme impacto. Em 1804, a revolta dos escravos no Haiti estabeleceu o primeiro país livre de homens livres. Sofreu dura resistência. Todo o mundo civilizado se uniu para tentar destruir essa rebelião. Principalmente a França, o poder colonial – e, a propósito, a colônia de escravos da França no Haiti era a fonte de grande parte da riqueza da França. A Grã-Bretanha uniu-se à causa francesa, também os Estados Unidos, Canadá, quase todos se juntaram para tentar esmagar esse desenvolvimento assustador. A guerra praticamente destruiu o Haiti, mas a revolução foi bem-sucedida. Eles foram então punidos pela França por crime de libertação. Isso foi logo após a Revolução Francesa com sua retórica impressionante sobre liberdade, igualdade, fraternidade e todas essas coisas muito legais. A França impôs uma enorme indenização ao Haiti, um enorme fardo para a sociedade, que nunca foi capaz de superá-la.

Na década de 1960, houve gente ligada à esquerda francesa que pensou que talvez a França devesse compensar o Haiti por seus crimes hediondos. Havia uma comissão liderada por Régis Debray, um proeminente militante de esquerda. A comissão decidiu que não era necessário, que a França não tinha necessidade de dar qualquer compensação. Em outras palavras, primeiro roubamos e depois os destruímos, e então quando eles pedem um pouco de ajuda, nós lhes chutamos a cara.

O termo técnico para isso é "civilização ocidental".

A libertação haitiana era, como se pode imaginar, particularmente assustadora para o Estado escravocrata ao norte. Os Estados Unidos recusaram-se a manter relações formais com o Haiti. Não reconheceram o Haiti até 1862. Esse foi o ano da Declaração de Abolição. Esses escravos seriam livres, então o que fazemos com eles?

Naquele ano, os Estados Unidos reconheceram o Haiti e a Libéria pela primeira vez, considerando-os como lugares para onde os escravos libertos poderiam ser enviados. Isto foi feito principalmente sob argumentos humanitários. Pessoas bem-intencionadas reconheceram que obviamente essas pessoas inferiores, não seres humanos autênticos, não seriam capazes de sobreviver em uma sociedade civilizada, então queremos resgatá-las enviando-as para algum lugar onde pudessem se dar bem com criaturas de um tipo semelhante.

Então veio uma longa série de histórias de terror. Eu não vou atravessar esse ponto. O Haiti foi, em certa medida, o principal alvo da agressão dos Estados Unidos ao longo do século passado. Mais uma vez, neste século, com uma intervenção em 2004 para "resgatar" o Presidente Aristide – que os Estados Unidos mal toleravam desde que ele se tornou o primeiro presidente eleito do Haiti – na realidade, sequestrá-lo e enviá-lo para a África Central, também proibindo-o, assim como seu partido, de participar de eleições.

Em suma, há bons motivos históricos para o medo no país mais seguro do mundo, mesmo em lugares como a luxuosa comunidade fechada, perto daqui, que provavelmente é o lugar mais seguro em qualquer lugar, mas autenticamente assustada. *Eles* estão vindo atrás de nós, assim como têm vindo desde que começaram a nos atacar quando os primeiros colonos desembarcaram e depois através do século XIX dentro do nosso território nacional, nos campos de trabalho escravo que estavam produzindo o algodão barato que foi a base da economia, e depois através da maior parte do mundo, onde defendemos nós mesmos com uma enorme presença militar que se estende onde quer que possamos alcançar. Agora vamos para o espaço.

O medo está profundamente enraizado. É muito provavelmente parte da razão para a extraordinária cultura de armas nos Estados Unidos. Não há nada comparável em parte alguma. Em parte, é só medo. Na verdade, há muito mais do que isso. Se houver tempo, podemos falar sobre isso. Uma história muito interessante. Mas o medo presumidamente é um fator substancial.

Esse medo generalizado é uma das razões pelas quais tem sido tão fácil aterrorizar o país sobre inimigos internos e estrangeiros. O CSN 68 e o "[assustador] inferno fora do país" de Vandenberg são exemplos disso.

Em 1950, o mesmo ano do CSN 68, os Estados Unidos decidiram mudar suas políticas no Sudeste Asiático. Os Estados Unidos seguiram políticas bastante heterogêneas em relação aos vários sistemas imperiais. Eles não gostavam deles e eram geralmente receosos sobre os antigos sistemas coloniais, enquanto reconheciam sua importante função na reconstrução dos antigos senhores coloniais, que dependiam de seus recursos e matérias-primas. Em particular, vacilaram sobre o Vietnã, bem cientes das iniciativas conciliatórias de Ho Chi Minh. Mas em 1950 isso mudou. Os Estados Unidos decidiram apoiar a França nos seus esforços para reconquistar a sua antiga colônia. Isso levou a horrores que não quero abordar aqui.

Lembrem-se de que o CSN 68 foi cuidadosamente elaborado para obscurecer o fato de que os Estados Unidos eram muito mais poderosos militarmente do que os russos. Há um registro de inteligência desde então, e é bastante interessante. De forma consistente, superestima muito a força e o poder de possíveis inimigos, russos ou quem quer que seja o próximo. O livro de Daniel Ellsberg, do qual vocês leram um capítulo, é um registro útil disso, desde o início do período até a década de 1960. Mas chega ao presente. Por isso, neste momento, o Irã é a maior ameaça à paz mundial, praticamente pronta para nos destruir. O mundo tem uma imagem diferente, mas o que eles sabem?

As estimativas de inteligência são necessariamente incertas. Há uma expectativa de erros. Mas é impressionante que, de maneira reiterada, eles estejam errados na mesma direção: superestimando – muitas vezes muito – o poder daqueles que vão nos atacar. Isso não é uma frustração consciente, eu presumo, embora possa haver casos disso, como aparentemente no CSN 68. Em vez disso, os analistas estão sujeitos ao mesmo, se preferir, bom-senso que o resto de nós. Estas são características da cultura dominante, o medo exagerado, de modo que é natural que o poder estatal e privado compartilhem o medo em certa medida e o explorem para seus próprios propósitos. Especulação, é claro, mas não, eu acho, sem fundamento.

Isso nos leva de pronto ao *Powell Memorandum*, a leitura de hoje. Um exemplo clássico de medo quase comicamente exagerado.

No caso de Powell, não era o país que estava sendo destruído, era o mundo dos negócios. Era a parte importante do país que estava sob ataque, na verdade, diante da destruição. E era realmente assustador. As universidades estavam sendo assumidas por Herbert Marcuse – lembram-se dele, e de seus servos, que essencialmente assumiram todo o sistema universitário? O Congresso tinha desaparecido. Estava sob o controle de Ralph Nader, que estava realizando uma campanha de defesa do consumidor para tentar salvar as pessoas de serem mortas por carros que eram malfeitos. E, enquanto fazia isso, ele havia praticamente assumido o Congresso. Os meios de comunicação eram todos dolorosamente anticapitalistas. Vocês deviam ler o que se escrevia na época.

Era mais ou menos assim. Na verdade, a retórica, feita de histeria, é muito semelhante ao CSN 68. Marv observou que dá a impressão de uma criança de 3 anos que tem todos os brinquedos, mas seu irmão mais novo levou um, então ele começa a choramingar: "Como posso viver sem esse brinquedo? Eu tenho que ter tudo". Bem, tudo isto é, sem dúvida, sincero. Essa é a parte importante.

Não é falso. Está profundamente enraizado na cultura e na história.

O *Powell Memorandum* foi uma das pinças culturais e intelectuais imediatas do ataque neoliberal que decolou logo depois, como Marv discutiu no último encontro. O assalto foi liderado pela comunidade empresarial militante. Os Estados Unidos são muito meticulosos a esse respeito. E, curiosamente, seu alvo principal, o movimento operário, muitas vezes não parece entender o fato. Quando o assalto neoliberal estava apenas começando a tomar forma, em 1978, o presidente da UAW, United Auto Workers, Doug Fraser, renunciou a um comitê de gestão do trabalho que fora criado pelo Governo Carter, expressando sua consternação contra o fato de, como ele disse, os líderes empresariais "terem escolhido travar uma guerra de classes unilateral neste país – uma guerra contra os trabalhadores, os desempregados, os pobres, as minorias, os muito jovens e os muito velhos, e até mesmo muitos na classe média de nossa sociedade", e terem "quebrado e descartado o frágil e tácito contrato anteriormente existente durante um período de crescimento e progresso" – durante o período de colaboração de classe sob o capitalismo regimentado (Cowie, 2003).

Fraser devia ter ainda mais a dizer. Isso é o que os negócios fazem, constantemente. Especialmente aqui, onde temos uma comunidade empresarial amargamente consciente de sua classe. Isso foi há muito tempo. É por isso que os Estados Unidos têm uma história excepcionalmente violenta de repressão ao trabalho, a um nível que surpreendeu até mesmo observadores de direita da Europa.

Falamos agora de capitalismo gângster, e com razão, mas elementos dele sempre estiveram presentes lá na dura repressão. Como já mencionado, centenas de trabalhadores norte-americanos estavam sendo mortos em ações de greve bem no século XX, em um momento em que nada disso estava acontecendo em qualquer outro país comparável. Esse é apenas um dos muitos exemplos.

Bem, o *Powell Memorandum* é uma das pinças. Há uma outra, que é bastante interessante, talvez até mais interessante, na minha opinião. É bastante semelhante em conteúdo, foi produzida ao mesmo tempo, mas estava no extremo oposto do espectro, o espectro político e intelectual.

Foi um documento publicado pela Comissão Trilateral, a sua primeira publicação. A Comissão Trilateral foi baseada em internacionalistas liberais nos Estados Unidos, Europa e Japão. Vocês conseguem ter uma noção de sua aparência pelo fato de a administração Carter ter sido recrutada quase inteiramente de suas fileiras. O mesmo na Europa e no Japão, os parceiros trilaterais.

É um documento muito interessante. O livro é chamado *The Crisis of Democracy*. A mensagem básica é que toda a sociedade está sob ameaça, não apenas a comunidade empresarial. Toda a sociedade está sob ameaça do ativismo dos anos de 1960.

O que aconteceu na década de 1960, diz o documento, é que grande parte da sociedade – o que às vezes é chamado de "interesses especiais" – tentou entrar na arena política para promover suas preocupações e demandas: jovens, idosos, mulheres, agricultores, trabalhadores. Em suma, a população em geral.

Há um grupo que não é mencionado nessas queixas sobre os interesses especiais: o setor corporativo. Mas faz sentido. Eles representam o interesse nacional, não são interesses especiais.

Assim, todos esses grupos estão tentando entrar na arena política. Isso cria a "democracia excessiva" que tem sido um problema para os "homens de melhor qualidade" desde a primeira revolução democrática moderna. O Estado não pode lidar com essas pressões. Portanto, os comentaristas liberais recomendam "mais moderação na democracia", um retorno da população geral à passividade e obediência, ao seu papel de "espectadores", não de "participantes". O relator americano no estudo Trilateral, o cientista político de Harvard Samuel Huntington, relembrou os dias em que o Presidente Truman "tinha sido capaz de governar o país com a cooperação de um número relativamente pequeno de advogados e banqueiros de Wall Street", para que não houvesse crise da democracia. Mas isso foi antes do ativismo da década de 1960 ameaçar destruir esses arranjos civilizados.

Os trilateralistas estavam particularmente preocupados com o que eles chamavam de instituições responsáveis pela "doutrinação dos jovens". Escolas, universidades, igrejas. Elas não conseguem controlar os jovens. Não são capazes de doutriná-los corretamente. É por isso que vocês os veem nas ruas protestando contra a guerra, reclamando direitos das mulheres, todas essas coisas perturbadoras. Por conseguinte, são necessárias medidas mais severas nas escolas e universidades.

Eles disseram o mesmo sobre a mídia, aqui concordando com Powell. A comunicação social está fora de controle. Os liberais trilaterais até alertaram que a intervenção do Estado poderia ser necessária para colocar os meios de comunicação de volta na linha.

A preocupação geral, portanto, é um pouco como o *Powell Memorandum*. Mas estes são intelectuais. A retórica é mais moderada do que o *Powell Memorandum*, embora a mensagem seja semelhante. A conclusão em todo o espectro, o que chamamos de esquerda para a direita, reflete o pano de fundo cultural e intelectual do ataque neoliberal.

Há trabalhos acadêmicos recentes sobre as origens do neoliberalismo, identificando um surgimento muito anterior do que normalmente se supunha, remontando ao período logo após a Primeira Guerra Mundial. Isso traz à tona elementos muito interessantes, que infelizmente não há tempo para explorar agora, exceto muito superficialmente. Uma revelação interessante, relevante para o "capitalismo gângster", é a postura dos fundadores da doutrina na Viena do pós-Primeira Guerra para o uso das forças do governo com o objetivo de esmagar a esquerda. A figura mais respeitada, o guru do movimento, é Ludwig von Mises. Ele mal podia conter seu prazer em 1928, quando o governo austríaco desfez violentamente uma grande greve, minando os movimentos trabalhistas e social-democratas vibrantes e preparando o cenário para o fascismo austríaco, e, assim, salvaguardando a "economia sólida" do impacto disruptivo dos sindicatos e da reforma social que buscava suavizar as ásperas arestas da disciplina de mercado sobre os trabalhadores e os pobres.

Há uma teoria por trás dessas características do neoliberalismo desde seus primórdios. Sindicatos buscam direitos dos trabalhadores. Isso interfere com o que hoje em dia é chamado de "flexibilidade do trabalho" – o que significa, na prática, o direito dos empregadores de demitir trabalhadores à vontade e determinar as condições de trabalho sem interferência. Eles interferem no "uso ideal dos recursos", conforme determinado pelos mercados. Os sindicatos interferem nessas verdades doutrinárias por sua preocupação com os direitos dos trabalhadores, com a segurança e a saúde, com os salários dignos de subsistência, e até mesmo – imaginem vocês! – com a palavra em relação aos planos e operações das ditaduras em que passam suas vidas de trabalho. Por conseguinte, têm de ser destruídos.

É, portanto, natural que os santos do movimento devem ter se deliciado, como se deliciaram, com o esmagamento dos sindicatos pelo poderoso Estado durante os primeiros estágios do fascismo na Áustria e na Alemanha, no fim da década de 1920 e início da de 1930. Da mesma forma, as atitudes das grandes figuras do movimento em relação à monstruosa ditadura de Pinochet não surpreendem.

Outra característica interessante do movimento neoliberal desde os primórdios é a estreita ligação entre intelectuais progressistas e a ala direita neoliberal. Mais do que simbolicamente, o termo "neoliberalismo" foi adotado pelo movimento no Colóquio Walter Lippmann, em Paris, em 1938. Lippmann, lembrem-

-se, foi um dos principais intelectuais progressistas nos Estados Unidos no século XX.

O conceito de "utilização otimizada dos recursos" é algo em que poderíamos gastar um pouco de tempo. É uma contribuição muito interessante para o misticismo quando se analisa de perto. Mas vamos deixar isso de lado por enquanto.

É interessante ver como temas semelhantes reverberam pela história do capitalismo, mesmo com mudanças substanciais de circunstâncias. Já discutimos a continuidade que existe da supressão da multidão e suas demandas por democracia e direitos na primeira revolução democrática na Inglaterra do século XVII à revolução conservadora dos Desenvolvedores, que superou a demanda popular por democracia excessiva um século depois, às advertências dos intelectuais progressistas do século XX sobre sucumbir aos dogmatismos democráticos sobre o direito do rebanho desnorteado de participar de decisões que os afetam, a província da "minoria inteligente". E, em outro contexto, a necessidade de suprimir as correntes democráticas radicais e seu apelo à independência em todo o mundo à medida que a ordem global do pós-guerra estava sendo estabelecida.

Não é surpreendente, então, que os mesmos temas devam surgir novamente no início dos anos de 1970, quando a multidão ignóbil estava ficando fora de controle novamente no ativismo dos anos de 1960, "tempo de problemas" como é frequentemente chamado. Então, encontramos a mesma reação. Era necessário, mais uma vez, combater a ameaça da democracia excessiva que estava surgindo do ativismo dos anos de 1960, que de fato civilizou significativamente o país. Para a comunidade empresarial, como Powell enfatizou à sua maneira bastante frenética, era necessário proteger o que Madison havia chamado de "interesses permanentes do país", o sistema de empresas privadas, ameaçado particularmente pela queda da taxa de lucro que era em parte um resultado da militância dos trabalhadores que estava se recuperando no fim da década de 1960 e o início da década de 1970. Muito disso foi estimulado pelo ativismo geral dos jovens, incluindo veteranos do Vietnã. Em greves como a de Lordstown, que vale um exame detido, os jovens trabalhadores não estavam apenas pedindo um salário decente, mas também dignidade no local de trabalho e alguns meios de participação nas decisões. Tendências que são realmente sinistras e têm de ser esmagadas.

Vem, então, o ataque neoliberal, há muito tempo em preparação, explorando as desordens econômicas da década de 1970 como a oportunidade de assumir o controle. Alcançou muitos dos seus objetivos. A disciplina foi pelo menos parcialmente imposta nas universidades, de maneiras interessantes, incluindo a imposição de modelos de negócios e cortes acentuados no financiamento estatal. Vê-se isso aqui no Arizona muito claramente, mas aconteceu em todo o país. Outro fator foi a acentuada escalada das taxas, para a qual não existe uma base econômica autêntica. Voltaremos a ela se houver tempo.

Ponto fundamental, o declínio da taxa de lucro foi revertido. Isso foi muito importante. As políticas neoliberais levaram a uma concentração radical de riqueza e novas prerrogativas para o setor empresarial, juntamente com a estagnação para a maioria da população. Marv deu algumas informações na nossa última sessão. É impressionante que os salários reais dos trabalhadores sem supervisão hoje sejam mais baixos do que eram em 1979, logo no início do ataque neoliberal. Houve crescimento econômico e aumento da produtividade, mas os resultados foram para muito poucos bolsos. Isso continua após a crise de 2008, a explosão da bolha imobiliária e a consequente crise financeira.

Não menos significativo, houve erosão dos direitos dos trabalhadores, começando com o forte ataque de Reagan aos sindicatos e aos direitos dos trabalhadores em geral. Quase não há mais greves organizadas por sindicatos, porque é virtualmente impossível. Reagan, que era prodigioso em seus duros propósitos antilaborais, recorreu até mesmo aos fura-greves para acabar com greves. Isso era ilegal em todos os países industrializados do mundo fora do *apartheid* da África do Sul, mas Reagan introduziu aqui a prática. Adotando o precedente de Reagan, as corporações privadas adotaram as mesmas medidas, Caterpillar e outras. O ataque foi realizado sob Clinton por diferentes meios, incluindo uma forma particular de "globalização" voltada para os interesses dos investidores, ignorando os trabalhadores – todos servindo aos augustos princípios da "economia sólida".

Enquanto isso, o mundo dos negócios, liberado pela revolução de Reagan de qualquer preocupação com os trabalhadores e seus direitos, ressuscitou ideias anteriores sobre "métodos científicos de furar greves" e se voltou abertamente à dureza da guerra de classe – assuntos importantes que não há tempo para desenvolver agora.

Uma das consequências de tudo isso foi uma grave erosão da democracia, consequência imediata de uma forte concentração da riqueza e do poder empresarial. Discutimos alguns dos meios: compra virtual de eleições, escalada radical do *lobby*, enfraquecimento dos direitos de voto, tudo facilitado ainda mais pela Suprema Corte mais reacionária de que a memória viva tem notícia. Já não há medo de democracia excessiva.

Há muita confusão, como vocês sabem, sobre a alegada interferência russa nas eleições. Identificá-la é muito difícil, mas mesmo que tenha havido em qualquer escala substancial, seria invisível em comparação com a interferência nas eleições pela riqueza extrema e pelo poder corporativo. Mas estas são mais coisas cuja menção não é conveniente. É melhor preocupar-se com os russos.

Uma consequência de tudo isso, também bem-estabelecida na literatura acadêmica de ciência política, é que uma maioria considerável da população, aqueles que estão mais baixo na escala de renda e riqueza, são literalmente privados de direitos. Podem votar, mas isso não importa. Eles são privados de direitos no sentido de que, quando se comparam suas preferências e atitudes com as decisões tomadas por seus próprios representantes, não há praticamente nenhuma correlação. Os legisladores escutam outras vozes. A classe dos doadores.

Durante o período neoliberal, a geração passada, ambas as partes se deslocaram muito para a direita. Os democratas abandonaram a classe trabalhadora. Eles a entregaram aos seus inimigos de classe, que procuram mobilizá-los sobre o que são chamados de questões culturais: supremacia branca, religião fundamentalista e de outras maneiras para as quais retornaremos. E com as promessas de empregos decentes, que estranhamente não são cumpridas.

Um caso interessante agora é o caso Foxconn. O Estado de Wisconsin ofereceu um belo presente à Foxconn, fabricante de seus telefones Apple e outros dispositivos semelhantes. Os contribuintes de Wisconsin forneceram à Foxconn cerca de US$ 250 mil para cada trabalho prometido, mas os empregos não estão aparecendo. É a matéria de capa na edição atual do principal jornal de negócios desta semana, *Bloomberg Businessweek*. Vocês podem encontrar os detalhes lá.

Vimos tudo isso dramaticamente após o colapso da bolha imobiliária e a consequente crise financeira em 2008. A crise em si foi o resultado de uma atividade predatória, por vezes tecnicamente criminosa, por parte dos grandes bancos e instituições financeiras. Eles estavam dando hipotecas *subprime* para pessoas que sabiam que nunca seriam capazes de pagar, mas foram capazes de usar instrumentos financeiros complexos para dividir os empréstimos para que ninguém soubesse o que estavam comprando. Eles fizeram toneladas de lucro.

Por fim, tudo ruiu. Havia a legislação do resgate, sob Bush pai e então Obama. A legislação tinha dois elementos. Uma era resgatar os perpetradores, os bancos, que tinham sido responsáveis pela crise. A outra era dar alguma ajuda às vítimas, as pessoas que foram expulsas de suas casas porque estavam hipotecadas. Vocês podem adivinhar qual parte da legislação foi implementada.

Se vocês estão interessados em detalhes, há um livro furioso escrito por Neil Borofsky, inspetor-geral do Departamento do Tesouro, que estava consternado com o que aconteceu. Isto se deu sob a administração Obama.

Algumas das coisas que aconteceram são quase grotescas demais para acreditar. Há uma grande companhia de seguros, a AIG (American International Group), que estava à beira da falência. Se tivessem entrado em colapso, o Goldman Sachs provavelmente teria entrado em colapso e um monte de outros. Isso não podia ser permitido. Então eles foram socorridos.

E assim que foram socorridos, com um enorme presente do contribuinte, eles imediatamente pagaram grandes bônus aos executivos que foram responsáveis pelo desastre. Pois bem, esse ponto foi debatido. Parecia um pouco feio. Mas os economistas explicaram que estava tudo certo. Lawrence Summers, um dos economistas liberais mais respeitados, observou que um contrato é um contrato. Eles receberam bônus prometidos; eles precisavam desses bônus. Não importava que eles haviam praticamente arruinado a economia com suas falcatruas e, em seguida, socorridos pelo contribuinte.

Ao mesmo tempo, no intervalo de semanas, o Estado de Illinois determinou que não iria pagar pensões aos trabalhadores porque não tinha o dinheiro. De alguma forma, esse contrato não era tão sagrado, só o outro.

Para piorar as coisas, o CEO da AIG mais tarde abriu um processo contra o governo porque a AIG não tinha permissão para pagar bônus grandes o suficiente. É quase impossível colocar em palavras.

As pessoas não sabiam todos os detalhes, mas o quadro geral era bem claro. Em particular, o resgate dos bancos e o abandono das vítimas. E teve um efeito imediato. Em 2008, muitos trabalhadores votaram em Obama, acreditando na retórica agradável sobre esperança e mudança e assim por diante. Muito rapidamente eles viram o que as belas palavras significavam. E houve efeitos. Massachusetts é o estado mais liberal do país. Ted Kennedy, o "leão liberal", morreu e precisou ser substituído. Houve eleições em 2010 em Massachusetts. Um desconhecido republicano de direita venceu a eleição para o lugar de Kennedy.

Muitos sindicalistas nem se deram ao trabalho de votar. Eles estavam tão desiludidos com a traição que simplesmente pensaram: "Isso não é para nós". Eles sequer participaram ou votaram na direita. Alguns deles mais tarde gravitaram para Trump, embora vocês devam ter em mente que a conversa sobre uma base da classe trabalhadora para Trump é enganosa. Como um dos pesquisadores mais cuidadosos, Anthony DiMaggio, discutiu, os democratas perderam a classe trabalhadora muito mais do que Trump a ganhou. A base de adoradores de Trump é majoritariamente pequeno-burguesa: lojistas, vendedores e assim por diante, em sua maioria relativamente abastados, e evangélicos cristãos. Há uma boa quantidade de pesquisa acadêmica sobre isso.

Um desenvolvimento muito interessante no período neoliberal é a ascensão do Cail, o Conselho Americano de Intercâmbio Legislativo. Trata-se do principal *lobby* de negócios, que se baseia em um espectro muito amplo do setor corporativo: Vale do Silício, corporações de energia, muitos outros. O que eles estão realizando é algo muito inteligente e traiçoeiro. Eles estão trabalhando em nível estadual, visando legisladores estaduais.

Ora, há várias boas razões para isso. A legislação estadual é importante, tem impacto em muitas coisas que acontecem na vida das pessoas. E é praticamente invisível. Quase ninguém sabe o nome do representante do Estado. Mal se reporta o que acontece na legislatura estadual. Além disso, os legisladores são muito vulneráveis. As eleições são em grande parte compradas, mas não é preciso muito para comprar uma eleição para um legislador estadual. Não são bilhões de dólares, como em uma eleição presidencial.

Então, são um alvo muito fácil. E a forma como o fazem está bem desenhada. As mesmas propostas legislativas têm sido feitas para todos os estados, quase literalmente. Um objetivo primário, é claro, é enfraquecer os sindicatos, minar o inimigo de classe.

Mas também querem restringir o voto, querem impedir as pessoas erradas de votar. Eles sabem que nunca ganharão uma maioria por suas políticas em qualquer eleição honesta. Eles querem facilitar a degradação ambiental. Em suas próprias palavras, eles querem "reduzir a carga regulatória" sobre a empresa privada, o que significa danos para o resto de nós. Querem garantir o que se chama de privacidade de doadores. Isso abre as portas para uma inundação de dinheiro não rastreável para o financiamento de eleições.

Querem privatizar o sistema educacional. O Arizona foi escolhido como alvo principal para ver se conseguiam levar esse projeto a cabo. É um alvo muito natural, com financiamento educacional estadual muito baixo, um dos mais baixos do país. Vamos ver como isso funciona.

Há muito mais, mas um caso muito interessante, um caso muito instrutivo, são as propostas legislativas em todo o país para evitar a pena por roubo de salários, até mesmo a investigação do crime. As vítimas são tipicamente os pobres e mais vulneráveis, alvos fáceis que não podem reagir. O roubo de salários é um grande roubo todos os anos. Bilhões de dólares por ano são roubados dos trabalhadores pela falta de pagamento de horas extras ou simplesmente por falta de pagamento de salários. Bilhões de dólares. Então, o Cail quer ter certeza de que não haverá penas para isso e até mesmo nenhuma investigação.

Isso é intrigante. Não representa muito para a riqueza dos ricos e do setor corporativo, mas ilustra a extrema selvageria da guerra de classes. É preciso ir atrás de tudo. É preciso cortar a garganta de todos. Mesmo que o salário deles seja roubado, isso não pode ser investigado.

Adam Smith acenaria com a cabeça em reconhecimento às práticas dos "senhores da humanidade".

Há uma campanha furtiva do Cail em curso com consequências muito mais amplas, não apenas roubo dos pobres e mais vulneráveis, mas estrangulamento do que Thorstein Veblen chamou de "a população subjacente" em geral. Eles querem uma emenda constitucional para um orçamento equilibrado. Eles já têm quase o número necessário de Estados inscritos para pedir uma emenda à Constituição. O que significa um orçamento equilibrado? Significa acabar com todos os benefícios sociais.

Se tivermos um orçamento equilibrado, não deixamos de financiar os militares. Não deixamos de financiar a segurança da fronteira para nos proteger dessas hordas que nos atacam. Cortam-se as coisas que importam para as pessoas indignas. Aqueles cuja renda real estagnou ou diminuiu durante o período neoliberal. O Cail não pode vir diretamente e dizer: "Olha, queremos destruir a Previdência Social e o sistema de saúde". Não se consegue ganhar eleições dessa forma, mas se pode fazê-lo indiretamente. Uma emenda de equilíbrio orçamentário é um caminho.

Na verdade, como vocês devem se lembrar, esse foi um dos principais pontos da principal conquista legislativa do Governo Trump, a lei tributária de 2017, uma enorme oferta aos ricos e ao setor corporativo, cujos lucros estão aumentando enquanto eles não investem. Uma parte importante do golpe foi o subtexto, apresentado a nós sem demora pelos arquitetos, Mitch McConnell e Paul Ryan, líderes republicanos do Senado e da Câmara. Eles explicaram que o corte de impostos está criando um enorme déficit, então teremos que reduzir os "direitos" no futuro. É inevitável. Gostaríamos que houvesse comida, cuidados com a saúde e outras coisas supérfluas, mas o que podemos fazer?

Uma emenda constitucional vai enfiar o último prego naquele caixão. Tudo isso está acontecendo muito silenciosamente. Não há reportagens sobre isso, é uma sordidez das piores. O mesmo acontece com o empacotamento do judiciário federal e outras medidas que estão sendo realizadas para garantir que, quaisquer que sejam os resultados eleitorais, não será possível mudar as políticas já implementadas, porque muito será fixado.

Mesmo agora, estados com cerca de um quarto da população, ou seja, cerca de 15% dos votos para o partido vencedor, podem dominar o Senado, a parte mais poderosa do Congresso graças ao caráter extremamente regressivo do sistema democrático americano que remonta ao golpe dos Desenvolvedores. Esses 15% são em grande parte oriundos do campo, brancos, cristãos, muitas vezes fundamentalistas, mais velhos, com valores tradicionais.

Observem que isso não pode ser alterado por emenda. Para mudá-lo por emenda, seria necessário reunir três quartos dos estados, e não é possível uma coisa dessas. Pequenos estados nunca permitiriam isso. Na verdade, neste momento, cerca de 5% da população poderia, em princípio, bloquear uma emenda constitucional. E os estados menores certamente serão capazes de bloquear qualquer esforço para mudar o caráter altamente regressivo da eleição do Senado ou para adulterar o colégio eleitoral.

Tudo isso criará uma grande crise constitucional num futuro não muito distante devido à forma como essas tendências estão se desenvolvendo.

As políticas neoliberais, embora estejam alcançando os objetivos de concentrar a riqueza e o poder e marginalizar o rebanho confuso, estão prejudicando a economia em geral. As taxas de crescimento desaceleraram, o crescimento da produtividade é baixo. Fala-se muito de estagnação, o que significa que a economia já não consegue de fato crescer.

Uma das coisas interessantes que David Kotz aponta na leitura de hoje é que a concentração muito acentuada de riqueza levou a uma situação em que há simplesmente uma falta de opções de investimento. Há muitos iates de luxo que se pode comprar, e não há muito lucro a ser feito na produção do que o país precisa desesperadamente, como a reconstrução da infraestrutura em ruínas ou maneiras de remover o carbono da atmosfera.

Então, existe toda essa massa de dinheiro acumulado, mas não se pode investir com muito lucro. Então o que se faz? Volta-se às manipulações financeiras, que geralmente são muito mais lucrativas e têm crescido enormemente. Um dos efeitos é reduzir a investigação e o desenvolvimento.

Vejam a Apple, a maior empresa. Deem uma olhada nas suas próprias propostas orçamentárias. A companhia está reduzindo a investigação e o desenvolvimento. Eles têm menos interesse em produzir algo que seria útil. Voltam-se, então, aos mercados financeiros, que são muito mais rentáveis a curto prazo. E o mesmo está acontecendo em todos os sentidos.

Como já foi dito, grande parte da P&D, pesquisa e desenvolvimento, que criou a economia de alta tecnologia, saiu do bolso do contribuinte. O princípio orientador, em suma, foi a subvenção pública, o lucro privado. O contribuinte financia a P&D criativa e arriscada, muitas vezes por um longo período, e se algo é produzido que pode ser adaptado ao mercado para obter lucro, é entregue ao poder privado. Essas são coisas que "não são convenientes de se mencionar", então vários subterfúgios são usados. O mais fácil é apelar à "defesa": isso não pode ser questionado. Assim, por um longo período, a política industrial e educacional dos Estados Unidos – criando a economia de alta tecnologia e universidades de pesquisa – atravessou o Pentágono, assim como o projeto de estradas interestaduais de Eisenhower foi vendido ao público como um Sistema Rodoviário de Defesa, formalmente, o Sistema Nacional de Rodovias Interestaduais e de Defesa.

Tais assuntos foram discutidos na imprensa empresarial no início do período pós-guerra. Houve grande preocupação com o retorno à Depressão e amplo reconhecimento de que seria necessário estímulo governamental para evitá-la. Os analistas apontaram que os gastos sociais têm o mesmo efeito estimulante que os gastos militares. Mas o mundo dos negócios tinha reservas sobre isso, preferindo gastos militares, que podem ser usados como uma cobertura para muito mais. Os gastos sociais têm efeitos colaterais prejudiciais. O público não questiona os gastos militares, nem presta atenção à forma como são usados, mas os gastos sociais têm efeitos diretos e visíveis na vida das pessoas. Por conseguinte, desperta interesse e atenção, podendo até estimular ideias subversivas sobre a participação nas decisões sobre em que tipo de sociedade e mundo devemos viver. Mais uma vez, a democracia excessiva. Os gastos militares não têm esses aspectos negativos.

Do ponto de vista das empresas, o sistema de subsídio público/lucro privado tem sido vantajoso, mas levanta outros problemas. Se conduzido abertamente, pode gerar a crença de que seu governo pode realmente fazer algo por você e que talvez deva ser um governo "popular". Essa é outra razão para se preferir a cobertura da defesa, e para inventar contos de inimigos malignos prestes a destruir-nos.

A longo prazo, as próprias empresas serão prejudicadas pela passagem da P&D às manipulações financeiras. No passado, isso poderia ter sido uma preocupação. Mas a ética gerencial mudou desde o momento em que a viabilidade da empresa era uma séria preocupação com o foco de hoje no ganho de amanhã. As perspectivas de longo prazo para a empresa tornam-se considerações menores – ou para a sociedade humana em geral.

Nada poderia revelar essa mudança com mais brilhante clareza do que um assunto já discutido: as decisões virtualmente reflexivas de correr em direção à destruição, com os olhos abertos, se isso render ganho de curto prazo. Neste momento, os lucros são espetaculares e os salários dos CEOs dispararam para a estratosfera, arrastando outras recompensas gerenciais com eles, enquanto, para a população em geral, os salários reais estagnaram, os gastos sociais se tornaram escassos, os sindicatos e outras interferências na "economia sólida" foram desmantelados. O melhor de todos os mundos possíveis. Então, por que me importar se a minha empresa vai afundar depois de eu ter mudado para pastos mais verdes, ou por que me importar em deixar para os meus netos um mundo em que eles tenham alguma chance de sobrevivência decente?

A mentalidade capitalista enlouqueceu.

Existe, naturalmente, o problema habitual. A turba. Ela não está muito feliz com o enfraquecimento da democracia funcional e dos direitos básicos. Devo acrescentar que o mesmo se aplica à Europa. Na verdade, ainda mais. O ataque à democracia na Europa é ainda mais agudo do que aqui. Decisões importantes sobre a sociedade e a política estão fora das mãos da população. São feitas em Bruxelas por burocratas não eleitos: o FMI, o Banco Central, a Comissão Europeia.

Tudo isso, em todo o mundo, está gerando raiva, ressentimento e amargura. Vocês os veem agora no movimento dos Coletes Amarelos na França, mas está em todos os lugares. Eleições após as eleições, os partidos centristas demonstram esgotamento. Está acontecendo aqui também. Acontece que os partidos mantêm os seus nomes no nosso rígido sistema de dois partidos, mas os elementos centristas estão perdendo o controle.

A raiva popular é frequentemente atribuída à xenofobia e ao medo de que os imigrantes estejam destruindo nossas economias e envenenando nossa cultura; sentimentos que são reais o suficiente. Há bastante pesquisa sobre isso. O que isso mostra, penso eu de forma bastante convincente, é que o problema básico é a angústia econômica e a perda de controle – preocupação com a estagnação, a insegurança, o enfraquecimento das políticas de bem-estar social, juntamente com a falta de qualquer oportunidade de participação à medida que a democracia diminui. Tudo isso abre as portas a sintomas patológicos – busca de bodes expiatórios, medo, raiva sem foco. E esses podem ser explorados por demagogos, muitas vezes para fins bastante nefastos. Nada disso é de todo surpreendente.

Recentemente, um economista agora muito famoso, Thomas Piketty, juntamente com seus colegas, apontou que "uma economia que não consegue gerar crescimento para metade de seu povo por uma geração inteira está fadada a gerar descontentamento com o *status quo* e uma rejeição das políticas em vigor" (Piketty et al., 2017). Bastante óbvio. Mas o descontentamento pode assumir muitas formas. Ele não determina quais forças prevalecerão. Tornou-se comum hoje em dia citar a observação de Gramsci de que a antiga ordem está entrando em colapso, mas uma nova ainda não surgiu, e "no interregno uma grande variedade de sintomas mórbidos aparecem". E encorajadores também. Para mencionar apenas um, hoje o Novo Acordo Verde, iniciado pelo Movimento Sunrise, foi aceito por praticamente toda a Câmara dos Deputados, algo que parecia inimaginável há pouco tempo.

Há muito espaço para vontade e escolha, para engajamento ativo. Uma coisa que podemos esperar com considerável confiança, apenas olhando para a história, é que, para encontrar uma maneira de sair dessa bagunça, teremos que nos basear substancialmente em um movimento operário reenergizado e vital.

6
Resistência e resposta

Palestra de Waterstone, 19 de fevereiro de 2019

Bem-vindos à parte do curso dedicada a soluções. Não fiquem muito entusiasmados. Quero enfatizar, assim como no título, de fato, que o tema desta noite é resistência *e* resposta. Quero deixar claro que os tipos de coisas que examinamos aqui são realmente um conjunto de disputas e lutas. Eu só quero colocar esse tema muito prontamente no início, ou seja, pensar sobre os tipos de coisas que faremos passar por exame num constante ir e vir.

Gostaria de retomar algumas coisas que comentei em nossa primeira semana, quando estávamos falando de senso comum, o que farei em um minuto. Mas o tópico é de fato resistência *e* resposta. E, por resposta, entendo a resposta daqueles que estão muito interessados na preservação do *status quo* tal como ele é, pois são favorecidos por ele.

Vamos começar pensando um pouco sobre os movimentos sociais em geral e, em seguida, quero tratar mais detidamente de alguns, mas antes vamos pensar sobre algumas das coisas implicadas neles. Em um sentido muito geral, os movimentos sociais implicam uma ação coletiva para resistir ou promover a mudança.

Assim, alguns movimentos sociais são claramente conservadores, no sentido de que querem manter as coisas como estão. Não me refiro a eles de uma forma partidária, necessariamente política, mas alguns movimentos sociais trabalham para manter as coisas exatamente como elas são. Outros trabalham para promover a mudança.

Outra maneira de dizer isso: eles trabalham seja para manter, seja para mudar o *status quo*. Eles reforçam ou subvertem o senso comum prevalecente (apenas para mantermos isso nos termos com que os temos tratado durante todo o semestre), para fins regressivos ou progressivos. É claro que a forma como se definem essas coisas depende do ponto de vista e das perspectivas de quem se debruça sobre elas.

Os movimentos sociais variam em seu escopo, seja para simplesmente resistir à mudança, seja para sutilmente reformar o sistema de alguma forma ou, em algum sentido, para revolucionar as coisas. Falamos um pouco sobre revolução da última vez. Falaremos um pouco mais sobre ela esta noite e na próxima semana.

Tais movimentos também variam espacialmente, como se pode esperar, do local ao global e às vezes transitando muito claramente entre essas escalas. Seus métodos variam, por exemplo, do não violento ao violento. Estes são apenas os dois polos de um espectro. Há muitos outros espectros sobre os quais poderíamos pensar em termos de metodologia. Eles variam em termos de alvos. Claramente, algumas organizações e movimentos, e suas atividades, direcionam os indivíduos inteiramente à sociedade.

Agora, quero apresentar alguns laços entre os movimentos sociais e o capitalismo. Uma das leituras para esta semana, os artigos de Jim O'Connor, faz relações muito claras com os movimentos sociais que crescem a partir de um sistema capitalista. Em primeiro lugar, ele distingue duas contradições dentro do capitalismo e faz algumas relações entre essas duas contradições básicas e a maneira com que os movimentos sociais emergem delas.

A primeira contradição. A contradição mais básica no capitalismo, algo de que falamos lá no começo, é a relação exploratória entre capital e trabalho no processo de produção, ou seja, o capital funciona apenas porque extrai mais-valia em uma relação exploratória com o trabalho, e essa é a contradição básica, pelo menos O'Connor e outros a identificam. Isso leva ao que são tipicamente chamados de "velhos movimentos sociais". Velhos no sentido de que têm uma espécie de longevidade histórica, se comparada a alguns outros de que falaremos daqui a pouco. Essa contradição leva a antigos movimentos sociais em relação às condições de trabalho.

Como argumenta O'Connor, as contradições que existem dentro de um conjunto de relações sociais capitalistas no processo de produção levam a um antagonismo fundamental entre capital e trabalho. Esse antagonismo leva à construção de movimentos sociais em torno de coisas como salários, horas de trabalho, condições de trabalho e assim por diante. Esse conjunto de movimentos sociais está muito centrado na relação de classe. Isso é, portanto, conflito de classes, guerra de classes, antagonismo de classes.

Mas então O'Connor fala sobre uma segunda contradição do capitalismo na qual ele está se afastando um pouco do processo de trabalho em si e fala sobre a maneira pela qual o capital tem uma espécie de tendência inevitável de destruir suas próprias condições de produção. Discutimos isso anteriormente, por exemplo, quando analisamos as relações entre o capitalismo e o meio ambiente.

Mas quando O'Connor está falando sobre isso, ele realmente fala sobre esses três fatores: o ambiente natural; infraestrutura, comunidade e outros bens públicos; e força de trabalho. Quando ele fala sobre isso, ele diz que estes também são, por vezes, redutíveis ou reduzidos às categorias de terra e trabalho. Mas, novamente, ele está falando sobre condições ou fatores de produção que não são fornecidos ao capital por meio do mercado. São elementos ou condições de produção que o capital normalmente não tem vontade ou é incapaz de sustentar por si mesmo, e por isso os busca por outros meios. Eles normalmente não são fornecidos por meio do mercado, embora os mercados possam ser criados para produzi--los, mas normalmente são fornecidos pelo Estado. Um exemplo ligado a algumas coisas de que falávamos na semana passada, os esquemas de privatização do neoliberalismo, coisas que normalmente eram bens públicos, entram na esfera do capital por meio da produção de mercados artificiais de um tipo ou de outro, ou por meio da privatização e da mercantilização.

Quando se pensa no meio ambiente ou na infraestrutura e na comunidade, quando se pensa na reprodução da força laboral por meio de coisas como a educação, essas são, via de regra, condições de produção que são fornecidas pelo Estado. Mas à medida que essas condições se deterioram, O'Connor argumenta, os movimentos sociais se organizam para proteger essas condições ou para resistir a mudanças adversas.

Portanto, podemos pensar sobre a maneira como essas coisas se desenvolvem em reação a esse conjunto de contradições, e esses são os chamados "novos movimentos sociais". Isso inclui o movimento ambiental que opera em torno da deterioração das condições do ambiente natural, movimentos urbanos e de direitos civis e assim por diante, em torno da decadência e deterioração urbana, destruição de infraestrutura e assim por diante. Em seguida, há também movimentos que surgem em torno de condições relativas à reprodução da força de trabalho, movimentos feministas, outros tipos de movimentos identitários e assim por diante. Estes, O'Connor está dizendo, são consequências dessa contradição, ou conjunto de contradições, que o capital sempre produz.

Esses novos movimentos sociais vão além, mas permanecem conectados à relação de classe. São movimentos que nem sempre estão centralmente ligados à classe, mas podem ser imediatamente ligados à classe da maneira que O'Connor observa.

Agora, quero deixar essa ligação muito clara com a ideia de movimentos sociais e senso comum. A luta pelo senso comum e pela mudança progressiva é contínua. Raramente há um acordo final. As forças rivais, cada uma convencida da justeza de sua visão, são obrigadas a recuar. Ou seja, se você acredita que a sua visão de mundo não só é, mas deveria ser a predominante, você tem a obrigação de levar isso a outras pessoas. Mas muitas vezes o terreno em que as disputas são realizadas está transformado irrecuperavelmente por rodadas anteriores de lutas. Os motivos pelos quais as disputas são realizadas mudam ao longo do tempo.

Gostaria de expandir a citação de Stuart Hall que usei na primeira semana:

> Por que então o senso comum é tão importante? Porque é um terreno de concepções e categorias sobre as quais a consciência prática das massas populares é realmente formada. É o terreno já formado e pressuposto no qual as ideologias e filosofias mais coerentes devem lutar pelo domínio; o terreno no qual novas concepções do mundo devem levar em consideração, contestar e transformar as concepções do mundo das massas para moldá-las e, desse modo, se tornarem historicamente eficazes. As crenças populares, a cultura de um povo, argumenta Gramsci, não são arenas de luta que possam ser deixadas à mercê de si mesmas. Elas próprias são forças materiais (Hall, 1986).

A mudança social deve trabalhar com elas, seja para fins progressistas ou reativos. Tem que lidar com as coisas como elas são e com coisas que tão completamente estão integradas à visão de mundo das pessoas que elas são simplesmente entendidas como pontos pacíficos. O senso comum, como eu digo, é um campo de luta e contestação, e deter a visão que se tem de como o mundo funciona torna-se peça-chave, isto é, que algo se torne o senso comum assumido como algo pressuposto é uma forma muito potente de poder político. Essa é a ligação entre senso comum e as mudanças progressivas ou regressivas.

Tudo isso basicamente também fala sobre as maneiras pelas quais pensamos acerca dos limites da discussão. Quais são as prioridades para a elaboração de políticas? Qual é a perspectiva prática? O que é o excessivamente idealista e assim por diante? Muitas coisas contribuem para a nossa compreensão de como isso funciona. Aqui está uma:

Muito bem. Sei que é engraçado, mas é assim que é.

Tudo bem, aqui estão alguns clichês. "A viagem mais longa começa com um único passo." "Sem dúvida, um pequeno grupo de cidadãos atenciosos e comprometidos pode mudar o mundo. Na verdade, isso é a única coisa que sempre existiu." – Margaret Mead. "Primeiro eles te ignoram, depois riem de você, depois lutam contra você, depois você ganha", Mahatma Gandhi.

Agora eu quero voltar para alguns exemplos de movimentos sociais. Quero começar com alguns exemplos históricos e, em seguida, chegar a alguns exemplos mais contemporâneos em um instante. A razão para o fazer é pensar no fato de terem sido feitos progressos. Sempre que pensamos que as coisas não mudam para melhor, devemos ter em mente que há casos históricos em que as coisas, na verdade, mudaram, às vezes para melhor. Mas também quero deixar em vocês a impressão, o que espero fazer, de que essas são lutas que não estão concluídas. O primeiro é o movimento de abolição, o segundo é o movimento das mulheres e o terceiro é o movimento LGBTQIA+.

Vamos começar com o movimento abolicionista. Aqui estão algumas citações de Jefferson Davis:

> Minhas próprias convicções quanto à escravidão negra são fortes. Tem os seus males e abusos. Reconhecemos o negro tal como Deus e o Livro de Deus e as Leis de Deus, na natureza, nos dizem para reconhecê-lo, nosso inferior, apto expressamente para a servidão. Você não pode transformar o negro em algo um décimo tão útil ou tão bom quanto o que a escravidão lhes permite ser.

A escravidão foi estabelecida por decreto do Deus todo-poderoso. Está sancionado na Bíblia em ambos os testamentos, do Gênesis ao Apocalipse. Tem existido em todas as eras. Tem se encontrado entre as pessoas da mais alta civilização e nas nações da mais alta proficiência nas artes.

A escravidão foi formalmente eliminada em grande parte do mundo desenvolvido na década de 1860, alguns lugares antes, alguns lugares depois. Nos Estados Unidos e em outros lugares, diferentes formas de escravidão se seguiram quase que imediatamente, desde as *chain gangs* até Jim Crow, a prisão em massa e o trabalho forçado.

Agora a escravidão voltou. Estima-se que existam cerca de 40,3 milhões de pessoas escravizadas em cerca de 167 países em todo o mundo. Isso inclui casamento forçado, trabalho forçado, tráfico. Como se pode imaginar, essas estatísticas são muito, muito difíceis de obter com precisão, então isso é muito provavelmente uma subcontagem.

Mas a questão é que algumas coisas mudaram, mas a luta continua. Claramente, a escravidão não é uma coisa do passado, mas algumas coisas são combatidas por motivos diferentes. Dificilmente se poderá produzir o tipo de argumentação que Jefferson Davis era capaz de fazer com qualquer nível de seriedade. Mas isso não significa que o problema está resolvido.

Podemos ver uma trajetória semelhante no caso do movimento feminista:

> Devemos olhar para o estado feminino como se fosse uma deformidade que ocorre no curso normal da natureza – Aristóteles.
> As almas das mulheres são tão pequenas, alguns acreditam que elas sequer as têm – John Donne.
> Não devemos nos permitir ser desviados pelas feministas que mal podem esperar para nos forçar a considerar os dois sexos como completamente iguais em posição e valor – Sigmund Freud (este é o tio de Edward Bernays, a propósito).
> A agenda feminista não trata da igualdade de direitos para as mulheres. Trata-se de um movimento político socialista e antifamiliar que incentiva as mulheres a deixar seus maridos, matar seus filhos, praticar bruxaria, destruir o capitalismo e se tornarem lésbicas – Pat Robertson (numa carta de angariação de fundos em 1992).
> Desde 1920, o vasto aumento dos beneficiários do bem-estar e a extensão do direito ao voto às mulheres, duas questões bastante difíceis para os libertários, transformaram a noção de democracia capitalista em um oxímoro – Peter Thiel (o desenvolvedor do *PayPal* e várias outras aventuras no Vale do Silício).

Sem dúvida, alguns ganhos substanciais foram conquistados para a igualdade das mulheres, mas aqui está uma maneira de pensar sobre o fato de que essa ainda não é uma tarefa cumprida. Continua a existir uma disparidade significativa entre os rendimentos dos homens e das mulheres. Atualmente, as mulheres nos Estados

Unidos ainda ganham cerca de 79% do que os homens ganham por trabalho semelhante. Algumas tendências parecem sugerir que haverá equidade salarial até 2059. Essa é a boa notícia. A má notícia é que, desde 2001, o salário das mulheres diminuiu um pouco, e agora a equidade salarial não será alcançada até 2152. Desculpem pelas más notícias.

Outra maneira de pensar sobre isso, outros elementos do feminismo ainda estão sob tremendo ataque, por exemplo, o controle das mulheres sobre seus próprios corpos. Entre 2011 e 2016, 334 restrições ao aborto foram aprovadas pelas legislaturas estaduais nos Estados Unidos. Isso representou totalmente 30% de todas as restrições ao aborto passadas desde Roe *vs.* Wade, em 1973.

Mais uma vez, a questão é que agora existem novas formas de luta feminista, mas a batalha continua. Mais uma vez, esta não é uma luta que acabou, embora, por alguns motivos, não possamos usar o mesmo vocabulário que usamos historicamente, pelo menos não em companhia educada.

Finalmente, podemos ver um padrão semelhante nos direitos LGBTQIA+:

> Não me interpretem mal. Eu não estou aqui batendo em pessoas que são homossexuais, que são lésbicas, que são bissexuais, que são transgêneros. Precisamos de uma profunda compaixão pelas pessoas que estão lidando com a questão muito real da disfunção sexual em sua vida e dos distúrbios de identidade sexual – Michelle Bachmann (antiga senadora por Minnesota, então congressista e, por fim, candidata a presidente, falando sobre a homossexualidade como um transtorno mental em 2004).

Sem dúvida, mais uma vez, foram obtidos ganhos substanciais. O casamento entre pessoas do mesmo sexo é agora legalmente reconhecido em todo o país, ou em partes significativas, em cerca de 26 países. Claramente, algumas coisas mudaram. O discurso mudou muito substancialmente. Mas a atividade sexual entre pessoas do mesmo sexo, muito menos a proteção de relacionamentos, ainda é ilegal em muitos países. Diminuiu, de 2006 para 2017, de 92 para 73 países. Isso é uma mudança significativa. Mas, ainda assim, em muitos países há punições muito severas, incluindo a pena de morte. Novamente, as coisas mudaram, mas a luta continua.

Agora, quero recobrar alguns exemplos mais contemporâneos – não que essas lutas não sejam, como eu digo, contínuas. Mas eu quero olhar para algumas que são mais recentes: a Primavera Árabe, que proporcionou muita esperança para as pessoas em seus estágios iniciais; o movimento Occupy (e vou abordar alguns dos trabalhos que Kate Crehan escreveu e dos quais tínhamos uma leitura para esta noite; o movimento Black Lives Matter; e, finalmente, eu só quero dizer algumas palavras sobre o que foram os protestos J20, que ocorreram no dia da posse do atual presidente.

A Primavera Árabe. Vou passar por isso de forma um tanto rápida e destacar alguns dos principais eventos e uma linha do tempo aproximada. Ela teve início em 17 de dezembro de 2010, quando um comerciante de rua na Tunísia se incendiou em protesto contra o assédio policial. Cerca de um mês depois (14 de janeiro de 2011), as pessoas saíram às ruas em massa após o colapso do governo do Presidente Ben Ali. Ele renunciou e fugiu do país, o que abriu caminho para os tunisianos elegerem um novo presidente e adotarem uma nova constituição.

Um pouco mais tarde naquele mês (25 de janeiro de 2011), no Egito, começou o protesto em massa da Revolução de 25 de janeiro, centrado em torno da Praça Tahrir. Cerca de 840 manifestantes foram mortos e mais de 6 mil feridos por forças de segurança egípcias e os bandidos que os ajudavam.

No Iêmen, o protesto em massa eclodiu (3 de fevereiro de 2011), e meses de agitação política se seguiram, durante os quais as forças governamentais mataram centenas de manifestantes.

No Egito, as pessoas comemoraram na Praça Tahrir (11 de fevereiro de 2011) depois que Hosni Mubarak renunciou e entregou o controle do país às forças armadas.

No Bahrein (que é muito importante estrategicamente para os Estados Unidos: parte da Frota Naval dos Estados Unidos está postada ali), protestos em massa eclodiram (14 de fevereiro de 2011) exigindo uma reforma, confrontados por uma repressão muito pesada.

Na Líbia, uma revolta contra Muammar Gaddafi começou (17 de fevereiro de 2011), na cidade de Benghazi, no leste do país; um conflito interno se seguiu.

Gaddafi é morto em outubro de 2011.

Na Síria, protestos em massa eclodiram (15 de março de 2011) e foram brutalmente reprimidos pelo governo de Assad. Desde então, mais de 250 mil pessoas foram mortas, mais de 12 milhões forçadas a sair de suas casas.

Em 18 de março de 2011, iemenitas tomam as ruas em protesto. Cinquenta pessoas são mortas, centenas são feridas. O dia torna-se conhecido como Sexta-feira da Dignidade.

O que aconteceu desde a chamada Primavera Árabe? Oito anos depois, os direitos humanos estão sob ataque em toda a região. Centenas de milhares de pessoas, muitas delas crianças, foram mortas durante conflitos armados que continuam a assolar a Síria, a Líbia e o Iêmen. O conflito sírio criou a maior crise de refugiados do século XXI, uma crise humanitária.

A Tunísia é a única história de relativo sucesso. Tem uma nova Constituição, alguma justiça para crimes passados, mas os direitos humanos ainda estão sob ataque.

No Egito, ativistas pacíficos, críticos do governo e muitos outros permanecem na cadeia. A tortura e outros maus-tratos são abundantes. Centenas de pessoas foram condenadas à morte e dezenas de milhares foram postas atrás das grades por protestarem ou por suas supostas ligações com a oposição política. No entanto, vimos que o atual presidente acabou de ser autorizado a permanecer no poder até 2034.

No Bahrein, as autoridades estão silenciando a dissidência.

A Líbia transformou-se em um caos. Há muitos conflitos armados por todo o país, e ambos os lados cometeram crimes de guerra e graves violações dos direitos humanos.

Na Síria, o conflito armado mais sangrento da região surgiu em resposta à repressão brutal de protestos em massa pelo governo. Crimes atrozes estão sendo cometidos em grande escala. Metade da população foi deslocada.

O Iêmen é uma tragédia contínua, com uma coalizão liderada pela Arábia Saudita (principalmente com os Emirados Árabes Unidos), mas com os Estados Unidos fornecendo armas, reabastecimento e inteligência, e assim por diante. Eis aqui uma ligação interessante com Tucson. Os Emirados acabaram de comprar 1,6 bilhão de dólares em armas da Raytheon, então a economia de Tucson permanece forte. Os ataques aéreos liderados pela Arábia Saudita e os bombardeios das forças Houthi mataram mais de 10 mil civis, 40 mil feridos. Dez milhões estão agora sob o perigo de fome e doenças. Alguns dos ataques apontam a crimes de guerra.

A Primavera Árabe, que começou como um movimento extremamente esperançoso para a mudança progressista, agora foi amplamente submetida a repressão brutal e resistência das forças do *status quo ante*. Representa um exemplo pungente e trágico de luta social.

A próxima coisa sobre a qual eu só queria dizer algumas coisas é o movimento Occupy Wall Street (OWS). Eu também vou dizer um pouco sobre os patriotas do Tea Party, uma palavra ou duas sobre o movimento dos Coletes Amarelos na França, e fazer alguns comentários sobre o populismo de direita, porque há uma enorme interseção aqui. Parte da análise do movimento da OWS baseia-se diretamente no material que lemos no livro de Crehan (2016).

O movimento Occupy Wall Street pode parecer um movimento muito diferente do Tea Party, mas também pode ser visto, em seu coração, como uma reconfiguração de certas vertentes do senso comum americano. Um bom exemplo é a retórica *"It's Morning in America"* da primeira campanha presidencial de Reagan. Com base em um passado idílico muito imaginado, essa retórica emocionalmente persuasiva reuniu uma visão do capitalismo sem amarras e uma nova vinda daquela terra dourada perdida na qual todos prosperavam. Vou deixar que vocês deem o salto para o "Tornar a América grande novamente". É um salto muito pequeno. Longe de ser uma imensa distância.

Em conteúdo, a história do Occupy Wall Street é muito diferente da do Tea Party, mas também pode ser vista como uma resposta ao sentimento generalizado de que a América tomou um rumo errado em algum momento. Isso também é verdade, eu sugeriria, em relação a muitos dos movimentos que estão ocorrendo na Europa, na América Latina e em outros lugares, ou seja, há uma sensação de que o centro não está dando conta e não está servindo muito bem às pessoas. Este período neoliberal de que falamos na semana passada produziu uma enorme ruptura para muitas,

muitas pessoas, e existem maneiras muito diferentes de interpretar como isso aconteceu.

Milhões de norte-americanos partilham a sensação de que estão a perder o controle das suas vidas. Essa é uma das bases sobre as quais acho justo fazer uma comparação entre a campanha de Sanders e a campanha de Trump. Ou seja, eles tinham diagnósticos muito diferentes dos problemas e, certamente, soluções muito diferentes. Mas os problemas que eles estavam levantando e abordando derivam de tipos muito semelhantes de desarranjo da população.

Como articula Crehan, é "muito mais fácil reformar uma velha narrativa capitalista para que ela fale dos medos e ressentimentos dos norte-americanos do século XXI do que desenvolver uma nova narrativa" (2016). Isso se refere ao Tea Party, que conseguiu ressuscitar essa narrativa capitalista, e ao Occupy, que enfrenta isso, que é algo bem diferente.

A narrativa racializada do Tea Party (e eu sugeriria esses movimentos "populistas" de direita, "populismo", é claro, entre aspas, esses movimentos populistas em todo o mundo) é a de um país dirigido por um governo pródigo que está escapando de gente com reivindicações legítimas e caindo nas mãos de vagabundos cuja felicidade está em viver de auxílios de bem-estar. Essa é a interpretação que o Tea Party faz, e eu diria que é a interpretação que o Governo Trump faz em grande parte.

Foi isso o que fez o país desandar. Gente furando a fila na frente dos cidadãos de mérito.

Por outro lado, a crítica do Occupy Wall Street (e eu diria que do movimento Coletes Amarelos, que tem sido amplamente mal-interpretado; falarei um pouco mais sobre isso provavelmente na próxima reunião) é que o declínio da classe média não se deve a auxílios do governo a uma gentalha indigna, mas aos mais ricos que tomam mais do que o que lhes cabe.

Uma das conquistas do OWS foi criar um espaço onde essas vertentes alternativas do senso comum pudessem emergir com uma nova potência, um novo poder. "A tarefa dos progressistas se torna ainda mais difícil" – novamente isso faz parte da comparação de Crehan entre o Tea Party e a OWS – "quando aqueles que questionam a hegemonia existente não têm a variedade de defensores bilionários e provedores de mídia de direita que impulsionaram a ascensão do Tea Party" (2016). O Tea Party, para aqueles de vocês que estão familiarizados com suas origens e desenvolvimento, foi impulsionado em particular por financiadores muito, muito ricos, pessoas como Dick Armey, os irmãos Koch, um grande número de pessoas, que produziram o que parecia ser uma organização de base, mas era em grande parte uma organização camuflada.

"A que se assemelha o Occupy Wall Street se for abordado como um aspecto de uma batalha cultural para transformar a mentalidade popular", ou seja, o senso comum popular? "Ele de fato conseguiu, e parece haver um acordo muito generalizado sobre isso, trazer a desigualdade à vanguarda do debate político nos Estados Unidos" (Crehan, 2016). Antes do Occupy Wall Street, mesmo após o *crash* financeiro de 2008, muito pouca atenção se dava à questão gritante da desigualdade.

"O *slogan* do Occupy Wall Street, 'Nós somos os 99%', parecia não fazer mais do que expressar uma verdade óbvia. Havia algo profundamente errado com o crescente abismo entre os ricos, 1%, e o resto dos norte-americanos, os 99%. Esse abismo é uma prova de que algo desandou terrivelmente no próprio sistema americano. O *slogan* parecia abranger as muitas e distintas maneiras com que a profunda desigualdade se manifesta nos Estados Unidos dos dias de hoje. O elefante na sala tinha sido nomeado" (Crehan, 2016). Ou, como alguém que ouvi numa conferência disse uma vez, ele abriu uma nova caixa de Pandora.

Poderíamos dizer, como muitos comentaristas observaram, que o Occupy Wall Street mudou o rumo da conversa. Abordado sob essa perspectiva, o OWS pode ser visto como um momento particular da longa guerra de posição que Gramsci via como um elemento essencial em qualquer luta por transformação, ou seja, é preciso colocar essas questões, pelo menos na agenda, para que as pessoas comecem a pensar sobre elas.

Por exemplo, em um discurso de dezembro de 2011, e destaco isso porque vou voltar a essa data daqui a pouco, Obama afirmou: "acredito que este país encontra sucesso quando todos têm uma oportunidade justa, quando todos fazem o que justamente lhes cabe, e quando todos jogam pelas mesmas regras. Esses não são valores democratas ou republicanos; valores do 1% ou dos 99%. São valores norte-americanos, e temos de recuperá-los".

Retoricamente, ele faz algo interessante aqui, que Crehan observa da seguinte maneira: "não se pode deixar de admirar a maneira hábil como Obama aqui simultaneamente abraça o 'Nós somos os 99%' e tira o peso de seu reconhecimento de uma oposição fundamental entre os 1% e os 99%" (2016). Ele diz que estes não são valores do 1% ou dos 99%, que são valores de todos – mas eles realmente não são de todos. Eles também não são, que se reforce este ponto, as regras de todos. Existe, de fato, um enorme abismo entre os 99% e o 1%, que foi o ponto principal do OWS.

"As narrativas políticas que ressoam com o senso comum", isso é algo sobre o qual falamos o tempo todo, "são uma parte crucial de qualquer movimento político de oposição eficaz. Talvez tenha faltado coerência política à ocupação do Zuccotti Park e às centenas de outras ocupações em todo o país, o que era bastante deliberado, e talvez elas possam, apesar de toda a sua energia e entusiasmo, *logo se consumir em si mesmas*" (Crehan, 2016). Eu estou destacando isso porque voltarei a essa construção passiva em um instante. Ele (OWS) simplesmente desapareceu sob sua própria incoerência.

> Mas talvez eles, no entanto, representem o início genuíno de tal narrativa, que está dando início a uma nova conversa. Qualquer narrativa política que se contraponha à hegemonia predominante [o que o OWS certamente fez] enfrenta o problema de que a hegemonia não se refere apenas a um conjunto de ideias – ela se encontra entretecida no próprio tecido das instituições e práticas da vida cotidiana. Isso é o que uma mudança no senso comum sempre enfrenta. É difícil para uma concepção embrionária do mundo que genuinamente desafie a hegemonia existente encontrar o espaço para seu desenvolvimento (Crehan, 2016).

Retomo aqui a citação de Stuart Hall. Isto é o que está sempre em jogo. "Como resultado, podemos dizer que, embora o OWS não tenha sido uma ameaça séria ao capitalismo", e novamente estou destacando isso, porque vou voltar a isso para fazer minha crítica, "talvez, como o pesquisador republicano Frank Luntz temia, ele tenha 'um impacto no que o povo americano pensa do capitalismo'" (Crehan, 2016). Essa, evidentemente, não se trata de uma discussão que possa ser aberta.

Quero pensar um pouco agora sobre o tipo de impacto que o OWS de fato teve. Se não ameaçou o capitalismo de forma alguma, quais foram as reações a ele? Vamos dar uma olhada em alguns desses impactos numa série cronológica.

A primeira é um artigo de 22 de novembro de 2011, intitulada "O FBI alega que não tem documentos sobre o Occupy Wall Street". Isso é a não ameaça, lembram? Isso é a coisa que não ameaçou o capitalismo.

Em seguida, há este pequeno artigo sorridente na *Forbes* em 26 de novembro de 2011, por Erik Kain: "Não, a repressão contra o Occupy Wall Street não é o trabalho da elite sombria". O subtítulo: "A ação policial contra os manifestantes do Occupy Wall Street tem sido exagerada, mas isso não significa que o governo e as elites econômicas estejam coordenando a repressão".

Então, cerca de um ano depois, o Fundo de Parceria para a Justiça Civil obteve documentos editados, mostrando que os escritórios e agentes do FBI em todo o país estavam a toda a velocidade realizando vigilância contra o movimento, já em agosto de 2011. Notem que isso se dá muitos meses antes de Obama fazer suas declarações, dizendo que estamos todos juntos nisso. Ele provavelmente não sabia o que o FBI estava fazendo. Tenho certeza que é esse o caso. Além disso, essas coisas se passam um mês antes do estabelecimento do acampamento OWS no Zuccotti Park e outras ações do Occupy em todo o país. Isso foi antes das coisas acontecerem. Voltarei a esse ponto.

"Essa produção, que acreditamos ser apenas a ponta do *iceberg*, é uma janela para o escopo nacional da vigilância, monitoramento e registro do FBI sobre a organização de protestos pacíficos dentro do movimento OWS". Isso está no relatório do Fundo de Parceria para a Justiça Civil. "Esses documentos mostram que o FBI e o Departamento de Segurança Interna estão tratando os protestos contra a estrutura corporativa e bancária da América como possíveis atividades criminosas e terroristas". A palavra "terrorismo" ou "terrorista" continua a surgir repetidamente de maneiras que vou descrever. "Esses documentos também mostram que essas agências federais estavam funcionando como um braço de inteligência *de facto* de Wall Street e da grande corporação América" (cf. "Documentos do FBI revelam monitoramento secreto do Occupy em todo o país").

Então aprendemos um pouco mais com este artigo, datado de cerca de um ano depois, 27 de junho de 2013, de Todd Gitlin, publicado em *Mother Jones*, "What the Occupy Wall Street Crackdown Can Teach Us About NSA Spying". O local original para os protestos não seria o Zuccotti Park. Mas quando o pessoal do Occupy Wall Street chegou ao local previsto, ele já se encontrava bloqueado. O que Gitlin está dizendo neste artigo são duas coisas. Uma delas é a vigilância, que esses documentos demonstraram estar começando a ocorrer já em julho ou agosto de 2011, meses antes da ocupação, mas também a infiltração do OWS. São atividades com as quais o FBI e outros elementos da segurança do Estado têm uma história muito longa e nefasta. O mais notório deles foi o programa Cointelpro, do qual falamos um pouco, que se infiltrou no movimento dos direitos civis e nos movimentos antiguerra. Novamente, essas são táticas que ainda estão sendo usadas pelo FBI e instigaram uma série de problemas que surgirão, como logo os colocarei.

Passo agora ao movimento Black Lives Matter (BLM), que é claramente uma luta contínua para reconfigurar o chamado sistema de justiça criminal. Assim como o OWS abriu algumas áreas para o diálogo que realmente não estavam na agenda, o BLM também. O Black Lives Matter começou com a morte de Michael Brown em agosto de 2014. Mas tem havido um enorme número de assassinatos que ganharam ampla repercussão pública (para não mencionar os que não ganharam) de homens afro-americanos desde então.

É evidente que se trata de um conjunto de questões ainda em progresso à medida que a lista cresce continuamente. Mas estou muito interessado na forma como o Estado e as elites responderam a esse movimento. Uma das respostas, a resposta do Estado, a resposta da elite, é que o FBI agora tem uma nova categoria de preocupações: extremistas de identidade negra. Foi descrito pela primeira vez em um documento datado de 3 de agosto de 2017, intitulado *Black identity extremists, likely motivated to target law enforcement officers*. A capa também indica que o documento não é classificado, tem apenas uso oficial e é uma informação sensível à aplicação da lei. Destina-se claramente a criminalizar o que deve ser comportamento protegido. Estas são algumas das principais citações do relatório. Tenham em mente que se trata de uma resposta de elite à resistência popular.

"O FBI avalia que é muito provável que a percepção extremista, da parte do grupo identitário negro, da brutalidade policial contra afro-americanos estimulou um aumento da violência letal premeditada e retaliatória contra a aplicação da lei" – não há evidências para isso, a propósito, de qualquer tipo; as estatísticas não asseveram um aumento da violência dirigida pela polícia – "e provavelmente servirão como justificativa para tal violência".

"O FBI avalia que é muito provável que incidentes de supostos abusos policiais contra afro-americanos desde então tenham continuado a alimentar o ressurgimento de atividades criminosas violentas e ideologicamente motivadas dentro do movimento EIN [extremista de identidade negra]". Há uma categoria que acaba de ser inventada. Já é um movimento. Quero dizer, isto é extraordinariamente rápido, mesmo para o FBI.

Embora o relatório mencione em uma nota de rodapé que "o ativismo político e a retórica forte por si só não equivalem ao extremismo e podem ser protegidos constitucionalmente" (e enfatizo aqui o uso da expressão "podem ser"), "identifica a raiva voltada contra a polícia ou a retórica antibranca como indicadores de uma potencial ameaça violenta". Vocês podem imaginar como esse tipo de retórica é mobilizada na aplicação da lei. Não é preciso muita imaginação.

"O FBI diz que existem nove movimentos extremistas consolidados nos Estados Unidos no momento. Esses incluem os do supremacismo branco, o identitário negro, milícias, o de cidadãos soberanos, de anarquistas, do direito ao aborto, do direito dos animais, dos direitos ambientais e o nacionalismo porto-riquenho." Essas são as coisas que o FBI pensa constituírem ameaças terroristas.

Quero voltar agora aos protestos do J20 (nomeados em referência ao dia 20 de janeiro de 2017, data da posse de Trump), porque esses também são indicadores extremamente interessantes e preocupantes de como as elites estão respondendo à resistência legítima por meio de táticas de criminalização e intimidação. Essa narrativa deve assustar qualquer um que está preocupado com o futuro tanto do direito à livre-reunião quanto à dissidência nos Estados Unidos. Nessa atividade, a polícia varreu mais de duzentos manifestantes, jornalistas, observadores legais. A polícia usou tática de confinamento, na qual eles usam algum tipo de material de aprisionamento como redes para forçar as pessoas a entrar em áreas confinadas e depois prendê-las em massa. Foi o que aconteceu aqui.

As acusações incluíam motim criminoso, incitação ou conclamação de outros a tumultos, conspiração para tumultos e destruição de propriedade. Alegou-se que ocorreram cerca de US$ 100 mil em danos materiais durante esse conjunto de eventos. As acusações decorrem todas da mesma prisão em massa. O que tornou as acusações ainda mais preocupantes foi que os promotores não foram capazes de alegar que a maior parte dos réus fez algo especificamente ilegal. Isso é o que se torna particularmente preocupante sobre o caso. Em vez disso, apenas estar no protesto foi em si um crime, ou seja, eles não encontraram evidências específicas de alguém que estivesse fazendo particularmente qualquer coisa, mas apenas estar lá se transformou em um crime.

A rebelião criminosa acarreta uma pena de até dez anos de prisão e uma multa de US$ 25 mil. Não eram acusações insignificantes. Os procuradores fizeram muito rapidamente aquilo pelo que estão agora sendo denunciados em muitas e muitas instâncias. As acusações são injustas. Acumulam acusações sobre acusações. Como nota paralela, mas muito significativa, os promotores têm mais liberdade do que qualquer um em todo o sistema de justiça criminal. Eles podem determinar se alguém deve ou não ser preso, acusado, do que deve ser acusado, se deve ir a julgamento, se deve recorrer à apelação, e assim por diante. Os promotores têm enorme liberdade de ação. Neste caso, como em muitos outros, começaram acumular acusações.

O grande júri, o grande júri secreto, devolveu uma acusação substitutiva que acrescentou incitação ou conclamação a tumultos e conspiração a tumultos na lista de crimes, transformando o que, em muitos casos, seriam contravenções em potenciais crimes. As novas acusações levaram o número de acusações de uma a oito para cada pessoa, e a quantidade de tempo que os réus tinham pela frente de dez anos a mais de setenta anos de prisão.

O Departamento de Justiça solicitou que o serviço de hospedagem de sites DreamHost compartilhasse todas as informações associadas aos seus clientes que utilizaram o site disruptj20.org. Cumprir a solicitação significava entregar os 1,3 milhão de números de IP daqueles que visitaram o site disruptj20.org, um movimento que equivaleria essencialmente a uma lista de indivíduos em potencial politicamente opostos a Trump. O Departamento de Justiça subsequentemente modificou a solicitação. Eles não a retiraram, mas a modificaram. Da mesma forma, o Departamento de Justiça emitiu um mandado, posteriormente retirado, contra o Facebook, que exigiria que a empresa entregasse os nomes de todas as 6 mil pessoas que curtiram a página disruptj20.org.

Todas essas coisas finalmente chegaram ao tribunal. Em dezembro de 2017, os seis primeiros réus foram considerados inocentes. Isso fez com que os promotores repensassem o caso um pouco, mas sem retirá-lo. Finalmente, em janeiro de 2018, o Departamento de Justiça retirou as acusações contra 129 réus. Ainda 59 réus, a essa altura, enfrentavam acusações. Desses, 21 acabaram por aceitar acordos e declararam-se culpados das contravenções. Em julho de 2018, o Departamento de Justiça retirou as acusações contra os 38 réus restantes.

Em essência, os promotores foram incapazes de obter quaisquer condenações quando qualquer acusado esteve perante o júri. Por fim, o Departamento de Justiça percebeu que eles haviam ido longe demais e retirou o caso. Embora o Departamento de Justiça tenha perdido em muitos dos detalhes, os efeitos aterrorizantes desses processos não podem ser exagerados.

Os promotores do Departamento de Justiça também aprenderam algumas lições com o caso. Uma das manifestações mais recentes dessas lições é um projeto de lei, H.R. 6054, "The unmasking antifa act of 2018", que foi introduzido no último Congresso. Vocês podem dizer pelo título que sua intenção é bastante específica, literalmente desmascarar o Antifa (isto é, o grupo antifascista). A lei agora o torna um crime, e inclui uma sentença de prisão de até quinze anos para qualquer um que, portador de máscara ou disfarce, ferir, oprimir, ameaçar ou intimidar qualquer pessoa, um projeto de lei que prenuncia as futuras tentativas do governo de processar os manifestantes mascarados que não conseguiram criminalizar no julgamento do J20.

A ligação com a acusação do J20 é que esse foi um dos motivos para absolvições que o júri usou. Quando foram apresentados ao caso, não conseguiram identificar pessoas específicas, porque muitas delas, na verdade, estavam mascaradas. Isso desmascarará essas pessoas e permitirá que elas sejam processadas.

Gostaria de usar esse exemplo para continuar uma discussão sobre o futuro do protesto, que está, de fato, sendo criminalizado. Esta é a parte da resistência e a parte da resposta. A resistência está crescendo por toda a parte. Se vocês são elites e querem preservar as vantagens que o *status quo* oferece, como vocês lidam com isso? Bem, uma maneira é tornar essa resistência ilegal.

A partir de 19 de janeiro de 2017, legisladores republicanos em cinco estados propuseram projetos de lei para criminalizar o protesto pacífico. Apenas quatro dias depois, esse número aumentou para dez estados. Nosso velho amigo Cail (o Conselho Americano de Intercâmbio Legislativo) está por trás de muitas dessas leis. Eles têm uma legislação modelo sobre como criminalizar protestos, incluindo muitas leis que envolvem a chamada infraestrutura crítica, com a qual eles normalmente se referem a oleodutos e gasodutos.

Neste ponto, dez estados promulgaram legislação antiprotesto, e 35 estados adicionais a levaram a plenário. Algumas foram derrotadas, outras estão pendentes. Mas, normalmente, é assim que o Cail opera. Eles convidam legisladores para sessões de oficina/conferência, eles os enviam para casa com projetos de lei modelo que eles já votaram, os legisladores os levam para suas próprias legislaturas, e isso começa a varrer o país.

Em alguns estados, a manifestação não violenta pode em breve acarretar maiores riscos legais, incluindo a punição de multas e penas de prisão significativas. Às vezes, elas são simplesmente colocadas nos autos como medidas de terror. Se as pessoas sabem que estão enfrentando tipos horríveis de penalidades, a probabilidade de que elas possam vir a um protesto, mesmo um protesto muito pacífico e legal, é enormemente desencorajada, então a nova legislação muitas vezes inclui multas punitivas, termos de prisão significativos para pessoas que participam de protestos envolvendo desobediência civil.

As propostas, que fortalecem ou complementam as leis existentes que dizem respeito ao bloqueio ou obstrução do tráfego, vêm em resposta a uma série de fechamentos de vias importantes e outras ações que foram lideradas por grupos como Black Lives Matter e oponentes do Dakota Access Pipeline. Na Dakota do Norte, por exemplo, os republicanos introduziram um projeto de lei em 2017, que permitia que os motoristas atropelassem e matassem qualquer manifestante que obstruísse uma rodovia, desde que um motorista o fizesse acidentalmente. A lei não passou, mas vai voltar. Um projeto de lei de Minnesota, apresentado pelos republicanos em 2018, procura endurecer drasticamente as multas por protestos em autoestradas. Ele quer permitir que os promotores imponham um ano inteiro de prisão para manifestantes que bloqueiem estradas. Vocês podem imaginar que, à medida que essas penalidades sejam implementadas, o efeito até mesmo sobre o protesto legal e pacífico é de severa atenuação.

Os republicanos no Estado de Washington propuseram um plano para reclassificar como crime protestos de desobediência civil que são considerados "terrorismo" econômico. Como vocês podem imaginar, esse é um termo muito flexível. Esses tipos de acusações foram apresentados contra ativistas dos direitos dos animais, ativistas ambientais e assim por diante. Isso é parte do que está acontecendo.

A Dakota do Norte agora, em fevereiro de 2019, busca restringir o acesso a registros públicos após Standing Rock relatar abusos de aplicação da lei. Através de solicitações mediante recorrência à Lei da Liberdade de Informação, as pessoas obtiveram acesso aos registros de aplicação da lei, que demonstraram as maneiras pelas quais a polícia, a Guarda Nacional, os militares, a Segurança Nacional, foram mobilizados para reprimir de forma muito vigorosa e significativa esses protestos, mesmo quando eram legais e justificados. Esta é, mais uma vez, outra maneira de cortar a possibilidade de protestar, neste caso limitando simplesmente o acesso à informação.

Esse conjunto de ações não está acontecendo apenas nos Estados Unidos. Encontramos uma reação semelhante aos Coletes Amarelos na França. Penso que esse movimento foi em grande parte mal-interpretado. Surgiu como uma reação a um imposto sobre a gasolina. Foi imediatamente pintado como um protesto contra a tomada de qualquer ação sobre as mudanças climáticas, o que não é de forma alguma o que os manifestantes reclamavam, e seu *slogan* realmente demonstra isso. "As pessoas ricas estão preocupadas com o fim do mundo. Estamos basicamente preocupados com o fim do mês". Essas são pessoas, pessoas da classe trabalhadora, que realmente estão passando um tempo muito difícil para fazer frente às despesas, e estão protestando contra as ações delinquentes do governo ou as ações positivas do governo que os estão reprimindo ainda mais.

Mas em reação, assim como nos Estados Unidos, a reação não é remediar a situação, ou mesmo abrir as avenidas para a dissidência, mas sim fechá-las. Isto baseia-se num já declarado estado de emergência que se arrasta há bastante tempo na França; os protestos dos Coletes Amarelos já chegaram a seu terceiro mês. Mas agora os chefes de polícia serão capazes de proibir por um mês qualquer indivíduo de comparecer a um protesto público. Tudo o que é necessário é que o governo acredite que existem razões sérias para pensar que o seu comportamento constitui uma ameaça particularmente grave à ordem pública. Qualquer pessoa banida dessa maneira será adicionada a uma lista de observação do governo, é claro.

Os ministros do Interior e da Justiça serão autorizados a implementar "monitoramento automatizado de informações pessoais a fim de garantir a vigilância". São pessoas arbitrariamente designadas como uma ameaça à ordem pública. Eles são listados e vigiados. Oficiais de polícia serão autorizados, mediante permissão do procurador do Estado para revistar malas e carros de qualquer pessoa em um protesto ou em seus arredores imediatos. Isso codifica em lei uma prática existente.

Será agora uma infração ocultar (e isso está de volta à lei de desmascaramento da Antifa) voluntária, total ou parcialmente, o rosto para não ser identificado em circunstâncias que ofereçam receio de uma ameaça à ordem pública. Usar uma máscara num protesto já era punível com uma multa de € 1.500, mas o seu limite superior será agora aumentado para uma multa de € 15.000 e um ano de prisão. Mais uma vez, vocês podem ver o efeito arrepiante que isso pode produzir.

Para concluir, permitam-me extrair algumas lições desses casos. À medida que a resposta do Estado e das elites se move mais para a ponta da coerção do espectro, eu sugeriria que isso é um sinal de falta de legitimidade. Lembrem-se, falamos sobre esse *continuum* da coerção à hegemonia, onde a hegemonia é realmente o consentimento dos governados. Essa mudança para o coercitivo é, eu acho, uma indicação de que a legitimidade está perdendo espaço. Uma vez que ela escapa, os governados podem estar inclinados a retirar seu consentimento, ou seja, eles podem não estar tão felizes com a estrutura de governança, o que pode, por sua vez, levar a uma resistência cada vez maior.

A questão então é aquela com a qual acabei na terça-feira passada, essa resistência levará a uma mudança reativa ou a uma maior brutalidade? Se, como temos discutido, o capitalismo está na raiz de muitos desses problemas, vamos nos mover em direção ao socialismo, ou algo parecido, ou nos afastar ainda mais profundamente no sistema atual, em direção a uma barbárie mais brutal?

Muitas pessoas se lembrarão do incidente em novembro de 2011 da UC Davis, um incidente que viralizou. Foi um protesto muito pacífico do Occupy Wall Street na UC Davis. Um oficial de polícia da UC Davis passou pela fileira de manifestantes sentados espirrando neles continuamente *spray* de pimenta. Foi muito traumático, quero dizer, muito traumático, especialmente para o agente Pike, que conseguiu um acordo de 38 mil dólares pelo sofrimento emocional. Os alunos acabaram recebendo um acordo coletivo de um milhão de dólares, cerca de US$ 30.000 por aluno. Mas vocês podem ver nesse incidente não apenas a capacidade, mas a vontade de usar esse tipo extremo de coerção nas circunstâncias certas, quando as elites e seus representantes no Estado se sentem ameaçados.

Vou parar aqui e falar mais sobre isso no próximo encontro. Mas é claro que as elites estão começando a sentir alguma pressão de baixo. O rebanho murmurante, como Noam falou sobre isso, está começando a se afirmar um pouco demais.

Palestra de Chomsky, 21 de fevereiro de 2019

Nosso tema desta semana é a resistência e a reação à resistência. Marv mencionou uma longa lista de exemplos de atividades de resistência. Eu gostaria de examinar vários deles um pouco mais de perto. É instrutivo ver o que funciona e o que não funciona, quais são as razões, o que podemos aprender com essas experiências.

Na década de 1960 houve um grande renascimento do ativismo. Isso foi depois de um período de inércia que atravessou os anos de 1950. O ativismo estava então em um nível muito baixo. Isso se deu em parte por causa da histeria da Guerra Fria, que demonizou qualquer forma de protesto, mas em parte se deu também porque, como discutimos anteriormente, esse foi um período de crescimento econômico substancial dentro da estrutura do "capitalismo regulado". Os economistas costumam chamá-la de "Idade de Ouro". Na Europa, o mesmo período, o período de recuperação dos danos decorrentes da guerra e depois, é chamado de *trentes glorieuses*, os "gloriosos trinta". O crescimento foi alto e igualitário; os 20% mais baixos e mais elevados tiveram as mesmas taxas de crescimento. Havia perspectivas de uma vida melhor após a Grande Depressão e a guerra. Havia um sentimento de alívio de que poderíamos seguir com as nossas vidas e colocar os problemas do mundo de lado. Pelo menos por um tempo.

O ativismo ganhou força no início da década de 1960, erguendo-se sobre fundações anteriores, assumindo formas novas e inovadoras. Uma pergunta justa é quanto ao que ele conquistou. A avaliação geral da elite é em grande parte negativa. A década de 1960 foi o "tempo das angústias", causado em parte pelos fracassos das instituições responsáveis pela "doutrinação dos jovens". Uma maneira de avaliar esse julgamento – e mais significativamente, avaliar o impacto real do ativismo que decolou na década de 1960 e depois se expandiu – é olhar para como o país era naquela época e como ele mudou. Não graças à dádiva de líderes iluminados, mas da luta popular.

Ainda nessa década, como observado anteriormente, os Estados Unidos tinham leis antimiscigenação severas. Quando os nazis procuravam um modelo para as suas leis racistas de Nuremberg, a única que conseguiram encontrar foi a norte-americana. Mas eles não puderam aceitar inteiramente as leis norte-americanas, porque eram duras demais. As leis norte-americanas foram baseadas no princípio de "Uma gota de sangue". Assim, se qualquer ancestral remoto era negro, você também era. Isso era extremo demais para Hitler e Goebbels. Essas leis perduraram nos Estados Unidos até a década de 1960.

Assim como o nefasto racismo. Um caso que se tornou conhecido graças à coragem da mãe da vítima foi o brutal assassinato de Emmett Till em 1955. Emmett era um menino de 14 anos de Chicago que visitava parentes no sul. Ele foi acusado de não ter se dirigido de maneira apropriada a uma mulher branca. Mais tarde, ela se retratou e disse que não era verdade. Alguns dias após esse suposto evento, ele foi pego por um parente da mulher e cruelmente torturado. Emmett teve seus olhos arrancados e depois foi assassinado. Seu corpo estava tão mutilado que mal conseguiam identificá-lo. Quando os assassinos, imediatamente identificados, foram levados a julgamento, receberam rápida liberação sob o pretexto de que o corpo não podia ser identificado. Um júri totalmente branco, claro. Bem, esse caso tornou-se conhecido apenas porque sua mãe não o abandonou – um ato de coragem incomum dadas as circunstâncias – e um jornal da comunidade negra o encampou. Por fim, o caso se fez conhecido. O que era incomum.

O racismo tinha o amparo da lei. Isso é importante de se ter em mente. Sob a legislação do *New Deal*, durante a década de 1950, as agradáveis comunidades dos subúrbios foram desenvolvidas com financiamento público, os Levittowns e outros. Por lei, esse financiamento estava restrito à "raça caucasiana". Isso durou até o fim da década de 1960. Mesmo os liberais apoiaram a legislação racista, por razões muito boas. Não havia outra maneira de conseguir que a habitação social fosse aprovada. O Congresso não aprovaria as leis a menos que o financiamento fosse restrito aos brancos. A razão era que o Partido Democrata era uma estranha coalizão de democratas do sul e classe trabalhadora do norte e profissionais. Os Democratas do Sul tinham um enorme poder, porque eram eleitos repetidamente e, com a sua antiguidade, podiam controlar as comissões. Para que a legislação do *New Deal* fosse aprovada na década de 1930, ela tinha que ser racista. Assim, por exemplo, a Previdência Social foi concebida para excluir as profissões em que os trabalhadores eram majoritariamente negros ou hispânicos. Foram excluídos o trabalho agrícola e o emprego doméstico. Não havia outra forma de aprovar a seguridade social. O mesmo se deu com a habitação social.

Tudo isso teve um impacto duradouro. Na década de 1950, quase pela primeira vez desde que os escravos foram trazidos para as colônias, havia oportunidades substanciais para os negros conseguirem empregos decentes. Os negros podiam arranjar um emprego numa fábrica de automóveis, ganhar algum dinheiro, comprar uma casa, e assim por diante. Mas eles não podiam ter casas sob o sistema federal, porque lhes era vetado. Isso é importante. Nos Estados Unidos, a principal fonte de riqueza é a habitação. Então eles estavam impedidos de acumular uma pouca riqueza. Na década de 1970, depois da derrubada das leis racistas, foi possível para os afro-americanos se mudarem para Levittowns e outras habitações de classe média. Era, no entanto, tarde demais. Foi quando o regime neoliberal se impôs. Empregos em queda, estagnação instalada. Há um efeito duradouro do racismo profundamente enraizado que remonta aos crimes hediondos da escravidão. Uma consequência é que a renda média total das famílias negras gira em torno de US$ 5.000, praticamente nada. É uma fração da renda das famílias brancas. Assim, essas leis de habitação segregadas, e suas raízes muito mais profundas, tiveram efeitos a longo prazo.

Pois bem, peguem outra categoria, mulheres. Como discutido anteriormente, quando o país foi estabelecido, ele assumiu o controle da lei britânica, sob a qual as mulheres eram propriedade. Isso persistiu por muito tempo, até 1975, quando o Supremo Tribunal determinou que as mulheres eram pares com o direito legal de servir em júris federais.

Na década de 1960, o destino dos nativos norte-americanos mal era reconhecido. Mesmo os principais antropólogos subestimaram em muito não apenas a escala da população pré-contato, mas também a natureza de suas civilizações ricas e complexas – embora os colonos a conhecessem por experiência direta. Isso mudou muito graças ao ativismo dessa década e suas consequências. Não o suficiente, mas o impacto civilizatório do ativismo foi novamente substancial.

Outro fato crucial foi que a agressão e a subversão não eram apenas aceitáveis, mas admiráveis. Discutimos uma série de casos, que não eram exceções, mas sim a norma, e que reverberam para o presente: a CIA derrubou os regimes parlamentares no Irã e Guatemala no início dos anos de 1950, entre outros.

Um exemplo muito importante dos primeiros anos do pós-guerra é a intervenção dos Estados Unidos no Vietnã. Como discutido anteriormente, os Estados Unidos se opunham, em geral, a permitir sistemas de preferência imperial na ordem internacional liberal que procuravam estabelecer. Nos primeiros anos do pós-guerra, era ambivalente sobre como lidar com esses sistemas. Em princípio, eles deveriam ser desmantelados, mas, a curto prazo, a reconstrução dos sistemas industriais da Europa Ocidental, dentro do sistema global dos Estados Unidos, exigia acesso aos recursos e matérias-primas das colônias. Outra questão para os formuladores de políticas era como as colônias poderiam agir após a independência. Eles se tornariam "vírus" que poderiam "espalhar o contágio" ou seriam facilmente incorporados ao sistema global dos Estados Unidos? As políticas variaram de acordo com a avaliação desses fatores.

O Vietnã foi um dos casos de ambivalência. O governo de Ho Chi Minh buscou travar relações amigáveis com os Estados Unidos. A sua constituição foi inspirada na Constituição dos Estados Unidos. A ambivalência terminou em 1949 com "a perda da China". Os Estados Unidos decidiram apoiar o esforço francês para reconquistar sua ex-colônia para que nada mais fosse "perdido". Havia motivos poderosos, discutidos anteriormente.

A intervenção dos Estados Unidos foi substancial. 80% das armas francesas vinham dos Estados Unidos. Por fim, a França capitulou. Houve uma conferência internacional em Genebra, em 1954, que organizou um acordo. Como agora sabemos, a partir de documentos internos, o governo dos Estados Unidos o considerou um "desastre" e interveio diretamente para bloqueá-lo.

Em violação aos Acordos de Genebra, os Estados Unidos impuseram o governo de Diem no sul, e se recusaram a permitir que as eleições planejadas unificassem o país, pois Washington dava como certo que Ho facilmente venceria. A ditadura de Diem instituiu uma repressão severa, matando talvez entre 60 mil e 70 mil pessoas na década de 1950, finalmente provocando a resistência. O Vietnã do Norte, a princípio, desencorajou a resistência, ainda na esperança de manter o acordo político e reconstruir-se depois da guerra franco-americana. O programa da resistência do sul, a Frente de Libertação Nacional (na propaganda dos Estados Unidos, o *Viet Cong*), pediu a neutralização do Vietnã do Sul, Laos e

Camboja. A resistência tornou-se forte o suficiente para que o regime Diem não pudesse controlá-la. Quando Kennedy assumiu o cargo, ele imediatamente intensificou a guerra da maneira que discutimos. Quase não houve relatos sobre nada disso, nem mesmo o bombardeio direto do Vietnã do Sul pela Força Aérea dos Estados Unidos – sob posições sul-vietnamitas, mas isso não enganou ninguém. Lembro-me de ser informado disso a partir de um texto breve de uma página interna do *New York Times*. Mas a resistência era resiliente e, na verdade, parecia pronta para dominar o sul. O Presidente Johnson assumiu o cargo e intensificou a guerra.

Há uma crença generalizada de que Kennedy estava planejando retirar as tropas dos Estados Unidos e que Johnson abandonou os planos em favor da escalada. Não há tempo para entrar no assunto aqui – fiz isso em detalhes em outro lugar –, mas é um mito, baseado na leitura incorreta de documentos internos e da má compreensão dos fatos no terreno. Até seus últimos dias, Kennedy estava na ponta agressiva do espectro, insistindo que as tropas dos Estados Unidos só poderiam ser retiradas "após a vitória".

No início da década de 1960, alguns protestos começaram. Era tudo muito espalhado. Eu estava literalmente dando palestras na sala de estar de alguém ou numa igreja com meia dúzia de pessoas. E houve alguns protestos mais amplos, mas não foi fácil.

Apenas para ilustrar como era a postura na década de 1960, tomemos Boston, onde eu vivia, talvez a cidade mais liberal do país. Um dia internacional de protesto foi agendado para outubro de 1965. Os grupos locais antiguerra participaram com uma marcha da Harvard Square para o Boston Common, o local tradicional de manifestações e protestos. Eu seria um dos oradores. O protesto foi interrompido por manifestantes, muitos deles estudantes. Os oradores foram protegidos pela polícia estadual, que podia nos odiar, mas não queria ver derramamento de sangue no Boston Common. Os eventos figuraram nas matérias de capa do dia seguinte no *Boston Globe*, um jornal sério na época, talvez o mais liberal do país. As reportagens e artigos de opinião mostravam indignação – com os manifestantes, não com as ações patrióticas para evitar qualquer protesto.

Foi o primeiro dia internacional de protesto.

Houve um segundo dia internacional de protesto em março de 1966. Percebemos que não seria possível fazer um encontro público, então decidimos realizá-lo numa igreja, a igreja da Rua Arlington. A igreja foi atacada, muita polícia se fez presente para evitar um arrombamento nela, mas foram lançados tomates, latas e assim por diante. Isso foi no início de 1966.

Nesse momento, o respeitado historiador militar e especialista do Vietnã Bernard Fall – figura nada ingênua, altamente respeitada até mesmo pelo Pentágono – previu que "o Vietnã, como entidade cultural e histórica... está ameaçado de extinção... [enquanto]... o campo literalmente morre sob os golpes da maior máquina militar já empregada em uma área desse tamanho" (outono de 1967).

Pouco depois, um movimento de massas finalmente se desenvolveu e atingiu uma escala impressionante, passando de protesto para resistência, incluindo a recusa corajosa de jovens para servir em uma guerra criminosa.

Em janeiro de 1968 houve uma grande revolta no Vietnã do Sul, uma das mais incríveis da história. O país estava saturado com mais de meio milhão de soldados norte-americanos. O exército de Saigon acrescentou outros setecentos a oitocentos mil. Havia informantes por toda a parte. Todas as aldeias estavam infiltradas. No entanto, Washington e o governo de Saigon foram pegos completamente de surpresa. O que isso indica é que o grau de apoio à resistência sul-vietnamita deve ter sido bastante notável. Os círculos de elite tiraram uma lição diferente: que a promessa de que a vitória estava à vista não se cumpriria.

O Presidente Johnson considerou enviar várias centenas de milhares de tropas para o Vietnã do Sul, mas o comando militar superior se opôs.

Eles disseram que se a guerra fosse intensificada ainda mais, eles precisariam das tropas para o controle da desordem civil nos Estados Unidos. Jovens, mulheres, outros protestariam nas ruas. O impacto do movimento popular contra a guerra foi bastante sério. Uma das revelações dos *Pentagon Papers*.

Até então, os movimentos de massas haviam decolado em muitas áreas: o movimento dos direitos civis, o movimento antiguerra, os germes de outros, como os movimentos feministas e ambientais que realmente decolaram nos anos posteriores.

Vamos dar uma olhada no primeiro dos movimentos dos anos de 1960, o movimento dos direitos civis, que, claro, tem uma longa e brutal história que remonta aos escravos que foram trazidos há quatrocentos anos com os primeiros colonos. O que se seguiu foi uma história hedionda, parte da qual acabou de vir à tona nos recentes trabalhos acadêmicos de Edward Baptist, Sven Beckert e outros, que também trouxeram à tona a enorme contribuição dos campos de trabalho escravo sulistas para a riqueza e o desenvolvimento dos Estados Unidos e também da Inglaterra. O algodão era um pouco como o petróleo hoje, era o combustível da primeira Revolução Industrial: manufatura, finanças, comércio, varejo, ao longo do século XIX.

A escravidão terminou formalmente na década de 1860. A Guerra Civil foi seguida pela década da Reconstrução, na qual os negros realmente tinham uma oportunidade de entrar na vida norte-americana dominante, trabalhar e ser eleitos a cargos e assim por diante.

O Freedman's Bureau (Agência do Homem Liberto), estabelecido pelo Presidente Lincoln como um ramo do Departamento de Guerra pouco antes de seu assassinato, enviou milhares de agentes para o sul para proteger os escravos recém-libertos, e também para garantir seu bem-estar, com programas bastante extensos. O grande estudioso e ativista afro-americano W.E.B. Du Bois descreveu-a como a "instituição mais extraordinária e de longo alcance de alavancagem social que a América já tentou criar". Mas não por muito tempo. Atrocidades cruéis contra escravos libertos continuaram tornando-se uma praga vergonhosa depois que as tropas federais foram retiradas, e o Bureau foi fechado no compromisso Norte-Sul de 1877 para resolver as eleições presidenciais. Os sulistas eram então livres para fazer o que quisessem – em verdade, para restaurar a escravidão. Um dos principais livros sobre o tema, de Douglas Blackmon – chefe do escritório de Atlanta do *Wall Street Journal* – é simplesmente chamado de *Slavery by Another Name*. A vida negra foi efetivamente criminalizada. Se um homem negro estivesse parado em uma esquina, ele poderia ser acusado de vadiagem e multado. Como ele não podia pagar, ele iria para a cadeia e se perderia no sistema de justiça criminal. Se olhasse para uma mulher branca, ele poderia ser acusado de tentativa de estupro e, em seguida, ver-se em apuros. Enquanto isso, a selvageria do sistema escravista reapareceu de outras formas.

Logo, todo o sistema estava praticamente de volta, restaurando a escravidão. E fornecendo uma força de trabalho perfeita para empresas privadas: sem direitos, sem protestos, em condições adversas e sem necessidade de desperdiçar dinheiro na manutenção da força de trabalho. O Estado cuidou disso. A parte que é familiar é o que era visível, as *chain gangs*. Mas, na realidade, esse sistema conveniente forneceu uma grande parte da força de trabalho para a segunda Revolução Industrial a partir do fim do século XIX, com um resíduo que chegou quase à Segunda Guerra Mundial.

O sul foi palco de atrocidades horríveis: massacres, torturas, linchamentos que ocorreram na década de 1950. Havia uma resistência corajosa constante por parte das vítimas, mas foi esmagada, brutalmente.

Houve alguns ganhos ao longo dos anos, às vezes pela luta da classe trabalhadora que provocou a solidariedade inter-racial. Mas os registros permaneceram horríveis.

Na década de 1950 deram-se alguns passos adiante, mas foi bastante chocante ver como eles foram alcançados. Muitos de vocês devem se lembrar da foto de tropas federais enviadas para acompanhar uma menina que estava caminhando para uma escola anteriormente segregada, enfrentando o escárnio e a fúria de multidões que gritavam com ela, loucas para matá-la. Isso foi na América dos anos de 1950.

Houve vários pontos de inflexão. Um foi em 1960, em Greensboro, Carolina do Norte. Quatro estudantes negros decidiram sentar-se em um balcão segregado do Woolworth's para almoçar. Eles foram presos pelo crime, o que poderia ter acabado com aquele ato, exceto pelo fato de que outros voltaram. Logo se espalhou para outras faculdades. Pouco tempo depois, a CCEN, a Comissão de Coordenação Estudantil Não Violenta, foi formada, tornando-se a ponta de lança do movimento dos direitos civis nas ruas. Jovens, em sua maioria negros, mas acompanhados por alguns brancos. Eles se tornaram "cavaleiros da liberdade", viajando para áreas rurais para incentivar os agricultores negros a estarem dispostos a votar – o que era extremamente perigoso e arriscado no contexto da cultura do racismo bárbaro.

Igualmente perigoso para os ativistas. Vários deles foram assassinados.

Um lugar que se tornou um centro do movimento dos direitos civis foi o Spelman College em Atlanta, uma faculdade para meninas negras, onde também eram ensinadas a serem damas. Era-lhes ensinado decoro, a maneira de agir, que roupas vestir e assim por diante. Devo acrescentar que essas práticas não se restringiam a faculdades negras. Na universidade da Ivy League, que frequentei na década de 1940, havia "cursos de orientação" obrigatórios para as calouras, onde elas aprendiam a servir chá adequadamente e outras necessidades da vida civilizada, e as universidades de elite tinham maneiras semelhantes de socializar os jovens cavalheiros (as mulheres eram barradas). Outra marca da vida americana que foi varrida pelo ativismo dos anos de 1960.

Em Spelman, surgiu um problema. Alguns dos estudantes começaram a se tornar ativos no crescente movimento pelos direitos civis. Pior, eles tinham algum (muito limitado) apoio do corpo docente, notavelmente um cara chamado Howard Zinn, que era professor lá. Zinn (um velho amigo) deu apoio aos alunos, incluindo alguns que se tornaram bastante proeminentes nos últimos anos, como Alice Walker e Marian Wright Edelman.

Foi demitido em 1963, como era de se esperar, sob falsas acusações. Staughton Lynd, um historiador radical, que também era docente da instituição, deixou seu cargo em protesto. Mas era tarde demais para deter a onda. A essa altura, ela tinha de fato se desenvolvido sob a liderança de Martin Luther King, uma figura verdadeiramente histórica. Em 1963, King liderou uma enorme manifestação em Washington, um grande passo em direção à Lei dos

Direitos Civis de 1964, promulgada sob a liderança vigorosa do Presidente Johnson. Essa foi a principal conquista oficial do movimento dos direitos civis. Realização oficial, não menos significativo foi o seu impacto na cultura geral. Alguns anos mais tarde veio a extinção das leis raciais que mencionei antes. Mas a brutalidade racista persistiu, e ainda persiste.

Após a Lei dos Direitos Civis de 1964, os protestos e manifestações continuaram. Um dos maiores foi em Jackson, Mississippi. Uma rápida passada de olhos sobre a situação àquela altura e hoje nos diz algo mais sobre o impacto das lutas populares.

Howard Zinn e eu saímos para participar da manifestação e também para fornecer algum apoio aos manifestantes, em sua maioria jovens negros e brancos. Quando você usa uma gravata e um paletó e é branco, você tem algum espaço extra – embora muitas vezes não muito. A polícia estadual espancava brutalmente os manifestantes. Havia oficiais federais enviados para observar e, em princípio, fazer cumprir a lei. De acordo com relatos críveis de manifestantes, eles estavam de pé nos degraus do prédio federal e, quando os manifestantes tentavam fugir da polícia para o prédio federal, os federais os jogavam de volta na multidão.

Quando as manifestações terminaram, Howard e eu pudemos visitar uma prisão – declarando a nós mesmos uma delegação de professores da Nova Inglaterra. O chefe de polícia levou-nos pela prisão. Pelos padrões das prisões – já vi muitas – não foi tão ruim. Os prisioneiros eram todos negros. Enquanto caminhávamos por um corredor, passando por uma cela com cerca de 50 ou 60 homens negros, uma criança, com não mais do que dez anos, bateu nas barras. Fui até lá e ela perguntou-me se eu podia conseguir-lhe um copo de água. Perguntei ao chefe de polícia, que concordou, e consegui. Quando voltamos ao escritório do chefe depois, perguntamos o que aquela criança estava fazendo na cela com todos aqueles homens. Ele pediu a uma secretária para averiguar. Aconteceu que eles a encontraram nas ruas e não sabiam quem ela era. Então a colocaram na cadeia, para passar o resto da vida lá. Ninguém sabe quantas pessoas vivem nessas condições. Um episódio na sequência da principal conquista do movimento dos direitos civis.

Bem, o movimento não acabou. Agora, Jackson tem um prefeito negro, Chokwe Lumumba, um ativista de longa data em Jackson. Ele venceu muito facilmente sobre uma plataforma de, em suas palavras, "transformar Jackson na cidade mais radical do planeta". Ele está no caminho de realizar isso. Não a Jackson de 1964.

Há vitórias reais, que exigem muito tempo, muita amargura e dor, mas às vezes a luta comprometida produz verdadeiros sucessos.

Nem sempre, claro. A história de Martin Luther King é ilustrativa e vale a pena examinar mais de perto.

King já foi muito homenageado, com razão. No MLK Day, é celebrado como uma grande figura. A celebração geralmente termina com o seu inspirador discurso "I have a dream", de 1963. Seria difícil encontrar menção a outro discurso notável dele, seu discurso eloquente "Eu estive no topo da montanha". Foi proferido em Memphis, Tennessee, em 3 de abril de 1968, um dia antes de ser assassinado.

Naquela época, ele havia perdido o apoio liberal, que permanecera forte, enquanto seus alvos eram xerifes racistas no Alabama.

Após a Lei dos Direitos Civis de 1964, King seguiu em frente. Ele começou a criticar severamente a Guerra do Vietnã. Ele mudou as atividades de sua organização para o norte, para o racismo no norte – não era a coisa certa a fazer. Pior ainda, ele se pôs a tratar de questões de classe. Ele estava organizando uma campanha em favor de pessoas pobres, pretas e brancas. Ele estava em Memphis para apoiar uma greve de trabalhadores da área de saneamento, considerados a ralé da ralé. Em 4 de abril, um dia depois do seu "Eu estive no topo da montanha", ele foi assassinado. Ele parece ter tido uma premonição. Seu discurso chega ao seu clímax com as palavras: "E Ele me permitiu subir à montanha. E eu olhei ao redor. E eu vi a Terra Prometida. Posso não chegar lá com vocês. Mas eu quero que vocês saibam esta noite, que nós, como um povo, chegaremos à Terra Prometida!"

Seu plano era liderar uma marcha a partir de Memphis pelas cidades do sul, onde as grandes manifestações haviam ocorrido, e depois para Washington. Após a sua morte, a marcha teve lugar, liderada pela sua esposa, Coretta King. Quando chegaram a Washington montaram uma cidade de barracas, chamada Cidade da Ressurreição, apelando ao Congresso – controlado por democratas liberais – para fazer algo sobre a pobreza em geral. Eles não chegaram a lugar nenhum. Assim que expirou a permissão que tinham, foram despejados. Isso acabou com o movimento dos pobres.

A luta pelos direitos é um trabalho contínuo, e a trajetória não é uniforme. Estamos agora no quadragésimo ano de um período de regressão. Tenho falado sobre os sucessos do ativismo dos últimos anos. Ele não chegou ao fim. Pode haver jovens ativistas mais comprometidos hoje, em muitas áreas, do que no "momento das dificuldades". Ainda assim, é útil olhar para trás e ver até onde regredimos, ao lado de muitos sucessos.

Vocês provavelmente observaram que alguns dias atrás Elizabeth Warren iniciou a legislação de cuidados infantis, um projeto de lei pedindo cuidados infantis universais de qualidade, como em outros países desenvolvidos, até mesmo alguns outros. Aqui isso é considerado altamente controverso.

É interessante compará-lo com a legislação que foi introduzida em 1971, aprovada por grandes maiorias no Congresso. Era chamado de Lei do Desenvolvimento Infantil Abrangente. Vocês conseguem encontrar informações na internet. Ia muito além do que o Warren está propondo hoje. Foi introduzido pelos senadores Walter Mondale e John Brademas, dois senadores progressistas. E vetado pelo Presidente Nixon, porque estava endossando uma "abordagem comunitária à educação infantil", prejudicando as famílias e abrindo a porta ao comunismo. Outra ilustração do excepcionalismo americano.

A luta é um longo trabalho em andamento. Faltando a participação de movimentos ativistas envolvidos, uma luta muito longa, com resultados incertos.

Tenho falado sobre ativismo e resistência e suas consequências. Vamos examiná-los mais de perto.

Talvez o caso mais interessante seja o rescaldo da Guerra do Vietnã. O movimento popular teve um efeito significativo para a precipitação do fim da guerra. Levou tempo demais! Em 1968, após a Ofensiva do Tet, os Estados Unidos diminuíram a intensidade e passaram às negociações. Mas a guerra tinha de prosseguir. Algumas das piores atrocidades ocorreram depois. Uma delas é famosa, o massacre de My Lai, na verdade nota de rodapé para crimes muito piores. Havia um centro quacre para refugiados e cuidados de saúde nas proximidades. Eles souberam, sem demora, sobre o massacre de My Lai, mas mal reagiram. Uma amiga trabalhava no centro, Claire Culhane, uma enfermeira canadense. Ela me disse que eles prestavam pouca atenção, porque atrocidades semelhantes aconteciam o tempo todo, em todos os lugares. A Comissão de Pares oficial, que investigou o massacre de My Lai, por acidente, encontrou um caso semelhante na aldeia de My Khe, a poucos quilômetros de distância, o que dá alguma sensação da densidade.

Mas esses massacres no terreno foram menores em comparação com o bombardeio intensivo de áreas densamente povoadas, causando enormes baixas, investigado em profundidade pelo chefe do escritório da *Newsweek*, Kevin Buckley. Enquanto a revista publicou apenas trechos limitados, Buckley me forneceu muitas informações adicionais que Edward Herman e eu publicamos em nosso livro *Political Economy of Human Rights*, de 1979. *My Lai* parece muito pouco em comparação. Mas a indignação se concentrou nos atos criminosos de soldados quase enlouquecidos no campo de batalha, que não sabiam quem atiraria neles em seguida. Não nos cavalheiros, em escritórios com ar-condicionado, que estavam orquestrando massacres em massa de civis miseráveis por bombardeios intensivos de áreas densamente povoadas.

Apesar dos contínuos e mesmo crescentes massacres, as políticas militares estavam mudando. Uma das razões era que o exército estava desmoronando, e o alto escalão queria que ele fosse retirado. Os soldados estavam matando oficiais e se entregando às drogas. Eles não queriam mais lutar naquela guerra horrível. Oposição organizada de dentro do corpo militar também se desenvolveu, neste caso com relações estreitas com o movimento antiguerra em casa: Veteranos do Vietnã Contra a Guerra, que realizaram protestos e conduziram julgamentos de crimes de guerra nos quais os soldados davam o testemunho de suas experiências, com grande impacto.

O comando militar aprendeu uma lição que outros poderes imperiais conheciam há muito tempo. Não se pode travar uma guerra colonial brutal com um exército civil, pessoas apanhadas nas ruas. Elas não são treinadas para massacrar civis. É por isso que os britânicos apelaram aos Gurkhas e os franceses a sua Legião Estrangeira.

Após o Vietnã, os Estados Unidos avançaram na mesma direção, contando com "contratados" – assassinos profissionais – e forças especiais. E no assassinato a distância, a guerra de *drones* aperfeiçoada por Obama para assassinar pessoas que se pensa estarem arquitetando planos para prejudicar os norte-americanos (e quaisquer infelizes que estejam por perto).

Poderíamos, aliás, perguntar-nos qual seria a reação se, digamos, o Irã tivesse um grande programa para assassinar pessoas que não só se pensa estarem prejudicando o Irã, como também o estão fazendo em grande escala.

O movimento popular contra a guerra teve um impacto duradouro na cultura geral. O governo já não tinha amplo espaço para as guerras de agressão no estilo vietnamita. Isso ficaria claro muito em breve. Em 1981, Reagan assumiu o cargo, planejando uma intervenção na América Central. Sua administração tentou duplicar quase ponto por ponto o que Kennedy tinha feito no início dos anos de 1960. Primeiro veio um relatório oficial, fornecendo a lógica para a defesa contra a agressão comunista. Em seguida, uma grande campanha de propaganda sobre a terrível ameaça do terrorismo internacional dirigida pela Rússia e Cuba. Em seguida, viria a intervenção das forças dos Estados Unidos para combater a ameaça – que foi retratada como séria, de fato. A certa altura, Reagan chegou a declarar uma emergência nacional por causa da ameaça à nossa existência representada pelo governo da Nicarágua, alertando que as suas tropas estavam apenas a dois dias de marcha de Harlingen, Texas. Como as hordas que nos invadem hoje.

Não funcionou. Assim que a campanha foi lançada, houve uma forte reação de grupos da Igreja, organizações antiguerra e grande parte do público. O *Wall Street Journal* publicou uma crítica devastadora ao documento; nos anos Kennedy, isso foi feito pelo grande jornalista independente I.F. Stone em sua revista *Weekly*, sem qualquer efeito. Não na década de 1980. Logo a camarilha de Reagan recuou. O que aconteceu foi terrível o suficiente, mas as guerras dos Estados Unidos na América Central não foram nada parecidas com o Vietnã.

Depois de 20 anos, os Estados Unidos e o Reino Unido invadiram o Iraque. Pela primeira vez na história das guerras imperiais, houve um enorme protesto antes mesmo que a guerra fosse oficialmente lançada. Novamente, o que aconteceu foi horrível o suficiente. Ainda estamos vendo os efeitos terríveis. Mas não era nada como o Vietnã. Havia algumas restrições que acho que podem muito bem ser atribuídas a atitudes populares – o que o proeminente intelectual ligado a Reagan, Norman Podhoretz chamou de "a inibição doentia contra o uso da força militar" (Podhoretz, 1985), a temida "síndrome do Vietnã".

Bem, há muito mais a dizer sobre protesto e resistência, e voltarei a isso. Mas vamos voltar às reações do governo.

A mais significativa que eu conheço é discutida no artigo sobre terrorismo doméstico que Marv disponibilizou, um artigo meu preocupado prioritariamente com o programa do governo chamado Cointelpro – programa de contrainteligência, um programa do FBI, a polícia política nacional – discutindo também a repressão estatal anterior, e muito mais severa, ao momento em que o FBI foi estabelecido.

O Cointelpro começou por volta de 1960. Foi exposta finalmente em 1973, por volta da época do escândalo de Watergate. As revelações do Cointelpro e do Watergate, e a reação a elas, fornecem um exemplo gráfico das comparações que temos discutido amplamente, e o que elas nos ensinam sobre a cultura intelectual, sobre o senso comum prevalecente.

Watergate foi considerada uma crise extraordinária, a pior crise constitucional da história do país. Mas foi superada. O famoso historiador liberal Henry Steele Commager escreveu no *New York Times* que o ataque às fundações da república foi superado em "uma afirmação impressionante de nosso sistema constitucional".

Lembrem-se de que isso foi ao mesmo tempo em que as revelações do Cointelpro estavam começando a vazar. Na verdade, Watergate era um chá dançante em comparação com o Cointelpro, um ataque muito mais sério ao sistema constitucional – que não encontrou reação sequer marginal.

Havia uma distinção crucial entre Watergate e Cointelpro. O escândalo de Watergate, levado a cabo por um bando de bandidos menores que Nixon recrutou, estava visando pessoas que importam, o Partido Democrata, metade do poder político do país. O Cointelpro era uma operação da polícia política nacional, visando todos os movimentos populares que se desenvolveram nos anos de 1960, e de maneiras muito mais extremas do que qualquer coisa contemplada nas operações Watergate.

O Cointelpro começou, é claro, visando o Partido Comunista, ou o que restou dele. À época, provavelmente, três quartos do Partido Comunista eram infiltrados do FBI, cujas anuidades estavam mantendo o partido vivo. Mas ainda havia alguma coisa por perto.

Em seguida, o FBI foi atrás do movimento de libertação porto-riquenho e do movimento indígena americano. Continuou a ampliar seu escopo, finalmente atingindo toda a Nova Esquerda, uma parte considerável da população no fim da década de 1960. Martin Luther King era um alvo em particular. Também o movimento antiguerra, é claro, e mais além. Foi um extenso programa de terror e perturbação, intimidação e instigação de violência do FBI. Foi iniciado e continuado sob as administrações democráticas mais liberais, depois levada adiante sob Nixon. Atingiu o nível de um inequívoco assassinato político, o caso Fred Hampton, ao qual voltarei.

Agentes do FBI incitaram, e às vezes executaram incêndios criminosos e outros atos violentos, atacaram funcionários de faculdade, incluindo presidentes de faculdades no palco, todos culpados por ativismo estudantil. O FBI chegou ao ponto de formar organizações paramilitares reais que realizaram violência, principalmente em San Diego, buscando culpar a esquerda pelos atos.

Algo que talvez vocês tenham em mente hoje.

No fim da década de 1960, os movimentos perceberam que provavelmente estavam infiltrados pela polícia ou agentes do FBI. Eles aprenderam a tentar identificar os prováveis infiltrados, aqueles que apareciam como testemunhas do governo em julgamentos. Isso acabou por não ser muito difícil. Se alguém parecia um *hippie* do elenco central, ele provavelmente era um infiltrado. O mesmo se alguém estivesse gritando "Fora polícia" ou "Vamos explodir coisas". Eu estava profundamente envolvido em atividades de resistência e grupos de apoio à resistência. Todos nós sabíamos que se você quisesse fazer algo sério, dizer algo que envolvesse a vida de uma pessoa, você o fazia em grupos de afinidade, pessoas que conhecia pessoalmente. Nunca mesmo numa reunião de pessoal de uma organização de resistência – porque não se podia confiar em todos os presentes, havia muitos infiltrados.

O alvo principal do Cointelpro, como vocês podem imaginar, eram os movimentos ativistas negros. Havia muitas gangues criminosas negras, mas eram de pouco interesse para o FBI. O que preocupava Washington oficial eram grupos tentando organizar comunidades, um problema real. Muito parecido com os "vírus" na arena internacional. O principal desses grupos era os Panteras Negras. Agora temos muitos documentos divulgados sobre a campanha do FBI contra os Panteras, alguns citados no artigo publicado. Os Panteras foram retratados como uma grande ameaça ao país – o padrão usual de criar inimigos aterrorizantes que temos discutido.

O FBI estimou que essa organização assustadora tinha cerca de oitocentos membros. Foi dizimada.

Os alvos particulares do Cointelpro eram organizadores e ativistas que prestavam serviço à comunidade: café da manhã grátis, coisas assim. Fred Hampton, que foi assassinado, era reconhecido como um dos organizadores mais bem-sucedidos dos Panteras e um de seus líderes mais promissores. O FBI executou um grande programa para se livrar dessa figura perigosa. Isso ocorreu em Chicago. Havia uma gangue criminosa negra chamada Blackstone Rangers. O FBI fabricou cartas que enviaram aos Rangers. As cartas fingiam ser de um homem negro simples do gueto, escrito em dialeto falso, que havia recolhido evidências de que os Panteras estavam planejando matar Jeff Fort, o líder dos Rangers. A ideia era incitar os Rangers a matar Hampton.

Nada disso funcionou. Os grupos negros estavam em contato, e não tiveram problemas em identificar o fingimento. Então, outra coisa tinha que ser feita. O FBI conseguiu infiltrar um agente para ser guarda-costas de Fred Hampton, que estava com ele o tempo todo. Eles então forneceram à polícia de Chicago documentos fabricados, alegando que os Panteras estavam escondendo armas no apartamento de Hampton. Isso foi o suficiente para a polícia realizar uma batida matinal no apartamento e assassinar Hampton e outro ativista dos Panteras, Mark Clark, que também estava lá, ambos dormindo – com alguma suspeita de que eles poderiam ter sido drogados.

Talvez possamos ser francos e descrever isso como um assassinato ao estilo da Gestapo.

O departamento de polícia alegou que os oficiais estavam respondendo a disparos de dentro do apartamento. O caso foi investigado por um jovem repórter, John Kifner, que mais tarde se tornou um dos melhores repórteres de investigação do *New York Times*. Kifner foi capaz de determinar que os buracos de bala vinham de fora do apartamento, dos invasores da polícia.

Nada podia ser feito por meio do sistema legal, mas como a mãe de Emmett Till, a família de Fred Hampton se recusou a abandonar o assunto. Eles foram acompanhados por alguns jovens advogados muito bons de uma pequena firma de advocacia em Chicago, pessoas realmente admiráveis. Há um bom livro sobre o que aconteceu, escrito por um dos advogados, Jeffrey Haas. É intitulado *The Assassination of Fred Hampton*. Depois de muitos anos, eles foram capazes de obter alguma compensação em um processo civil, mas para os verdadeiros perpetradores, chegando a Washington, nada nunca aconteceu. Talvez uns tapinhas na mão. É tudo desconhecido, como o assassinato dos intelectuais jesuítas, em 1989. Desconhecido fora da comunidade negra, quero dizer (e de alguns grupos ativistas). Esse assassinato e o ataque mais amplo aos Panteras tiveram um impacto a longo prazo nas comunidades negras, induzindo medo e desesperança, uma sensação de que não há nada que se possa fazer.

O assassinato de Hampton facilmente supera as acusações de Watergate.

É sempre esclarecedor adotar uma perspectiva mais ampla. Hampton não era o único líder negro promissor que poderia ter levado sua comunidade adiante, mas foi assassinado para evitar essa ameaça. Outro na mesma época, neste caso com consequências muito mais amplas, foi Patrice Lumumba, no antigo Congo Belga – uma região com recursos e potencial extremamente ricos, que deveria ser um dos países mais prósperos do mundo, levando consigo a África Negra. Foi devastada pelo colonialismo belga, talvez a mais horrenda das operações criminosas europeias na África – um sarrafo altíssimo que dificilmente se supera.

Os horrores do colonialismo belga chegaram ao fim em 1960, quando o Congo declarou independência. Sua principal liderança era o jovem líder carismático Patrice Lumumba, que poderia ter libertado o Congo da miséria do colonialismo, talvez levando a África para fora da escuridão. Nada disso aconteceu. O Presidente Eisenhower entregou à CIA a tarefa de assassiná-lo, um esforço levado adiante sob Kennedy. Mas os belgas chegaram lá primeiro e, juntamente com os Estados Unidos e outras democracias liberais, mergulharam o Congo de volta ao terror e à destruição, sob a liderança de seu protegido, o assassino cleptomaníaco Mobutu, que garantiu que as riquezas do Congo fluíssem na direção certa. Trazendo as cenas rapidamente para os dias de hoje, aqueles de vocês que gostam de *smartphones* e outras delícias técnicas se beneficiam dos ricos minerais do leste do Congo, entregues às multinacionais acompanhadas de perto por milícias cruéis e saqueadores de Ruanda que dispõem de todo suporte americano, enquanto o número de mortos aumenta para muitos milhões.

Um Hampton africano, pode-se dizer.

Uma pergunta interessante é como o caso Cointelpro era típico das preocupações do FBI naqueles anos. Luz é lançada sobre esta questão por ação de resistência muito significativa iniciada por um professor de física em Haverford, Bill Davidon, um quacre (e conhecido dos dias de resistência). Ele organizou um grupo que conseguiu invadir os escritórios do FBI em Media, uma pequena cidade na Pensilvânia, que era o principal local de armazenamento de documentos do FBI sobre operações na região leste da Pensilvânia. Roubaram muitos documentos, que divulgaram à imprensa. E conseguiram fugir. Anos mais tarde, eles se identificaram. Os documentos que divulgaram e foram publicados são altamente informativos. A maioria era sobre atividades de protesto. Acho que 1% era sobre crime organizado. Alguns tratavam de assaltos a bancos. Alguns eram administrativos. Mas a maior parte dos documentos era sobre como reprimir o ativismo popular. Não sabemos se isso é representativo das atividades do FBI em geral na época. Houve alguma investigação, mas não muito. Trata-se, muito provavelmente, de uma amostra justa.

Bem, vamos voltar ao que o futuro provavelmente será. Marv falou um pouco sobre as perspectivas de repressão e violência. Quando pensamos nisso, devemos lembrar como era a história recente. Terá de ser bastante violento para ir além do que era normal há pouco tempo.

O Cointelpro teve suas atividades descontinuadas por ordens judiciais na década de 1970 e, tanto quanto sabemos, não foi reinstituída. Meu palpite é que provavelmente veremos medidas mais suaves em um futuro próximo, pelas mesmas razões pelas quais não se pode mais realizar uma intervenção ao estilo do Vietnã. Há muita oposição popular. O país tornou-se demasiado civilizado, pelo menos em grande parte. Então, suspeito de que o que veremos é mais parecido com o artigo de Shoshana Zuboff (2019), que foi extraído de um livro muito interessante dela, uma investigação de quinhentas páginas sobre o que ela chama de "capitalismo de vigilância" (Zuboff, 2019).

A ideia básica é que os métodos estão sendo concebidos para manter todos sob total vigilância. Tudo o que você faz é gravado, e os dados voltam para o Google e empresas de tecnologia que os usam para fins comerciais. Por exemplo, fornecer dados comportamentais que eles compilam para anunciantes. Perfis pessoais, uma enorme massa de dados, que podem ser enviados para anunciantes que podem direcionar suas atividades de relações públicas para seus interesses e vulnerabilidades particulares, e também tentar controlar o que você faz. Assim, por exemplo, se você dirigir um carro, há uma tonelada de dados a ser recolhida pelos fabricantes de automóveis. Eles não sabiam o que fazer com isso até recentemente, mas agora estão descobrindo como podem vender os dados aos anunciantes. Algum brinde pode ser oferecido a você pelo concessionário e, em troca, você concorda em ter o painel na frente do motorista exibindo algum anúncio. Então, se você estiver dirigindo pela Avenida Campbell e os dados pessoais disserem que você gosta de restaurantes japoneses, haverá um anúncio dizendo que há um restaurante japonês a 800 metros. Essas coisas. Com os *smarts* sei lá o quê, *smartphones* ou qualquer outra coisa inteligente, todos os dados vão para uma central que acumula muito material sobre você.

O que é chamado de internet das coisas é um grande e incrível desenvolvimento. Isso deve tornar possível que quase tudo ao redor, o seu refrigerador ou a sua escova de dentes, qualquer coisa tenha um dispositivo de vigilância que recolherá informações sobre o que você está fazendo. Zuboff comenta, com muita chance de estar certa, que este é um novo estágio no capitalismo. Então, no capitalismo, como Marv tem discutido, tudo tem de ser transformado em uma mercadoria de algum tipo. Em primeiro lugar, a vida humana foi transformada em trabalho para ser comprada e vendida. A natureza foi transformada por cercados e outras técnicas em terra, propriedade privada, que pode ser comprada e vendida. A troca normal entre as pessoas é transformada em dinheiro. Agora temos a nova etapa: a experiência, a experiência humana pode ser transformada em dados comportamentais, para citar Zuboff, "prontos para fabricação de previsões que são compradas e vendidas".

O novo estágio do capitalismo reconhece que servir às necessidades genuínas das pessoas pode ser menos lucrativo do que vender previsões de seu comportamento. Portanto, temos um novo modelo de capitalismo no qual os dispositivos não são desenvolvidos para o seu uso, mas para que o mundo dos negócios possa usar os dados coletados sobre você, o que também pode ser usado para efeito de controlar. Ele pode modificar o comportamento para obter a máxima lucratividade. A análise do comportamento pode desencadear punições em tempo real. Suponha que você esteja conduzindo um carro e a companhia de seguros veja que você não parou num sinal vermelho. Eles podem avisá-lo imediatamente que vão aumentar o valor de seu contrato, ou até mesmo chegar a ponto de bloquear o motor. E eles podem oferecer descontos, cupons, estrelinhas para um bom comportamento.

Não é discutido nesse artigo, mas como vocês podem imaginar, isso está sendo usado ainda mais intensamente para controlar vidas nas ditaduras privadas em que as pessoas passam a maior parte de suas vidas, o que chamamos de emprego. A vigilância na indústria começou com um supervisor que se sentava em algum lugar e tentava ver o que todos estavam fazendo. Isso foi estendido com o taylorismo, controlando operações detalhadas. Henry Ford introduziu a linha de montagem, que era eficiente, mas também um dispositivo altamente controlador. Havia um problema com a linha de montagem. Ela é tão cansativa que as pessoas desistiam. Eles não aguentavam. Eles tinham que contratar quase mil trabalhadores para ver se conseguiam ficar com 100. Essa parece ser a principal razão pela qual Henry Ford instituiu o salário de cinco dólares, que geralmente é chamado de ato de benevolência, mas aparentemente era uma maneira de induzir os trabalhadores a permanecer. A empresa Ford realizava uma vigilância extensiva de trabalhadores não só na linha, mas até mesmo em suas casas. Os agentes iam para as suas casas para se certificarem de que as suas vidas pessoais estavam sendo tratadas corretamente. O próprio Ford acreditava que era preciso ter uma vida saudável e moral. Os trabalhadores foram submetidos a um monitoramento cerrado no trabalho e em casa. O novo capitalismo de vigilância vai muito além. Agora, cada instante da sua vida pode ser monitorado, obviamente no local de trabalho também.

Por exemplo, nos armazéns da Amazon, onde o trabalho é muito pesado, a administração calculou as distâncias mais curtas entre duas posições. Se um trabalhador que corre de um lugar para outro vai um pouco para outro lugar, ele recebe um aviso. No caso de recebimento de muitos avisos, o empregado é despedido. Se você passar muito tempo no banheiro, é despedido. Falar com as pessoas erradas por muito tempo também não é bom. Pare para olhar o seu e-mail por um minuto ou falar com alguém, e você recebe uma advertência. É uma excelente técnica de controle. Sistemas de entrega como a UPS também instituíram essas práticas. Portanto, se o motorista, digamos, der ré ou dirigir muito rápido ou parar para tomar uma xícara de café em algum lugar, ele receberá imediatamente um aviso: é melhor você se adequar. Alguns estudos indicam que isso melhora a produtividade. A UPS conseguiu estender as entregas com menos motoristas, uma versão mais suave dos antigos sistemas escravos, onde um chicote e uma pistola poderiam aumentar significativamente a produtividade.

Agora está sendo usado para negócios, para publicidade e controle da força de trabalho. Mas pode-se estar bastante certo de que a mesma informação está, ou em breve estará, indo para o governo para ser armazenada e usada, se necessário.

O ideal, penso eu, é provavelmente a China, que já levou esses métodos muito longe. A China instituiu o que eles chamam de sistema de crédito social. Você recebe mil pontos e recebe marcas negras ou crédito dependendo de como se comporta. Há algumas cidades onde o sistema foi iniciado experimentalmente. Provavelmente se estenderá a todo o país. Câmaras de vigilância por todo o lado, reconhecimento facial. Se você atravessa a faixa de pedestres, recebe uma marca preta. Se você ajuda uma senhora a atravessar a rua, pode ganhar uma estrela dourada. Com o tempo, tudo isso fica internalizado. Não demora para que você esteja monitorando o seu próprio comportamento, porque muita coisa depende disso. É disciplina internalizada. Já se vê em fábricas, e em breve vamos ver isso acontecendo com a internet das coisas. Dormiu muito tempo ou comeu demais? Você conhecerá uma reação, talvez uma recompensa ou punição. Projeta-se uma reação internalizada como uma técnica de controle. Suspeito que veremos técnicas como essas como uma forma de garantir um comportamento considerado adequado. Ele também separa as pessoas umas das outras. É altamente individualizado. Essa é outra técnica importante de controle, usada em muitos contextos. Já discutimos algumas.

Se vamos ser salvos de algum pesadelo como esse, como acho que mencionei antes, será com um movimento operário organizado vibrante e dinâmico. Ele é quem tem sido a ponta de lança do progresso ao longo da história moderna. O movimento operário nos Estados Unidos tem sido submetido a violências e repressões incomuns, mais do que em países semelhantes. Mas tem ressuscitado continuamente. Agora está num período de regressão. Pode reviver novamente, e acho que é onde podemos esperar uma grande fonte de esperança, não a única, mas uma grande fonte.

7
Mudança social

Palestra de Waterstone, 26 de fevereiro de 2019

O tema desta noite, mudança social, vai se atrelar claramente ao material da semana passada sobre movimentos sociais. Mas também vou usar esta oportunidade para reunir uma série de coisas do curso e levá-las a uma espécie de encerramento, espero. Muito bem. Mudança social. Algumas citações para começar:

> Uma vez iniciada a mudança social, ela não pode ser revertida, não se pode deseducar a pessoa que aprendeu a ler, não se pode humilhar a pessoa que sente orgulho, não se pode oprimir as pessoas que não têm mais medo – César Chávez.
>
> A nova verdade científica não triunfa convencendo seus oponentes e fazendo-os ver a luz, mas sim porque seus oponentes por fim morrem e uma nova geração cresce familiarizada com ela. Isto não está dirigido a ninguém – Max Planck.
>
> Sem uma teoria revolucionária não pode haver um movimento revolucionário. Mudança social e pedagogia crítica, penso eu, são tarefas que caminham lado a lado – Vladimir Lenin.

Para que a mudança social ocorra, a primeira tarefa necessária é abrir um espaço para a crítica de *oposição*, não apenas qualquer crítica, mas a crítica de *oposição*, que depende do reconhecimento da diferença entre o que é e o que deveria ser, ou o que poderia ser. Abrir caminho para esse espaço de oposição é uma função da pedagogia crítica e do pensamento crítico, como argumenta Henry Giroux (2004). "É" e "deveria" ou "poderia" não são necessariamente a mesma coisa, embora um senso comum dominante que busque manter o *status quo* se esforce para igualá-los. Isto é, fazer com que as coisas sejam equivalentes à maneira como as coisas deveriam ser e, assim, fechar qualquer tipo de imaginário alternativo.

A segunda tarefa, além de abrir um espaço para a crítica de oposição, é examinar e começar a desmantelar o senso comum na grande variedade de áreas onde a mudança social é procurada. Em tais circunstâncias, o dado adquirido nunca deve ser tomado como dado adquirido. Para os nossos propósitos desta noite, quero discutir o senso comum prevalecente em três áreas, e elas serão familiares a vocês a partir do que discutimos anteriormente: primeiro, o senso comum subjacente ao imperialismo e ao militarismo; segundo, o senso comum subjacente à degradação ambiental e de recursos; e terceiro, um conjunto de ideias de senso comum subjacentes ao neoliberalismo, à globalização e à ficcionalização.

Voltemos apenas por um momento à nossa conhecida fórmula: $D \leftrightarrow M \leftrightarrow M' \leftrightarrow D'$, onde, como vocês devem se recordar, D é dinheiro, M é mercadoria de entrada, M' é o resultado de um ciclo de produção, D' é mais dinheiro, que é o objetivo do empreendimento. Ademais, lembrem-se, isso é comprar para vender para emergir com mais dinheiro no fim de cada ciclo. No modelo, o que os capitalistas compram como insumos são meios de produção (matérias-primas, materiais da planta industrial, equipamentos da planta industrial, ferramentas etc.) e força de trabalho.

Gostaria agora de tomar essa fórmula e inseri-la no contexto daquilo sobre o que desejamos falar esta noite. Então essa fórmula está agora em debate, e expandida, e vai ligar uma série de coisas na discussão.

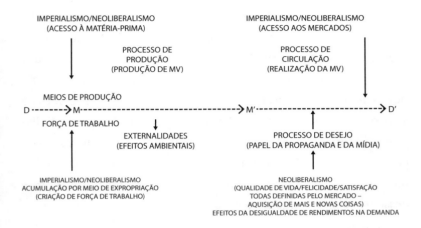

Vejamos apenas o lado esquerdo primeiro, que é o ponto em que os capitalistas gastam dinheiro e compram algumas coisas, compram força de trabalho na parte inferior, compram meios de produção.

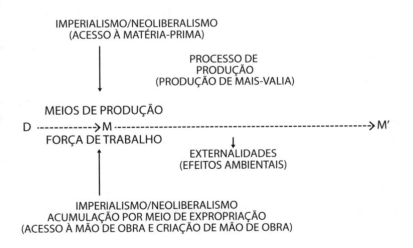

E a relação entre o imperialismo e o neoliberalismo, como falamos, inclui um grande número de dimensões particulares.

No fundo, o imperialismo e o neoliberalismo têm sido utilizados, tanto histórica como contemporaneamente, para obter acesso a bolsões de trabalho e para criar força de trabalho por meio dos mecanismos de acumulação primitiva ou acumulação por meio da desapropriação em que as pessoas são despojadas de seus próprios meios de subsistência e, portanto, tornam-se disponíveis como se lhes restassem apenas a própria pele do corpo para vender. O militarismo, em suas várias formas (colonialismo, neocolonialismo, imperialismo), tem sido uma parte enorme desse projeto ao longo do tempo.

No topo, o imperialismo (ou outras formas de militarismo) e o neoliberalismo forneceram claramente acesso às matérias-primas, e estamos vendo isso sendo jogado no momento no caso da Venezuela. Muito abertamente, John Bolton (então conselheiro de segurança nacional) disse: "Seria muito bom se as empresas americanas pudessem desenvolver petróleo venezuelano e todas as opções, é claro, estão na mesa" (confiram "John Bolton admits US-backed coup in Venezuela is about oil not democracy").

Aqui podemos ver de forma bastante clara, portanto, as maneiras pelas quais o imperialismo e o neoliberalismo estão ligados a esse modelo capitalista, mas que tipo de compreensão do mundo, aceita como pressuposto e senso comum, está subjacente a essas atividades? O que permite que isso continue? Por que continuamos a apoiar esse tipo de intervencionismo em todo o planeta?

O que eu sugeriria é que o senso comum problemático subjacente a isso é o *medo*. Vou falar sobre isso de várias maneiras. Ele fundamenta e justifica as ligações entre o capitalismo e o militarismo e o imperialismo em suas muitas formas, sejam elas o colonialismo, o neocolonialismo, o imperialismo recente, o imperialismo econômico e assim por diante. Mas uma das coisas que subjaz e justifica essas ligações é o medo. A questão para nós, em termos de mudança social, é: como desmantelar esse senso comum subjacente de medo generalizado? Como começamos a desfazer isso? Primeiro, devemos fazer a pergunta de como nos tornamos, ou fomos induzidos a nos tornar, tão temerosos?

Por que temos tanto medo como norte-americanos? Um ponto, sobre o qual falamos anteriormente, é a noção de Hofstadter do estilo paranoico da política americana, que remonta, sustenta a Guerra Fria, sustenta a posição dos Estados Unidos no mundo de muitas maneiras, endossa essa visão de mundo maniqueísta do bem contra o mal: "Ou você está conosco, ou está com os terroristas". Isso tem muitas formas de expressão, mas faz parte da psiquê americana. Eu quero contar um pouco de uma história aqui para colocar isso num contexto útil. Então, vamos olhar para o 11 de setembro de 2001, e suas consequências, que estão em curso. O que aconteceu em 11 de setembro de 2001? Bem, há duas histórias, com interpretações muito diferentes e implicações muito diferentes. Uma dessas histórias serviu e promoveu o interesse do *status quo*, a outra não.

Aqui está a primeira história do 11 de setembro. Dezenove homens – a propósito, quinze eram da Arábia Saudita, dois dos Emirados Árabes Unidos, um do Egito, um do Líbano. Notaram dois países em particular que não estão na lista? Seriam Afeganistão e Iraque? Eles estavam armados com cortadores de caixa, com os quais era lícito na época embarcar em aviões. Eles embarcaram nos aviões com passagens compradas legalmente, algumas delas compradas com cartões de crédito. Eles sequestraram os aviões, eles fizeram dois colidirem nas torres do World Trade Center, um no Pentágono, e um último foi ao chão na Pensilvânia.

Então, o que foi preciso? O que foi necessário para que isso acontecesse? Algum dinheiro – eles tinham evidentemente que comprar as passagens de avião, pagar algum treino de voo. Eles receberam um desconto porque não precisavam aprender a pousar. Foi necessária alguma coordenação, isso também é claro, para que eles pudessem embarcar nos aviões aproximadamente ao mesmo tempo e coordenar esses impactos. Também exigia dezenove homens dispostos a morrer por uma causa e algumas pessoas que os comandassem.

Foi preciso muita sofisticação? Grandes recursos? Uma rede mundial? De forma alguma – então essa claramente não poderia ser a história dominante. Essa é apenas uma história. Uma história, uma interpretação do que aconteceu.

Aqui está a segunda história. Uma rede ampla de terroristas loucos, coordenada por um gênio do mal, Osama Bin Laden. Grandes recursos? Eles odeiam as nossas liberdades, foi por isso que o fizeram. Isso faz parte da sua insanidade; eles não tinham segundas intenções de qualquer tipo. Eles odeiam as nossas liberdades. Essa vasta, bem financiada e coordenada rede deve ser combatida em todos os lugares e para sempre. É como um novo Pearl Harbor, e eu destaco esse evento, porque eu vou voltar a essa formulação em um instante. Mas claramente os ataques de 11 de setembro representaram uma nova ameaça existencial para o território nacional.

Essa terminologia do "território nacional" (*homeland*), que tem uma história e passado muito infame, tornou-se sinônimo de Estados Unidos após o 11 de setembro (logo após o evento, vemos a criação, por exemplo, do Departamento de Segurança Nacional). Mas, de qualquer forma, a data foi representada como uma ameaça existencial para o território nacional. Então, esta era a história dominante? Sim, foi a história que vingou. Aqui estão alguns excertos de um relatório que John Pilger (um jornalista investigativo e cineasta muito bom) escreveu no *New Statesman* (16 set. 2002) após os ataques de 11 de setembro.

> A ameaça que o terrorismo dos Estados Unidos representa para a segurança das nações e dos indivíduos foi delineada em detalhes proféticos, em um documento escrito há mais de dois anos [na verdade, no fim de 1999], e divulgado apenas recentemente. O que era necessário para a América dominar grande parte da humanidade e dos recursos do mundo era citar "Algum evento catastrófico e catalizador, como um novo Pearl Harbor", descrito como "a oportunidade única".
> Repetidamente, o 11 de setembro é descrito como uma oportunidade. Na *The New Yorker* de abril passado, o repórter investigativo Nicolas Leman escreveu que "a conselheira mais veterana de Bush, Condoleezza Rice, disse a ele que havia reunido membros veteranos do Conselho de Segurança Nacional e pediu a eles que "pensassem em como aproveitar essas oportunidades", que ela comparou com as de "1945 a 1947", o início da Guerra Fria.

Então, claramente as pessoas estavam pensando em como obter um evento desse tipo e, se vocês se lembram, um dos comentários de Milton Friedman, quando ele estava falando sobre o advento do neoliberalismo, era que "em momentos de crise, seja de ocorrência natural ou criada, o importante é ter suas ideias à mão como as que devem ser aprendidas no momento da crise e seu desfecho". Então, aqui está um momento em que a crise, na verdade, criou uma enorme oportunidade.

Mais uma vez do relatório de Pilger: "Os extremistas que desde então exploraram o 11 de setembro vêm da era Reagan. Quando grupos de extrema-direita e *think tanks* foram estabelecidos para vingar a [chamada] 'derrota' americana no Vietnã" (2002). Havia algo chamado Síndrome do Vietnã, vocês devem se lembrar – da qual, após a "derrota" no Sudeste Asiático, os Estados Unidos nunca recuperaram seu orgulho.

Além disso, na década de 1990, havia a necessidade de justificar a negação de um dividendo de paz, após a Guerra Fria – a paz não era desejável. Uma vez que a União Soviética caiu, e nosso principal inimigo ostensivo não era mais capaz de sustentar uma espécie de relação adversária, havia a possibilidade de que a paz pudesse irromper. Essa era a noção de um possível dividendo de paz, uma vez que poderia ter sido possível desviar fundos do complexo militar-industrial para outras necessidades sociais. A máquina de guerra claramente queria evitar esse resultado, então essa era a agenda adicional: tínhamos que encontrar uma maneira de negar a oportunidade de um dividendo de paz após o fim da Guerra Fria.

Voltando à reportagem de Pilger:

> O projeto para o novo século norte-americano foi formado [o grupo que escreveu este relatório ao qual Pilger está se referindo] junto com o American Enterprise Institute, o Hudson Institute e outros que desde então mesclaram as ambições do Governo Reagan com as do atual regime Bush [lembrem-se, Pilger está escrevendo em 2002]. Um dos pensadores de George W. Bush é Richard Perle. Entrevistei Perle quando ele atuava como conselheiro de Reagan e, quando ele falou sobre uma guerra total, eu erroneamente não lhe dei ouvidos, julgando-o um louco. Recentemente, ele usou o termo novamente ao descrever a guerra dos Estados Unidos contra o terrorismo [lembrem-se, esta era a nova cunhagem]. "Sem estágios", disse ele. "Isto é uma guerra total. Estamos combatendo uma variedade de inimigos, há muitos deles lá fora. Toda essa conversa, "primeiro vamos para o Afeganistão, depois vamos para o Iraque", esse é o caminho totalmente errado para compreender o que está em questão. Se deixarmos que a nossa visão do mundo avance e a abraçarmos inteiramente, se não tentarmos juntar artifícios diplomáticos, mas apenas travar uma guerra total, os nossos filhos cantarão grandes canções sobre nós daqui a anos.

Se ainda sobrar alguma criança, é claro. Isso ainda é muito dominante no pensamento e na retórica dos nossos líderes. Agora temos a guerra global contra o terrorismo, isso é claramente parte do rescaldo do 11 de setembro. Guerra global contra o terrorismo, mesmo que agora tenha sido renomeado várias vezes. Eu o caracterizo como o modelo Doritos de produção terrorista. O que significa? Significa: "Não se preocupe, vamos fazer mais". Este tem sido um dos principais efeitos da guerra global contra o terrorismo.

Primeiro, temos o ataque ao Afeganistão, que vocês se lembram que estava ausente da lista dos criminosos do 11 de setembro, embora se argumentasse que eles estavam abrigando os terroristas. Então, o ataque completamente não provocado ao Iraque – como isso foi justificado? Amplificação constante do medo. Recordem as ADMs, as armas de destruição em massa, bem como a ligação ou ligações ostensivas entre o Iraque e os acontecimentos do 11 de setembro. Saddam Hussein constantemente retratado como o equivalente de Hitler: ele matava seu próprio povo com gás. Temos provas da acusação, porque temos os recibos do gás que vendemos. Não havia elementos da Al-Qaeda no Iraque antes do ataque, mas desde a invasão houve sua proliferação em todos os lugares sempre em novas formas – Isis, Boko Haram, Al-Qaeda na Península Arábica, e assim por diante. Portanto, este é agora um dos resultados.

Então, o que esse medo – dado por pressuposto próprio do senso comum – permitiu até agora? O que tem sido parte da consequência? Ataques aos direitos e liberdades civis, o Patriot Act, que saiu imediatamente após o 11 de setembro – vocês sabem que ele foi escrito antes disso. Temos negociado liberdade por segurança e não preciso lembrá-los do comentário de Benjamin Franklin sobre isso. A expansão do estado policial e a militarização do policiamento. Falamos sobre aumentos no orçamento militar, como também falamos sobre cortes na rede de segurança social. A desregulamentação por toda a parte, cortes para o Departamento de Estado, que é a abordagem diplomática aos problemas, em vez da abordagem militarista aos problemas. Cortes na ajuda externa, que nunca foi parte muito grande do orçamento para começo de conversa, e expansão de bases militares em todos os lugares, como mencionamos (mais de oitocentas agora).

O medo generalizado também tem sido usado para justificar extensões militares, que muitas vezes são uma cobertura bastante fina para a aquisição de matérias-primas e a abertura de mercados (outras conexões essenciais para uma economia política capitalista). O Africom, o Comando Africano, uma das mais novas divisões militares, cobre novamente a extração mineral. Recentemente, o anúncio do Space COM e um interesse reanimado em uma Força Espacial, com o espaço como o próximo campo de batalha. Então, o medo interminável resultando em ciclos de guerra intermináveis, produzindo mais inimigos, produzindo ainda mais guerra sem fim. O Eixo do Mal recentemente, e como um desdobramento contínuo, transformou-se na Troika da Tirania. O Eixo do Mal, quando nos concentrávamos no Oriente Médio; agora estamos nos concentrando na América Latina, para a qual John Bolton criou um novo epíteto, a Troika da Tirania (Cuba, Nicarágua, Venezuela).

Outros resultados incluem as 43 mil tropas aliadas e policiais mortas no Iraque e no Afeganistão, para não mencionar em outros conflitos que se seguiram na Síria, Iêmen e assim por diante. Centenas de milhares de trabalhadores da construção e civis feridos, centenas de milhares adicionais feridos. Os Estados Unidos gastaram mais de US$ 5,9 trilhões em segurança interna e várias guerras desde o 11 de setembro. Também é útil, embora um pouco desanimador, pensar nos custos de oportunidade aqui, em outras palavras, para onde mais todos esses recursos poderiam ter ido.

Conhecemos a história desde então. Alguém pergunta: como é que é possível que ele continue sendo importante? Por que razão, dezoito anos depois do 11 de setembro de 2001, continuamos a viver com este medo e com estas consequências? Qual é a ameaça real? É uma invasão? Quero dizer, as pessoas realmente acreditam, como o presidente continua a nos dizer, que as pessoas vão vir pela fronteira sul para nos dominar? O estabelecimento em todos os lugares da Xaria? Somos a terra dos livres? O lar dos corajosos? Então, precisamos ver através desse mito e romper com o medo. Quer dizer, se vai haver uma mudança nesse senso comum que tomou conta de tudo, e precisamos ser capazes de romper isso.

Vou dar-lhes um caso muito breve, que pode ajudar-nos a quebrar um pouco desse medo. É muito difícil provar algo que não existe, sabemos disso, mas eu dei um jeito, neste caso. Alguns de vocês devem se lembrar que durante o Super Bowl de Nova Orleans de 2013 houve 34 minutos de uma queda de energia. Bem, a minha teoria aqui era que se realmente houvesse algum tipo de rede terrorista, eles poderiam pelo menos ter assumido e levado o crédito pelo apagão. Não teria custado mais do que um tuíte. E eles poderiam ter dito: "Sim, causamos a queda de energia do Super Bowl". Bem, eles não fizeram isso, então aqui está a prova do não existente, eles realmente não existem naquela versão sofisticada e remota em que nós pensamos que eles existem.

Mas o medo claramente persiste, e precisamos entender o que é que realmente o desencadeia e o sustenta? Como exemplo, um pequeno vídeo produzido por Newsy, em 2016, intitulado *American fear climbs despite drop in violenc*e, detalha as maneiras pelas quais os políticos, e de forma bastante cínica, exploram e aumentam esse medo para buscar suas próprias decisões eleitorais e políticas (Newsy, 2016).

Como outro exemplo para ampliar esse ponto, houve uma enorme quantidade de cobertura na última semana ou mais da declaração de uma emergência, para justificar a construção de um muro na fronteira sul dos Estados Unidos.

Aqui está outra declaração de emergência com a mesma intenção de fortalecer e reforçar o medo dos outros:

> Nos termos da lei de emergência internacional das potências econômicas [...] por meio deste, informo que emiti uma ordem executiva, a ordem declarando uma emergência nacional com relação à ameaça incomum e extraordinária à segurança nacional e à política externa dos Estados Unidos, representada pela situação na Venezuela. A ordem não tem como alvo o povo da Venezuela, mas sim pessoas envolvidas ou responsáveis pela erosão das garantias de direitos humanos, perseguição de opositores políticos (Obama, 2015).

Vocês são capazes de ver aonde isso pode ir, especialmente à luz da inclusão da Venezuela na Troika da Tirania de Bolton. Exceto que, na verdade, se tratava de uma declaração de emergência, por parte da administração anterior, a de Obama, emitida em 2015. Vemos o mesmo tipo de histeria. Mas quando Obama fez isso, não produziu o mesmo tipo de reação que as emitidas por Trump. E essa declaração estava muito bem inserida em todo o regime de sanções que havia começado antes do Governo Obama, mas foi usada para justificar o aumento do rigor dessas sanções. Portanto, essa promoção do medo em relação a outros perigosos claramente não se limita a uma parte ou outra, mas é o senso comum constantemente reforçado e penetrante.

Vamos voltar a este diagrama:

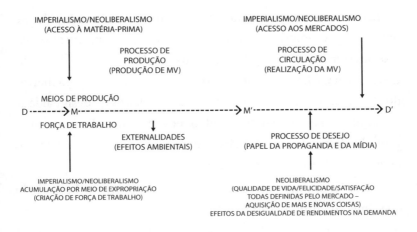

Mas agora quero olhar para o lado certo do processo e fazer algumas relações entre o imperialismo (e o militarismo) e o neoliberalismo e coisas como o processo de circulação, o acesso aos mercados.

Lembrem-se: uma vez que um bem ou serviço é produzido, ele tem que ser vendido. Então, também vamos nos concentrar na seção inferior, onde vamos querer pensar sobre questões de qualidade de vida, felicidade, satisfação, conforme definido pelo mercado. A aquisição de cada vez mais coisas, os efeitos da desigualdade de renda sobre a demanda. E então, novamente, as ligações entre o modo de produção capitalista, e as maneiras em que estamos pensando sobre alguns desses efeitos e resultados.

Deste lado, uma das coisas que nos preocupa é a busca pelo crescimento infinito (uma característica inevitável do capitalismo) em um planeta finito. Com esse imperativo, a biosfera é agora subsumida sob a economia. Isto tem de ser invertido. Ou seja, a biosfera é agora vista em termos estritamente utilitários como um armazém de recursos e/ou um receptáculo de lixo.

Também sob compulsão capitalista, as pessoas agora servem a economia, em vez do contrário. O desenvolvimento deve ser sobre as pessoas, não sobre os objetos. O desenvolvimento, muitas vezes visto como sinônimo de progresso, é equiparado ao crescimento, medido como PIB, às vezes *per capita*. Isso deve ser desafiado, e precisamos de critérios diferenciais e métricas diferentes para o que constitui desenvolvimento e progresso. Neste momento, estes são equiparados. O desenvolvimento não requer necessariamente crescimento, o desenvolvimento não tem limites, o crescimento tem limites ou deveria. E isso está claramente se referindo ao debate de crescimento/decrescimento sobre o qual lemos.

Tudo isso é sustentado por questões do que constitui felicidade, satisfação e qualidade de vida. Do que esses elementos essenciais da vida de fato dependem? No momento, sob nosso atual sistema capitalista, e seu senso comum associado, esses aspectos são medidos pela aquisição de mais e mais coisas. Mas não entramos sem mais nessa mentalidade, precisamos ser, de fato, induzidos ou seduzidos.

Os gastos globais com publicidade em 2014 foram de US$ 488,48 bilhões e devem crescer para US$ 757,44 bilhões até 2021. Então, pense no enorme esforço, o enorme, extenuante e contínuo esforço para persuadir as pessoas de que as coisas que elas meramente querem são realmente coisas que elas devem ter, de que elas precisam. E esse é o negócio do *marketing* e da publicidade. E, como Noam apontou anteriormente, isso distorce completamente a noção do chamado mercado livre, no qual as pessoas racionais fazem escolhas racionais com base em necessidades reais.

O que é que a publicidade tenta nos vender? Vou apenas citar algumas coisas que, embora tenham sido introduzidas recentemente, hoje elas são tão completa e escancaradamente comuns, tão parte do nosso mundo, que não podemos viver sem eles.

Os computadores, evidentemente, são hoje completamente necessários. O primeiro computador pessoal apareceu em 1977, o Apple 2, e desde então ele tornou-se cada vez mais onipresente. O telefone celular, um autêntico sucesso, sem qualquer indicativo de queda. A primeira chamada em um telefone celular foi feita em 1973. O primeiro iPhone foi introduzido em 2007, há apenas doze anos, e ele (ou seus clones concorrentes) tornou-se absolutamente indispensável para bilhões de pessoas.

Mídias sociais, outro bem ou serviço sem o qual a vida não valeria a pena viver. A Google (que, é claro, agora também é um verbo) foi registrada em 1997, o Facebook tornou-se disponível em 2004, mas para o amplo público apenas em 2006, o mesmo ano que nos deu os muitos benefícios do Twitter. Mas, novamente, estou nomeando essas coisas apenas para demonstrar quão recente é seu desenvolvimento, e o grau em que eles realmente dominaram a nossa mentalidade sobre como o mundo opera e deve operar. O exemplo perfeito de bom-senso que se aceita sem questionamentos.

Então, uma questão crítica que surge a partir disso: poderia ser possível definir felicidade, satisfação, qualidade de vida de forma distinta de como a estamos definindo agora? Talvez não com base na aquisição de mais e mais coisas; isto é, mercadorias, que é o que o sistema capitalista está equipado para entregar. A resposta de senso comum a essa pergunta é que qualquer afastamento dos padrões de vida atuais, medido em número de coisas, constitui um passo gigantesco para trás. Vamos viver nas cavernas, na escuridão, se abandonarmos algum desses elementos essenciais. Mas em uma pesquisa recente realizada, na verdade, pela American Express, "os norte-americanos estão cada vez mais dando mais prioridade a viver uma vida gratificante, na qual ser rico não é o fator mais significativo". Na verdade, de cerca de 22 itens que as pessoas podiam escolher, ser rico era o número 20 da maioria dos entrevistados. É claro, portanto, que as pessoas estão pensando, tentando pensar sobre as coisas de forma um pouco diferente. Mas, em vista dos números que compartilhei com vocês sobre publicidade e *marketing*, imaginar outras possibilidades não é fácil.

O economista chileno Manfred Max-Neef desenvolveu uma noção de como poderíamos pensar o que constitui nossas necessidades e desejos de maneira diferente da oferecida simplesmente pela mercantilização. Apenas uma de suas categorias requer algum tipo de bem, e devo salientar que tal categoria se refere à satisfação física do que as pessoas precisam para subsistir, ou seja, ingestão calórica básica, roupas, abrigo, se vocês estiverem em ambientes geográficos específicos. Além desses fatores de subsistência, no entanto, há muito pouca concordância sobre o que essas "necessidades" podem realmente significar. Mas sua intenção com esse exercício era simplesmente abrir todo um conjunto de possibilidades para obtenção de satisfação e felicidade humanas, sem recurso automático às mercadorias. Mais uma vez, essa é uma maneira de romper parte desse senso comum prevalecente.

Agora, quero abordar a terceira área que requer mudança social, que é o neoliberalismo e o problema do senso comum subjacente ao neoliberalismo, que é o que os mercados sabem melhor. Já falei sobre alguns dos efeitos problemáticos do neoliberalismo, da globalização, da ficcionalização. Um deles é o rápido aumento da riqueza e da desigualdade de renda. A riqueza dos Estados Unidos aumentou em 8 trilhões e meio de dólares em 2017, com os 2% mais ricos recebendo cerca de US$ 1,15 trilhão. Esse valor é superior ao custo total do Medicaid e da rede de seguridade completa, tanto obrigatória como discricionária. A reforma tributária de 2017 exacerbará muito essa desigualdade. Os grandes bancos se saíram muito bem no corte de impostos: eles receberam US$ 28 bilhões em lucros-extra. Existem inúmeras incertezas para outros contribuintes. Muitos, muitos declarantes de impostos este ano vão ter surpresas desagradáveis. É possível que as pessoas que esperam um grande reembolso ou que esperam não pagar encontrem algo bastante diferente.

Outro efeito dessa forma de capitalismo é a mercantilização e privatização de tudo, incluindo o que haviam sido bens e serviços públicos ou comuns, natureza, governança e política, tudo isso ficou sob a forma de mercadoria.

A produção em larga escala de populações excedentes e descartáveis, de que falei anteriormente, em grande parte, deve-se ao domínio do capital financeiro. Ou seja, toda essa ideia de poder obter lucros sem produzir, então você não precisa de trabalhadores. E se você não é um trabalhador, você não pode ser um consumidor, portanto, você não é realmente muito valioso para o sistema de capital.

Outro resultado foi a continuação da instabilidade econômica. Um exemplo é o *crash* de 2008-2009: o total do resgate bancário agora foi estimado em US$ 29 trilhões. Esses não são os números típicos que você vê, mas alguns economistas muito respeitáveis fizeram esses tipos de cálculos. Foram 29 trilhões de dólares pelo resgate. A Organização das Nações Unidas para a Alimentação e a Agricultura estima que acabar com a fome global custaria de 30 a 60 bilhões de dólares por ano; por isso, se não tivéssemos gasto isto para salvar os bancos, poderíamos ter eliminado a fome durante mais de quinhentos anos. É sempre útil pensar nos custos de oportunidade, nas coisas em que podemos ter gasto dinheiro e que não gastamos.

O modelo neoliberal, argumentamos, está acabando com as vidas de bilhões de pessoas ao redor do planeta, e elas estão despertando. Pensem, portanto, nos movimentos sociais de que falamos da última vez e na resposta a eles. As condições materiais estão produzindo mudanças radicais na consciência tanto da esquerda quanto da direita. Falamos sobre isso também, sobre a ascensão dos chamados movimentos populistas de direita – quando as pessoas estão nesse tipo de precariedade, elas se tornam suscetíveis à demagogia e são suscetíveis a salvadores que virão e as ajudarão.

Por causa desses efeitos, a lógica do mercado está sob ataque. Muitas pesquisas mostram o crescente apelo, especialmente para os mais jovens, do socialismo (de alguma forma) sobre o capitalismo. Também é claro, no entanto, que, embora o fundamentalismo de mercado, o neoliberalismo e a globalização se encontrem sob graves ataques, eles também estão sendo fortemente protegidos. Um lugar onde podemos ver isso está dentro dos contornos emergentes da campanha presidencial dos Estados Unidos de 2020. Este será um ataque implacável, principalmente da parte dos republicanos, mas também da parte de democratas de elite, a candidatos e ideias da esquerda. Os limites do debate estão sendo estabelecidos.

Gostaria de concluir com algumas lições de reflexão sobre a mudança social. Primeiro, uma contra-hegemonia, isto é, um novo senso comum, pode ser montada e ser eficaz, mesmo quando as forças do *status quo* realizam imensas atividades de manutenção. Apesar da assimetria de recursos materiais à disposição das partes em disputa, os opositores de uma hegemonia existente podem prevalecer valendo-se de recursos de representação e ideologia. Nas guerras de posição em curso, as contra-hegemonias podem finalmente obter a vantagem manipulando discursos poderosos de maneiras que ressoam em sua posição em lugar de seus oponentes, e que extraem o núcleo do bom-senso de dentro do senso comum compartilhado disponível para todos os lados.

Uma segunda lição: uma contra-hegemonia nunca é completamente inatacável. O novo *status quo* também requer reforço e manutenção constantes se há de ser ser naturalizado e, eventualmente, internalizado como o novo senso comum.

Terceiro, conseguir até mesmo um novo senso comum limitado pode levar várias décadas. Esta é uma lição crítica para aqueles que buscam mudanças, mas, novamente, sustentar esses esforços e evitar a desmoralização e o esgotamento pode ser muito reforçado pelo foco no fato de que a mudança é possível e realista.

Em quarto lugar, as maneiras pelas quais as mudanças no senso comum ocorreram em situações específicas são analiticamente abordáveis, ou seja, podemos compreendê-las. As táticas, estratégias e lições de um caso são passíveis de aplicação, com modificação apropriada e específica, para muitos outros, tanto no sentido diagnóstico quanto prescritivo. Além disso, à medida que nós, como estudiosos e ativistas, começarmos a construir um catálogo desses exemplos, eles servirão como um contraponto eficaz à concepção generalizada de que o *status quo* é necessário, estável e imutável.

Finalmente, e talvez o mais importante, mesmo diante de uma hegemonia aparentemente inatacável, os discursos e as práticas podem ser deslocados por meio do esforço consciente. Compreender que isso é possível, e fornecer exemplos concretos e fundamentados de casos em que essas mudanças ocorreram, é um ponto de partida fundamental para a mudança progressiva. As lutas que estão mais certas de serem perdidas são aquelas que nunca são retomadas. As batalhas, que com certeza serão perdidas, são aquelas que nunca são retomadas. Portanto, a crença de que a luta é inútil e que a mudança é impossível é em si paralisante e debilitante. Este é um dos elementos mais potentes do senso comum naturalizado. Ou seja, ele determina que tudo em oposição a ele é um absurdo, literalmente. Demonstrar a fragilidade dessa afirmação é o primeiro passo para mudar, eu diria. Eu vou parar por aqui.

Palestra de Chomsky, 28 de fevereiro de 2019

Bem, esta é minha última oportunidade de "doutrinar os jovens" – e os não tão jovens – neste público cativo, então tentarei passar muito brevemente por uma série de assuntos que parecem ser importantes. Há muito mais a dizer sobre cada um deles, mas pelo menos terei tempo para algumas palavras. Também vou repassar sem me deter muito algumas das coisas que temos discutido e preencher lacunas de uma perspectiva um pouco diferente da anterior: resistência e repressão.

Vamos começar supondo que você esteja desenvolvendo um câncer maligno. Há duas maneiras de lidar com isso. Uma maneira é deixá-lo de lado – que ele não perturbe a sua vida, que cresça e, depois, em algum momento, você o trata, talvez usando métodos brutais, porque essa é a única opção. A segunda alternativa seria evitar que crescesse, obviamente muito mais produtiva.

A escolha surge agora em relação com uma das crises existenciais que levantam sérias questões de sobrevivência: o aquecimento global. Entre aqueles que concordam que é um câncer em desenvolvimento, duas perspectivas têm surgido, as duas que acabo de mencionar. O consenso esmagador dos cientistas está fortemente a favor da segunda alternativa: evitar que ele cresça, e rapidamente, ou estamos condenados. A primeira alternativa foi sugerida por alguns grupos de economistas (entre eles uma conferência de economistas organizada pelo ambientalista dinamarquês Bjørn Lomborg, autor de um *best-seller* promovendo essa visão): deixar o câncer crescer, dedicar recursos a problemas mais imediatos, continuar a usar combustíveis fósseis para fazer a economia crescer, deixando para uma sociedade futura mais rica lidar com a questão do aquecimento global de forma mais eficaz. Afinal, tem havido crescimento por muito tempo produzindo uma sociedade mais rica, então por que não deveria continuar?

A lógica é a de um homem caindo de um arranha-céu que acena para um amigo no quinquagésimo andar e diz que está tudo bem, basta olhar por quantos andares eu passei sem problemas.

Em um contexto diferente, o que discutimos nas últimas sessões, as mesmas escolhas são postas constantemente àqueles a quem Adam Smith chamou de "os senhores da humanidade". O câncer é a luta constante da multidão por mais direitos e pelo que as elites dominantes chamam de "democracia excessiva". Analisamos vários exemplos, começando com a primeira revolução democrática moderna na Inglaterra, de meados do século XVII, quando os homens de melhor qualidade ficaram escandalizados pelo desejo da multidão inescrupulosa de ser governada por compatriotas como si mesmos, que conhecem as feridas do povo, não por seus melhores. Um conflito que persiste nos últimos anos, assumindo muitas formas.

O problema volta a aumentar. Uma geração de políticas neoliberais despertou raiva, amargura, ressentimento e desprezo por instituições estabelecidas em grande parte do mundo. Os senhores têm as duas opções usuais de como lidar com o câncer. Uma é a força; a outra é a prevenção. A força incluiria, por exemplo, os tipos de medidas que foram mostradas no filme do Pentágono que Marv exibiu há pouco tempo, ou talvez algo como uma abordagem Cointelpro, como discutimos da última vez.

Devemos lembrar que as doutrinas neoliberais reinantes facilmente toleram a violência estatal quando ela protege a "economia sólida". Vimos tal tolerância – na verdade, o entusiasmo – na reação do pai fundador do neoliberalismo, Ludwig von Mises, à violenta repressão do trabalho e da social-democracia pelo Estado austríaco e ao fascismo inicial em geral, e novamente na aceitação voluntária da ditadura de Pinochet pelas figuras principais do movimento.

Se eu puder interpolar novamente uma experiência pessoal, aprendi sobre o neoliberalismo com ninguém menos que von Mises quando eu era um estudante de pós-graduação, e participei de uma palestra ministrada por ele, na qual ele explicou por que o desemprego é culpa do governo. A essência do argumento é simples. Alguém que enfrenta fome ou um trabalho perigoso por dez centavos por hora escolherá o último – mas é impedido de fazê-lo por socialistas malvados que controlam o governo e infringem a liberdade dessa pobre alma, impedindo tais acordos de trabalho. O mesmo argumento demonstra a ilegitimidade dos esforços para barrar o trabalho infantil, impor regulamentos de saúde e segurança e outras violações do governo à liberdade.

As ideias remontam ao seminário de Mises em Viena, na década de 1920, que atraiu os principais luminares do que se tornou o movimento neoliberal – Friedrich Hayek, Wilhelm Röpke e outros. Eles também estabeleceram laços estreitos com intelectuais norte-americanos progressistas, como Walter Lippmann. Acho que posso ter mencionado que o termo "neoliberalismo" foi adotado como o *slogan* do movimento em 1938 no colóquio de Lippmann em Paris, indicando como algumas ideias praticamente se estendem por todo o espectro.

Em geral, como discutimos, a doutrina neoliberal tolera facilmente a violência estatal quando protege a "economia sólida" de interferências ilegítimas. Algumas das interferências mais extremas são as iniciativas dos sindicatos, que sempre foram um inimigo principal. Isso é compreensível. Os sindicatos protegem os direitos dos trabalhadores, como o direito de não serem demitidos caprichosamente sem aviso prévio, ou o direito de terem condições de trabalho seguras. Tais interferências com o mercado prejudicam a utilização otimizada dos recursos. Além disso, interferem na liberdade do empregador de maximizar o lucro. A liberdade, juntamente com a "economia sólida", é um dos princípios sagrados do neoliberalismo e o que é chamado nos Estados Unidos de "libertarianismo", um desvio do uso tradicional. A liberdade, nesse sentido, significa a liberdade dos atores do mercado – a liberdade de Jeff Bezos e das pessoas que estão correndo em torno de seu armazém, tentando sobreviver. Todos eles devem ter liberdade, e eles não têm o direito de interferir com a liberdade de outros que estão aderindo aos princípios do mercado.

O uso ideal dos recursos se traduz em algo assim: suponha que eu tenha um bilhão de dólares e cada um de vocês tenha um dólar. Então, o uso ideal dos recursos significa que o mercado sem obstáculos estará produzindo iates de luxo para mim e talvez um pequeno pacote de batatas fritas para vocês. E se vocês se organizarem para tentar obter algo mais, como um pouco de ketchup para as batatas fritas, talvez até mesmo formar uma cooperativa para produzi-lo, então vocês estão minando os mercados e interferindo na liberdade e na "economia sólida".

Portanto, o uso da violência para prevenir esses crimes é totalmente legítimo, até louvável e, de fato, baseado em princípios, se vocês pensarem bem, como o argumento contra a intervenção do Estado criador de desemprego.

Existem, naturalmente, pontos de vista diametralmente opostos. Por exemplo, a visão de que "não vejo a utilidade daqueles que – independentemente de seu partido político – detêm algum sonho tolo de girar o relógio de volta aos dias em que o trabalho desorganizado era uma massa amontoada, quase indefesa. [...] Apenas um punhado de reacionários não reconstruídos abrigam o pensamento horroroso de arrebentar sindicatos. Apenas um tolo tentaria privar os homens e mulheres trabalhadores do direito de se aliar ao sindicato de sua escolha..."

Os homens selvagens nos bastidores, mais uma vez. Neste caso, o Presidente Dwight Eisenhower.

Esse era o conservadorismo na década de 1950.

Na década de 1980, sob Reagan, o conservadorismo regrediu bastante, não apenas abrigando "o pensamento horroroso de arrebentar os sindicatos", mas prosseguindo com vigor desde os primeiros dias de Reagan, como já discutimos. A globalização de Clinton levou o processo adiante. O Nafta de Clinton passou por cima da forte objeção trabalhista (acompanhada pela maioria do público) e forneceu aos empregadores opções tais como confrontar esforços de organização ameaçando "transferência" para o México. As opções são amplamente utilizadas, como mostrado em um importante (e ignorado) estudo da historiadora do trabalho Kate Bronfenbrenner, realizado sob as regras do Nafta (Bronfenbrenner, 1997).

As táticas são ilegais, mas quando as leis não são aplicadas, isso é um mero detalhe técnico.

Os efeitos da nova economia sobre os trabalhadores foram descritos pelo presidente do FED, Alan Greenspan, no depoimento do senado em 1997. Ele relatou um "estado extraordinário de coisas": "maior insegurança no emprego" entre os trabalhadores, o que "explica uma parte significativa da restrição sobre [salários] e a consequente inflação silenciosa dos preços". Greenspan disse ao Comitê de Orçamento do Senado que a insegurança dos trabalhadores sobre demissões quase dobrou nos últimos cinco anos. Apesar do aumento do emprego, os trabalhadores estão intimidados demais para produzir pressão por salários e benefícios decentes.

Os comentários de Greenspan "animaram os mercados", relatou a CNN Money, muito satisfeita com o "mercado de trabalho saudável" que ele descreveu. Greenspan foi celebrado como "St. Alan" por causa de sua gestão da economia florescente durante a "grande moderação" – até que a economia quebrou em 2008, levando Greenspan a confessar que havia algumas falhas em sua compreensão dos mercados. Com créditos dele. A maioria daqueles que estavam eufóricos sobre a economia maravilhosa, prevendo com confiança que o triunfo da teoria econômica duraria para sempre, permaneceu em silêncio.

Depois que os perpetradores foram resgatados pelo público, todos voltaram ao normal, com um aumento acentuado na riqueza para os ricos, mas não para outros, o que se intensificou por políticas públicas tais quais o golpe fiscal de 2017, a principal conquista legislativa de Trump.

Os sindicatos não são o único inimigo da liberdade e do uso ideal dos recursos. O mesmo vale para todos os programas sociais, pela mesma lógica impecável. Vocês devem se lembrar que, durante a guerra, Roosevelt anunciou suas Quatro Liberdades, os valores pelos quais estávamos lutando. Um deles era a liberdade contra a carestia. Isso foi de pronto e duramente denunciado pelo proeminente intelectual neoliberal Wilhelm Röpke, a quem mencionei antes, um homem reverenciado aqui pelos principais conservadores – William Buckley e Russell Kirk, entre outros. Röpke ridicularizou a ideia bizarra de liberdade contra a carestia. Como ele disse, "É improvável que o verdadeiro liberal seja pego por frases tão vagas como a 'Liberdade contra a carestia', pela qual a essência da liberdade é entregue ao coletivismo" – o pecado último. As medidas do *New Deal* para melhorar a vida das pessoas – Seguridade Social, direitos dos trabalhadores e assim por diante – foram desprezadas pelas mesmas razões.

As posturas são bastante gerais nos círculos de princípios neoliberais/libertários, e eles de fato aderem a princípios – se é que uma tal noção se aplica.

Os princípios gerais são tão amplamente aceitos, pelo menos em algum nível, que mal se notam. Um bom exemplo é a postura em relação à Declaração Universal dos Direitos Humanos, discutida anteriormente.

Apesar da ampla aceitação, é importante garantir que nada dê errado. Embora a violência estatal seja um meio totalmente apropriado sob os princípios neoliberais, a prevenção é uma maneira muito melhor de tratar um câncer incipiente. No fim de nossa última sessão, discuti alguns dos métodos suaves de controle recém-desenvolvidos, o "capitalismo de vigilância". Há mais a dizer sobre isso.

Marv disponibilizou um artigo interessante sobre como a disciplina no local de trabalho está sendo imposta, não apenas aqui, mas na Europa. É um artigo da *Monthly Review*, a única grande revista marxista do país, que relata que

> um dos desenvolvimentos mais recentes é a prática de "microchipar" funcionários – colocando implantes de identificação por radiofrequência (IDRF) do tamanho de um grão de arroz sob a pele – uma tecnologia desenvolvida pela empresa sueca Epicenter, cuja maioria dos funcionários agora tem esses *microchips* implantados. Outra empresa, a Three Square Market, com sede em Wisconsin, também recentemente microchipou metade de seus funcionários em uma *chip party* organizada para esse fim. A principal vantagem do implante, de acordo com o executivo-chefe da Epicenter, é que ele "substitui muitas coisas que você tem, outros dispositivos de comunicação, sejam cartões de crédito ou chaves", pois permite que os indivíduos operem impressoras, abram fechaduras eletrônicas e comprem lanches de máquinas de venda automática da empresa, para citar alguns exemplos. Por causa da conveniência do dispositivo, os representantes da Three Square Market acreditam que "em breve todos farão isso". Ao mesmo tempo, reconhece-se que esses *chips* permitem que a administração acompanhe cada movimento dos funcionários, desde o número e duração das pausas para banheiros até a compra de bebidas e alimentos de máquinas de venda automática da empresa (Manokha, 2019).

Vale a pena ler todo o artigo, ao lado do de Zuboff, para aqueles que querem ter uma noção do ambiente de trabalho que está sendo planejado pelos senhores – e, de maneira mais geral, o que está sendo projetado para evitar que o câncer da democracia excessiva cresça.

A principal técnica de prevenção é uma muito mais antiga, sem alta tecnologia, disponível para todos os grupos de poder. É uma manobra: tente desviar a atenção do que está acontecendo, das fontes de sua angústia sobre questões fundamentais com uma base institucional, como o fato de que "o salário médio real de hoje", relata Pew Research, "tem aproximadamente o mesmo poder de compra que tinha há 40 anos. E os ganhos salariais que houve fluíram principalmente para o nível mais bem pago de trabalhadores". Ou o fato de que a metade inferior dos norte-americanos juntos tem um patrimônio líquido negativo, dívidas maiores do que ativos, enquanto 0,1% tem mais de 20% da riqueza. É melhor voltar a atenção para bodes expiatórios, pessoas ainda mais vulneráveis do que você, agora imigrantes, ou negros norte-americanos, ou quem estiver abaixo de você no totem. Torne-os responsáveis pelo seu destino.

Tudo isso se tornou um assunto muito significativo com a mudança no início da década de 1970 do capitalismo regimentado do período anterior, que tolerava ideias tão subversivas como as de Eisenhower, para a "economia sólida" do neoliberalismo. A mudança causa um problema – mais precisamente aguça um problema persistente: é necessário descobrir maneiras de impedir que as pessoas entendam o que está acontecendo com suas vidas. Elas são capazes de ver, é claro. Elas são capazes de ver que não há crescimento dos salários, que estão perdendo benefícios, que estão intimidadas com a insegurança. Elas são capazes de ver tudo isso, mas é necessário desviar a atenção para outros assuntos. Se não há bodes expiatórios, então que sejam desviadas para o que são chamados de "questões culturais". É revelador ver como se faz isso. Voltarei a esse ponto.

Como é que essas questões são tratadas no âmbito do sistema político? Um assunto intrigante. O sistema de partidos políticos nos Estados Unidos foi reestruturado nos últimos anos. Como discuti anteriormente, os democratas tinham sido uma instável coalizão entre os supremacistas brancos Democratas do Sul e os trabalhadores do norte e liberais, dois setores que diferiam acentuadamente em muitas questões centrais, uma coalizão complicada com muitos efeitos. Um efeito bastante sério foi que as medidas do *New Deal* da década de 1930 tiveram que aceitar significativas baixas. Elas tiveram que ser projetadas para manter os afro-americanos de fora, a fim de aplacar os Democratas do Sul, que tinham uma posição muito poderosa. Eles seriam reeleitos regularmente, então tinham posse e lideravam comitês importantes, que lhes davam muito poder.

Assim, por exemplo, a Seguridade Social foi projetada para omitir as profissões que contam sobretudo com afro-americanos e hispânicos, trabalhadores agrícolas e domésticos. Falei antes sobre programas federais de habitação. Nas medidas do *New Deal*, a habitação federal foi concebida para impor a segregação. Não havia financiamento federal para a habitação social, a menos que fosse oficialmente segregada, o que se deu até o fim da década de 1960. Essas medidas deliberadamente racistas ganharam os votos de liberais convictos, William Douglas e outros, que odiavam a ideia, mas sabiam que não havia outra maneira de obter qualquer financiamento para a habitação social.

Era a coligação. Ela se desfez durante o movimento dos direitos civis. Os Democratas do Norte apoiaram a legislação dos direitos civis de Lyndon Johnson, o que significava que eles perderam o voto do Sul. Isso foi reconhecido por Richard Nixon, que desenvolveu sua estratégia para o sul: capturar o sul para o Partido Republicano, com base no racismo e na supremacia branca. Tudo isso é particularmente importante para entender o caráter do Partido Republicano, não o partido de Eisenhower ou Abraham Lincoln, mas o moderno Partido Republicano.

Os republicanos, por algum tempo, tinham sido os mais orientados para os negócios dentre os dois partidos de negócios. Nos Estados Unidos só temos partidos geridos por empresas.

Há dois deles, um ligeiramente mais radical do que o outro, mais dedicado a proteger a minoria dos opulentos contra a maioria, nas palavras de Madison.

Mas essa orientação de ambos os partidos levanta problemas. Se as suas políticas são projetadas para prejudicar a maioria da população para o benefício de um grupo privilegiado, você tem um problema. Você tem que encontrar alguma maneira de mobilizar uma base de votação. O problema tornou-se bastante grave durante o período neoliberal, quando ambos os partidos se deslocaram para a direita. Na década de 1970, os democratas tinham praticamente abandonado a classe trabalhadora. Acho que o último suspiro foi em 1978, a Lei Humphrey-Hawkins do Pleno Emprego, que foi diluída por Carter de forma a perder a efetividade. Esse foi o fim. Depois disso, houve pouco mais do que gestos para apoiar os trabalhadores, e sob Clinton, políticas para prejudicá-los.

Isso abriu espaço para os republicanos. É um pouco complicado, porque eles são o inimigo de classe da classe trabalhadora, então eles têm que descobrir uma maneira de desviar sua atenção das políticas reais e de alguma forma mobilizá-los como eleitores. O partido está empenhado em minar os direitos dos trabalhadores. É interessante comparar a retórica trumpista sobre amar a classe trabalhadora com as políticas relatadas quase diariamente para prejudicá-la. É imperativo desviar a atenção para evitar a consciência do que está acontecendo, para manter o câncer em remissão.

Alguns dos meios, que já discutimos, são bastante óbvios, como a tática tradicional de inspirar medo (os russos estão chegando, o exército nicaraguense está a dois dias de marcha do Texas, Granada vai se tornar uma importante base militar russa, estupradores e assassinos estão invadindo a fronteira aos milhares etc.). E criar bodes expiatórios, como as mulheres negras ricas de Reagan dirigindo em limusines para os escritórios de assistência social para roubar seu dinheiro suado, ou muçulmanos impondo a xaria a todos nós – mas não aqui no Arizona felizmente: a legislatura estadual nos protegeu aprovando uma lei que proíbe a ameaça iminente, juntando-se a muitos outros estados que estão despertos para o perigo.

Mas meios menos transparentes também são necessários, e eles foram concebidos. Na década de 1970, o principal estrategista republicano, Paul Weyrich, teve uma ideia brilhante para a plataforma do partido: fingir se opor ao aborto.

Isso atrairia trabalhadores católicos do norte, um grande bloco, e também atrairia evangélicos, uma grande parte da população que não havia sido politicamente mobilizada. Agora que é uma bandeira, você pode acenar para dizer-lhes: votem em nós. Não votem nesses assassinos de bebês, votem em nós, porque nos opomos ao aborto. Foi um sucesso brilhante. Você vê isso quase todos os dias no noticiário, de uma forma ou de outra.

Nos anos 1960 e início dos anos 1970, antes de Weyrich ter tido sua ideia, os republicanos haviam se comprometido com a escolha reprodutiva. Reagan, quando era governador da Califórnia nos anos 1960, assinou uma das leis de aborto mais liberais do país, e o mesmo era verdade em outros estados republicanos. Aqui no Arizona, por exemplo, Barry Goldwater. Também Richard Nixon, Gerald Ford, George H.W. Bush, o primeiro Bush, todos fortemente pró-escolha. Esse não era o termo usado na época, ele é anacrônico.

Em 1972, uma pesquisa da Gallup descobriu que 68% dos republicanos acreditavam que o aborto era um assunto privado entre uma mulher e seu médico. O governo não devia ser envolvido. Era o Partido Republicano até meados da década de 1970. A liderança do partido deu uma guinada radical tão logo percebeu o potencial para ganhar votos e distrair a população. Para Reagan, Trump e gente como eles não é um grande problema. Eles sequer fingiam ter princípios. Pode ser um pouco surpreendente no caso do primeiro Bush, H.W. Bush, que tinha a reputação de ter alguns princípios, mas ao que parece eles não iam tão longe.

Essa é uma das grandes ilustrações do cinismo absoluto na história política moderna, totalmente independente do que vocês pensam sobre o aborto. Publicamos um artigo muito bom sobre isso (cf. Halpern, 2018). Puro cinismo, e funcionou brilhantemente. Agora, para o Partido Republicano, esse é um teste decisivo para a nomeação para os tribunais, e em público, os líderes do partido têm que proclamar apaixonadamente essa crença. Está provado ser uma técnica maravilhosa para conduzir questões de classe para as sombras. As pessoas que você deseja enganar votarão em você, porque você finge que é a favor da proibição do aborto.

Curiosamente, a suposta dedicação para acabar com o aborto é tão extrema que a liderança nem se importa, e os comentaristas raramente apontam, que suas políticas são dedicadas a aumentar o aborto – mais do que isso, aborto ilegal, do tipo perigoso. Isso se segue moto contínuo quando se corta a ajuda ao planejamento familiar da Planned Parenthood, ou ainda mais sério do que isso, aos programas de planejamento familiar na África. Quando você os cancela, qual será o efeito? Não precisa ser nenhum gênio para descobrir.

Então, fingimos ser contra o aborto, mas seguimos políticas que aumentam o aborto – abortos perigosos ilegais. Ganhamos o campeonato mundial pela "matança de bebês" contra a qual gritamos. Enquanto isso, obtemos votos e apagamos questões de classe, suprimindo o fato de que estamos minando a classe trabalhadora e os pobres.

É um truque muito bonito, é preciso dar-lhes crédito.

Vamos dar outro exemplo, direitos de armas. Uma questão sensível aqui no Arizona, e em todo o país. A história da cultura das armas é bastante interessante. Voltarei a ela em um segundo. Os direitos das armas hoje são uma espécie de escritura sagrada. Para ser mais preciso, uma certa versão dos direitos das armas é sagrada, aquela que foi estabelecida pelo Supremo Tribunal, em 2008. A Suprema Corte, sob a presidência do direitista Roberts, reverteu o precedente de longa data e revisou a interpretação da Segunda Emenda para dar a um indivíduo o direito de portar armas não relacionadas a milícias. Vocês talvez se lembrem da formulação da Segunda Emenda. É um pouco ambíguo, então vou ler: "Sendo necessária uma milícia bem ordenada à segurança de um Estado livre, o direito do povo de manter e portar armas não será violado".

A interpretação até 2008 era que as pessoas têm o direito de portar armas por causa do direito dos estados de estabelecer milícias. Isso foi mudado em 2008, agora é um direito sagrado ter um armário cheio de fuzis de assalto e assim por diante. Tudo isso é, novamente, agora um teste decisivo para o Partido Republicano, para a eleição, para a nomeação, qualquer coisa, muito parecido com o aborto.

A história da cultura de armas é bastante interessante, bem estudada por Pamela Haag em um trabalho recente (2016). Como ela mostra, a cultura das armas é um fenômeno do século XX. Não havia cultura de armas no século XIX. Este era então principalmente um país de agricultores. Eles tinham armas, mas eram como pás, uma ferramenta. Não havia nada de especial. Mas isso criou um problema. Após a Guerra Civil, os grandes fabricantes de armas, Winchester e Remington e os demais, perceberam que já não tinham muito mercado. Durante a Guerra Civil, eles puderam produzir infinitamente e o governo comprava sua produção. O que acontece com o fim da Guerra Civil?

Bem, os agricultores ainda queriam armas, mas não queriam as armas chiques que estavam sendo produzidas pelos grandes fabricantes de armas. Eles só queriam outra pá, a arma simples que tinham. Então o que se faz? A resposta foi o primeiro grande triunfo da indústria de relações públicas, agora uma grande indústria. Trabalhando para os fabricantes de armas, esses pioneiros da "engenharia do consentimento" empreenderam uma campanha publicitária para tentar criar um mercado doméstico de armas. As técnicas foram posteriormente copiadas pela indústria do tabaco e muitas outras. O princípio, como foi descrito no século XIX pelo grande economista político Thorstein Veblen, era fabricar desejos. Se as pessoas não desejam coisas, nós fabricamos desejos. Isso vai criar um mercado; vamos prendê-los.

Então, os especialistas em relações públicas das companhias de armas inventaram contos de um Oeste Selvagem com corajosos *cowboys* e xerifes rápidos no gatilho e todas essas coisas excitantes. Lembro-me de quando éramos crianças, e todos acreditávamos nas histórias. E então, com ela vem a campanha publicitária dizendo que o seu filho tem que ter um rifle Winchester ou ele não é um homem de verdade, e sua filha precisa ter uma pistola rosa ou ela não está protegida, e assim por diante. E novamente, funcionou muito bem, logo seguido pelas empresas de tabaco, o cowboy dos cigarros Marlboro e o resto. A invenção do Velho Oeste tornou-se uma parte importante de nossas vidas, criando uma cultura de armas – e um grande mercado para armas sofisticadas. Posteriormente, foi reforçada por outras realizações das relações públicas. Foi o primeiro grande triunfo do que se tornou uma indústria enorme e pujante, que agora sustenta a economia, que depende fundamentalmente dos gastos do consumidor, grande parte deles para desejos fabricados.

Podemos interromper a argumentação por um momento para mencionar um aspecto curioso da enorme indústria de relações públicas que não recebe atenção suficiente. Ela é radicalmente anticapitalista. Como vocês entenderam, caso tenham feito um curso introdutório de economia, os mercados são baseados em consumidores informados que fazem escolhas racionais. Então você caminha para as ruas ou liga a TV, e imediatamente vê que está totalmente imerso em esforços para criar consumidores desinformados que farão escolhas irracionais. Essa é, afinal, a razão de a placa anunciar algo por US$ 2,99, não US$ 3,00. Ou de um anúncio na TV mostrar um carro com um atleta famoso ou modelo elegante olhando maravilhada enquanto ele executa alguma manobra incrível. Em uma economia de mercado, o anúncio simplesmente apresentaria as características do carro, juntamente com uma coluna da *Consumer Reports* discutindo suas características positivas e falhas.

A imagem se generaliza para praticamente todos os momentos de nossas vidas. Ainda assim, devemos cultivar a adoração aos mercados com base em consumidores informados que fazem escolhas racionais e adotar as políticas econômicas com base nessa teoria de como a economia funciona. É normal: é senso comum. Não há alternativa, como Margaret Thatcher proclamou.

Voltemos à cultura das armas e à Segunda Emenda, e à decisão do Tribunal de 2008 (DC *vs.* Heller) que mudou sua interpretação, conferindo a um indivíduo o direito de portar armas. A decisão foi escrita pelo juiz Antonin Scalia, um estudioso libertário altamente respeitado e decano do originalismo, a doutrina de que devemos aderir estritamente aos textos e ao que eles significam – o que, é claro, significa o que eles significam para alguém. Quem? Certamente o entendimento da Constituição pelos seus autores. Devemos evitar qualquer revisionismo liberal sobre a mudança da lei para se adequar aos tempos atuais e seus problemas e compreensão – uma doutrina curiosa, aliás. Faz realmente sentido estar vinculado aos costumes e percepções do século XVIII? Mas deixemos isso de lado.

A decisão do juiz Scalia não é tão longa. Vale a pena ler. Vocês podem encontrá-la na internet. Ele mostra grande erudição, como esperaríamos, citando todos os tipos de documentos obscuros do século XVII e assim por diante. Há, no entanto, uma curiosa omissão: todas as razões pelas quais os Fundadores incluíram a Segunda Emenda na Declaração de Direitos.

As suas razões não são obscuras. Vamos voltar à década de 1790. Houve alguns problemas sérios. Um deles era que os britânicos estavam lá fora. Os britânicos eram a grande ameaça. Eles tinham um exército formidável e uma marinha dominante no mundo. A nova República quase não tinha exército. Então, suponha que os britânicos voltassem, como, de fato, fizeram não muitos anos depois. Bem, é melhor ter uma milícia bem ordenada que possa ser rapidamente mobilizada, o que significa que as pessoas têm que ter armas, como os *minuteman*. Essa foi uma das razões para a Segunda Emenda.

Uma segunda razão era a proteção contra a tirania. Como vimos anteriormente, houve uma verdadeira divisão quando a Constituição foi estabelecida entre os federalistas, que queriam um governo central bastante forte, e os antifederalistas, que provavelmente eram a maioria da população e que tinham medo de que isso lhes tirasse a liberdade. Eles são os únicos que queriam o que os Desenvolvedores chamavam de "democracia excessiva". Eles queriam ser capazes de se defender contra outro Rei George III. Não era uma preocupação completamente ociosa. Assim, Alexander Hamilton, um dos principais Desenvolvedores, considerava o sistema britânico o ideal e achava que os Estados Unidos deveriam imitá-lo, incluindo a Câmara dos Lordes e um executivo forte. Milícias estatais bem organizadas seriam uma defesa contra tal ameaça à liberdade. Essa foi uma segunda razão para a Segunda Emenda.

Há mais duas razões, mais fundamentais, penso eu. Elas têm a ver com o motivo da Revolução Americana. É claro que havia a tributação sem representação e tudo isso, assim como razões muito mais sérias, que já discutimos.

Uma razão foi a Proclamação Real de 1763, que proibiu a expansão das colônias para as terras indígenas, intolerável para os colonos, que entenderam, como sua figura mais reverenciada George Washington explicou, que seus habitantes difeririam dos lobos apenas em forma e deviam encontrar "retiro" em outro lugar, enquanto eram substituídos por uma raça superior. Para limpar essas áreas do flagelo nativo, as milícias seriam necessárias, embora mais tarde o exército federal tenha assumido o esforço.

A quarta razão foi os movimentos claros da Grã-Bretanha em direção à proibição da escravidão, declarados explicitamente na decisão de Lorde Manfield, de 1772, de que a escravidão era tão "odiosa" que não podia ser tolerada na Inglaterra. Isso incluía as colônias americanas, onde praticamente todas as principais lideranças eram proprietárias de escravos. Com a expulsão da Grã-Bretanha, a ameaça de que a escravidão poderia ser barrada foi superada, mas os próprios escravos eram uma ameaça de fato séria. Havia rebeliões de escravos em todo o Caribe, que era o principal centro da escravidão até que a América do Sul o substituiu. Em alguns lugares, como a Carolina do Sul, os escravos superavam em número os proprietários e, à medida que a escravidão se tornava mais cruel, superando de longe seus precedentes históricos, o perigo de os escravos não serem mais capazes de tolerar se tornava mais premente. Isso significa que armas e milícias eram mesmo necessárias.

Essas são as razões essenciais para a Segunda Emenda, na perspectiva dos Fundadores. Todas são completamente ignoradas na decisão de Scalia. E, curiosamente, elas parecem ser ignoradas na literatura jurídica substancial, que discute a reversão de precedentes que ele promove, que adere à questão do direito individual ou coletivo de ter armas.

Demais para o pretenso originalismo.

Também é interessante que nenhuma dessas razões para a Segunda Emenda se aplique até o século XX, ou hoje. As "terras vagas" foram conquistadas, e os lobos e índios expulsos, descontados os territórios reservados para eles pelos conquistadores. A escravidão foi formalmente encerrada há 150 anos, embora suas amargas consequências permaneçam. Os britânicos estavam sob controle no fim do século XIX e, desde a Segunda Guerra Mundial, se tornaram um "parceiro júnior" dos Estados Unidos, nas melancólicas palavras do Ministério das Relações Exteriores britânico – e provavelmente se tornarão um Estado cliente se o Brexit passar. Isso deixa apenas a ideia de que as armas podem ser uma defesa contra a tirania do governo, uma fantasia tão escancarada que a única razão para mencioná-la é que há setores da população que acreditam nisso e estão fortemente armados para se proteger. Isso não é um fenômeno insignificante na era Trump. Mas, claramente, não tem nada a ver com a defesa contra a tirania, quaisquer que sejam as crenças dos homens com rifles de assalto presos às costas e outros armazenados. É mais o contrário.

Em suma, nenhuma das razões dos Fundadores para a Segunda Emenda é válida hoje, ou tem sido há muito tempo. Embora basicamente irrelevante para a vida moderna, tornou-se o 11º Mandamento, apoiado por uma cultura de armas passional fabricada pela indústria de relações públicas. E tornou-se um princípio central do Partido Republicano, um mecanismo principal para desviar a atenção de seu ataque à "população subjacente", lembrando o termo de Veblen.

Isso é uma grande conquista.

A oposição ao aborto e o apoio ao direito divino de ter um arsenal de armas de assalto são duas tábuas básicas do Partido Republicano contemporâneo, com uma história interessante. Elas têm uma racionalidade plausível como parte da necessidade de manter uma base de votação, ocultando o fato de que as políticas são projetadas para minar aqueles que você está buscando mobilizar – um problema que também surge para o outro partido profissional, embora de uma forma menos extrema.

Há uma terceira tábua na plataforma do partido que não tem essa racionalidade, pelo menos não de forma transparente, como nos dois casos anteriores. Mas merece uma atenção séria principalmente devido à sua importância, mas também porque fornece mais informações sobre o papel do alto princípio em nossa vida política, juntamente com a devoção ao originalismo e a oposição apaixonada ao crime de aborto. Essa tábua é muito mais séria do que as outras duas, e pode até vir a ser o dobrar de sinos fúnebres para a vida humana organizada. Refiro-me à negação total das alterações climáticas, como no caso da figura que é praticamente a dona do partido neste momento, ou à marginalização da questão, como é habitual em todos os círculos partidários, chegando ao círculo eleitoral votante. Discutimos os fatos do assunto.

Nem sempre foi assim, e é instrutivo ver como esse ponto foi incluído no programa ao nível da doutrinação. Há uma década, os republicanos chegaram perto de apoiar um plano baseado no comércio internacional de emissões para gases de efeito estufa. John McCain concorreu à presidência da República em 2008, alertando sobre as mudanças climáticas.

Figuras altamente influentes entre os "senhores da humanidade" estavam profundamente preocupadas com essa séria ameaça ao pensamento correto e suas valiosas políticas, principalmente os irmãos Koch, em particular David Koch, que "trabalharam incansavelmente, ao longo de décadas, para expulsar do cargo quaisquer republicanos moderados que propusessem regular os gases de efeito estufa", conforme relatado por Christopher Leonard, autor de um grande estudo aprofundado do império Koch e da América corporativa (Leonard, 2019a; 2019b). Muito parecido com a teologia da libertação e outras heresias, esta não poderia ser autorizada a florescer. O império Koch entrou em alta velocidade para cortá-la antes que pudesse começar seu trabalho maligno, a maneira adequada de lidar com o câncer incipiente.

Leonard descreve David Koch como o "negador final", cuja rejeição do aquecimento global antropogênico era profunda e sincera. Suspendamos a descrença sobre se sua contenção tem alguma coisa a ver com os enormes lucros em jogo. Vamos aceitar que as convicções eram totalmente sinceras.

Isso não é impossível. Não é uma visão inovadora simples de se crer, com total sinceridade, no que acontece ser conveniente acreditar. Há muitos exemplos históricos marcantes. John Calhoun, o grande ideólogo da escravidão, foi, sem dúvida, sincero em acreditar que os terríveis campos de trabalho escravo do Sul eram a base necessária para a civilização superior que os plantadores haviam criado. Presumo que Hitler acreditava sinceramente no direito de uma raça superior para eliminar os *Untermenschen* e assumir suas terras, e para limpar seus territórios de judeus, ciganos, e outros indesejáveis. E é muito fácil encontrar outros exemplos.

A negação dos irmãos Koch, no entanto, não se limitou apenas a manter essas crenças sinceras. Eles procuraram garantir que essas convicções governassem o mundo. Em sua busca dedicada por esse objetivo, eles não se limitaram a empregar "a própria essência do processo democrático, a liberdade de persuadir e sugerir" (Bernays, 1947). Eles lançaram grandes campanhas para garantir que nada fosse feito que pudesse impedir a exploração dos combustíveis fósseis nos quais sua fortuna repousa. Eles lançaram um verdadeiro *juggernaut* para descarrilar os leves esforços para lidar com o aquecimento global. Com a ajuda do atual vice-presidente Mike Pence e de outros como ele, eles foram capazes de limpar o partido de quadros dissidentes que talvez não seguissem por completo a linha da negação, enquanto coagiam aqueles que seguiam com a difamação pública, a descontinuidade de financiamentos e outras punições.

A rede Koch, explicou Leonard, "tentou construir um Partido Republicano à sua imagem: um que não apenas se recusa a considerar a ação sobre as mudanças climáticas, mas continua a negar que o problema é real". Para salvaguardar esse compromisso não mediram esforços: organização de redes de doadores ricos, fundação de *think tanks* para mudar o discurso, estabelecimento de um dos maiores grupos de *lobby* do país, criação de organizações de base falsas para tocar campainhas, moldando efetivamente o *Tea Party*. A liderança do partido rapidamente capitulou e não teve problemas com os outros objetivos perseguidos pela máquina de guerra dos Koch, juntamente com o negacionismo, como minar os direitos trabalhistas, destruir sindicatos e bloquear políticas governamentais que possam ajudar as pessoas – o que é chamado de "libertarianismo" no uso dos Estados Unidos.

A campanha de David Koch para extrair o câncer antes que ele pudesse crescer alcançou grande sucesso. Acrescentou outra tábua fundamental à plataforma do Partido Republicano. Por enquanto, pelo menos, o esforço parece mobilizar a base de votação popular, assim como os outros. Como observado, a conquista revela novamente a devoção ao alto princípio na vida política do país. E, à luz das consequências, às quais não preciso voltar, conta como um dos crimes mais graves da história – outro pequeno fato que parece passar despercebido.

Uma questão muito importante é por quanto tempo o golpe pode persistir? Pode o câncer de buscar liberdade e direitos autênticos ser contido pelos tipos de meios apenas brevemente passados em revista, ou será que ele conhecerá metástases? Será que o povo trabalhador – uma categoria muito ampla – perceberá que seus representantes eleitos estão ouvindo outras vozes, não as deles?

No passado, a classe trabalhadora organizada esteve na vanguarda das lutas sociais, uma longa e interessante história que infelizmente exige mais tempo do que o que temos disponível. Ela já foi derrotada muitas vezes, muitas vezes pela violência, mas pode muito bem voltar a se sublevar, como no passado. Isto não é um sonho ocioso. Na década de 1920, o vigoroso e militante movimento operário dos Estados Unidos havia sido virtualmente destruído pela repressão corporativa estatal, muitas vezes pela violência. Alguns anos mais tarde, ele se ergueu em novas formas e liderou as reformas do *New Deal*.

Tomando um precedente mais recente, no início dos anos 1970 houve um aumento significativo na militância trabalhista, em sua maioria reprimida, mas não inteiramente. Tony Mazzocchi e sua Internacional de Trabalhadores do Petróleo, Químicos e Atômicos (ITPQA) – que estão bem na linha de frente, enfrentando a destruição do meio ambiente todos os dias no trabalho – foram a força motriz por trás do estabelecimento da Lei de Segurança e Saúde Ocupacional (LSSO), protegendo os trabalhadores no trabalho. E eles continuam a partir daí. Mazzocchi era um crítico severo do capitalismo, bem como um ambientalista comprometido. Ele sustentou que os trabalhadores devem "controlar o ambiente da fábrica", ao mesmo tempo em que assumem a liderança no combate à poluição industrial. À medida que os democratas abandonavam os trabalhadores, Mazzocchi começou a defender um Partido Trabalhista sindical, uma iniciativa que fez um progresso considerável na década de 1990, mas não conseguiu sobreviver ao declínio do movimento operário sob os severos ataques de um governo orientados pelos negócios, reminiscente da década de 1920 (cf. Dudzic, 2017).

Há, de fato, alguns indícios de reavivamento, como as greves dos professores que discutimos anteriormente. Outro indício é uma campanha popular muito importante para um salário digno, que teve alguma ressonância. Uma questão relacionada, mas um pouco mais restrita, tem a ver com o salário-mínimo. Se vocês se lembram dos gráficos de Marv, há algumas semanas, durante o período do capitalismo regimentado, o salário-mínimo acompanhou a produtividade. À medida que a produtividade aumentava, o salário-mínimo aumentava com ela. Isso para em meados da década de 1970. Enquanto a produtividade continuava a aumentar, o salário mínimo estabilizava. Se tivesse continuado a acompanhar a produtividade, agora seria de mais de US$ 20 por hora.

Há esforços para compensar, pelo menos parcialmente, essa conquista neoliberal. Até agora, muitos estados têm alguma legislação sobre salários-mínimos, um assunto bastante importante. Há uma questão mais profunda do que o salário-mínimo, ou o salário digno. Um tema que já estamos discutindo, juntamente com um olhar sobre a sua história. E o trabalho assalariado? É legítimo? É geralmente aceito que, se você assinar um contrato para se submeter à escravidão, o contrato não é legítimo. Então, por que um contrato para se submeter a uma regra totalitária é legítimo? É isso que é um contrato salarial. Diz que, durante a maior parte da minha vida acordada, vou viver sob o domínio totalitário, na verdade regras que nenhum Estado totalitário chega perto de alcançar se considerarmos o grau de controle de uma pessoa no local de trabalho, mesmo sem o *microchip* e tudo o mais. É isso que é contrato salarial.

Bem, voltando aos comentários iniciais de Marv, essa ideia viola dramaticamente o senso comum hoje, mas nem sempre foi verdade. Vocês podem ter notado que nosso presidente modestamente se descreve como o maior presidente da história, mas ele de fato e com má vontade admitiu que talvez Abraham Lincoln, o fundador do Partido Republicano, tenha algum mérito, então podemos voltar a ele. Como discutimos anteriormente, Lincoln tinha uma posição sobre o trabalho assalariado. Ele o considerava nos mesmos termos da escravidão, exceto por ser temporário, ou deveria ser, até que o trabalhador pudesse escapar e se tornar uma pessoa livre novamente. E lembrem-se de que essa era a posição do Partido Republicano na época, e mais significativamente, da classe trabalhadora, expressa eloquentemente na sua imprensa viva e independente. O direito de "autogoverno" era o senso comum da época.

A ideia de que a empresa produtiva deveria ser propriedade da força de trabalho era bastante comum no século XIX, não apenas por Karl Marx e pela esquerda, mas também por liberais clássicos. Então aqui está John Stuart Mill, a figura liberal clássica mais proeminente da época, um dos grandes intelectuais modernos. Ele sustentou que "a forma de associação, [...] que, se a humanidade continuar a melhorar, deve predominar é [...] a associação dos próprios trabalhadores em termos de igualdade, detendo coletivamente o capital com o qual realizam suas operações e trabalhando sob gerentes eleitos e removíveis por si mesmos".

O conceito tem raízes sólidas em ideias que animaram o pensamento liberal clássico desde seus primeiros dias – John Locke, Adam Smith e outros. Com um pequeno passo, é possível ligá-lo ao controle de outras instituições e comunidades dentro de uma estrutura de livre-associação e organização federal, no estilo geral de uma gama de pensamento que inclui grande parte da tradição anarquista e o marxismo antibolchevique de esquerda, e também o trabalho ativista atual do tipo que discutimos anteriormente, à medida que as pessoas procuram ganhar controle sobre suas vidas e destino a partir de empresas e cooperativas de propriedade dos trabalhadores.

Podemos recordar a velha toupeira de Karl Marx, que continua a escavar debaixo do solo, não muito longe da superfície, e depois emerge quando a situação adequada surge por meio do ativismo e do engajamento. A esperança do futuro, eu acho.

Capitalismo e Covid-19

Uma coda conclusiva

Enquanto fechávamos nossa versão mais recente do curso "O que é política?", na primeira semana de março de 2020, os contornos do novo coronavírus ou Covid-19 (conhecido mais tecnicamente como SARS-CoV-2) estavam apenas se tornando mais amplamente conhecidos. Escrevendo agora no fim de abril de 2020, a extensão e as implicações são consideravelmente mais claras e bastante alarmantes. Embora, mesmo a esta altura, ainda haja grande incerteza sobre os efeitos finais, a duração ou as consequências da pandemia.

Neste breve pós-escrito, queremos demonstrar que a pandemia de Covid-19, que atualmente assola a saúde e o *status* econômico de grandes faixas da população global, emergiu, como era previsível, (de fato, quase inevitavelmente) dos tipos de condições que descrevemos no resto do livro. Tanto em termos da etiologia e propagação da pandemia quanto na resposta muito desigual a ela, podemos ver o funcionamento inexorável da lógica cruel do capitalismo globalizado neoliberal em estágio avançado. Embora muito mais detalhes possam ser incluídos, aqui estamos preocupados em destacar as imperfeições na economia política capitalista que foram mais claramente revelados pela pandemia atual.

457

Etiologia e disseminação: uma cronologia abreviada da Covid-19

Profissionais de saúde e cientistas de pesquisa têm emitido avisos sobre a probabilidade de pandemias novas e perigosas há algum tempo, retomando, por exemplo, a gripe espanhola de 1918 (que, na verdade, se originou no Kansas, nos Estados Unidos), mas especialmente desde o advento de surtos mais recentes como HIV/aids, SARS, MERS e ebola.

Na verdade, o reconhecimento e a identificação do novo vírus datam de dezembro de 2019, quando os médicos na China notaram casos emergentes de uma pneumonia incomum em Wuhan (uma cidade na província de Hubei). Os cientistas na China sequenciaram o genoma do vírus e o disponibilizaram em 10 de janeiro, apenas um mês após o relatório de 8 de dezembro do primeiro caso de sintomas característicos da pneumonia de um vírus desconhecido em Wuhan. Em contraste, após o início do surto de SARS no fim de 2002, os cientistas levaram muito mais tempo para sequenciar esse coronavírus. Seu surto atingiu o pico em fevereiro de 2003 – e o genoma completo de 29.727 nucleotídeos não foi sequenciado até abril daquele ano.

As equipes médicas chinesas relataram descobertas preliminares à Organização Mundial da Saúde (OMS) em 31 de dezembro de 2019. A OMS informou, em 4 de janeiro de 2020, que a China havia notificado esses casos incomuns. A OMS fez um anúncio público do vírus em 5 de janeiro; três semanas depois, após mais conhecimento sobre o vírus e após sua disseminação corresponder à definição institucional de uma emergência de saúde pública, a OMS fez o anúncio apropriado. Outros casos foram identificados na China, Tailândia, Japão e Coreia do Sul até 20 de janeiro de 2020. A transmissibilidade de humano para humano também foi reconhecida em 20 de janeiro de 2020. A cidade de Wuhan foi isolada pelas autoridades chinesas em 23 de janeiro de 2020.

Um comitê da OMS emitiu o seguinte conselho em 22 de janeiro de 2020 para países ao redor do mundo: "Espera-se que novas exportações internacionais de casos possam aparecer em quaisquer países. Assim, todos os países devem estar preparados para a contenção, incluindo vigilância ativa, detecção precoce, isolamento e gerenciamento de casos, rastreamento de contatos e prevenção da propagação subsequente da infecção por 2019-nCoV e para compartilhar dados completos com a OMS". A OMS declarou estado de pandemia global em 11 de março de 2020.

Numerosas fontes relataram falsamente que o governo chinês reteve informações importantíssimas por seis dias, de 14 a 20 de janeiro; na verdade (e como mostra a linha do tempo acima), o governo chinês forneceu informações cruciais aos Estados Unidos, aos Centros de Controle de Doenças (CDC) e à OMS em 3 de janeiro, e fez várias declarações públicas sobre o que sabia a partir de então. É evidente que essa informação vinha a público ao mesmo tempo em que a epidemia se alastrava e ninguém sabia exatamente o que estava acontecendo. Os médicos estavam trabalhando febrilmente para contê-la, descobrir o que era e o que fazer. Um retrato mais preciso dos eventos, ainda que enterrado sob um típico artigo "A China não divulgou informações" da *Associated Press* em 14 de abril de 2020, é: "É incerto se foram as autoridades locais que foram negligentes ao não relatar os casos ou as autoridades nacionais é que deixaram de fazê-lo. Também não está claro exatamente o que as autoridades sabiam na época em Wuhan, que só reabriu na semana passada com restrições após sua quarentena".

Apesar da aprovação antecipada dos esforços chineses, o Presidente Trump, utilizando essas inúmeras alegações desonestas, e em uma tentativa de transformar a organização em bode expiatório e transferir a culpa de seu próprio mau manuseio da crise, anunciou seu plano de retirar o apoio dos Estados Unidos à OMS em 14 de abril de 2020. Na verdade, como o *Washington Post* relata, Trump quer destruir a OMS, com implicações terríveis muito além da atual pandemia para um número desconhecido de pessoas em todo o mundo, que dependem da organização para a obtenção de serviços de saúde para uma ampla gama de doenças.

Até o fim de abril de 2020, o coronavírus infectou mais de 2,8 milhões de pessoas em todo o mundo, com mais de 200 mil mortes. Ambos os números, devido a testes e relatórios de casos muito inconsistentes, incluem incertezas substanciais, mas são, sem dúvida, subestimativas sérias. O eventual número é impossível de prever. E embora as estatísticas nos Estados Unidos sejam ainda menos confiáveis do que em outros países importantes (e, portanto, as taxas de mortalidade *per capita* sejam difíceis de calcular), o que está claro neste momento é que, com aproximadamente 4,5% da população mundial, os Estados Unidos têm mais de 25% das mortes no mundo.

A reação até agora

A partir de janeiro de 2020, após aconselhamento da OMS, os países adotaram abordagens variadas para lidar com a pandemia. Aqueles que tiveram mais sucesso (por exemplo, China, Taiwan, Coreia do Sul, Cingapura, Vietnã, Alemanha, Austrália e Nova Zelândia) começaram testagem abrangente, rastreamento de contatos, quarentenas e *lockdowns* muito cedo. Essas medidas, quando combinadas com um apoio econômico e social adequado, conseguiram retardar a propagação dos casos nesses países a tal ponto que os serviços médicos não foram sobrecarregados e foram alcançadas taxas de mortalidade *per capita* mais baixas. Em muitos outros países, incluindo os Estados Unidos, a resposta tem sido muito mais lenta e aleatória, com taxas consequentemente muito mais altas de infecção e morte.

Senso comum capitalista e Covid-19

"Os pequenos momentos são os elementos que formam o lucro" (*O capital*, vol. 1, p. 317; cf. cap. 2, "Referências adicionais do capítulo").

Para começar, é crucial notar que medidas muito mais eficazes de prevenção, preparação e enfrentamento foram disponibilizadas ou poderiam ter sido desenvolvidas antes da atual pandemia. Por causa da lógica capitalista e das estruturas de governança que eles comandam, que priorizam os lucros sobre as pessoas, essas medidas permaneceram fora de alcance. Um artigo recente na revista *New York Times*, por exemplo, cita o zoólogo e ecologista de doenças Peter Daszak: "O problema não é que a prevenção era impossível [...] Era muito possível. Mas não o fizemos. Os governos acharam que era muito caro. As empresas farmacêuticas operam com fins lucrativos". O mesmo artigo deixa claro que a ciência contemporânea já possui as ferramentas necessárias para o desenvolvimento de panvirais (que podem fornecer salvaguardas contra uma variedade de patógenos) ou vacinas, mas depois cita o microbiólogo Vincent Racaniello: "O verdadeiro obstáculo à produção de drogas ou vacinas panvirais tem sido que ninguém está disposto a pagar por seu desenvolvimento. Para as empresas farmacêuticas [...], as vacinas panvirais são simplesmente uma proposta de negócio terrível: as empresas têm que gastar centenas de milhões de dólares para desenvolver uma dose que as pessoas receberão uma vez por ano no máximo – e de forma alguma em anos quando nenhuma doença em particular esteja em alta. Os tratamentos medicamentosos panvirais não são lucrativos por razões semelhantes. Por um lado, o curso do tratamento é curto, geralmente apenas algumas semanas; para doenças crônicas (diabetes, pressão alta), os pacientes tomam regimes de comprimidos diariamente, muitas vezes por anos". Essa mesma lógica de lucro da *über alles*, como Racaniello continua, se aplica à testagem: é "uma situação do ovo-e-da-galinha: ninguém está desenvolvendo drogas para esses vírus, porque não há como testá-las. E ninguém está desenvolvendo testes, porque não há medicamentos para prescrever".

Também é possível empregar esse *ethos* para explicar muitos outros elementos da resposta atual. Embora haja variação em termos de reação mundial, concentramo-nos aqui no caso dos Estados Unidos, como a versão mais extrema do capitalismo neoliberal. É fundamental notar, no entanto, que no momento em que estamos escrevendo a pandemia ainda não manifestou sua ferocidade total nos segmentos mais vulneráveis da população do planeta, especialmente na África e na América Latina, áreas onde a falta de preparo em termos de profissionais de saúde e suprimentos médicos é mais pronunciada e terrível do que mesmo nos Estados Unidos. Também deve ser evidente que esses problemas serão drasticamente exacerbados se a campanha de destruição da OMS for bem-sucedida.

Nos últimos 40 anos, o "sistema" de saúde dos Estados Unidos (juntamente com a maioria dos outros bens e serviços públicos) tem sido continuamente agredido. Seguindo o ditado de Ronald Reagan de que "o governo é o problema" (exceto para mimar aqueles no topo do setor privado, sobre os quais falarei mais em um momento), os hercúleos esforços neoliberais de asfixia econômica, desregulamentação e privatização produziram o aparelho de saúde mais caro, complicado e desorganizado no mundo desenvolvido – um aparelho que ainda deixa 40 milhões de cidadãos sem seguro e 40 milhões subsegurados. É também uma organização que, apesar de seus custos exorbitantes, produz alguns dos resultados de saúde mais pobres entre os países avançados. Para muitos daqueles que são "sortudos" o suficiente para participar desse esquema, a cobertura de saúde está vinculada ao emprego, uma precariedade agora destacada vividamente pelo advento da pandemia.

Impulsionado pelo mesmo desejo insaciável de lucro, o capital vagou pelo mundo em busca de mão de obra ou matérias-primas mais baratas, mercados mais lucrativos, ou ambientes regulatórios mais desejáveis (ou seja, mais frouxos). Quando combinadas com outros princípios neoliberais, como privatização e regimes de produção *just in time* (ou seja, não há mais inventário disponível do que o absolutamente necessário), essas cadeias de *commodities* de mil milhas ajudam muito a explicar o suprimento lamentavelmente inadequado de máscaras, *kits* de teste, ventiladores, camas hospitalares e a infinidade de elementos adicionais necessários para uma resposta eficaz.

Finalmente, essa lógica também elucida a natureza e o conteúdo dos pacotes de "recuperação" dos Estados Unidos e a extrema urgência de "reabrir a economia", independentemente dos riscos para a população. O breve epigrama de Marx, que abre esta seção, pretendia deixar claro que os custos irrecuperáveis nos meios de produção (matérias-primas, ferramentas, edifícios etc.) não podem ficar ociosos por um momento. Qualquer perturbação desse tipo não é apenas perda de lucro, mas também uma perda real. Daí a necessidade desesperada de (algumas) pessoas para voltar ao trabalho e colocar as engrenagens da máquina de lucro de volta a girar o mais rápido possível. Aqui também vale a pena pensar na paisagem muito inconsistente das prescrições governamentais. Enquanto todos os níveis de governança (federal, estadual e local), não obstante a extensão variável, tenham emitido instruções de permanência em casa ou ordens para trabalhadores "não essenciais" e *lockdowns* para empresas "não essenciais" (mais tipicamente as pequenas empresas), as mesmas instruções de *lockdown* não foram emitidas para instituições financeiras, grandes proprietários, companhias de seguros e semelhantes. Da mesma forma, na pressa de "reabrir" a economia, ainda não vimos ordens do governo (em qualquer nível) exigindo que os empregadores forneçam condições de trabalho comprovadamente seguras para seus funcionários que retornam. Em vez disso, os trabalhadores são convidados, como antes da pandemia, a arriscar a sua própria saúde e segurança em prol de um retorno ao lucro para aqueles acima deles.

A legislação de recuperação desequilibrada aprovada até agora (com *apoio bipartidário esmagador*, note-se) proporciona um enorme alívio para aqueles no topo e meras migalhas para o público. O primeiro projeto de lei de socorro, auxílio e segurança econômica ante a crise do coronavírus (Cares) destinou US$ 500 bilhões a grandes corporações, bancos e outras instituições financeiras, embora, uma vez alavancado com outros recursos da Reserva Federal, tenha de fato atingido, no mínimo US$ 4,5 trilhões, e virtualmente sem qualquer supervisão ou responsabilidade. Em contraste, foi prometido aos trabalhadores um pagamento único de US$ 1.200, mais US$ 500 por criança. Como o Secretário do Tesouro Mnuchin sugeriu, esse pagamento deve "fazer face às necessidades" (terminologia sempre familiar para homens e mulheres que trabalham!) por dez semanas, o que na verdade custa US$ 17/dia, muito para sobreviver. A legislação também expandiu a elegibilidade para o seguro-desemprego, além de aumentar os pagamentos semanais do seguro em US$ 600. Claro, tudo isso pressupõe que os novos 26 milhões de requerentes possam ter acesso a esses benefícios. Até agora, as agências estaduais e locais têm sido sobrecarregadas pela demanda. Esses problemas só se agravarão à medida que os recursos para esses setores governamentais secarem e que a resposta federal a essas necessidades de recursos permanecer anêmica. Finalmente, a legislação incluiu o Programa de Proteção de Salários (PPS) para beneficiar pequenas empresas (aquelas com menos de quinhentos funcionários!) a serem administradas pela Administração de Pequenos Negócios. O PPS foi inicialmente financiado com US$ 350 bilhões para empréstimos perdoáveis (exauridos quase imediatamente, com grandes quantias indo para negócios e cadeias muito maiores), e foi aumentada em US$ 350 bilhões adicionais em 24 de abril de 2020. Um último aspecto do PPS é fundamental: em vez de recursos que vão diretamente para os trabalhadores, esses fundos vão para os empregadores, que então conservam o poder de manter os trabalhadores na folha de pagamento, cabendo a seu juízo estabelecer os níveis de emprego e as taxas de remuneração. Isso deixa todo o poder nas mãos dos capitalistas e deixa claro que quaisquer benefícios que os trabalhadores possam obter na sociedade (incluindo, neste momento difícil, os cuidados de saúde) devem vir por meio de uma relação de trabalho assalariado, se houver.

Militarismo e Covid-19

As conexões entre o militarismo, o capitalismo e a pandemia são extensas. As mais óbvias e imediatas são os custos de oportunidade relacionados ao orçamento militar inchado dos Estados Unidos, agora superando US$ 750 bilhões por ano (superando os dez "concorrentes" nacionais seguintes combinados). Os gastos atuais com os Institutos Nacionais de Saúde e a Fundação Nacional de Ciência combinados são inferiores a US$ 50 bilhões, aproximadamente 6% do orçamento militar. Como ecologista de patologias e zoologista, Peter Daszak coloca: "Não pensamos duas vezes sobre o custo da proteção contra o terrorismo. Saímos, ouvimos os sussurros, enviamos os *drones* – temos toda uma série de abordagens. Precisamos começar a pensar em pandemias da mesma maneira".

Outro elo importante entre o militarismo e a pandemia funciona por meio do neoimperialismo e do neoliberalismo globalizado. Os Estados Unidos utilizam meios militares para garantir o acesso a recursos estratégicos e necessários, e para negar esse acesso a concorrentes econômicos, quase pareados (para usar o jargão militar), bem como para abrir mercados e fornecer proteção para as empresas dos Estados Unidos que operam internacionalmente. Uma consequência concomitante desse sistema globalizado e distante é a disseminação da infecção de país para país por meio do contato com o viajante. Na verdade, uma das características que distingue a covid-19 de seus antecessores mais recentes (SARS, MERS e Ebola) é essa rápida e extensa disseminação geográfica.

Catástrofe ambiental e Covid-19

Novamente, as conexões aqui são numerosas, mas destaquemos apenas duas. A primeira refere-se à probabilidade crescente de pandemias, como a Covid-19, ocorrerem à medida que o apetite crescente por recursos empurra o desenvolvimento para mais longe e mais longe em terras anteriormente selvagens. Especialistas como Daszak advertiram: "à medida que as populações e as viagens globais continuavam a crescer e o desenvolvimento crescia cada vez mais nas áreas selvagens, era quase inevitável que surtos locais, outrora contornáveis, como SARS ou Ebola, pudessem se tornar desastres globais". Aqui Daszak está apontando para as potenciais calamidades que aguardam a humanidade por meio de vetores zoonóticos de infecção de animal a humano. Um contato mais frequente e extenso entre pessoas e animais selvagens (e os inúmeros vírus que eles carregam), que também foi colocado em movimento à medida que o aquecimento global e a crise climática colocaram as populações de animais em movimento, prepararam o cenário para ainda mais covids.

A segunda conexão vem por meio das ondas neoliberais de desregulamentação ambiental, que tornaram o ar, a água e a terra muito mais tóxicos e, assim, aumentaram significativamente a suscetibilidade aos efeitos das infecções por coronavírus, induzindo condições debilitantes preexistentes. Esses efeitos (bem como características socioeconômicas correlacionadas), é claro, são distribuídos de forma muito desigual pela população – um fato que ajuda a explicar as taxas substanciais e desproporcionais de infecção e fatalidade nas comunidades negras dos Estados Unidos.

Movimentos sociais (regressivos e progressivos) e Covid-19

Por fim, queremos observar algumas das ligações importantes entre a pandemia e as reações sociais. À direita, previsivelmente, vemos inúmeros exemplos de regimes autoritários em todo o mundo utilizando a pandemia como cobertura para repressão, vigilância adicional e restrição das liberdades civis. Nos Estados Unidos, como escrevemos, aqueles mais ansiosos para abrir o país e voltar aos negócios, como de costume, estão agitando combinações de insegurança financeira, tédio, impaciência e desconfiança do governo para provocar o desprezo às ordens de ficar em casa, colocando assim os próprios manifestantes e os outros em maior risco. Os políticos em vários estados dos Estados Unidos estão respondendo a essas demandas e incentivando-as, e estão contemplando ou realmente abrindo seus estados prematuramente antes que as condições e salvaguardas necessárias estejam em vigor.

Por outro lado, alguns movimentos sociais muito significativos, estabelecidos e emergentes, estão trabalhando para uma mudança positiva. Em escala internacional, é possível identificar uma série de programas de assistência de país para país (alguns ocorrendo mesmo em desafio a regimes de pesadas sanções dos Estados Unidos). Mais notavelmente, Cuba, como aconteceu muitas vezes durante crises passadas, tem enviado equipes médicas e equipamentos para lugares que foram mais atingidos. A China, apesar de todos os usuais bodes expiatórios dos Estados Unidos e culpando o "perigo amarelo", obteve um controle relativamente precoce de seu próprio surto (como notamos acima), e agora tem ajudado outros países com pessoal e materiais, e o mais crucial, com o conhecimento adquirido de sua própria experiência com a pandemia. Atividades semelhantes de ajuda mútua estão aumentando espontaneamente em escalas menores em todo o planeta.

Além disso, e esperançosamente de significado duradouro para além da crise imediata, vemos segmentos anteriormente impotentes da população, agora reconhecidos como heróis essenciais (e talvez tomando esses epítetos mais seriamente do que aqueles que os empregaram), elevando-se para exigir direitos e benefícios proporcionais a esse *status* que lhes é atribuído. Seja de trabalhadores médicos da linha de frente, pessoas que mantêm a luz funcionando, a água fluindo, as prateleiras de supermercado abastecidas, os ônibus em circulação e o lixo coletado, as demandas estão surgindo por salários decentes, condições de trabalho seguras, cuidados de saúde, seguridade de saúde, licença médica e parental e alívio de dívidas (para hipotecas ou aluguel, serviços públicos, cartões de crédito etc.). Como essas demandas ficarão marcadas no sistema político – caso fiquem – ajudará a moldar o cenário pós-pandemia.

A Covid-19 revelou falhas gritantes e brutalidades monstruosas no atual sistema capitalista. Ela representa tanto uma crise como uma oportunidade. As disputas pelo controle das narrativas em torno do significado dessa pandemia serão o terreno da luta por um novo senso comum e uma sociedade mais humana ou por um retorno ao *status quo* anterior. O resultado dessas disputas é incerto. Tudo depende das ações que as pessoas tomarem em suas próprias mãos.

Referências

BECKER, E. *New York Times*, 27 mai. 2004.

BERNAYS, E. The engineering of consent. *In: Annals of the American Academy of Political and Social Science* 250, n. 1, 1947, p. 113-120.

BESAR, E. *Hundreds of journalists jailed globally becomes the new normal*. Committee to Protect Journalists, 13 dez. 2018. Disponível em:https://cpj.org/reports/2018/12/journalists-jailed-imprisoned-turkey-china-egypt-saudi-arabia/

CARTER, J. et al. *Science under Siege at the Department of the Interior*. Union of Concerned Scientists, dez. 2018. Disponível em: https://www.ucsusa.org/sites/default/files/attach/2018/12/science-under-siege-at-department-of-interior-full-report.pdf

CHOMSKY, N. *Deterring democracy*. Nova York: Hill & Wang, 1992.

CREHAN, K. *Gramsci's common sense: inequality and its narratives*. Durham/Londres: Duke University Press, 2016.

HEDGES, C. Banishing truth. *Truthdig*, 24 dez. 2018. Disponível em: https://www.truthdig.com/articles/banishing-truth/

HEDGES, C. The permanent lie. *Truthdig*, 17 dez. 2017. Disponível em: https://www.truthdig.com/articles/permanent-lie-deadliest-threat/

REPÓRTERES SEM FRONTEIRAS. *Worldwide roundup of journalists killed, detained, held hostage, or missing in 2018*, dez. 2018.

Disponível em: https://rsf.org/sites/default/files/worldwilde_round-up.pdf

Capítulos de referência adicionais

NATIONAL GEOGRAPHIC STAFF. A running list of how Trump is changing environmental policy. National Geographic, 31 out. 2017. Disponível em: https://news.nationalgeographic.com/2017/03/how-trump-is-changing-science-environment/

ASSOCIATED PRESS. Grassley answers reactions to his 'booze or women or movies' remark on Estate tax. *Des Moines Register*, 4 dez. 2017. Disponível em: https://www.desmoinesregister.com/story/news/ politics/ 2017/12/04/grassley-answers-reactions-his-booze-women-movies-remark-estate-tax/919542001/

BAKER, D. The green New Deal is happening in China. *Truthout*, 14 jan. 2019. Disponível em: https://truthout.org/articles/the-green-new-deal-is-happening-in-china/

BERNAYS, E. *Propaganda*. Nova York: H. Liveright, 1928.

CHOMSKY, N. *Towards a New Cold War*. Nova York: New Press, 2003.

CHOMSKY, N. *Deterring Democracy*. Nova York: Hill & Wang, 1992.

GEMAN, B. Ohio Gov. Kasich concerned by climate change, but won't 'apologize' for coal. *The Hill*, 2 mai. 2012. Disponível em: https://thehill.com/policy/energy-environment/225073-kasich-touts-climate-belief-but-wont-apologize-for-coal

GIDDENS, A. *The Constitution of Society:* outline of the Theory of Structuration. Berkeley: University of California Press, 1984.

GRAMSCI, A. *Selections from Cultural Writings*. Editado por David Forgacs e Geoffrey Nowell-Smith. Cambridge: Harvard University Press, 1985.

HALL, S. Gramsci's relevance for the Study of race and ethnicity. *Journal of Communication Inquiry* 10, n. 2, 1986, p. 5-27.

HANSEN, J. et al. Ice melt, sea level rise and superstorms: evidence from paleoclimate data, climate modeling, and modern observations that 2°c global warming could be dangerous. *Atmospheric Chemistry and Physics*, 16. 2016. p.3761-3812. Disponível em: https://doi.org/10.5194/acp-16-3761-2016

LUCAS, J. US has killed more than 20 million people in 37 'victim nations' since World War II. *Global Research*, 28 mai. 2020 Disponível em: http://www.globalresearch.ca/us-has-killed-more-than-20-million-people-in-37-victim-nations-since-world-war-ii/5492051

POPOVICH, N.; ALBECK-RIPKA, L.; PIERRE-LOUIS, K. 78 environmental rules on the way out under Trump. *New York Times*, 5 out. 2017. Disponível em: https://www.nytimes.com/interactive/2017/10/05/climate/trump-environment-rules-reversed.html

RAMOS, J. Megacities: urban future, the emerging complexity – a Pentagon video. YouTube, 4:55. 14 out. 2016. Disponível em: https://www.youtube.com/watch?v=gEPdOZbyzbw&t=17s

RIELLY, J. *American public opinion and U.S. Foreign Policy*. Chicago Council on Foreign Relations, 1987.

SAVAGE, C. Trump says he alone can do it. His attorney general nominee usually agrees. *New York Times*, 14 jan. 2019. Disponível em: https://www.nytimes.com/2019/01/14/us/politics/william-barr-executive-power.html

SMITH, A. *The Wealth of Nations*. Chicago: Chicago University Press, 1977.

Observações do ativista/especialista

Angelo Carusone, presidente do Media matters for America.
Chamou a atenção da sala para a emergência de uma nova forma de *"fake news"*, que consiste na completa fabricação de notícias mascaradas como verdadeiras, incluindo no futuro próximo o fake vídeo (ou vídeo sintético).

Janine Jackson, diretor, *Fairness and accuracy in reporting*. Expôs para a sala as implicações de uma escolha histórica de se financiar a captação de notícias e o jornalismo nos Estados Unidos como um negócio privado dirigido ao comércio; esclareceu que o jornalismo é (ou deveria ser) um serviço público, mas a mídia é um negócio.

Capítulo 2
Leituras do curso

ALPEROVITZ, G. Principles of a pluralist economy: introduction. *The Next System Project*, 15 mai. 2017. Disponível em: https://the nextsystem.org/principles-introduction

ALSTON, P. Report of the special rapporteur on extreme poverty and human rights on his mission to the United States of America. 4 mai. 2018. *Mother Jones*, 22 jun. 2018. Disponível em: https://www.motherjones.com/politics/2018/06/united-nations-human-rights-council-report-america-gets-f-poverty/

BIVENS, J.; SHIERHOLZ, H. What labor market changes have generated inequality and wage suppression? *Economic Policy Institute*, 12 dez. 2018. Disponível em: https://files.epi.org/pdf/148880.pdf

FISHER, M. *Capitalist realism:* is there no alternative? Winchester, UK: Zero Books, 2009.

FRIEDMAN, M. *Capitalism and Freedom*. Chicago: University of Chicago Press, 1962.

HAHNEL, R. Why the market subverts democracy. *American Behavioral Scientist* 52, n. 7, 2009. p. 1006-1022.

Capítulos de referência adicionais

ANDERSON, E. *Private Government:* how employers rule our lives (and why we don't talk about it). Princeton-Oxford: Princeton University Press, 2017.

BAIROCH, P. *Economics and World History*. Chicago: Chicago University Press, 1993.

CHOMSKY, N. Consent without consent: reflections on the theory and practice of democracy. *Cleveland State Law Review* 44, n. 4, 1996.

GADDIS, J.L. *The Long Peace:* inquiries into the History of the Cold War. Nova York: Oxford University Press, 1987.

GARDNER, L. *Safe for Democracy*. Oxford: Oxford University Press, 1987.

KLARMAN, M.J. *The Framers' Coup:* the making of the United States Constitution. Nova York: Oxford University Press, 2016.

MARX, K. *Capital:* a Critique of Political Economy. Vol. 1. Nova York: Penguin Classics, 1976-1990.

MONTGOMERY, D. *The fall of the House of Labor:* the Workplace, the State, and American Labor Activism, 1865-1925. Cambridge: Cambridge University Press, 1989.

SANTISO, J. *Latin America's political economy of the possible.*Cambridge :MIT Press, 2006.

WARE, N. *The Industrial Worker, 1840-1860*. Boston: Houghton Mifflin, 1924.

Observações do ativista/especialista

Eduardo Garcia, coordenador, AFGJ's prison imperialism project, Alliance for global justice.

Descreveu o trabalho da AFGJ de encontrar novas maneiras de lançar luzes sobre a intervenção norte-americana na América Latina, e o foco da organização na justiça econômica e ambiental, a criação de instituições democráticas autênticas e a oposição ao militarismo americano.

John Duda, diretor de comunicações, *The democracy collaborative.*

Apresentou à classe alguns exemplos concretos de alternativas a nossos arranjos econômicos atuais, baseando-se em experimentos do mundo real de controle e propriedade dos trabalhadores que estão no cerne do *The next system project* (uma das principais atividades de *The democracy collaborative*).

Capítulo 3

Leituras do curso

CHOMSKY, N. The Most Dangerous Moment; 50 Years Later. *TomsDispatch.com*, 15/10/2012. Disponível em: http://www.tomdispatch.com/blog/175605/

CRAWFORD, N.C. Human cost of the post-9/11 wars: lethality and the need for transparency. *Brown University Costs of War Project*, nov. 2018. Disponível em: https://watson.brown.edu/costsofwar/files/cow/imce/papers/2018/Human%20Costs%2C%20Nov%208%202018%20CoW.pdf

ENGELHARDT, T. Mapping a world from hell: 76 countries are now involved in Washington's war on terror. *Counterpunch*, 5 jan. 2018. Disponível em: https://www.counterpunch.org/2018/01/05/mapping-a-world-from-hell-76-countries-are-now-involved-in-washingtons-war-on-terror/

Excertos do CSN 68, Relatório do National Security Council, 1950. Disponível em: http://www.trumanlibrary.org/whistlestop/study_collections/coldwar/documents/pdf/10-1.pdf

GLOBAL Arms industry: US companies dominate the top 100; Russian arms industry moves to second place. *Stockholm International Peace Research Institute*, 10 dez. 2018. Disponível em https://www.sipri.org/media/press-release/2018/global-armsindustry-us-companies-dominate-top-100-russian-arms-industry-moves-second-place

HARTUNG, W. The doctrine of armed exceptionalism: the urge to splurge: why is it so hard to reduce the pentagon budget? *CommonDreams.org*, 25 out. 2016. Disponível em: http://www.tomdispatch.

com/post/176202/tomgram%3A_william_hartung%2C_the_doc trine_of_armed_exceptionalism/

KLARE, M. Why 'overmatch' is overkill. *The Nation*, 20 dez. 2018. Disponível em: https://www.thenation.com/article/archive/overmatch-pentagon-military-budget-strategy/

LINDORFF, D. Exclusive: the Pentagon's massive accounting fraud exposed. *The Nation*, 27 nov. 2018.

SCHIVONE, G.; LINDSAY-POLAND, J. Opinion: Mexico's gun violence a 'moral crisis of complicity' for U.S. border states. Especial para o *Arizona Daily Star*, 17 dez. 2018. Disponível em: https://tucson.com/opinion/local/opinion-mexico-s-gun-violence-a-moral-crisis-of-complicity/article_2292df4f-b0f9-54bd-924d-66b5d2470573.html

SHULTZ, G.P. et al. A world free of nuclear weapons. *Nuclear Security Project*, 4/01/2007. Disponível em: https://www.hoover.org/research/world-free-nuclear-weapons-0

STERN, J. E. From Arizona to Yemen: the journey of an american bomb. *New York Times Magazine*, 11 dez. 2018. Disponível em: https://www.nytimes.com/2018/12/11/magazine/war-yemen-american-bomb-strike.html

William J. Perry Project. Disponível em: https://www.wjperryproject.org/about

Capítulos de referência adicionais

BACH, J.R. et al. *Global Focus*. Nova York: St. Martins, 2000.

CAROTHERS, T. *In the name of democracy*. Berkeley: University of California Press, 1991.

CAROTHERS, T. *Exporting Democracy*. In: Lowenthal Abraham. Baltimore: Johns Hopkins, 1991.

CHOMSKY, N. *For Reasons of State*. Nova York: New Press, 2003.

CHOMSKY, N. *Failed States*. Nova York: Metropolitan Books, 2006.

CHOMSKY, N. *Deterring Democracy*. Nova York: Hill & Wang, 1992.

CHOMSKY, N.; ZINN, H. (eds.) *Pentagon Papers*. Vol. 5. Boston: Beacon Press, 1972.

GREEN, D. *The Containment of Latin America*. Chicago: Quadrangle Books, 1971.

HARVEY, D. *The New Imperialism*. Oxford: Oxford University Press, 2003.

KÜNG, H. *The Catholic Church*. Nova York: Modern Library, 2001.

LAFEBER, W. *Inevitable Revolutions*. Nova York: Norton, 1983.

LENIN, V.I. *Imperialism, The Highest Stage of Capitalism*. 1916. Disponível em: https://www.marxists.org/archive/lenin/works/1916/imp-hsc

MARX, K.; ENGELS, F. *The Communist Manifesto*. 1848. Disponível em:https://www.marxists.org/archive/marx/works/1848/communist-manifesto/index.htm

McCHESNEY, R. *Communication Revolution:* critical Junctures and the Future of Media. Nova York: New Press, 2007.

PICKARD, V. *Democracy without Journalism*?: Confronting the Misinformation Society. Oxford: Oxford University Press, 2020.

PONTING, C. *Churchill*. Londres: Sinclair-Stevenson, 1994.

SCHMOOKLER, A.B. *The parable of the Tribes:* the problem of power in social evolution. Berkeley: University of California Press, 1984.

SHOUP, L.H.; MINTER, W. *Imperial Brain Trust:* the Council on Foreign Relations and United States foreign policy. Nova York: Monthly Review Press, 1977.

STARRS, S.K. *American Power Globalized:* Rethinking National Power in the Age of Globalization. No prelo.

WESTBROOK, R.B. *John Dewey and American Democracy*. Ithaca, NY: Cornell University Press, 1991.

Observações do ativista/especialista

Sterling Vinson, membro da "Veteranos pela Paz", escritório de Tucson.

Colocou os principais objetivos e atividades dos Veteranos pela Paz, como esforços de aumentar a consciência do público quanto às causas e custos das guerras, de restringir nossos governos quanto a intervir de forma aberta ou não nos assuntos internos de outras nações, de dar fim à corrida armamentista e reduzir e em algum momento eliminar as armas nucleares, de buscar justiça para veteranos e vítimas da guerra e de abolir a guerra como instrumento de política nacional.

Devora Gonzalez, organizador de campo, observador da Escola das Américas.

Usou o tempo para uma breve história da Escola das Américas (hoje renomeado Instituto do hemisfério ocidental para a cooperação de segurança – Western Hemisphere Institute for Security Cooperation, Whinsec), seu envolvimento no treinamento e armamento de aparelhos policiais repressores e forças militares em toda a América Latina e os esforços dos observadores da Escola das Américas para combatê-los.

Capítulo 4

Leituras do curso

HAMMER, A. Oil shale down there, waiting to be tapped. *The New York Times*, 19 fev. 1977.

BAKER, D. Saving the environment: is degrowthing the answer? *Counterpunch*, 28/11/2018. Disponível em: https://www.counter

punch.org/2018/11/28/saving-the-environment-is-degrowthing-the-answer/

BELLAMY, J.F. *Ecology against Capitalism*. Nova York: Monthly Review Press, 2002.

BLEDSOE, P. Going nowhere fast on climate change. *New York Times*, 29 dez. 2018. Disponível em: https://www.nytimes.com/2018/12/29/opin ion/climate-change-global-warming-history.html

EILPERIN, J. et al. Trump administration sees a 7 degree rise in global temperatures by 2100. *Washington Post*, 27 set. 2018.

HICKEL, J. Why growth can't be green. *Foreign Policy*. Outono de 2018. Disponível em: https://foreignpolicy.com/2018/09/12/why-growth-cant-be-green/

LIPTON, E., et al. The real-life effects of Trump's environmental rollbacks: 5 takeaways from our investigation. *New York Times*, 26 dez. 2018. Disponível em: https://www.nytimes.com /2018/12/26/us/ trump-environment-regulation-rollbacks.html

POLLIN, R. Degrowth vs. a Green New Deal. *New Left Review*. jul-ago, 2018. Disponível em: https://newleftreview.org/issues/II112/arti cles/robert-pollin-de-growth-vs-a-green-new-deal.pdf

POLYCHRONIOU, C.J. Global warming and the future of humanity: na interview with Noam Chomsky and Graciela Chichilnisky. *Truthout.org*. 17 set. 2016. Disponível em: https://truthout.org/ar ticles/global-warming-and-the-future-of-humanity-an-interview-with-noam-chomsky-and-graciela-chichilnisky/

WATERSTONE, M. Adrift on a sea of platitudes: why we will not solve the greenhouse issue. *Environmental Management* 17, n. 2, 1993. p. 141-152.

Capítulos de referência adicionais

HANSEN, J. et al. Ice melt, sea level rise and superstorms: evidence from paleoclimate data, climate modeling, and modern observations that 2°c global warming could be dangerous. *Atmos-*

pheric Chemistry and Physics, 16, 2016, p. 3761-3812. https://doi.org/10.5194/acp-16-3761-2016

HARVEY, D. *Justice, nature and the geography of difference*. Oxford: Blackwell Publishing, 1996.

KLEIN, N. Capitalism vs. the Climate. *The Nation*. 9 nov. 2011. Disponível em: https://www.thenation.com/article/archive/capitalism-vs-climate/

Observações do ativista/especialista

Carolyn Shafer, membro, Conselho de diretores, *Patagonia area resource alliance* (PARA).

Apresentou, como caso de conflito ambiental, o trabalho da Aliança, uma organização de vigilância que monitora as atividades de mineradoras, bem como garante a diligência prévia de agências governamentais, no sentido de que suas ações tenham vida longa, benefícios sustentáveis a nossas terras públicas, nossa água e a cidade de Patagonia, Arizona.

Capítulo 5

Leituras do curso

BAUMAN, Z. *Wasted Lives:* modernity and its outcasts. Cambridge, UK: Polity Press, 2004.

BROWN, W. *Undoing the Demos:* neoliberalism's stealth revolution. Nova York: Zone Books, 2015.

GIROUX, H. Culture of cruelty: the age of neoliberal authoritarianism. *Counterpunch*, 23 out. 2015. Disponível em: https://www.counterpunch.org/2015/10/23/culture-of-cruelty-the-age-of-neoliberal-authoritarianism/

KOTZ, D.M. End of the Neoliberal Era? Crisis and restructuring in american capitalism. *New Left Review*, 113, 2018. p. 29-55.

McCOY, A.W. It's not just Trump: a toxic right-wing nationalism is rising across the planet. *AlterNet*, 2 abr. 2017. Disponível em: https://www.alternet.org/2017/04/its-not-just-trump-toxic-right-wing-nationalism-rising-across-planet/

O'TOOLE, F. Trial runs for fascism are in full flow. *Irish Times*, 24 jun. 2018. Disponível em: https://www.irishtimes.com/opinion/fintan-o-toole-trial-runs-for-fascism-are-in-full-flow-1.3543375

POWELL JR.; LEWIS, F. *The Powell Memorandum/Manifesto*. 23 ago. 1971. Disponível em: https://rmokhiber.wpengine.com/wp-content/uploads/2012/09/Lewis-Powell-Memo.pdf

Capítulos de referência adicionais

ADAMSKY, D.D. The 1983 nuclear crisis: lessons for deterrence theory and practice. *Journal of Strategic Studies*, 2013.

BAKER, D. The Green New Deal is happening in China. *Truthout*, 14 jan. 2019. Disponível em: https://truthout.org/articles/the-greennew-deal-is-happening-in-china/

CARDOSO, P. et al. Scientists' warning to humanity on insect extinctions. *Biological Conservation*, 242, fev 2020, p. 108-246.

COWIE, J. Notes and documents: 'a one-sided class war': rethinking Doug Fraser's 1978 resignation from the labor-management group. *Researchgate*, 1 ago. 2003. Disponível em: https://www.researchgate.net/publication/263724727_Notes_and_Documents_A_One_Sided_Class_War_Rethinking_Doug_Fraser%27s_1978_Resignation_from_the_Labor-Management_Group

DIMAGGIO, A. The 'Trump Recovery': behind right-wing populism's radical transformation. *Counterpunch*, 9 ago. 2019. Disponível em: https://www.counterpunch.org/2019/08/09/the-trump-recovery-behind-right-wing-populisms-radical-transformation/

FISCHER, B. A Cold War Conundrum: the 1983 soviet war scare. *Summary*. Disponível em: https://www.cia.gov/library/center-forthe-study-of-intelligence/csi-publications/books-and-monogra phs/a-cold-warconundr um/source.htm

FRIEDMAN, M. *Capitalism and Freedom*. Chicago: University of Chicago Press, 1962.

FROM George Washington to James Duane, 7 set. 1783. *Founders Online, National Archives*. Disponível em: https://founders.archi ves.gov/do cuments/Washington/99-01-02-11798

GLOBAL Pay Ratio: CEO vs. Average Worker. Disponível em: https://onsizzle.com/i/global-pay-vs-average-worker-c-e-0-coun try-ratio-of-pay-15406559

HARVEY, D. *The New Imperialism*. Oxford: Oxford University Press, 2003.

HO, J.Y.; HENDI, A.S. Recent trends in life expectancy across high income countries: retrospective observational study. *BMJ* 362, 2018. Disponível em: https://doi.org/10.1136/bmj.k2562

LAFER, G. *The One Percent Solution*: how corporations are remaking America one state at a time. Ithaca, NY: Cornell University Press, 2017.

McNICHOLS, C.; SHIERHOLZ, H.; VON WILPERT, M. Workers' health, safety, and pay are among the casualties of Trump's war on regulations. *Economic Policy Institute*, 29 jan. 2018. Disponível em: http://www.epi.org/publication/deregulation-year-in-review/#epi-toc-4

MONT PELERIN SOCIETY STATEMENT OF AIMS. Disponível em: https://www.montpelerin.org/statement-of-aims/

NGUYEN, V.T.; HUGHES, R. The forgotten victims of agente Orange. *New York Times op-ed*, 15/09/2017.

OPPENHEIMERFUNDS invites investors to 'challenge borders' with new ad campaign. *PR Newswire*, 6 jun. 2018. Disponível em: https://www.prnewswire.com/news-releases/oppenheimerfunds-invites-investors-to-challenge-borders-with-new-ad-campaign-300660726.html

PIKETTY, T.; SAEZ, E.; ZUCMAN, G. Economic growth in the US: a tale of two countries. *VoxEU*, 29 mar. 2017. Disponível: https://voxeu.org/article/economic-growth-us-tale-two-countries

POSTOL, T. Russia may have violated the inf treaty. Here's how the United States appears to have done the same. *Bulletin of Atomic Scientists*, 14 fev. 2019.

SLOBODIAN, Q. *Globalists:* the end of empire and the birth of neoliberalism. Cambridge: Harvard University Press, 2018.

WESTER, P. et al. The hindu Kush Himalaya assessment. Cham, Switzerland: Springer Nature, 2019. Disponível em: https://link.springer.com/book/10.1007%2F978-3-319-92288-1

WILCOX, F.A. *Scorched earth.* Nova York: Seven Stories Press, 2011a.

WILCOX, F.A. *Waiting for an army to die.* 2ª ed. Nova York: Seven Stories Press, 2011b.

Observações do ativista/especialista

Lisa Graves, cofundadora, Investigações documentadas.

Descreveu o trabalho da Investigações Documentadas (*Documented investigations*), um grupo de fiscalização que investiga como corporações manipulam as políticas públicas, ameaçam o meio ambiente, as comunidades e a democracia. A apresentação teve por foco, de forma intensiva e útil, as atividades do Conselho Americano de Intercâmbio Legislativo (Cail) e seu esforço de fazer avançar a agenda neoliberal.

Capítulo 6

Leituras do curso

CREHAN, K. *Gramsci's common sense*: inequality and its narratives. Durham-Londres: Duke University Press, 2016.

DRAFT FOR A SELECT COMMITTEE ON GREEN NEW DEAL. Disponível em: https://www.congress.gov/bill/116th-congress/house-resolution/109/text

JACKSON, J. They're going to pen you in and charge you for it. *CounterSpin*, 24 out. 2018. Disponível em: https://fair.org/home/theyre-going-to-pen-you-in-and-charge-you-for-it/

O'CONNOR, J. *Natural Causes:* essays in ecological marxism. Nova York: Guilford Press, 1998, p. 255-265.

QUEALLY, J. For next weapon in anti-protest arsenal, US Military Building Plasma Gun Capable of Vaporizing Human Flesh. *Common Dreams*, 18 out. 2018. Disponível em: https://www.commondreams.org/news/2018/10/18/next-weapon-anti-protest-arsenal-us-military-building-plasma-gun-capable-vaporizing

SUNRISE MOVEMENT (youth organizing to fight climate change). Statement of Principles. Disponível em: https://www.sunrisemovement.org/principles

Capítulos de referência adicionais

FBI documents reveal secret nationwide occupy monitoring. Partnership for Civil Justice Fund. Disponível em: http://www.justiceonline.org/fbi_files_ows

HALL, S. Gramsci's relevance for the study of race and ethnicity. *Journal of Communication Inquiry* 10, n. 2, 1986, p. 5-27.

NEWSY. American Fear Climbs Despite Drop in Violence. YouTube, 3:14. 13 set. 2016. Disponível em: https://www.youtube.com/watch?v=DSwVxl6ABuc

ROTHSTEIN, R. *The Color of Law:* a forgotten history of how our government segregated America. Nova York: Liveright, 2017.

ZUBOFF, S. *The Age of Surveillance Capitalism:* the fight for a human future at the new frontier of power. Nova York: Hachette, 2019.

ZUBOFF, S. Once we searched Google. Now it searches us. *Le Monde diplomatique*, jan. de 2019. Disponível em: https://monde diplo.com/2019/ 01/06google.

Observações do ativista/especialista

Justine Orlovsky-Schnitzler, coordenadora de mídia, *No more deaths*.
Jeff Reinhardt, voluntário, *No More Deaths*.
Apresentaram uma história da militarização da fronteira, a política do governo americano de "prevenção por meio de detenção" para brutalizar todos os esforços de passagem da fronteira Estados Unidos-México, e as consequências dessas ações em termos de um enorme número de mortes de imigrantes nas regiões desérticas do sudoeste. Descreveram os esforços do *No More Deaths* (uma organização voluntária localizada em Tucson) para oferecer ajuda humanitária para mitigar esses efeitos.

Joe Thomas, presidente, *Arizona education association*.
Ofereceu um apanhado geral do conjunto de greves recentes de educadores, pais e estudantes para a obtenção de financiamento adequado e condições de trabalho e aprendizado e colocou o movimento *Red for ed* (Vermelho pela educação) do Arizona nesse contexto.

Capítulo 7

Leituras do curso

CHOMSKY, N. *What Kind of Creatures Are We?* Nova York: Columbia University Press, 2015.

GIROUX, H. Cultural Studies, public pedagogy, and the responsibility of intellectuals. *Communication and Critical/Cultural Studies* 1, n. 1, 2004. p. 59-79. Disponível em: https://www.tandfonline.com/doi/abs/10.1080/147 9142042000180926

OBAMA, B. Declaração de uma emergência nacional com relação à Venezuela, 9 mar. 2015.

WATERSTONE, M. Smoke and mirrors: inverting the discourse on tobacco. *Antipode* 42, n. 4, 2010, p. 875-896.

Capítulos de referência adicionais

BRONFENBRENNER, K. Organizing in the NAFTA environment: how companies use 'free trade' to stop unions. *Cornell University ILR School*, 1997. Disponível em: https://digitalcommons.ilr.cornell.edu/articles/826/

DUDZIC, M. What happened to the labor party? *Jacobin*, 11 out. 2015. Disponível em: https://www.jacobinmag.com/2015/10/tony-mazzochi-mark-dudzic-us-labor-party-wto-nafta-globalization-democrats-union/

HAAG, P. *The gunning of America:* business and the making of american gun culture. Nova York: Basic Books, 2016.

HALPERN, S. How republicans became anti-choice. *New York Review of Books*, 8 nov. 2018. Disponível em: https://www.nybooks.com/articles/2018/11/08/how-republicans-became-anti-choice/

JOHN Bolton admits US-backed coup in Venezuela is about oil, not democracy. *Telesur*, 30 jan. 2019. Disponível em: https://www.telesurenglish.net/news/John-Bolton-Admits-US-backed-Coup-in-Venezuela-Is-About-Oil-Not-Democracy-20190130-0020.html

KILPATRICK, C. Victory over the sun. *Jacobin*, 31 ago. 2017. Disponível em: https://jacobinmag.com/2017/08/victory-over-the-sun.

LEONARD, C. David Koch was the ultimate climate change denier. *New York Times*, 23 ago. 2019a. Disponível em: https://www.nytimes.com/2019/08/23/opinion/sunday/david-koch-climate-change.html

LEONARD, C. Kochland: how David Koch helped build an empire to shape U.S. Politics and Thwart Climate Action. Entrevista com

Amy Goodman. *Democracy Now!*, 27 ago. 2019b. Disponível em: https://www.democracynow.org/2019/8/27/christopher_leonard_kochland_koch_brother

MANOKHA, I. New means of workplace surveillance: from the gaze of the supervisor to the digitalization of employees. *Monthly Review*, 1 fev. 2019. Disponível em: https://monthlyreview.org/2019/02/01/new-means-of-workplace-surveillance/

PILGER, J. 16 dez. 2002. Disponível em: http://johnpilger.com/articles/two-years-ago-a-project-set-up-by-the-men-who-now-surround-george-w-bush-said-what-america-needed-was-a-new-pearl-harbor-its-published-aims-have-come-alarmingly-true

Observações do ativista/especialista

Rudy Balles, diretor, Southern Colorado American Indian Movement.

Apresentou um depoimento muito pessoal e comovente de ações de protesto diante do desenvolvimento do Oleoduto de Acesso Dakota (*Dakota Access Pipeline*), e descreveu com cores fortes aos presentes o que significa estar na linha de frente da desobediência civil não violenta.

Rodrigo Cornejo, voluntário, Wikipolitica, organizador político da juventude, Jalisco, México.

Descreveu muitas campanhas políticas organizadas no México para desenvolver uma alternativa aos sistemas partidários vigentes e apresentou à classe um apanhado útil dos sucessos e fracassos dos esforços, incluindo algumas estratégias bastante concretas e ideias táticas.

Índice

Abastecimento de água 51, 222, 245, 259, 263, 283, 285
Able Archer, Operação 271
Aborto 306, 442-444
   ajuda ao planejamento familiar e 273, 442-443
   ilegalidade 306, 443
   oposição a 442, 449-450
   Paul Weyrich e 441
   republicanos e 442
Abrams, Elliott 155, 175
"Abuso da realidade" 127
Acheson, Dean 205
Acidentes e incidentes nucleares 249-252
Acordo Geral de Tarifas e Comércio de 1994 (AGTC) 247, 289
Acordos de controle de armas 274-279
Acordos de Genebra 387
Adams, John 331
Administração de Segurança e Saúde Ocupacional 245, 453
Administração Nacional de Segurança Rodoviária 280

África do Sul 174, 342
África, colonização da 145-146, 180
Africom 420
Afro-americanos
   Cf. Negros
Agência de Proteção Ambiental (APA) 245, 264
Agência do Homem Liberto 391
Agente laranja 321-323
Água de derretimento glacial 259, 260, 283-286
   Cf. tb. Aumento do nível do mar
Água potável
   Cf. Abastecimento de água
AIG (American International Group) 344-345
Alemanha 63, 122, 159, 224, 278, 312
   Otan e 207, 208, 213
   União Soviética e 186, 207, 208, 212-213
   Cf. tb. Alemanha nazista; Segunda Guerra Mundial

Alemanha nazista 180, 383
Cf. tb. Hitler, Adolf; Segunda Guerra Mundial
Alemanha Oriental 213
"Além do Vietnã: um tempo para romper o silêncio" (discurso de Martin Luther King) 81
Allende, Salvador 111-117
Cf. tb. Golpe de estado no Chile
Alperovitz, Gar 137
Al-Qaeda 419
Alston, Philip 314
América Central Kissinger e 54, 113-114
Reagan e 52-56, 215, 399
Cf. tb. tópicos específicos
América Latina 182-184
Anderson, Elizabeth 129-131
Anexação do Texas 193, 329
Antibióticos 222
Anticomunismo 121-123, 151-154, 158, 167, 196, 203, 397
Cf. tb. Ameaças comunistas; Macarthismo; Guerra do Vietnã
Antifa (Estados Unidos) 377, 381
Antropoceno 270
Apple 350
Arábia Saudita 174, 262, 366
Ataques terroristas de 11 de setembro e 161, 415

Presença militar dos Estados Unidos na 161
Árbenz, Jacobo 309
Cf. tb. Golpe de estado na Guatemala
Arendt, Hannah 41, 142
Argélia Francesa 180
Argentina 54-55
Argumentos malthusianos 226-227, 229-231
Argumentos neomalthusianos 226, 231
Aristide, Jean-Bertrand 332
Aristóteles 18, 19, 23, 124-125, 362
Arkhipov, Vasili 210
Armas cultura de armas 256, 443-446
fabricantes de armas 253, 443-445
posse de arma 443, 448
direitos de posse de armas 443, 448-449
Armas de destruição em massa e o Iraque 178, 182, 184, 278, 419
Armas de primeiro ataque 274, 320
Armas nucleares 166, 206, 209, 210, 213, 243, 273-278
ameaças de uso de 163, 275, 276, 279
Reagan e 273, 274
Cf. tb. Bombardeios

atômicos sobre Hiroshima e
Nagasaki; Mísseis balísticos
intercontinentais; Armas de
destruição em massa e Iraque
Armazéns da Amazon 409
As Nações Unidas (NU) Carta 72
  Resolução 687 do Conselho
  de Segurança 278
*Assassination of Fred Hampton,
The* (Haas) 404
Associação Americana de
  Psicologia 68
Ataques cibernéticos 166,
  319-320
Ataques terroristas de 11 de
  setembro 161, 415-416, 419
  ataque a Pearl Harbor e
  416-417
Ateísmo, erro do 182
Atividades de resistência,
  exemplos de 382-410
Ativismo dos anos de 1960
  340, 383-396, 402-404
Aumento do nível do mar
  259-262, 266
Áustria 338-339, 432

Bachmann, Michelle 363
Bahrein 365
Bairoch, Paul 118, 189
Baker, Dean 281
Baker, James 212-213
Bakunin, Mikhail 137

Banco Mundial
Bangladesh 259
Bannon, Steve 325
Barr, William 71, 72-73
Base Aérea de Manta 160
Bauman, Zygmunt 317
Bem-estar social
  Cf. Programas de assistência
  social
Ben Ali, Zine El Abidine 364
Beria, Lavrenti 207
Bernays, Edward 38-40, 42,
  59-63, 65
  Comissão Creel e 38, 63
  democracia e 39, 42, 63, 168,
  65
  liberdade de expressão e 42,
  451
  panorama e caracterização
  da 38
  propaganda e 38, 40, 60-61,
  63, 64-65
  Sigmund Freud e 38, 362
  Walter Lippmann e 38, 63
Bernhardt, David 263, 264
Bíblia 361
Bin Laden, Osama 161
Black Lives Matter (BLM) 364,
  373, 379
Blackmon, Douglas 391
Blackstone Rangers 403
Bloqueio de propriedade
  e suspensão da entrada
  de certas pessoas que

contribuem para a situação na Venezuela (Ordem executiva 13.692) 422
Blum, William 158
Bolchevismo 121-122
Cf. tb. União Soviética
Bolender, Keith 212
Bolha imobiliária nos Estados Unidos, estouro da 341, 343
Bolsonaro, Jair 56-57, 137, 325
Bolton, John 71, 414
Bombardeamento atômico de Hiroshima e Nagasaki 151, 249, 269
Borofsky, Neil 344
Boston 68
Boston Common, protesto contra a Guerra do Vietnã no 388, 389
Brademas, John 397
Brasil 56-57, 118, 214
  fracasso no estabelecimento de uma Comissão da Verdade em 56-57
  golpe de estado brasileiro (1964) 214-215
  Movimento dos Trabalhadores Sem Terra (MST) 137
Bremer, Paul 310
Brigada Atlacatl 55
Brown, Michael 373
Brutalidade policial 364-365, 375-376, 380-382, 394

contra afro-americanos 374, 403-405
Brutalidade racista 361, 384, 393
Cf. tb. Escravidão
Brzezinski, Zbigniew 191, 272
Buchanan, James 59
Buckley, Kevin 398
Buckley, William 436
Bundy, McGeorge 66, 201, 206
Bush, George H.W. 155, 175, 212-213, 344, 442
Bush, George W. 178, 182, 184, 256, 275, 324, 417, 418

Cail (Conselho Americano de Intercâmbio Legislativo) 346, 347-348, 378
Calhoun, John 451
Câmara de Comércio dos Estados Unidos 303
Camboja, bombardeio americano do 74
Câmeras de vigilância
  Cf. Vigilância
Campanha dos Pobres 396
Campanhas presidenciais, Estados Unidos 327, 367, 429
Capital variável 101
Capitalismo
  colonialismo e 9-10, 105-106, 140-141, 414
  financeirizado 43, 81, 109, 318
  gângster 285, 318, 336, 338

globalizado 43, 81, 141, 167
imperialismo e 10, 106, 140-142, 414
neoliberalismo e 297, 299, 318, 338-339, 414
regulamentado 285, 288, 293, 383
Cf. tb. tópicos específicos
Capitalismo de vigilância 382, 406-409, 437
Capitalismo e liberdade (Friedman) 117, 301
Captura e estocagem de carbono 248
Carlin, George 32
Carothers, Thomas 182, 183-184
Carson, Rachel 222
Carter, Jimmy 183, 440
  presidência de 253, 301, 336, 337
  e os militares 53, 253, 272
Carvão 239, 263, 264, 266
Castro, Fidel
  Cf. Crise dos mísseis em Cuba
Cavaleiros do Trabalho 134-135
Censura 69
CEOs (*chief executive officers*) 265, 292, 304, 308, 312, 351
Chavez, César 411
Chicago boys 117
Chicago, Panteras Negras em 402-404

Chile 113-114, 116-118
  ditadura militar no (1973-1990), *cf.* Ditadura de Pinochet no Chile
  economia 117
  golpe de estado chileno (1973) 111-115, 309
  intervenção da CIA no 111-113
  Kissinger e 113, 114
  sistema(s) político(s) 111, 114, 117-118
  Cf. tb. Allende, Salvador
China 119, 163, 164, 219
  CSN 68 e 152, 202
  economia 188
  energia e
  guerra civil chinesa 151
  pandemia de Covid-19 e 458-460, 468
  Revolução Comunista Chinesa e a "perda" da China 152, 197-199, 202, 295, 387
  Segunda Guerra Mundial, Japão e 180
  sistema de crédito social 410
Chomsky, Valeria 61
Churchill, Winston 149, 184-185, 188, 299
CIA (Central Intelligence Agency) 111
  Cuba e 210, 211
  golpes 54, 197, 386
  natureza da 112

493

operações 111-114, 193, 405
  Salvador Allende e 111-113
Cidade da Ressurreição 396
"Civilização ocidental" 332
Clark, Mark 403
Clinton, Bill 173, 201, 213, 324, 342, 435, 440
  doutrina Clinton 197
  globalização clintoniana 342, 435
  presidência 52, 173, 201
Coatsworth, John 71
Codeterminação 136
Cohn, Roy M. 153
Cointelpro 373, 400-403, 405, 406, 432
Coletividades 25
Coletivismo 304, 436
Colômbia 325
Colonialismo 106, 107, 140, 145-146, 405, 414
  belga 405
  capitalismo e 9, 106, 140-141, 414
  militarismo e 106, 107, 398, 414
  Cf. tb. Imperialismo
Colóquio Walter Lippmann 339
Comando Africano, Estados Unidos (Africom) 420
Combustível de carbono neutralizado 248
Comercialização da governança e da política 315

Comércio de emissão de gases 450
Comissão Creel 38, 63
Comissão de Coordenação Estudantil Não Violenta (CCENV) 392
Comissão de Pares 397
Comissão sobre o Perigo Presente 154-155
Comissão Trilateral 336
Comissões da Verdade 56, 57, 116
Comitês de ação política (CAP) 305
Commager, Henry Steele 281
Commoner, Barry 250
Competição entre países 146, 148, 164, 188, 190, 208, 298, 299
  Cf. tb. Competição econômica
Complexo militar-industrial (CMI) 107, 153, 156, 418
Compromisso de não greve 293
Computadores 425
Comunismo 219
  Ameaças comunistas 57, 60, 108, 123, 152, 294, 317, 397
  Governos comunistas 294
  cf.tb. Regime comunista da Alemanha Oriental
  O manifesto comunista (Marx e Engels) 140, 318

Partido Comunista
norte-americano 401
Partidos comunistas 150,
294-296
Quintas colunas comunistas
150
Cf. tb. Anticomunismo;
Crise dos mísseis em Cuba;
Teoria do efeito dominó;
Macarthismo
Concorrência econômica
102-105, 107-108, 208, 298-300
entre pequenas e grandes
empresas 296
livre/irrestrita 232, 292-293
Marx sobre a 232
monopólios e 102, 232, 308;
cf. tb. Monopólios
Cf. tb. Concorrência
Conferência de Bretton Woods
289, 290
Conferência de Genebra (1954)
389
Conflito na Líbia
(2011-presente) 364, 366
Conflito urbano-rural 128
Congo 405
Consciência discursiva 19, 21
Consciência prática 19-21, 32,
48
Conselho de Qualidade
Ambiental 245
Conselho de Relações
Exteriores / Internacionais 185

Conselho de Relações
Internacionais de Chicago 76
Consenso
democracia e 34-35, 52, 60-64,
169-170
dos governados 33-34, 381
e resistência 33, 382
engenharia 61-63, 77, 168-169,
444
Hume sobre 50
legitimidade e 33-35, 381
cf. tb. Hegemonia
Conservadorismo
perspectiva histórica sobre
434-435
Reagan e 434, 442
Constituição da Tunísia 364
Constituição do Reino Unido
124
Constituição dos Estados
Unidos 128, 387, 447
Artigo I 71-72, 127
caracterizações da 126-127
democracia e 127-128 ;
cf. tb. Desenvolvedores da
Constituição dos Estados
Unidos
emendas 347, 348-349; *cf.
tb.* Declaração de Direitos;
emendas específicas
formação e desenvolvimento
78, 123, 131, 169, 447; *cf. tb.*
Convenção Constitucional
Revolução Americana e 79
violações da 71-73, 278

495

Watergate e 400-401
William Barr e 71-72
Cf. tb. Desenvolvedores da Constituição dos Estados Unidos; Sistema constitucional
Contágio 123, 177, 200-201, 387
"vírus" que podem "se espalhar"
Cf. tb. teoria do dominó
Contrato salarial 454
Controle de pensamento 59, 169
Cf. tb. doutrinação
Convenção Constitucional (Estados Unidos) 123-128, 169, 172, 328
Coreia do Norte 164-165
Corporações de energia 265, 346
Correa, Rafael 160
Corrida armamentista nuclear 152
Crehan, Kate 35
Occupy Wall Street (OWS) e 364, 367-373, 382
sobre Gramsci 24-26, 37
sobre hegemonia 35, 368-371
sobre o senso comum e conceitos relacionados 18-19, 22-27, 36-37
Crianças
cf. Doutrinamento: dos jovens

Criminosos de guerra nazistas
cf. Tribunal de Nuremberg
Crise constitucional 349, 401
Crise da democracia, A (The Crisis of Democracy) 337
Crise financeira de 2007-2008 155, 315, 341, 343, 369
Cf. tb. Grande Recessão
Cristandade 216, 267
Cuba 399, 420, 468
Crise dos mísseis 209-212, 271
John F. Kennedy e 208-211
Khrushchov e 208, 210, 212
Culhane, Claire 397

Dakota Access Pipeline 379
Dakota do Norte 379
Darwinismo social 145
Daszak, Peter 461, 466-467
Davidon, Bill 405
Davis, Jefferson 361-362
DDT (dicloro-difeniltri-cloroetano) 222-223
Declaração de Direitos 42, 149
Declaração de Independência 149, 193, 328
Declaração Universal dos Direitos Humanos 174-175, 436
Defcon 2 (condição de prontidão de defesa) 209

Déficit de compensação da produtividade
Cf. tb. Salário(s)
Democracia
consentimento e 34-35, 50, 60-62, 169-170
a crise da 337
Deterring Democracy (Chomsky) 50-56
Edward Bernays e 38-39, 42, 63, 168, 451
"excessiva" 127, 168, 337, 340, 342, 351, 431, 438, 447
Democratas do Sul 385, 438
Departamento de Defesa, Estados Unidos 165, 193
Departamento de Estado dos Estados Unidos 113, 182, 185, 187, 189, 191, 195, 420
Departamento de Guerra dos Estados Unidos 193
Departamento de Justiça dos Estados Unidos (DOJ) 376-375
Departamento de Segurança Interna dos Estados Unidos 372, 380, 416
Departamento Federal de Investigação (FBI) 371-375, 400-403, 405-406
Desastre do ônibus espacial Challenger 254
Desastres ambientais 244, 251
Descolonização 198, 290

Desenvolvedores da Constituição norte-americana 123, 168, 340, 349, 447
Desenvolvimento 175, 424
Desenvolvimento econômico e social 424
Cf. tb. Produto interno bruto
Desfolha 324
Desmantelamento nuclear 253-254
Desmatamento 224-225
Desregulamentação 178, 246-247, 307-308, 318, 320, 420
neoliberalismo e 11, 173-174, 318-319, 462, 466
sob Reagan 178, 307
Destruição da camada de ozônio 223
Deterring democracy (Chomsky) 50, 56
Dewey, John 170-172, 174, 279
democracia e 170, 171, 279
sobre a "imprensa não livre" 171-172, 174
Diamond, Jamie 268
Diego Garcia 276
Diem, Ngo Dinh 387-388
Diferença salarial entre gêneros 362
Dinamarca 281
Dinheiro 85-88, 95, 120, 122, 233, 235, 299, 412

impressão de dinheiro e papel-moeda 127, 154
Direito ao Desenvolvimento, resolução das Nações Unidas sobre o 175
Direitos de propriedade das mulheres 130, 386
Direitos humanos 174-175
 discurso dos direitos humanos 175
 "execução" de 157, 180
 Jimmy Carter e 53
 (maus) usos do termo 179-180
 violações dos direitos humanos 56, 134, 183, 365-366
 Cf. tb. tópicos específicos
Direitos LGBTQIA+ 363
Direitos sociais 294s.
Discurso da Cortina de Ferro 149, 184, 299
Discurso dos "Tendões da paz" (Churchill) 149
 cf. tb. Discurso sobre a Cortina de Ferro
Dissidentes soviéticos 66-67, 71, 204
Ditadura de Pinochet no Chile 111, 116, 117, 214, 339, 432
Diversidade 203
 Cf. tb. Medo: outros perigosos/forasteiros; Xenofobia

Dobriansky, Paula 175
Doutrina Bush 184
Doutrina Nitze 152
Doutrinação 59, 77, 169
 dos jovens 282, 383, 430
Doutrinas neoliberais 432, 433
Drogas, fármacos 222, 461-462
Du Bois, W.E.B. 391

Ebola 458, 466
Economia keynesiana 204-205, 290, 300, 308, 315
"Economia sólida" 195, 339, 342, 352, 432, 433, 434, 438
Econômico
 Cf. Produto interno bruto
Educação das mulheres 273, 393
Eemiano 260
Efeito dominó 121, 295
Efeito insidioso exemplar 113-114
Egito 366
Ehrenreich, Barbara 29
Ehrlichman, John 158
Eisenhower, Dwight D. 153, 210, 249, 350, 405, 434, 438, 440
Eixo do Mal 420
El Salvador 53
Eleições, compra de 342
Elite intelectual 76, 126

Elites 12-13, 93, 372-375, 378, 381, 382
  crises de legitimação e 36
  Desenvolvedores e 124, 126-127
  intelectual 76, 126
  movimentos sociais e 12
  neoliberalismo e 11
  substituindo os líderes da oposição pelas 309
  The Power Elite (Mills) 235
Ellsberg, Daniel 66, 180, 199, 210, 211, 334
Emenda de equilíbrio orçamentário 348
Emenda Symington 277
Emergências nacionais 422
Emirados Árabes Unidos 366
Emprego
  Cf. Mão de obra; *tópicos específicos*
Energia nuclear 249-254
  e mudanças climáticas 249, 254
  problemas com 254
Energia renovável 248
Energia sustentável 281
Energia 249-250, 257-258, 281
  Cf. tb. Energia nuclear; Petróleo; Uso de combustíveis fósseis; *temas específicos*
Engels, Friedrich 140-141, 318

Engenharia de consenso 59-63, 77, 168-169, 444
  Cf. tb. Consentimento
Equador 160
Era da reconstrução 390
Era de Jackson 179
era pós-Guerra Fria 191, 212, 418
Escândalo Watergate 400-401
Escola das Américas 216
Escravidão 140, 332-333
  capitalismo e a economia da 98, 99
  Convenção constitucional 128
  e a Bíblia 361
  Grã-Bretanha e 77, 276, 390, 448
  história 362
  nos Estados Unidos 179, 189, 330, 331, 361, 362, 385, 390-391, 448, 451
  prevalência atual 361
  Revolução Americana e 328, 447
  trabalho assalariado como 133-137, 454-455
  Cf. tb. Trabalho assalariado
Esfera soviética 150
Especialização 83, 85, 86
Estados árabes 277, 278
"Estado escravo", União Soviética como 202, 204-205
Estados Unidos como país mais perigoso 328

499

"finalidade transcendente" e
"finalidade nacional" 181-182
Cf. tb. temas específicos
Estilo paranoico da política
americana 158
Estruturação 21, 37
Ética do bote salva-vidas 229
Excepcionalismo americano
179-182, 397
Cf. tb. Excepcionalismo
Excepcionalismo, doutrina do
180
expansão econômica,
mundo pós-Segunda
Guerra, *cf.* Idade de Ouro do
Capitalismo
imperialismo e 180, 181
Expectativa de vida nos
Estados Unidos 313
Extinction Rebellion 282
Extração de óleo de xisto
243-244
Extração de xisto betuminoso
244
Exxon 255-256
Exxon/Mobil 262, 265, 268

Fábrica da Foxconn em
Wisconsin 343
"Fabricação de consenso" 63,
170
Cf. tb. Consenso
Fake news 322
Fall, Bernard 389

Falwell, Jerry 306
Fascismo 25, 67, 193, 194, 339,
432
e resistência antifascista 195
Cf. tb. Antifa
Fazenda dos animais, A
(Orwell) 69-70
Federação Americana do
Trabalho (FAT) Congresso
de Organizações Industriais
(COI) 295
Federal Reserve 58, 464
Federalistas *vs.* antifederalistas
447
Felicidade
Cf. qualidade de vida,
felicidade, e satisfação
Ferguson, Thomas 120
Feudalismo industrial 279
Finalidade transcendente
181-182
Financeirização, globalização e
neoliberalismo 285-286
First National Bank of Boston
vs. Bellotti 305
Fiscalização antitruste 290, 308
Fisher, Mark 37, 80, 93
Flexibilização do trabalho 339
Foner, Philip 134
Força de trabalho 87-88, 101,
293, 412-414
Marx e 84, 92, 95
salários e oferta/demanda de
105

trabalho como 87-88, 101, 293, 412-414
Forças nucleares de alcance intermédio, tratado (Tratado FAI) 274-275, 283
Ford Motor Company 408-409
Ford, Gerald 442
Ford, Henry 408-409
Fort, Jeff 403
França 276, 380, 398
  alianças dos Estados Unidos com 115, 148, 199, 380, 387, 389-390
  bases militares estrangeiras 190
  Movimento dos Coletes Amarelos 312, 352, 367, 368, 380
  Segunda Guerra Mundial e 190
Franklin, Benjamin 169, 419
Fraser, Doug 336
Friedman, Milton 93, 117, 130, 286, 299, 301
  Capitalismo e liberdade 117, 301
  democracia e 119-120
  neoliberalismo e 284-288, 299, 417
  Robin Hahnel e 119
  sobre a liberdade econômica 88-91, 119
  sobre a liberdade 130
Friedman, Thomas 157

Fundo Monetário Internacional (FMI) 156, 289, 310
Fura-greves ("pelegos") 342
Cf. tb. Greves trabalhistas: repressão

Gabbard, Tulsi 321
Gaddis, John Lewis 122
Gallup Poll 330
Gardner, Lloyd 122
Gases de efeito estufa (GEE) 260
Gastos de campanha 120
Gastos militares 152, 154, 161-162, 208, 350-351
Gates, Bill 30, 248
George III 121, 328, 447
Germany: Key to Peace (Warburg) 207
Gestão
  Cf. gestão das relações de trabalho
Giddens, Anthony 19, 21, 37-38
Giroux, Henry 285, 317
Gitlin, Todd 373
Globalização 107-109, 147, 285-286, 313, 317, 319, 427, 428, 466
  capitalismo globalizado 43, 81, 141, 167
  clintoniana 342, 435
  neoliberal 43, 132-133, 198, 309, 313

neoliberalismo globalizado 466
Golpe de estado de Suharto 214
Golpe dos Desenvolvedores 123-124, 127-128, 168
Gorbachov, Mikhail 212-213, 274
governança hegemônica 44, 317
Governos marxistas 114, 219
Grã-Bretanha 94, 188, 190, 195, 398
  Adam Smith e 58, 131-133
  bases militares 276, 329
  censura literária na 69
  comunismo e 150
  David Hume e 49, 57-58, 77
  Diego Garcia e 276
  e Oriente Médio 146, 190
  escravidão e 77, 330, 390, 448
  Estados Unidos e 115, 119, 124, 150, 186-190
  Extinction Rebellion 282
  George Orwell e 69
  ideias neoliberais na 301
  industrialização 118-119
  livre-comércio, protecionismo e 188-189
  Parlamento 77, 78, 124, 185
  revolução democrática na 49, 77, 121, 124, 131, 340, 432
  Revolução Haitiana e 115, 331
  Segunda Emenda e 446-449
  sistema constitucional 124
  União Soviética e 150
  "viés doméstico" 133
  cf. tb. Revolução Americana
Graham, Katherine 42
Gramsci, Antonio 24, 25-26, 67, 353, 358, 360
  sobre as coletividades 25
  David Hume e 49, 59
  sobre o governo 36
  intelectuais e 26-27, 65
  senso comum e 24-27, 33, 37, 49
  sobre hegemonia 33, 49
  sobre legitimação 36, 65
  desigualdade, Karl Marx e 24
  Kate Crehan sobre 24-26, 37
Grande Área (Segunda Guerra Mundial) 186, 187, 190, 193, 198, 200
Grande Depressão 28, 146, 291, 293, 350, 383
Grande Recessão 155, 285, 315, 317, 369, 428, 435
  Cf. tb. Crise financeira de
Grandin, Greg 179
Grant, Ulysses S. 329
Grécia 67
Green, David 195
Greenspan, Alan 58, 435
Greve de saneamento de Memphis 396
Greves trabalhistas 341, 396, 453
  proibição 310, 342
  repressão 336, 338, 342

Guatemala 54-56, 60, 70
  Genocídio guatemalteco 54-55
  Golpe de estado na (1954) 54, 70, 157, 309, 386
  United Fruit Company e 60, 157
Guedes, Paulo 118
Guerra às drogas, Estados Unidos 316, 324
Guerra cibernética 163, 319
Guerra civil inglesa
  Cf. Grã-Bretanha: revolução democrática na
Guerra civil na Líbia (2011) 365
Guerra civil síria 365, 366
Guerra da Coreia 152, 154
Guerra de drones 399
Guerra do Vietnã 113, 115, 200, 201, 389
  "Além do Vietnã: um tempo de romper o silêncio" (discurso MLK) 81
  economia 154
  Estados Unidos e 154, 176-177, 199-201, 321-324, 329, 333, 386-390, 397-400, 406, 417
  França e 199, 334, 387
  guerra química 321-326
  Invasão dos Estados Unidos 74
  Lyndon Johnson e 388-390, 439
  Martin Luther King e 81, 395
  perda da China e 198
  Posições dos Estados Unidos em relação a 75, 322
  rescaldo 397-400
  resistência e 387-388, 389, 397, 400
  teoria do dominó e 114, 199-200, 201-202; *cf. tb.* Teoria do dominó
Guerra Fria 70, 148, 163, 194, 295, 417
  CSN 68 e 164
  fim da 156, 212; *cf. tb.* era pós-Guerra Fria
  histeria da 383
  paranoia e 415
  teoria do dominó e 115
Guerra Mexicano-americana 193, 329
Guerra química 321-326
Guerra Revolucionária Americana 127
Guerras da Indochina 66, 74, 75, 176, 324, 329
  Cf. tb. Guerra do Vietnã

H.R. 6054 377
Haas, Jeffrey 404
Habitação social 385, 439
  discriminação 383-385, 439
Hall, Stuart 32-33, 35, 36, 358, 371
Hamilton, Alexander 128, 447

Hammer, Armand 243
Hampton, Fred 402-405
Hanna, Mark 120
Hansen, James 261, 265
Hardin, Garrett 228-229
Harvey, David 143, 144-145, 231
Haussmann, Georges-Eugène 143
Hawthorne, Nathaniel 67
Hayek, Friedrich 299, 433
  na batalha por ideias 300
  neoliberalismo e 117, 433
  Sociedade Mont Pelerin e 299
Hedges, Chris 40
Hegemonia 35, 158, 317, 319, 381
  Antonio Gramsci sobre 9, 33, 49
  definida 33
  do Partido Republicano 307
  e contra-hegemonias 429
  global 157, 199
  Kate Crehan sobre 35, 369, 371
  natureza da 35
  neoliberal 142, 155
  Occupy Wall Street (OWS) e 369-371
  vs. coerção 33-34, 381
  Cf. tb. Consenso
Heller, Distrito de Colúmbia vs. 446
Herman, Edward 321, 398
Hickel, Jason 237

Hiroshima, bombardeio atômico de 151, 249-270
Hitler, Adolf 180, 419
  racismo e 384, 451
  Segunda Guerra Mundial e 73, 176, 180
Ho Chi Minh 334
Hofstadter, Richard 147, 158, 166
Holanda 188
Honduras 51-52, 194, 215, 309
Hughes, Dick 323, 325
Humboldt, Wilhelm von 135
Hume, David 49-50, 57, 77, 78
  Antonio Gramsci e 49, 59
  Grã-Bretanha e 49, 57-58, 77
  sobre o consenso 50
Huntington, Samuel 337

Idade de Ouro do Capitalismo 285, 288, 384
Idealismo wilsoniano 179, 181
Iêmen, intervenção liderada pela Arábia Saudita no 191, 365
Ignatieff, Michael 157
Igreja Católica 56, 216
Igreja da Rua Arlington 389
Igualdade das mulheres 338, 362
Igualdade de oportunidades, princípio da Porta Aberta de 189-190
Illinois, pensões não pagas 345

Imigrantes 51, 110, 146, 438
  culpabilização 13, 108, 438
  medo de 108, 167, 317, 352
Imperialismo 145-146, 147,
  155, 158-159, 188, 423
  burguês 27
  capitalismo e 10, 106,
  140-142, 414
  características do
  imperialismo moderno
  141-142
  econômico 414
  excepcionalismo e 179-181
  formas de 107, 143, 414, 467
  imperialismo, em nome do
  178, 182-185, 188, 189, 328-330
  italiano 114, 193
  John Dewey e 170, 171, 279
  Lenin e 141-142, 145
  militarismo e 10, 106-107, 414
  na América Latina 182-184
  nacionalismo e 145
  neoliberalismo e 413-414
  no Iraque 178, 182, 310
  Reagan e 61, 182-185
  teoria do dominó e 114-115,
  199-200
  The new imperialism
  (Harvey) 143
  vs. ordem 153
  Cf. tb. Colonialismo
*Imperialismo: o estágio mais alto
  do capitalismo* (Lenin) 141
Império Britânico 57, 115,
  145-146, 149, 180, 186, 276

Império colonial francês 115,
  145-146, 180
  Cf. tb. Revolução Haitiana
Império Leve 157
Implantes de identificação por
  radiofrequência (IDRF) 437
Impostos 247, 289
  Cf. tb. Livre-comércio
Imprensa trabalhista 134
Imprensa
  Cf. Imprensa trabalhista;
  Mídia
"Imprensa não livre" (Dewey)
  171-172, 174
Incidente com *spray* de
  pimenta na UC Davis 382
Índia britânica 58, 188, 189
Índia 119, 326, 330
  Grã-Bretanha e 58, 188, 189
Indonésia 200-201
Indústria automobilística 298
Indústria do petróleo 256
Indústria 186-187, 198, 290
  Cf. tb. Revolução Industrial
Industriais
  Adam Smith sobre os 58,
  126, 131
  de armas 406, 443-445
  e política governamental 58
  Cf. tb. "Senhores da
  humanidade"
Inglaterra
  Cf. Grã-Bretanha
Inhofe, James 267

Inimigos 108, 158, 318, 418
  CSN 68 e 328, 333
  e os militares 153, 156-157, 167-168, 328, 351, 418
  invenção de 108, 153, 157, 167, 351, 403, 420
insideclimatenews.org 256
Instabilidade econômica 428
Instituto Heartland 256
Intelectuais 169-171, 338
  América Latina 56, 66, 71, 215
  Antonio Gramsci e 9, 26, 65
  orgânicos 26
  papel dos 26
  perseguição de 55, 66-69, 170, 215
  progressistas e esquerda-
  -liberal 63-65, 76, 338, 340
  responsável 65-66, 70, 73, 169-170
Intelectuais jesuítas 67-68, 215
Intelectuais latino-americanos 55
Interesses especiais 337-338
Internacional de Trabalhadores do Petróleo, Químicos e Atômicos (ITPQA) 453
Intervenção britânica 115, 329
Intervenção liderada pela Arábia Saudita no Iêmen 191, 366
Invasão indonésia de Timor Leste 201

investimento estrangeiro direto 290, 298
Irã 164-165, 215, 262, 329, 334, 399
  Acordo nuclear com o Irã (JCPOA) 277-278
  ameaças contra 71, 73, 278
  Caso Irã-Contras 155
  Golpe de estado iraniano de 1953 197, 309, 386
  Relações Irã-Estados Unidos 71, 72, 165, 215, 278, 319, 329, 334, 399
  sanções contra o Irã 215, 262
Iraque 420
  armas de destruição em massa 178, 182, 184, 278, 419
  ataques terroristas de 11 de setembro e 415-416, 419
  crítica de Obama a 73, 177
  e democratização 178, 182, 310
  guerra química e valas de queima de lixo 319-322, 324
  invasão de 2003 73, 74, 161, 177-178, 191, 276, 310-311, 327, 329-330, 419
  ordens promulgadas por Paul Bremer no 310
  protestos contra 400
  recursos petrolíferos 178, 190-191, 261-262
  terrorismo e 74, 163, 184, 419
Zbigniew Brzezinski sobre 191
Irmãos Koch 257, 369, 450-452

Isis (Estado Islâmico do Iraque e o Levante) 74, 419
Islã 163, 441
Cf. tb. Muçulmanos
Israel 55, 67, 178, 191, 277, 279, 326
Itália 25, 114, 130, 192-193

J20 (protestos de 20 de janeiro de 2005 contra a posse) 375-377
Jackson, Andrew 178-179
Jackson, Mississippi 394-395
Jackson, Robert 74
Japão 118, 145, 159, 177, 188, 191, 200, 201, 290, 298, 312
   Comissão Trilateral e 336
   Segunda Guerra Mundial e 151, 185, 188, 200
Jay, John 128
Jefferson, Thomas 127, 169
João XXIII, Papa 216
John F. Kennedy e 213-214 *Cf. também* América Central; *tópicos específicos*
Johnson, Lyndon B. 214, 388, 390, 394, 439
   gabinete e nomeados 66, 112, 201, 213-214
   Guerra do Vietnã e 388, 390, 439-440
   legislação de direitos civis 393-394, 439

Justiça, Departamento dos Estados Unidos de 376-377

Kain, Erik 372
Kasich, John 266
Kautsky, Karl 319
Kennan, George 151, 187, 191, 196
Kennedy, John F. 405
   Crise dos mísseis cubanos e 207-211
   Exército dos Estados Unidos e 208-211, 399
   gabinete e nomeados 66, 112, 176, 201, 213-215
   Guerra do Vietnã e 322, 388
   Militares latino-americanos e 213
   presidência 197, 208, 214-215
Kennedy, Robert F. 211
Kennedy, Ted 345
Khmer Vermelho 74
Khrushchov, Nikita 208, 210
   Crise dos mísseis cubanos e 209, 211, 212
Kifner, John 404
King, Martin Luther, Jr. 80-81, 393, 395, 401
   "Eu estive no topo da montanha", discurso 396
Kirk, Russell 436
Kirkpatrick, Jeane 175
Kissinger, Henry 200-201, 273
   América Central e 54,

113-115
Invasão indonésia do Timor Leste e 201
Guerra do Vietnã e 74, 200
sobre "especialistas" 65-66
Klare, Michael 161
Klarman, Michael J. 123, 127, 169
Klein, Naomi 255-257, 302
Klobuchar, Amy 321, 323
Kobach, Kris 325
Koch, David 450-452
Kotz, David 349
Krauss, Clifford 262, 269
Küng, Hans 216

Lansing, Robert 121, 122
Lapavitsas, Costas 315
Lasswell, Harold 64
Leffler, Melvyn 207
Legislação
  antiprotesto 378-380
  antitruste 305
  e legisladores estaduais 346, 363
Legitimação
  Antonio Gramsci sobre 36, 65
  crises de legitimação 34-36
  especialistas em 65, 67, 77
Legitimidade 36, 44, 381
  consenso e 33-34, 381 *cf. tb.* Consenso
  de sistemas socioeconômicos 129-130

elites e 381
Estado 33-34, 44, 107-108, 129-130, 131, 166, 317
lei ambiental 245-246
Lei britânica 149
  mulheres como propriedade sob a 130, 386
  poor laws 227
  sistema britânico 447
Lei da Água Limpa 245
Lei das Espécies Ameaçadas de 1973 245
Lei das Telecomunicações de 1996 173
Lei de Compensação e Responsabilidade de Resposta Ambiental Abrangente de 1980 246
Lei de Conservação e Recuperação de Recursos de 1976 246
Lei de Controle de Substâncias Tóxicas, de 1976 246
Lei de Corte de Impostos e Estímulo ao Emprego de 2017 436
Lei do aborto 363, 441
Lei do Desenvolvimento Infantil Abrangente de 1971 397
Lei do Superfundo 246
Lei dos Direitos Civis de 1964 393-394, 395

Lei Federal de Controle Ambiental de Pesticidas 245
Lei Humphrey-Hawkins do Pleno Emprego 440
Lei Taft-Hartley 294
Leis de Nuremberg 383
Lenin, Vladimir I. 141-142, 145 411
   imperialismo e 141-142, 145
Leonard, Christopher 450, 451-452
Lewis, Anthony 75, 176
Liberalismo clássico 59, 131, 134, 455
   fundadores e figuras principais do 49, 58, 59, 172, 455
   incorporado 285, 288
   Cf. tb. Intelectuais
Liberdade, coletivismo e 303-306
   da carestia 436
   de expressão 42, 451
   individual 286, 303
   Cf. tb. Liberdade econômica; Primeira Emenda; *tópicos específicos*
Liberdade econômica 286, 300, 303
   Milton Friedman sobre 88-91, 119
   Cf. tb. Liberdade
Liberdades e repressão 149
Libéria 332

Libertário 58, 59, 362, 433, 436, 446, 452
Limbaugh, Rush 267-268
Lincoln, Abraham 59, 131, 133, 172, 391, 440, 455
Linha de montagem 408-409
Linha Oder-Neisse 192
Lippmann, Walter 38, 63, 77, 168, 339, 433
Livre-comércio 188-189, 196, 286
   Cf. tb. Nafta; tarifas
Lixo
   Cf. Resíduos industriais; Resíduos nucleares
Llorens, Hugo 215
Locke, John 78, 131, 145, 455
Lomborg, Bjørn 431
Lordstown, Greve de 1972 341
Los Angeles 242, 243
Lula da Silva, Luiz Inácio 137
Lumumba, Chokwe 395
Lumumba, Patrice 405
Luntz, Frank 371
Luxemburgo, Rosa 319
Lynd, Staughton 393

Macarthismo 153, 198, 203, 294
McDonald, Dwight 269, 283
Madison, James 124-126, 128, 340, 440
Maduro, Nicolás 309
Maechling, Charles 213

Maioria Moral 306
Mais-valia, relativa e absoluta 100
Malthus, Thomas Robert 226-227
Malthusianismo 229-230
Mandado contra site anti--Trump do DreamHost 376
Mangusto, Operação 211
Manokha, Ivan 437
Mansfield, Senhor (William Murray) 330
"Mão invisível" (Smith) 132-133
Marcha contra o Medo 393-395
Marcuse, Herbert 335
Markey, Ed 283
Marx, Karl 24, 26, 136, 140, 315, 455-456, 463
  força de trabalho e 89, 92, 95
  Grundrisse 84
  O capital 80, 89, 91-92, 95, 98, 232, 461
  sobre a desigualdade 24
  sobre a luta de classes 318
  sobre o capital 90-91, 232-233
  sobre o capitalismo 101-102
  sobre o Estado-nação 97
  sobre o papel do Estado 95
  sobre terra e propriedade 90-92
Marxismo 300, 455
Massacre em My Lai 397
Mattis, James "Mad Dog" 162-164

Max-Neef, Manfred 426
Mazzocchi, Tony 453
McCarthy, Joseph 153, 198, 204
McChesney, Robert 172
Mead, Margaret 360
Mecanismos financeiros internacionais utilizados para espalhar o neoliberalismo 310
Medicaid 164, 291, 427
Medicare 164, 291
Medo 327-335, 414-415, 419-422
  de imigrantes 108, 167, 317, 352
  do comunismo, *cf.* Anticomunismo; Ameaça comunista; Macarthismo
  legitimidade do Estado e clima de 317
  outros perigosos/forasteiros 107, 147, 166, 327, 422
  cf. tb. Diversidade; Inimigos; Imigrantes; Xenofobia
  Cf. tb. muro da fronteira
Memorando 151, 202-205, 300, 335
  caracterizações do 151, 201-202
  China e 152, 202
  Guerra da Coreia e 152, 154
  "estado escravo" e 202, 204-205
  medo e 151-155, 328, 333
  Paul Nitze e 151-152, 154-155, 164

visão geral e natureza do 151
Memorando de Segurança
    Nacional n. 181 (Despacho
    11.094) 211
Mencken, H.L. 68
"Meninas de fábrica" 134
Mercantilização 241, 242,
    426-427
    Cf. tb. Força de trabalho
Mesa-redonda de Negócios 304
Metternich, Klemens von 121
México 312, 435
Mídia 24, 41-43, 322-323
    Cf. tb. Imprensa trabalhista;
    "imprensa não livre"
Militares inimigos e os 154,
    156, 167, 328, 351, 418
    bases militares no estrangeiro
    160, 161, 276, 329, 420
    golpes militares 51, 56-57,
    64, 111, 112, 194, 197, 200
    Jimmy Carter e os 52, 253, 272
    John F. Kennedy e os 208-211,
    213, 399
    Cf. tb. golpe de Estado na
    Guatemala
Militarismo
    colonialismo e 106, 107, 398,
    414
    imperialismo e 10, 107, 414
Mill, John Stuart 59, 180, 455
Mills, C. Wright 235
Mísseis
    Antibalísticos (MABs) 274,
    275n., 320
    balísticos intercontinentais
    (MBICs) 206
    Cf. Crise dos mísseis em
    Cuba; Primeiro ataque;
    Armas balísticas
Mnuchin, Steven 464
Mobutu Sese Seko 405
Modelo neoliberal 304, 309, 428
Moeda 298
    Cf. tb. Dinheiro
Mondale, Walter 397
Mondragón 137
Monitoramento de funcionários
    408-410, 437-438
Monopólios 102, 130, 141-142,
    173, 232
    Cf. tb. aplicação da legislação
    antitruste
Monten, Jonathan 184
Montgomery, David 135
Morgenthau, Hans 181-182
Movimento abolicionista 361
Movimento dos Coletes
    Amarelos 312, 352, 367, 368,
    380
Movimento dos Trabalhadores
    Sem Terra (MST) 137
Movimento feminista 357,
    361-362
Movimento neoliberal 301,
    339, 433
Movimento Nova Ordem (Ásia
    Oriental) 200

Movimento Sunrise 282, 353
Movimento Trinta de Setembro
    Cf. Golpe de estado de
    Suharto
Movimentos ativistas negros
    402-404
Movimentos de direita
    Cf. Populismo
Movimentos extremistas 373
Movimentos sociais 12, 319,
    354-358, 360, 391, 401-402
    extremistas 373
    "novos" 357-358
    senso comum e 358, 359
Mubarak, Hosni 365
Muçulmanos 326, 441
Mudança climática 226, 280
    Bill Gates e 248
    ciência e 254-255
    correção tecnológica (verde)
    da 248-250, 254, 281
    David Koch e 450-451
    derretimento glacial 259,
    260, 282-286; *cf. tb.* Elevação
    do nível dos mares
    desflorestamento e 224-225
    e a elevação do nível dos
    mares 258-262, 266
    e a pandemia 466
    energia renovável e 248
    Exxon e 255-256
    história 260
    identidade e crenças em
    relação a 255-256
    incerteza, agnotologia e
    254-257
    movimento dos Coletes
    Amarelos e 380
    Naomi Klein sobre 256-258
    negação da mudança
    climática 255, 256-257,
    265-269, 450-452
    Partido Republicano e 255,
    449, 452
    terminologia 285
Mudança social 411-412
    lições sobre a 429
    medo e 414
    neoliberalismo e 427
    pré-requisitos para a 36,
    411-412
    senso comum e 36-38,
    358-359, 412, 414
    Cf. tb. tópicos específicos
Mulheres 38-39, 362, 386
    como propriedade 130, 386
    educação 273, 393
    emprego 103, 134, 363
    Cf. tb. Aborto
Muro da fronteira 50, 156, 166,
    266, 325-327
Muro México-Estados Unidos
    50, 325-327
Murray, William (Primeiro
    Conde de Mansfield) 330
Mussolini, Benito 25, 67, 130
Muste, A. J. 180

Nacionalismo 13, 108, 145-146, 166, 195-197, 306
  econômico 195-196
  novo 195
Nader, Ralph 297, 335
Nafta (Acordo Comercial da América do Norte) 156, 247, 435
Nativos norte-americanos 57, 179, 193, 326-329, 401, 447, 448
Cf. Índios norte-americanos
Neocolonialismo 414
Neoimperialismo 107, 466
Neoliberalismo 308, 423, 427, 428
  capitalismo e 297, 299, 317, 338-340, 414
  período de surgimento do 285
New Deal 106, 291, 384-385, 436, 439, 453
  Verde 283, 353
New Start (Strategic Arms Reduction Treaty) 275
New York Times vs. Sullivan 172
Nguyen, Viet Thanh 232
NHA (Não há alternativa) 174, 446
Niebuhr, Reinhold 65
Nitze, Paul 151-152, 154, 155
  CSN 68 e 151-152, 154, 164
Nixon Shock 298
Nixon, Richard Milhous 305, 397, 401
  e o meio ambiente 244, 246
  estratégia para o sul 440
  Kissinger e 113, 114
  presidência 154, 244
  Salvador Allende e 113-114
No More Deaths 50-51, 53
Nobel, Peter 301
Norton, Augustus Richard 178
Nova Esquerda 401

O'Connor, Jim 355
Obama, Barack 213, 215, 258, 275, 344, 345, 370, 372, 422
  armas nucleares e 275-278
  crítica à Guerra do Iraque 73, 177
  extração de combustível fóssil e 258-259
  guerra de drones e 399
  presidência 52, 53, 163, 275, 422
  Trump e 275, 422
Objetividade 269
Ocasio-Cortez, Alexandria 283
Occidental Petroleum 243
Occupy Wall Street (OWS) 364, 367-373, 382
  senso comum e 367, 369-371
  Kate Crehan e 364, 367-371
  Tea Party e 367-369
Oleodutos e gasodutos 262, 378
  Cf. tb. Dakota Access Pipeline
Operação Able Archer 271

513

Operação Mangusto (Projeto Cuba) 211
Operação Menu
Cf. Camboja
Ordem econômica liderada pelos Estados Unidos 187
Ordem econômica, nova 187
Organismos geneticamente modificados (OGM) 225
Organização do Tratado do Atlântico Norte (Otan) 153, 194, 207, 208, 213
Alemanha e 208, 213
Organização dos Países Exportadores de Petróleo (Opep) 262, 298
Organização Mundial de Saúde (OMS) 458-460, 462
Organização Mundial do Comércio (OMC) 119, 156, 249, 289, 310
Organização para Cooperação e Desenvolvimento Econômico (OCDE) 174, 289, 313, 314
Oriente Médio
Grã-Bretanha e 146, 190
petróleo 178, 190-192
zona livre de armas nucleares 275-276, 277
Cf. tb. tópicos específicos
Originalismo 446, 448, 450
Orwell, George 69, 319
Ostrom, Elinor 229

Pacto Internacional sobre Direitos Civis e Políticos 175
Paine, Thomas 131
Painter, David 190
Países Baixos *Cf.* Holanda
Pandemia de Covid-19
bom-senso capitalista e 461-465
catástrofe ambiental e 466-467
China e 458-460, 468
etiologia e propagação (linha do tempo) 458-460
militarismo e 465-466
movimentos sociais (regressivos e progressivos) e 467-469
reação a 460-469
Pandemias 466
Cf. tb. pandemia de Covid-19
Panteras Negras 402-403
Panvírus 461-462
Paquistão 330
Parceria para a Justiça Civil 372-373
Parlamento do Reino Unido 77, 78, 124, 185
Partido Republicano
mudanças climáticas e 255, 267, 450
hegemonia do 307
Cf. tb. tópicos específicos
Partido Trabalhista dos Estados Unidos 453
Partidos socialistas 294, 296

Pastor, Robert 183
Patriot Act 419
Patriotismo 13, 145
Pearl Harbor, Ataque a 416
Pelosi, Nancy 282
Pence, Mike 451
Pentagon Papers (*PP*) 66, 180, 199, 390
Pentágono 71, 159, 167-168, 196, 216, 318
Perle, Richard 418
Permiano 261
Pesquisa e Desenvolvimento (P&D) 350-351
Pessoa jurídica 305
Petróleo 189-190, 261, 310
　Grã-Bretanha e 178, 190
　no Iraque 178, 191-192
　no Oriente Médio 178, 190, 192
　venezuelano 156, 190, 414
　Cf. tb. Uso de combustíveis fósseis
Petrov, Stanislav 272
Pickard, Victor 172
Pike, John 382
Piketty, Thomas 353
Pilger, John 416-418
Planck, Max 411
Planejamento familiar 273, 442-443
Plano Colômbia 324

Plano de Ação Conjunto Global (JCPOA) 277
Plano Marshall 191
Planta Piloto de Isolamento de Resíduos (PPIR) 252
Plutônio 253
Pobreza 313
Podhorezt, Norman 400
Polícia 196, 317, 374, 375, 380, 381, 394, 402-404
　grupos de infiltrantes em movimentos 402
　militarização 167-168, 419
　política 149, 401, 402
　protestos/manifestações e 364-365, 372, 374, 375, 379-382, 388-389, 394
Política Nacional do Meio Ambiente de 1969 245
Políticas militares keynesianas 204
Polônia, invasão da 176
Poluição 221-222, 238-239, 244-246, 256-257, 262-266, 453, 467
　da água 221, 222, 245-246, 263, 467
　do ar 221, 239, 245-246, 263, 467
　por plástico 221
　Cf. tb. Guerra química; Questões ambientais
Popper, Karl 299

515

"Populismo" 13, 108, 135, 183, 325, 367, 368, 428
Posturas (e opiniões) de elite 170, 172
   em relação à democracia 78, 168-169, 170
Povo negro 122, 390-395, 402-403
   discriminação contra 385, 394-395, 439
   e a lei 384
   emprego e finanças 384-385
   violência contra 179, 373, 374, 394-395
   cf. tb. Escravidão
Powell Memorandum 297, 300, 302, 304, 335-336, 338
Powell, Lewis F., Jr. 297, 303-305, 335, 338, 340
Power Elite, The (Mills) 235
Powers, Joy 107
Praça Tahrir, Alexandria 364-365
Preços de habitação 240
Preços do petróleo 244, 298
Prêmio Nobel de Economia 301
Primavera Árabe 364-367
Primeira Emenda 45, 172-173, 305
Primeira Guerra Mundial
   entrada nos Estados Unidos 38, 63
Primeiro ataque 274

Princípio "uma gota de sangue" 384
Princípio da porta aberta de igualdade de oportunidades 189-190
Princípio do poluidor-pagador 239-240
Princípios centrais 11
   bom-senso e 299, 302, 412, 427
   crise e 302
   definido 285
   desregulamentação e 12, 173, 318-319, 462, 467
   e o Estado 286-287
   Friedrich Hayek e 117, 433
   globalização, financeirização e 285-286
   globalizado 466 *cf. tb.* Neoliberalismo globalizado
   história 300
   imperialismo e 413-414
   Ludwig von Mises e 432
   métodos de propagação por todo o mundo 309-310
   Milton Friedman e 286, 301, 302, 417
   movimentos sociais em reação ao 319
   mudança social e 427
   natureza do 286
   origem do termo 339, 433
   origens 298, 337-340, 432
   privatização e 11, 287, 304, 357, 427, 462, 463
   promessas do 311

tributação e 308
visão geral 287
Prisões 316, 317-318, 394
devedores 316-318
Privacidade 47
Cf. tb. Vigilância
Privatização 91, 109, 118, 308-311, 315
do sistema educacional 347
neoliberalismo e 11, 286, 304, 357, 427, 462, 463
Processo de trabalho 100-101, 356
Proclamação da Abolição 332
Proctor, Robert 254
Produção de combustível fóssil 259, 264-266
Produção de petróleo 258, 261, 263
Produto Interno Bruto (PIB) 237, 424
Profting Without Producing (Lapavitsas) 315
Programa "Átomos para a Paz" 249
Programa de Proteção de Salários (PPS) 465
Programa nuclear do Irã 278-279
Programas de ajuste estrutural 310
Programas de armas nucleares de Saddam Hussein 177, 184

Programas de Bem-estar Social 32, 125, 291, 297, 391, 436
Projeto Camelot 214
Projeto Cuba
Cf. Operação Mangusto
Propaganda e *marketing* 45, 235-236, 407, 425, 444
"Propagandista" 64-65
Propriedade
coletiva 455
intelectual 91, 110
Proprietários de escravos, Estados Unidos 128, 331
Protestos contra o Dakota Access Pipeline protestos 379-380
Protestos de desobediência civil 378, 379
Cf. tb. Protesto
Protestos de Standing Rock 379
Protestos pacíficos
leis para criminalizar pacíficos 376-380
polícia e 364, 372, 374, 375, 380-382, 388, 394
resistência, ativismo e 397-406
Cf. tb. Ativismo na década de 1960
Protocolo de Montreal 223

Qualidade de vida, felicidade e satisfação 109, 220, 424-426
Quatro Liberdades 436

517

Questões ambientais 220-227
capitalismo e 231-233
Cf. tb. Mudanças climáticas;
Poluição; *temas específicos*
Racaniello, Vincent 461-462
Racismo 176, 203, 257-258,
306, 395, 439
de Woodrow Wilson 122
Hitler e 383-384, 451
legislação e 203, 383-385, 393
liberais e 385
Martin Luther King e 80-81
política externa e 145, 146
Cf. tb. Negros
Rand, Ayn 58
Reagan, Ronald 342, 367, 417,
418, 441
América Central e 52-56,
215, 399
armas nucleares e 273, 275
atentado contra os direitos dos
trabalhadores sindicais 342
conservadorismo e 434, 442
democracia e 61, 182-183
desregulamentação sob 178,
307
neoliberalismo e 307
presidência 54, 56, 155, 175,
246, 271, 301, 302
relatório oficial 399
sobre o governo 461
Thomas Carothers e 182
Reaganistas 182, 183, 400
Realismo capitalista (Fisher)
80, 93

Realismo capitalista 9, 37, 93,
123
Rebelião de Shays 123
Rebeliões de escravos 331
Cf. tb. Revolução Haitiana
Receita Federal (IRS) 312
Recursos de acesso irrestrito
229
Recursos, uso ideal de 339,
434, 436
Redes sociais 425-426
Regime comunista da
Alemanha Oriental 207
Regulamentações ambientais
247
Rehnquist, William 305
Relações Exteriores, Conselho
em 185
Relações trabalho-capital
290-294
Relações Venezuela-Estados
Unidos 165, 190, 262
John Bolton sobre 414, 420
Cf. tb. Revolução Bolivariana
Relógio do Juízo Final 251
Reprodução expandida 101
Reserva Tohono O'odham 326
Resíduos
industriais 221, 234, 245-246
nucleares 223, 252-254
Resíduos radioativos 223,
252-254
Resistência 13, 110, 139-140,
181, 331, 402, 404

à agressão 139
à mudança 355-356
antifascista 192, 195
ativismo, protesto e 397-406
cf. tb. Ativismo na década de
  1960
e reação 354, 375, 378, 382
e repressão 430
governança coercitiva e 33-34
Guerra do Vietnã 386-388,
  397, 398-400 e *cf. tb.* Guerra
  do Vietnã
no Sul dos Estados Unidos
  392
potência e 140
produção capitalista e
  destruição da 92
reações governamentais
  400-406
Cf. tb. tópicos específicos
Reunificação alemã 207, 213
Revolta no Bahrein 2011 366
Revolução Americana 79, 121,
  328, 330
a escravidão e a 330, 447
razões para a 328, 330, 447
Revolução bolivariana, crise
  na Venezuela durante a 157,
  414, 422
sanções contra a Venezuela
  156, 262, 422
Revolução de 25 de Janeiro 364
revolução democrática na Grã-
  -Bretanha 49, 77, 121, 124,
  131, 340, 432

Revolução Egípcia de 2011
  (Revolução de 25 de janeiro)
  364
Revolução Francesa 331
Revolução Haitiana 115, 331,
  332
Revolução Iemenita 365
Revolução Industrial 131-136,
  171, 390, 392
Cf. tb. Segunda Revolução
  Industrial
Revolução Tunisina 364
Reza Pahlavi, Mohammad (Xá
  do Irã) 197
Ricardo, David 133
Rice, Condoleezza 417
Rielly, John 75-76
Rivera y Damas, Arturo 54
Romero, Oscar assassinato de
  53, 54, 67, 215
Roosevelt, Franklin Delano
  106, 436
Cf. tb. New Deal
Röpke, Wilhelm 433
Roubo de salário 347
Rússia 121-122
Cf. tb. União Soviética
Russo, Tony 180
Ryan, Paul 52, 348

"Senhores da humanidade" 58,
  62, 126, 347, 431, 450

"Salário" etimologia do termo 86
das mulheres 363
Cf. tb. Dinheiro; Salário(s)
Salário de cinco dólares 408
Salário digno 454
Salário-mínimo 107, 454
Salário(s) 86, 105, 247, 316, 318, 341, 363, 435, 438
   cinco dólares 408
   média predominante 97-99, 438
   mínimo 107, 454
   produtividade e 287-288, 311
   sindicato 295
   vida 454
   Cf. tb. dinheiro
Sanders, Bernie 136
Santiso, Javier 118
Satisfação
   Cf. Qualidade de vida, Felicidade, e Satisfação
Scalia, Antonin 416
Schlesinger, Arthur 208
Schmookler, Andrew Bard 138-140
Segunda Emenda 443, 446-449
Segunda Guerra Mundial 146-148, 151, 162, 185, 188, 190, 200
   Grande área 186, 187, 190, 193, 198, 200
   Hitler e 73, 176, 180
   Japão e 151, 181, 188, 192-193, 200
   rescaldo 213, 192-193, 213
   sindicatos e 293
   União Soviética e 148-151, 186
Segunda Guerra Sino-Japonesa 180-181
Segunda Revolução Industrial 392
Segurança Interna dos Estados Unidos, Departamento de 372, 380, 416
Seguridade social 291
Senado dos Estados Unidos 125-126, 348
   estrutura regressiva e antidemocrática do 128, 349
Senso comum 18, 358
   a noção de 18-49
   Antonio Gramsci e 24-27, 33, 37, 49
   coisas em oposição ao 34
   Covid-19 e capitalismo 461-465
   definição 18-19, 22-24, 39
   hegemônico 49, 57, 69, 74-76, 111, 129, 131, 173
   Kate Crehan sobre 18, 22-26, 37
   movimento Occupy Wall Street (OWS) e 367-371
   mudança social e 36, 358-359, 412, 415
   neoliberalismo e 299, 302, 412, 427

sensos comuns em competição 24
Serviços ecossistêmicos 240, 242
Sexta Extinção 270
Shanin, Theodore 192
Shock Doctrine, The (Klein) 302
Cf. tb. Klein, Naomi
Shultz, George P. 273
Sindicato dos Trabalhadores do Aço dos Estados Unidos 137
Sindicatos 293, 339, 345, 433, 452
  como inimigo 346, 433, 436
  e uso ideal de recursos 433, 436
  neoliberalismo, desregulamentação e 318
  oposição a 204, 295, 335-336, 342, 452
  repressão 294, 295, 338, 342, 346, 352, 434
  restrições a 294, 295, 303-304, 310-311
  União Soviética e 203-205
Síndrome do Vietnã 400, 417
Síria 163
Sistema constitucional 401
Sistema de Bretton Woods 289, 298
  colapso do 154
Sistema educativo, privatização do 347
Skinner, B.F. 62

Smith, Adam 169
  como um intelectual orgânico da classe burguesa 27
  Grã-Bretanha e 58, 132-133
  liberalismo clássico e 58, 59, 95, 131
  libertarianismo e 59
  máxima vil e 58, 59
  mercados livres e 131
  sobre a "mão invisível" 132-133
  sobre a divisão do trabalho 131-132
  sobre os "senhores da humanidade" 32, 62, 126, 347, 431
  visão geral 58
Sobre o valor 96, 99, 103, 233
Sociedade Mont Pelerin 299, 301
Sócrates 67
Sonho americano 27-29, 31, 237, 291
Spelman College em Atlanta 393
Stalin, Joseph 148, 207, 208
Stimson, Henry 189
Stone, I.F. 400
Suharto 201
Summers, Lawrence 344
Super Bowl XLVII, queda de energia no 421
superpopulação 229, 273
Suprema Corte dos Estados Unidos 305, 342, 385, 443

521

Supremacia branca 343, 373-374, 439
Supremo Tribunal, Estados Unidos 130, 305, 342, 386, 443
Supressão de eleitor 325
Surto de SARS (2002-2004) 458, 466
Swift, Jonathan 265

Taylorismo 408
Tea Party 367-369
  Occupy Wall Street (OWS) e 367-369
Tecnologia 425
Tempo de trabalho 84, 85, 99-100
Teoria das relações internacionais 181
Teoria do dominó 114, 123, 199-202
  imperialismo e 114-115, 177, 201
  Guerra do Vietnã e 115, 199, 201
  Cf. tb. Contágio
Teoria do investimento da política/teoria do investimento da competição partidária 120
Teoria do valor do trabalho 84
Teoria realista das relações internacionais (RI) 181
Terceiro Mundo 119
Terror islâmico 50, 51, 163, 419

Terror/terrorismo Iraque e 74, 163, 184, 419
  guerra contra o 165, 184, 418-419
  Cf. tb. Operação Mangusto
Thatcher, Margaret 301
  citações 28
  "Não há alternativa" (NHA) 174, 446
The Petroleum Policy of the United States 189
Think tanks 304, 417, 452
Till, Emmett 384
Tillerson, Rex 268
Times vs. Sullivan 172
Timor Leste, invasão indonésia do 201
Tortura 116
Trabalhadores microchipados 437
Trabalhadores sindicais 345
Trabalho antagonismo entre o capital e 49
  divisão do 82-83, 132
  flexibilidade do 339
  Lei de Relações de Gestão do Trabalho de 1947, *cf.* Lei Taft--Hartley
  parte do dia dedicado ao trabalho 98-99, 100
Partido Trabalhista, Estados Unidos 453
  relações de gestão do trabalho 290-294, 336

Trabalho assalariado 129, 131, 134, 172, 454, 465
  como escravidão 133-136, 454
  escravos assalariados 98, 135, 136
  trabalhadores assalariados 91
  Cf. tb. Escravidão: trabalho assalariado como
Tráfico de drogas 326-328
Transformação cultural e mudança social 36
Tratado de Livre-Comércio da América do Norte (Nafta) 155, 247, 435
Tratado de Mísseis Antibalísticos 274-275
Tratado de Não Proliferação 277
Tratados 72, 135, 274-278, 283
Trente glorieuses 383
Tribe, Lawrence 242-243
Tribunais de Nuremberg 73-74, 177, 383
Tribunal Mundial 215
Tributação 308, 312
Troika da Tirania 420
Truman, Harry S. 151, 198, 294, 337
Trump, Donald 57-58, 153, 187, 275, 278, 368, 375, 422, 436, 442, 449
  apoiadores 345
  aquecimento global e 265
  David Bernhardt e 263-264
  e a classe trabalhadora 345-346
  e os militares 161
  energia e 258-259, 263
  muro da fronteira e 50, 266, 326
  Obama e 275, 422
  OMS e 459-460
  orçamento 161-162, 164
  pandemia de Covid-19 e 459
  presidência 51, 58, 162, 258, 268, 275, 280, 312, 348, 368
  Steve Bannon e 325
Tucson, Arizona 325
Tumulto 375-376
Turse, Nick 161

União Soviética 68, 150, 192
  Alemanha e 186, 207, 313
  dissolução da 71, 108, 135, 156, 212, 418
  relações dos Estados Unidos com 148-153, 204, 206, 208
  Segunda Guerra Mundial e 147-151, 185-186
  testes de armas nucleares 111
  Cf. tb. Conselho de Segurança Nacional (CSN); Crise dos mísseis em Cuba; Guerra Fria; Memorando 68
United Fruit Company 60, 157
Unmasking Antifa Act de 2018 377, 381
Untermenschen 176, 179

523

UPS (United Parcel Service) 409
Usinas nucleares 251, 252-253
Uso de combustíveis fósseis
 efeitos 254-255, 257-258
 eliminação 254, 281
 Cf. tb. Petróleo

Vacinas 461
Valor 100
 mais-valia 100
 Marx sobre 96, 100, 102, 232
 teoria do trabalho 84
Vandenberg, Arthur 205, 333
Vaticano II 216
Venezuela 155, 309
 Cf. tb. Revolução Bolivariana
Versalhes, Tratado de 146
Vestígios de carbono 248, 254
Veteranos do Vietnã Contra a Guerra 398
Veteranos do Vietnã 322, 323-324, 341
Vidal, Gore 57
Vietnã, medo de sua independência 176-177, 199-200
Vigilância 47, 373, 381
 Covid-19 459, 467
 de movimentos 372
 de protestos 372-373
 governo 381
 informações pessoais e 381, 406-410, 437

local de trabalho 408-410, 437-438
Villa Grimaldi 116
Vine, Dave 159
Von Mises, Ludwig 299, 338

Waltz, Kenneth 208
Warburg, James 207
Ware, Norman 134-136
Warren, Elizabeth 46, 136, 292, 396-397
Warren, Scott 51n
Washington, George 328, 447
Westbrook, Robert B. 171
Wheeler, Andrew 264
White, Robert 53
Wilcox, Fred 324
Wilson, Woodrow 38, 63, 121, 122

Xá do Irã
 Cf. Golpe de estado no Irã em 1953
Xenofobia 51, 107, 166, 326, 352
 Cf. tb. Diversidade; Inimigos; Medo; Imigrantes

Zelaya, Mel 52, 309
Zinke, Ryan 263
Zinn, Howard 393-394
Zona livre de armas nucleares 276-279

Zuboff, Shoshana 406, 407-408, 437
Zuccotti Park, ocupação do 370, 372-373

Conecte-se conosco:

 facebook.com/editoravozes

 @editoravozes

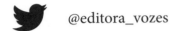 @editora_vozes

 youtube.com/editoravozes

 +55 24 2233-9033

www.vozes.com.br

Conheça nossas lojas:

www.livrariavozes.com.br

Belo Horizonte – Brasília – Campinas – Cuiabá – Curitiba
Fortaleza – Juiz de Fora – Petrópolis – Recife – São Paulo

 *Vozes de Bolso*

EDITORA VOZES LTDA.
Rua Frei Luís, 100 – Centro – Cep 25689-900 – Petrópolis, RJ
Tel.: (24) 2233-9000 – E-mail: vendas@vozes.com.br